国学经典文库

中国二十大名著

儒林外史

一部现实主义讽刺小说 一幅封建社会的群丑图

图文珍藏版

第七册

[清]吴敬梓·著 马博·主编

线装书局

图书在版编目（ＣＩＰ）数据

儒林外史 / (清) 吴敬梓著. -- 北京：线装书局，
2016.1

（中国二十大名著 / 马博主编）
ISBN 978-7-5120-2004-7

Ⅰ. ①儒… Ⅱ. ①吴… Ⅲ. ①章回小说－中国－清代
Ⅳ. ①I242.4

中国版本图书馆CIP数据核字(2015)第255667号

儒林外史

原　　著：［清］吴敬梓

主　　编：马　博

责任编辑：高晓彬

装帧设计：博雅圣轩藏书馆
　　　　　Boyashengxuan Cangshuguan

出版发行：线装书局

　　　　地　址：北京市西城区鼓楼西大街41号（100009）

　　　　电　话：010-64045283（发行部）　64045583（总编室）

　　　　网　址：www.xzhbc.com

经　　销：新华书店

印　　制：北京彩虹伟业印刷有限公司

开　　本：710mm×1040mm　1/16

印　　张：28

字　　数：340千字

版　　次：2016年1月第1版第1次印刷

印　　数：0001－3000套

定　　价：4980.00元（全二十册）

导读

　　《儒林外史》是由清代小说家吴敬梓创作的章回体长篇小说。全书共五十六回，约四十万字，描写了近两百个人物。小说假托明代，实际反映的是康乾时期科举制度下读书人的功名和生活。作者对生活在封建末世和科举制度下的封建文人群像的成功塑造，以及对吃人的科举、礼教和腐败事态的生动描绘，使小说成为中国古代讽刺文学的典范，也使作者吴敬梓成为中国文学史上批判现实主义的杰出作家之一。

目　　录

国学经典文库

中国二十大名著

目录

图文珍藏版

国学经典文库

中国二十大名著

目录

图文珍藏版

国学经典文库

中国二十大名著

目录

图文珍藏版

第一回　说楔子敷陈大义
　　　　　借名流隐括全文

人生南北多歧路，将相神仙，也要凡人做。

百代兴亡朝复暮，江风吹倒前朝树。

功名富贵无凭据，费尽心情，总把流光误。

浊酒三杯沉醉去，水流花谢知何处。

　　这一首词也是个老生常谈。不过说人生富贵功名是身外之物；但世人一见了功名，便舍着性命去求他，及至到手之后，味同嚼蜡。自古及今，那一个是看得破的！

　　虽然如此说，元朝末年也曾出了一个嶔崎磊落的人。这人姓王名冕，在诸暨县乡村里住。七岁上死了父亲，他母亲做些针指，供给他到村学堂里去读书。看看三个年头，王冕已是十岁了。母亲唤他到面前来说道：“儿阿，不是我有心要耽误你。只因你父亲亡后，我一个寡妇人家，只有出去的，没有进来的；年岁不好，柴米又贵，这几件旧衣服和些旧家伙，当的当了，卖的卖了；只靠着我替人家做些针指生活寻来的钱，如何供得你读书。如今没奈何，把你雇在间壁人家放牛，每月可以得他几钱银子，你又有现成饭吃，只在明日就要去了。”王冕道：“娘说的是。我在学堂里坐着，心里也闷，不如往他家放牛，倒快活些。假如我要读书，依旧可以带几本去读。”当夜商议定了。

　　第二日，母亲同他到间壁秦老家。秦老留着他母子两个吃了早饭，牵出一条水牛来交与王冕，指着门外道：“就在我这大门过去两箭之地，便是七泖湖，湖边一带绿草，各家的牛都在那里打睡。又有几十棵合抱的垂杨树，十分阴凉。牛要渴了，就在湖边上饮水。小哥，你只在这一带玩耍，不必远去。我老汉每日两餐小菜饭是不少的，每日早上，还折两个钱与你买点心吃；只是百事勤谨些，休嫌怠慢。”他母亲谢了扰，要回家去，王冕送出门来。母亲替他理理衣服，口里说道：“你在此须要小心，休惹人说不是；早出晚归，免我悬望。"王冕应诺，母亲含着两眼眼泪去了。

王冕自此只在秦家放牛，每到黄昏，回家跟着母亲歇宿。或遇秦家煮些腌鱼腊肉给他吃，他便拿块荷叶包了来家，递与母亲。每日点心钱，他也不买了吃，聚到一两个月，便偷个空，走到村学堂里，见那闯学堂的书客，就买几本旧书。日逐把牛拴了，坐在柳荫树下看。

弹指又过了三四年。王冕看书，心下也着实明白了。那日正是黄梅时候，天气烦躁，王冕放牛倦了，在绿草地上坐着。须臾，浓云密布，一阵大雨过了。那黑云边上镶着白云，渐渐散去，透出一派日光来，照耀得满湖通红。湖边上山，青一块，紫一块，绿一块。树枝上都像水洗过一番的，尤其绿得可爱。湖里有十来枝荷花，苞子上清水滴滴，荷叶上水珠滚来滚去。王冕看了一回，心里想道："古人说'人在画图中'，其实不错，可惜我这里没有一个画工，把这荷花画他几枝，也觉有趣。"又心里想道："天下哪有个学不会的事，我何不自画他几枝。"

正存想间，只见远远的一个夯汉，挑了一担食盒来。手里提着一瓶酒，食盒上挂着一块毡条，来到柳树下，将毡铺了，食盒打开。那边走过三个人来，头戴方巾，一个穿宝蓝夹纱直裰，两人穿元色直裰，都有四五十岁光景，手摇白纸扇，缓步而来。那穿宝蓝直裰的是个胖子，来到树下，尊那穿元色的一个胡子坐在上面，那一个瘦子坐在对席；他想是主人了，坐在下面把酒来斟。吃了一回，那胖子开口道："危老先生回来了，新买了住宅，比京里钟楼街的房子还大些，值得两千两银子。因老先生要买，房主人让了几十两银卖了，图个各望体面。前月初十搬家，太尊、县父母都亲自到门来贺，留着吃酒到二三更天。街上的人那一个不敬！"那瘦子道："县尊是壬午举人，乃危老先生门生，这是该来贺的。"那胖子道："敝亲家也是危老先生门生，而今在河南做知县。前日小婿来家，带二斤干鹿肉来见惠，这一盘就是了。这一回小婿再去，托敝亲家写一封字来，去晋谒危老先生。他若肯下乡回拜，也免得这些乡户人家放了驴和猪在你我田里吃粮食。"那瘦子道："危老先生要算一个学者了。"那胡子道："听见前日出京时，皇上亲自送出城外，携着手走了十几步。危老先生再三打躬辞了，方才上轿回去。看这光景，莫不是就要做官？"三人你一句，我一句，说个不了。王冕见天色晚了，牵了牛回去。

自此，聚的钱不买书了，托人向城里买些胭脂铅粉之类，学画荷花。

初时，画得不好。画到三个月之后，那荷花精神、颜色无一不像，只多着一张纸，就像是湖里长的；又像才从湖里摘下来贴在纸上的。乡间人见画得好，也有拿钱来买的。王冕得了钱，买些好东西孝敬母亲。一传两，两传三，诸暨一县都晓得是一个画没骨花卉的名笔，争着来买。到了十七八岁，不在秦家了，每日画几笔画，读古人的诗文，渐渐不愁衣食，母亲心里欢喜。

这王冕天性聪明，年纪不满二十岁，就把那天文、地理、经史上的大学问，无一不贯通。但他性情不同，既不求官爵，又不交纳朋友，终日闭户读书。又在《楚辞图》上看见画的屈原衣冠，他便自造一顶极高的帽子、一件极阔的衣服。遇着花明柳媚的时节，把一乘牛车载了母亲，他便戴了高帽，穿了阔衣，执着鞭子，口里唱着歌曲，在乡村镇上以及湖边到处玩耍，惹的乡下孩子们，三五成群跟着他笑，他也不放在意下。只有隔壁秦老，虽然务农，却是个有意思的人。因自小看见他长大，如此不俗，所以敬他爱他，时时和他亲热，邀在草堂里坐着说话儿。

一日，正和秦老坐着，只见外边走进一个人来，头戴瓦楞帽，身穿青布衣服。秦老迎接,叙礼坐下。这人姓翟,是诸暨县一个头役,又是买办。因秦老的儿子秦大汉拜在他名下,叫他干爷,所以时常下乡来看亲家。秦老慌忙叫儿子烹茶、杀鸡、煮肉款留他,就要王冕相陪。彼此道过姓名,那翟买办道:"这位王相公,可就是会画没骨花的吗?"秦老道:"便是了。亲家,你怎得知道?"翟买办道:"县里人那个不晓得!因前日本县老爷吩咐,要画二十四幅花卉册页送上司,此事交在我身上。我闻有王相公的大名,故此一径来寻亲家。今日有缘,遇着王相公,是必费心大笔画一画。在下半个月后,下乡来取,老爷少不得还有几两润笔的银子,一并送来。"秦老在旁,着实撺掇。王冕屈不过秦老的情,只得应诺了。回家用心用意,画了二十四幅花卉,都题了诗在上面。翟头役禀过了本官,那知县时仁发出二十四两银子来。翟买办扣克了十二两,只拿十二两银子送与王冕,将册页取去。时知县又办了几样礼物,送与危素,作候问之礼。

危素受了礼物,只把这本册页看了又看,爱玩不忍释手。次日备了一席酒,请时知县来家致谢。当下寒暄已毕,酒过数巡,危素道:"前日承老父台所惠册页花卉,还是古人的呢,还是现在人画的?"时知县不敢隐瞒,便道:"这就是门生治下一个乡下农民,叫作王冕,年纪也不甚大,想是才学画几笔,难入老师的法眼。"危素叹道:"我学生出门久了,故乡有如此贤士,竟坐不知,可为惭愧。此兄不但才高,胸中见识,大是不同,将来名位不在你我之下。不知老父台可以约他来此相会一会吗?"时知县道:"这个何难?门生出去即遣人相约。他听见老师相爱,自然喜出望外了。"说罢,辞了危素,回到衙门,差翟买办持个侍生帖子去约王冕。

翟买办飞奔下乡到秦老家,邀王冕过来,一五一十向他说了。王冕笑道:"却是起动头翁,上复县主老爷,说王冕乃一介农夫,不敢求见,这尊帖也不敢领。"翟买办变了脸道:"老爷将帖请人,谁敢不去!况这件事原是我照顾你的;不然,老爷如何得知你会画花?论理,见过老爷,还该重重地谢我一谢才是。如何走到这里,茶也不见你一杯,却是推三阻四不肯去见,是何道理?叫我如何去回复得老爷!难道老爷一县之主,叫不动一个百姓吗?"王冕道:"头翁你有所不知。假如我为了事,老爷拿票子传我,我怎敢不去!如今将帖来请,原是不逼迫我的意思了。我不愿去,老爷也可以相谅。"翟买办道:"你这都说得是什么话!票子传着倒要去,帖子请着倒不去,这不是不识抬举了!"秦老劝道:"王相公,也罢,老爷拿帖子请你,自然是好意。你同亲家去走一回罢！自古道，'灭门的知县'，你和他吗？"王冕道："秦老爹，头翁不知，你是听见我说过的。不见那段干木、泄柳的故事吗？我是不愿去的。"翟买办道："你这是难题目与我做！叫拿什么话去回老爷？"秦老道："这个果然也是两难。若要去时，王相公又不肯；若要不去，亲家又难回话。我如今倒有一法：亲家回县里，不要说王相公不肯；只说他抱病在家，不能就来，一两日间好了就到。"翟买办道："害病，就要取四邻的甘结！"彼此争论了一番。秦老整治晚饭与他吃了，又暗叫了王冕出去问母亲秤了三钱二分银子，送与翟买办做差钱。方才应诺去了，回复知县。

知县心里想道："这小厮那里害什么病！想是翟家这奴才走下乡，狐假虎威，着实恐吓了他一场。他从来不曾见过官府的人，害怕不敢来了。老师既把这个人托我，我若不把他就叫了来见老师，也惹得老师笑我做事疲软，我不如竟自己下乡去拜他。他看见赏他脸面，断不是难为他的意思，自然大着胆见我。我就便带了他来见老师，却不是办事勤敏？"又想道："一个堂堂县令，屈尊去拜一个乡民，惹得衙役们笑话。"又想道："老师前日口气，甚是敬他；老师敬他十分，我就该敬他一百分。况且屈尊敬贤，将来志书上，少不得称赞一篇。这是万古千年不朽的勾当，有什么做不得？"当下定了主意。

次早，传齐轿夫，也不用全副执事，只带八个红黑帽夜役军牢，翟买办扶着轿子，一直下乡来。乡里人听见锣响，一个个扶老携幼，挨挤了看。轿子来到王冕门首，只见七八间草屋，一扇白板门紧紧关着。翟买办抢上几步忙去敲门。敲了一会，里面一个婆婆拄着拐杖出来说道："不在家了，从清晨牵牛出去饮水，尚未回来。"翟买办道："老爷亲自在这里传你家儿子说话，怎的慢条斯理！快快说在哪里？我好去传！"那婆婆道："其实不在家了，不知在哪里。"说毕，关着门进去了。

说话之间，知县轿子已到。翟买办跪在轿前禀道："小的传王冕，不在家里。请老爷龙驾到公馆里略坐一坐，小的再去传。"扶着轿子过王冕屋后来。屋后横七竖八几棱窄田埂，远远的一面大塘，塘边都栽满了榆树、桑树。塘边那一望无际的几顷田地；又有一座山，虽不甚大，却青葱，树木堆满山上。约有一里多路，彼此叫呼还听得见。知县正走着，远远的有个牧童倒骑水牯牛，从山嘴边转了过来。翟买办赶上去，问道："秦小二汉，你看见你隔壁的王老大牵了牛在那里饮水哩？"小二道：

"王大叔吗？他在二十里路外，王家集亲家家吃酒去了。这牛就是他的，央及我替他赶了来家。"翟买办如此这般禀了知县。知县变着脸道："既然如此，不必进公馆了！即回衙门去吧！"时知县此时心中十分恼怒，本要立即差人拿了王冕来责惩一番，又想恐怕危老师说他暴躁，且忍口气回去，慢慢向老师说明此人不中抬举，再处置他也不迟。知县去了。

王冕并不曾远行，即时走了来家。秦老过来抱怨他道："你方才也太执意了！他是一县之主，你怎的这样怠慢他？"王冕道："老爹请坐，我告诉你：时知县倚着危素的势，要在这里酷虐小民，无所不为。这样的人，我为什么要相与他？但他这一番回去，必定向危素说。危素恼羞成怒，恐要和我计较起来。我如今辞别老爹，收拾行李，到别处去躲避几时。只是母亲在家，放心不下。"母亲道："我儿，你历年卖诗卖画，我也积聚下三五十两银子，柴米不愁没有。我虽年老，又无疾病，你自放心出去躲避些时不妨。你又不曾犯罪，难道官府来拿你的母亲去不成？"秦老道："这也说得有理。况你埋没在这乡村镇上，虽有才学，谁人是识得你的；此番到大邦去处，或者走出些遇合来，也不可知。你尊堂家下大小事故，一切都在我老汉身上，替你扶持便了。"王冕拜谢了秦老，秦老又走回家去，取了些酒肴来，替王冕送行，吃了半夜酒回去。

次日五更，王冕起来收拾行李。吃了早饭，恰好秦老也到。王冕拜辞了母亲，又拜了秦老两拜，母子洒泪分手。王冕穿上麻鞋，背上行李，秦老手提一个小白灯笼，直送出村口，洒泪而别。秦老手拿灯笼，站着看着他走，走的望不着了，方才回去。

王冕一路风餐露宿，九十里大站，七十里小站，一径来到山东济南府地方。这山东虽是近北省分，这会城却也人物富庶，房舍稠密。王冕到了此处，盘费用尽了，只得租个小庵门面屋，卖卜测字，也画两张没骨的花卉贴在那里，卖与过往的人。每日问卜卖画，倒也挤个不开。

弹指间，过了半年光景。济南府里有几个俗财主，也爱王冕的画，时常要买，又自己不来，遣几个粗夯小厮，动不动大呼小叫，闹得王冕不得安稳。王冕心不耐烦，就画了一条大牛贴在那里，又题几句诗在上，含着讥刺，也怕从此有口舌，正思量搬移一个地方。

那日清早，才坐在那里，只见许多男女，啼啼哭哭，在街上过。也有挑着锅的，也有箩担内挑着孩子的，一个个面黄肌瘦，衣衫褴褛，过去一阵，又是一阵，把街上都塞满了；也有坐在地上就花钱的。问其所为，都是黄河沿上的州县被河水决了，田庐房舍，尽行漂没。这是些逃荒的百姓，官府又不管，只得四散觅食。王冕见此光景，过意不去，叹了一口气道："河水北流，天下自此将大乱了。我还在这里做什么！"将些散碎银子收拾好了，拴束行李仍旧回家。

入了浙江境，才打听得危素已还朝了，时知县也升任去了。因此放心回家，拜见母亲。看见母亲康健如常，心中欢喜。母亲又向他说秦老许多好处。他慌忙打开行李，取出一匹茧绸、一包耿饼，拿过去拜谢秦老。秦老又备酒与他洗尘。自此，王冕依旧吟诗作画，奉养母亲。

又过了六年，母亲老病卧床。王冕百方延医调治，总不见效。一日母亲吩咐王冕道："我眼见得不济事了。但这几年来，人都在我耳根前说，你的学问有了，该劝你出去做官。做官怕不是荣宗耀祖的事。我看见这些做官的，都不得有甚好收场。况你的性情高傲，倘若弄出祸来，反为不美。我儿可听我的遗言：将来娶妻生子，守着我的坟墓，不要出去做官。我死了，口眼也闭。"王冕哭着应诺。他母亲奄奄一息，归天去了。王冕擗踊哀号，哭得那邻舍之人，无不落泪。又亏秦老一力帮衬，制备衣衾棺椁。王冕负土成坟，三年苦块，不必细说。

到了服阕之后，不过一年有余，天下就大乱了。方国珍据了浙江，张士诚据了苏州，陈友谅据了湖广，都是些草窃的英雄。只有太祖皇帝，起兵滁阳，得了金陵，立为吴王，乃是王者之师。提兵破了方国珍，号令全浙，乡村镇市并无骚扰。

一日，日中时分，王冕正从母亲坟上拜扫回来，只见十几骑马，竟投他村里来。为头一人，头戴武巾，身穿团花战袍，白净面皮，三绺髭须，真有龙凤之表。那人到门首下了马，向王冕施礼道："动问一声，那里是王冕先生家？"王冕道："小人王冕。这里便是寒舍。"那人喜道："如此甚妙，特来晋谒。"吩咐从人都下了马，屯在外边，把马都系在湖边柳树上。那人独和王冕携手进到屋里，分宾主施礼坐下。王冕道："不敢拜问尊官尊姓大名？因甚降临这乡僻所在？"那人道："我姓朱，先在江南起兵，号滁阳王，而今据有金陵，称为吴王的便是。因平方国珍到此，特来拜访先生。"王冕道："乡民肉眼不识，原来就是王爷。但乡民一介愚人，怎敢劳王爷贵步？"吴王道："孤是一个粗鲁汉子，今得见先生儒者气像，不觉功利之见顿消。孤在江南，即慕大名。今来拜访，要先生指示：浙人久反之后，何以能服其心？"王冕道："大王是高明远见的，不消乡民多说。若以仁义服人，何人不服，岂但浙江？若以兵力服人，浙人虽弱，恐亦义不受辱，不见方国珍吗？"吴王叹息，点头称善。两个促膝谈到日暮。那些从者都带有干粮，王冕自到厨下，烙了一斤面饼，炒了一盘韭菜，自捧出来，陪着。吴王吃了，称谢教诲，上马去了。这日，秦老进城回来，问及此事，王冕也不曾说就是吴王，只说是军中一个将官，向年在山东相识的，故此来看我一看。说

着就罢了。

　　不数年间，吴王削平祸乱，定鼎应天，天下一统，建国号大明，年号洪武。乡村人个个安居乐业。到了洪武四年，秦老又进城里，回来向王冕道："危老爷已自问了罪，发在和州去了。我带了一本邸抄来与你看。"王冕接过来看，才晓得危素归降之后，妄自尊大，在太祖面前，自称老臣。太祖大怒，发往和州守余阙墓去了。此一条之后，便是礼部议定取士之法：三年一科，用"五经""四书"、八股文。王冕指与秦老看，道："这个法却定得不好！将来读书人既有此一条荣身之路，把那文行出处，都看得轻了。"说着,天色晚了下来。

此时正是初夏,天时乍热。秦老在打麦场上放下一张桌子,两人小饮。须臾,东方月上,照耀得如同万顷玻璃一般。那些眠鸥宿鹭,阒然无声。王冕左手持杯,右手指着天上的星,向秦老道:"你看,贯索犯文昌,一代文人有厄!"话犹未了,忽然起一阵怪风,刮的树木都嗖嗖地响,水面上的禽鸟,格格惊起了许多。王冕同秦老吓得将衣袖蒙了脸。少顷,风声略定。睁眼看时,只见天上纷纷有百十个小星,都坠向东南角上去了。王冕道:"天可怜见,降下这一伙星君去维持文运,我们是不及见了!"当夜收拾家伙,各自歇息。

自此以后,时常有人传说:朝廷行文到浙江布政司,要征聘王冕出来做官。初时不在意里,后来渐渐说得多了。王冕并不通知秦老,私自收拾,连夜逃往会稽山中。

半年之后,朝廷果然遣一员官,捧着诏书,带领许多人,将着彩缎表里,来到秦老门首,见秦老八十多岁,须鬓皓然,手扶拄杖。那官与他施礼。秦老让到草堂坐下。那官问道:"王冕先生就在这庄上吗?而今皇恩授他咨议参军之职,下官特地捧诏而来。"秦老道:"他虽是这里人,只是久矣不知去向了。"秦老献过了茶,领那官员走到王冕家,推开了门,见蟏蛸满室,蓬蒿满径,知是果然去得久了。那官咨嗟叹息了一回,仍旧捧诏回旨去了。

王冕隐居在会稽山中,并不自言姓名。后来得病去世,山邻敛些钱财,葬于会稽山下。是年秦老亦寿终于家。可笑近来文人学士,说着王冕,都称他做王参军。究竟王冕何曾做过一日官?所以表白一番。这不过是个楔子,下面还有正文。

第二回　王孝廉村学识同科
周蒙师暮年登上第

话说山东兖州府汶上县有个乡村，叫作薛家集。这集上有百十来人家，都是务农为业。村口一个观音庵，殿宇三间之外，另还有十几间空房子，后门临着水次。这庵是十方的香火，只得一个和尚住持。集上人家，凡有公事就在这庵里来同议。

那时成化末年，正是天下繁富的时候。新年正月初八日，集上人约齐了都到庵里来，议闹龙灯之事。到了早饭时候，为头的申祥甫，带了七八个人走了进来，在殿上拜了佛。和尚走来，与诸位见节，都还过了礼。申祥甫发作和尚道："和尚，你新年新岁，也该把菩萨面前香烛点勤些！阿弥陀佛受了十方的钱钞也要消受。"又叫："诸位都来看看，这琉璃灯内只得半琉璃油！"指着内中一个穿齐整些的老翁，说道："不论别人，只这一位荀老爹，三十晚里，还送了五十斤油与你。白白给你炒菜吃，全不敬佛！"和尚赔着小心，等他发作过了，拿一把铅壶，撮了一把苦丁茶叶，倒满了水，在火上燎的滚热，送与众位吃。

荀老爹先开口道："今年龙灯上庙，我们户下各家须出多少银子？"申祥甫道："且住，等我亲家来一同商议。"正说着，外边走进一个人来，两只红眼边，一副锅铁脸，几根黄胡子，歪戴着瓦楞帽，身上青布衣服就如油篓一般；手里拿着一根赶驴的鞭子，走进门来和众人拱一拱手，一屁股就坐在上席。这人姓夏，乃薛家集上旧年新参的总甲。夏总甲坐在上席，先吩咐和尚道："和尚，把我的驴牵在后园槽上，卸了鞍子，将些草喂得饱饱的。我议完了事，还要到县门口黄老爹家吃年酒去哩。"吩咐过了和尚，把腿跷起一只来，自己拿拳头在腰上只管捶。捶着，说道："俺如今，倒不如你们务农的快活了。想这新年大节，老爷衙门里三班六房，那一位不送帖子来，我怎好不去贺节？每日骑着这个驴上县下乡，跑得昏头晕脑。打紧又被这瞎眼的忘八在路上打个前失，把我跌了下来，跌的腰胯生疼。"申祥甫道："新年初三，我备了个豆腐饭邀请亲家，想是有事不得来了。"夏总甲道："你还说哩！从新年这七八日,何曾得一个闲?恨不得长出两张嘴来还吃不退。就像今日请我的黄老爹,他就是老爷面前站得起来的班头;他抬举我,我若不到,不惹他怪?"申祥甫道:"西班黄老爹,我听见说,他从年里头就是老爷差出去了。他家又无兄弟、儿子,却是谁做主人?"夏总甲道:"你又不知道了。今日的酒是快班李老爹请。李老爹家房子褊窄,所以把席摆在黄老爹家大厅上。"

说了半日,才讲到龙灯上。夏总甲道:"这样的事,俺如今也有些不耐烦管了。从前,年年是我做头,众人写了功德,赖着不拿出来,不知累俺赔了多少。况今年老爷衙门里,头班、二班、西班、快班,家家都兴龙灯,我料想看个不了,那得功夫来看乡里这条把灯!但你们说了一场,我也少不得搭个分子,任凭你们那一位做头。像这荀老爹,田地又广,粮食又多,叫他多出些;你们各家照分子派。这事就舞起来了。"众人不敢违拗,当下,掇着姓荀的出了一半,其余众户也派了,共二三两银子,写在纸上。和尚捧出茶盘:云片糕、红枣和些瓜子、豆腐干、粟子、杂色糖,摆了两桌,尊夏老爹坐在首席,斟上茶来。

申祥甫又说:"孩子大了,今年要请一个先生,就是这观音庵里做个学堂。"众人道:"俺们也有好几家孩子要上学。只这申老爹的令郎,就是夏老爹的令婿,夏老爹时刻有县主老爷的牌票,也要人认得字。只是这个先生,须是要城里去请才好。"夏总甲道:"先生倒有一个。你道是谁?就是咱衙门里,户总科提控顾老相公家请的一位先生,姓周,官名叫作周进,年纪六十多岁,前任老爷取过他个头名,却还不曾中过学。顾老相公请他在家里三个年头,他家顾小舍人去年就中了学,和咱镇上梅三相一齐中的。那日从学里师爷家迎了回来,小舍人头上戴着方巾,身上披着大红绸,骑着老爷棚子里的马,大吹大打来到家门口。俺合衙门的人都拦着街递酒。落后,请将周先生来,顾老相公亲自奉他三杯,尊在首席。点了一本戏,是梁灏八十岁中状元的故事。顾老相公为这戏,心里还不大喜欢。落后,戏文内唱到梁灏的学生却是十七八岁就中了状元,顾老相公知道是替他儿子发兆,方才喜了。你们若要先生,俺替你把周先生请来。"众人都说是好。吃完了茶,和尚又下了一箸牛肉面吃了,各自散讫。

次日,夏总甲果然替周先生说了,每年馆金十二两银子,每日二分银子在和尚家代饭,约定灯节后下乡,正月二十开馆。

到了十六日，众人将分子送到申祥甫家备酒饭，请了集上新进学的梅三相做陪客。那梅玖戴着新方巾老早到了。直到巳牌时候，周先生才来。听得门外狗叫，申祥甫走出去迎了进来。众人看周进时，头戴一项旧毡帽，身穿元色绸旧直裰，那右边袖子同后边坐处都破了，脚下一双旧大红绸鞋，黑瘦面皮，花白胡子。申祥甫拱进堂屋，梅玖方才慢慢地立起来和他相见。周进就问："此位相公是谁？"众人道："这是我们集上在庠的梅相公。"周进听了，谦让不肯僭梅玖作揖。梅玖道："今日之事不同。"周进再三不肯。众人道："论年纪也是周先生长，先生请老实些罢。"梅玖回过头来向众人道："你众位是不知道我们学校规矩，老友是从来不同小友序齿的。只是今日不同，还是周长兄请上。"

原来明朝士大夫称儒学生员叫作"朋友"，称童生是"小友"。比如童生进了学，不怕十几岁也称为"老友"。若是不进学，就到八十岁也还称"小友"。就如女儿嫁人的：嫁时称为"新娘"，后来称呼"奶奶""太太"，就不叫新娘了。若是嫁与人家做妾，就到头发白了还要唤作"新娘"。

闲话休题。周进因他说这样话，倒不同他让了，竟僭着他作了揖。众人都做过揖坐下。只有周、梅二位的茶杯里，有两枚生红枣，其余都是清茶。吃过了茶，摆两张桌子杯箸，尊周先生首席，梅相公二席，众人序齿坐下，斟上酒来。周进接酒在手，向众人谢了扰，一饮而尽。随即每桌摆上八九个碗，乃是猪头肉、公鸡、鲤鱼、肚、肺、肝、肠之类，叫一声"请！"一齐举箸，却如风卷残云一般早去了一半。

看那周先生时，一箸也不曾下。申祥甫道："今日先生为什么不用看馔？却不是上门怪人？"拣好的递了过来。周进拦住道："实不相瞒，我学生是长斋。"众人道："这个倒失于打点。却不知先生因甚吃斋？"周进道："只因当年先母病中，在观音菩萨位下许的。如今也吃过十几年了。"梅玖道："我因先生吃斋，倒想起一个笑话，是前日，在城里我那案伯顾老相公家听见他说的。有个做先生的一字至七字诗。"众人都停了箸，听他念诗。他便念道："呆，秀才，吃长斋，胡须满腮，经书不揭开，纸笔自己安排，明年不请我自来。"念罢说道："像我这周长兄如此大才，呆是不呆的了。"又掩着口道：'秀才'指日就是，那'吃长斋，胡须满腮'，竟被他说一个着！"说罢，哈哈大笑。众人一齐笑起来。周进不好意思。申祥甫连忙斟一杯酒道："梅三相该敬一杯。顾老相公家西席就是周先生了。"梅玖道："我不知道，该罚！

该罚！但这个话不是为周长兄，他说明了是个秀才。但这吃斋也是好事。先年俺有一个母舅，一口长斋。后来进了学，老师送了丁祭的胙肉来，外祖母道：'丁祭肉若是不吃，圣人就要计较了，大则降灾，小则害病。'只得就开了斋。俺这周长兄，只到今年秋祭，少不得有胙肉送来，不怕你不开哩。"众人说他发的利市好，同斟一杯，送与周先生预贺，把周先生脸上羞得红一块白一块，只得承谢众人，将酒接在手里。厨下捧出汤点来，一大盘实心馒头，一盘油煎的扛子火烧。众人道："这点心是素的，先生用几个。"周进怕汤不洁净，讨了茶来吃点心。

内中一人问申祥甫道:"你亲家今日在哪里? 何不来陪先生坐坐?"申祥甫道:"他到快班李老爹家吃酒去了。"又一个人道:"李老爹这几年在新任老爷手里,着实跑起来了,怕不一年要寻千把银子。只是他老人家好赌,不如西班黄老爹,当初也在这些事里玩耍,这几年成了正果,家里房子盖的像天宫一般,好不热闹!"荀老爹向申祥甫道:"你亲家自从当了门户,时运也算走顺风,再过两年,只怕也要弄到黄老爹的意思哩!"申祥甫道:"他也要算停当的了。若想到黄老爹的地步,只怕还要做几年的梦。"梅相公正吃着火烧,接口道:"做梦倒也有些准哩。"因问周进道:"长兄这些年考校,可曾得个什么梦兆?"周进道:"倒也没有。"梅玖道:"就是侥幸的这一年,正月初一日,我梦见在一个极高的山上,天上的日头不差不错,端端正正掉了下来压在我头上,惊出一身的汗。醒了摸一摸头就像还有些热。彼时不知什么缘故。如今想来,好不有准!"于是点心吃完,又斟了一巡酒。直到上灯时候,梅相公同众人别了回去。申祥甫拿出一副蓝布被褥,送周先生到观音庵歇宿。向和尚说定,馆地就在后门里这两间屋内。

直到开馆那日,申祥甫同着众人领了学生来,七长八短几个孩子,拜见先生。众人各自散了。周进上位教书。晚间,学生家去,把各家贽见拆开来看,只有荀家是一钱银子,另有八分银子代茶;其余也有三分的,也有四分的,也有十来个钱的,合拢了不够一个月饭食。周进一总包了,交与和尚收着再算。那些孩子,就像蠢牛一般,一时照顾不到,就溜到外边去打瓦踢球,每日淘气不了。周进只得捺定性子,坐着教导。

不觉两个多月,天气渐暖。周进吃过午饭开了后门出来,河沿上望望。虽是乡村地方,河边却也有几树桃花柳树,红红绿绿,间杂好看。看了一回,只见蒙蒙的细雨,下将起来。周进见下雨,转入门内,望着雨下在河里,烟笼远树,景致更妙。这雨越下越大,却见上流头,一只船冒雨而来。那船本不甚大,又是芦席篷,所以怕雨。将近河岸,看时:中舱坐着一个人,船尾坐着两个从人,船头上放着一担食盒。将到岸边,那人连呼船家泊船,带领从人走上岸来。

周进看那人时,头戴方巾,身穿宝蓝缎直裰,脚下粉底皂靴,三绺髭须,约有三十多岁光景。走到门口,与周进举一举手一直进来。自己口里说道:"原来是个学堂。"周进跟了进来作揖,那人还了个半礼道:"你想就是先生了。"周进道:"正是。"

那人问从者道："和尚怎的不见？"说着，和尚忙走了出来，道："原来是王大爷。请坐！僧人去烹茶来。"向着周进道："这王大爷，就是前科新中的。先生陪了坐着，我去拿茶。"

那王举人也不谦让，从人摆了一条凳子，就在上首坐了。周进下面相陪。王举人道："你这位先生贵姓？"周进知他是个举人，便自称道。"晚生姓周。"王举人道："去年在谁家作馆？"周进道："在县门口顾老相公家。"王举人道："足下莫不是就在我白老师手里曾考过一个案首的？说这几年在顾二哥家做馆，不差，不差。"周进道："俺这顾东家，老先生也是相与的？"王举人道："顾二哥是俺户下册书，又是拜盟的好弟兄。"

须臾，和尚献上茶来吃了。周进道："老先生的朱卷，是晚生熟读过的，后面两大股文章尤其精妙。"王举人道："那两股文章，不是俺作的。"周进道："老先生又过谦了。却是谁作的呢？"王举人道："虽不是我作的，却也不是人作的。那时头场初九日，天色将晚，第一篇文章还不曾做完，自己心里疑惑，说：'我平日笔下最快，今日如何迟了？'正想不出来，不觉瞌睡上来，伏着号板打一个盹，只见五个青脸的人，跳进号来。中间一人，手里拿着一枝大笔把俺头上点了一点，就跳出去了。随即一个戴纱帽红袍金带的人，揭帘子进来，把俺拍了一下，说道：'王公请起！'那时弟吓了一跳，通身冷汗。醒转来，拿笔在手，不知不觉写了出来。可见贡院里鬼神是有的。弟也曾把这话，回禀过大主考座师，座师就道弟该有鼎元之分。"

正说得热闹，一个小学生送仿来批，周进叫他搁着。王举人道："不妨，你只管去批仿，俺还有别的事。"周进只得上位批仿。王举人吩咐家人道："天已黑了，雨又不住，你们把船上的食盒挑了上来，叫和尚拿升米做饭。船家叫他伺候着，明日早走。"向周进道："我方才上坟回来，不想遇着雨，耽搁一夜。"说着就猛然回头，一眼看见那小学生的仿纸上的名字是荀玫，不觉就吃了一惊，一会儿咂嘴弄唇的，脸上做出许多怪物像。周进又不好问他，批完了仿依旧陪他坐着。他就问道："方才这小学生几岁了？"周进道："他才七岁。"王举人道："是今年才开蒙？这名字是你替他起的？"周进道："这名字不是晚生起的。开蒙的时候，他父亲央及集上新进梅朋友替他起名。梅朋友说，自己的名字叫作'玖'，也替他起个'王'旁的名字发发兆，将来好同他一样的意思。"王举人笑道："说起来竟是一场笑话。弟今年正月初一日梦见看会试榜，弟中在上面，是不消说了，那第三名也是汶上人，叫作荀玫。弟正疑惑：我县里没有这一个姓荀的孝廉，谁知竟同着这个小学生的名字。难道和他同榜不成！"说罢，就哈哈大笑起来，道："可见梦做不得准。况且功名大事总以文章为主，哪里有什么鬼神？"周进道："老先生，梦也竟有准的。前日晚生初来，会着集上梅朋友。他说，也是正月初一日，他梦见一个大红日头落在他头上，他这年就飞黄腾达的。"王举人道："这话更作不得准了。比如他进过学，就有日头落在他头上，像我这发过的，不该连天都掉下来，是俺顶着的了？"

彼此说着闲话，掌上灯烛。管家捧上酒饭，鸡、鱼、鸭、肉，堆满春台。王举人也不让周进，自己坐着吃了，收下碗去。落后，和尚送出周进的饭来，一碟老菜叶，一壶热水。周进也吃了。叫了安置，各自歇宿。

次早，天色已晴。王举人起来洗了脸，穿好衣服，拱一拱手，上船去了。撒了一地的鸡骨头、鸭翅膀、鱼刺、瓜子壳，周进昏头昏脑，扫了一早晨。

自这一番之后，一薛家集的人，都晓得荀家孩子是县里王举人的进士同年，传为笑话。这些同学的孩子赶着他，就不叫荀玫了，都叫他"荀进士"。各家父兄听见这话都各不平，偏要在荀老翁跟前恭喜，说他是个封翁太老爷，把个荀老爹气得有口难分。申祥甫背地里又向众人道："哪里是王举人亲口说这番话？这就是周先生看见我这一集上，只有荀家有几个钱，捏造出这话来奉承他，图他个逢时遇节，他家多送两个盒子。俺前日听见说，荀家炒了些面筋、豆腐干送在庵里，又送了几回馒头、火烧，就是这些缘故了。"众人都不喜欢。以此周进安身不牢，因是碍着夏总甲的面皮不好辞他，将就混了一年。后来，夏总甲也嫌他呆头呆脑，不知道常来承谢，由着众人，把周进辞了来家。

那年却失了馆，在家日食艰难。一日，他姊丈金有余来看他，劝道："老舅，莫怪我说你。这读书求功名的事，料想也是难了。人生世上，难得的是这碗现成饭。只管'稂不稂莠不莠'的到几时？我如今同了几个大本钱的人到省城去买货，差一个记账的人，你不如同我们去走走。你又孤身一人，在客伙内，还是少了你吃的、穿的？"周进听了这话，自己想："瘫子掉在井里——捞起也是坐。有甚亏负我？"随即应允了。

金有余择个吉日，同一伙客人起身，来到省城杂货行里住下。

　　周进无事，闲着街上走走，看见纷纷的工匠，都说是修理贡院。周进跟到贡院门口，想挨近去看，被看门的大鞭子打了出来。晚间，向姐夫说要去看看。金有余只得用了几个小钱，一伙客人也都同了去看，又央及行主人领着。行主人走进头门，用了钱的并无拦阻。到了龙门下，行主人指道："周客人，这是相公们进的门了。"进去两块号房门，行主人指道："这是天字号了。你自进去看看。"周进一进了号，见两块号板摆的齐齐整整，不觉眼睛里一阵酸酸的，长叹一声，一头撞在号板上，直僵僵不省人事。只因这一死，有分教：累年蹭蹬，忽然际会风云；终岁凄凉，竟得高悬月旦。未知周进性命如何，且听下回分解。

第三回 周学道校士拔真才
胡屠户行凶闹捷报

话说周进在省城要看贡院，金有余见他真切，只得用几个小钱同他去看，不想才到天字号，就撞死在地下。众人多慌了，只道一时中了恶。行主人道："想是这贡院里久没有人到，阴气重了，故此周客人中了恶。"金有余道："贤东，我扶着他。你且去到做工的那里借口开水来灌他一灌。"行主人应诺，取了水来，三四个客人一齐扶着，灌了下去。喉咙里咯咯的响了一声，吐出一口稠涎来。众人道："好了！"扶着立了起来。周进看着号板，又是一头撞将去。这回不死了，放声大哭起来。众人劝着不住。金有余道："你看，这不疯了吗？好好到贡院来耍，你家又不死了人，为什么这样号啕痛哭是的？"周进也不听见，只管伏着号板哭个不住。一号哭过，又哭到二号、三号，满地打滚，哭了又哭，哭的众人心里都凄惨起来。金有余见不是事，同行主人一左一右架着他的膀子。他哪里肯起来。哭了一阵，又是一阵，直哭到口里吐出鲜血来。

众人七手八脚，将他扛抬了出来。贡院前一个茶棚子里坐下，劝他吃了一碗茶。犹自索鼻涕，弹眼泪，伤心不止。内中一个客人道："周客人有甚心事？为甚到了这里，这等大哭起来？却是哭得厉害。"金有余道："列位老客有所不知。我这舍舅本来原不是生意人。因他苦读了几十年的书，秀才也不曾做得一个，今日看这贡院就不觉伤心起来。"只因这一句话，道着周进的真心事，于是不顾众人，又放声大哭起来。又一个客人道："论这事，只该怪我们金老客。周相公既是斯文人，为什么带他出来做这样的事？"金确余道："也只为赤贫之士，又无馆做，没奈何上了这一条路。"又一个客人道："看令舅这个光景，毕竟胸中才学是好的。因没有人识得他，所以受屈到此田地。"金有余道："他才学是有的，怎奈时运不济！"那客人道："监生也可以进场。周相公既有才学，何不捐他一个监进场？中了，也不枉了今日这一番心事。"金有余道："我也是这般想，只是哪里有这一注银子？"此时周进哭的住了。那客人道："这也不难。现放着我这几个弟兄在此，每人拿出几十两银子借与周相公，纳监进场。若中了做官，那在我们这几两银子！就是周相公不还，我们走江湖的人哪里不破掉了几两银子？何况这是好事。你众位意下如何？"众人一齐道："君子成人之美。"又道："'见义不为，是为无勇'。俺们有什么不肯！只不知周相公可肯俯就？"周进道："若得如此，便是重生父母，我周进变驴变马也要报效！"爬到地下就磕了几个头，众人还下礼去。金有余也称谢了众人。又吃了几碗茶，周进再不哭了，同众人说说笑笑回到行里。

次日，四位客人果然备了二百两银子交与金有余。一切多的使费，都是金有余包办。周进又谢了众人和金有余。行主人替周进备一席酒请了众位。金有余将着银子上了藩库，讨出库收来。正值宗师来省录遗，周进就录了个贡监首卷。到了八月初八日进头场，见了自己哭的所在，不觉喜出望外。自古道，"人逢喜事精神爽"，那七篇文字做的花团锦簇一般。出了场，仍旧住在行里。金有余同那几个客人，还不曾买完了货。直到放榜那日，巍然中了。

众人个个欢喜，一齐回到汶上县。拜县父母、学师，典史拿晚生帖子上门来贺。汶上县的人，不是亲的也来认亲，不相与的也来认相与。忙了个把月。申祥甫听见这事，在薛家集敛了分子，买了四只鸡、五十个蛋和些炒米、欢团之类，亲自上县来贺喜。周进留他吃了酒饭去。荀老爹贺礼是不消说了。看看上京会试，盘费、衣服，都是金有余替他设处。到京会试又中了进士，殿在三甲，授了部属。荏苒三年，升了御史，钦点广东学道。

这周学道虽也请了几个看文章的相公，却自心里想道："我在这里面吃苦久了，如今自己当权，须要把卷子都要细细看过，不可听着幕客，屈了真才。"主意定了，到广州上了任。

次日，行香挂牌。先考了两场生员。第三场是南海、番禺两县童生。周学道坐在堂上，见那些童生纷纷进来，也有小的，也有老的，仪表端正的，獐头鼠目的，衣冠齐楚的，褴褛破烂的。落后点进一个童生来，面黄肌瘦，花白胡须，头上戴一顶破毡帽。广东虽是地气温暖，这时已是十二月上旬，那童生还穿着麻布直裰，冻得乞乞缩缩，接了卷子下去归号。周学道看在心里，封门进去。出来放头牌的时节，坐在上面，只见那穿麻布的童生上来交卷。那衣服因是朽烂了，在号里又扯破了几块。

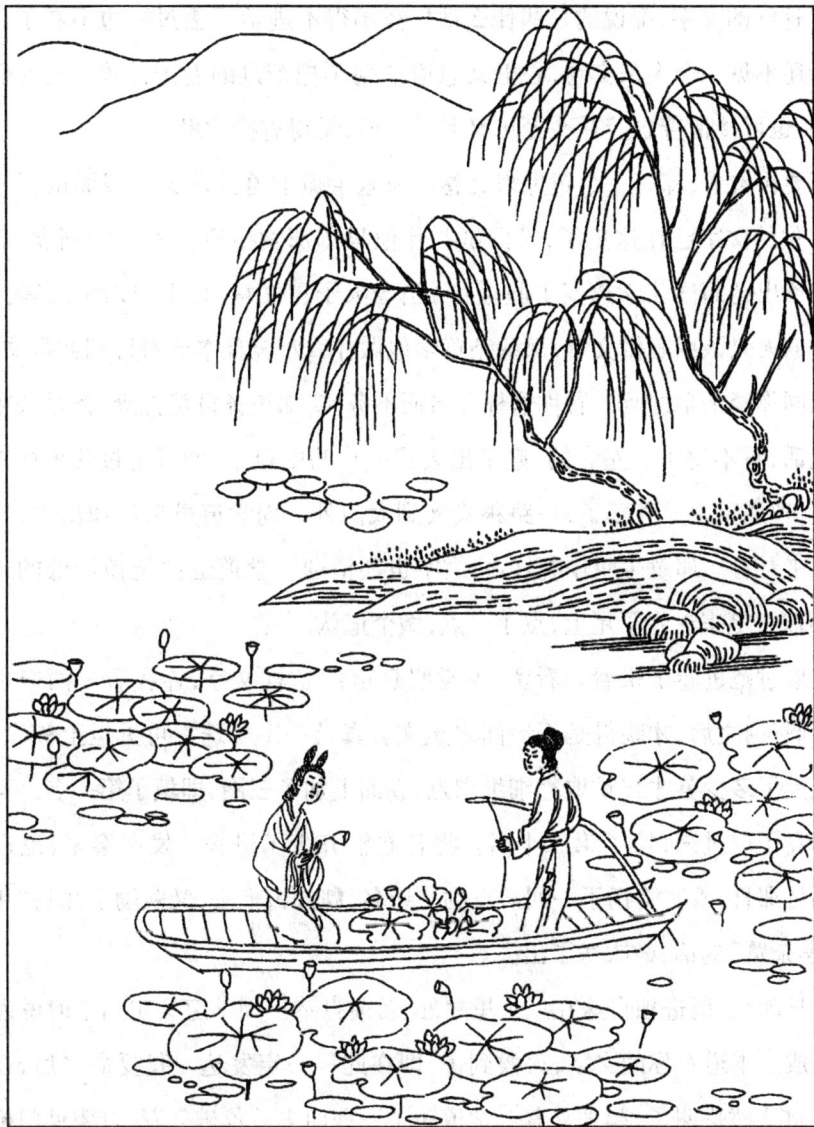

周学道看看自己身上,绯袍金带,何等辉煌!因翻一翻点名册,问那童生道:"你就是范进?"范进跪下道:"童生就是。"学道道:"你今年多少年纪了?"范进道:"童生册上,写的是三十岁,童生实年五十四岁。"学道道:"你考过多少回数了。"范进道:"童生二十岁应考,到今考过二十余次。"学道道:"如何总不进学?"范进道:"总因童生文字荒谬,所以各位大老爷不曾赏取。"周学道道:"这也未必尽然。你且出去,卷子待本道细细看。"范进磕头下去了。

那时天色尚早,并无童生交卷。周学道将范进卷子用心用意看了一遍,心里不喜道：“这样的文字，都说的是些什么话！怪不得不进学！”丢过一边不看了。又坐了一会还不见一个人来交卷，心里又想道：“何不把范进的卷子再看一遍？倘有一线之明，也可怜他苦志。”从头至尾又看了一遍，觉得有些意思。

正要再看看，却有一个童生来交卷。那童生跪下道：“求大老爷面试。”学道和颜道：“你的文字已在这里了，又面试些什他吗？”那童生道：“童生诗词歌赋都会，求大老爷出题面试。”学道变了脸道：“‘当今天子重文章，足下何须讲汉唐！’像你做童生的人只该用心做文章，那些杂览学他做什么？况且本道奉旨到此衡文，难道是来此同你谈杂学的吗？看你这样务名而不务实，那正务自然荒废，都是些粗心浮气的说话，看不得。左右的，赶了出去！”一声吩咐过了，两旁走过几个如狼似虎的公人，把那童生又着膊子，一路跟头又到大门外。周学道虽然赶他出去，却也把卷子取来看看。那童生叫作魏好古，文字也还清通。学道道：“把他低低的进了学罢。”因取过笔来在卷子尾上，点了一点，做个记认。

又取过范进卷子来看。看罢，不觉叹息道：“这样文字，连我看一两遍也不能解，直到三遍之后，才晓得是天地间之至文。真乃一字一珠！可见世上糊涂试官，不知屈煞了多少英才！”忙取笔细细圈点，卷面上加了三圈，即填了第一名。又把魏好古的卷子取过来，填了第二十名。将各卷汇齐带了进去。发出案来，范进是第一。谒见那日，着实赞扬了一回。点到二十名，魏好古上去，又勉励了几句“用心举业，休学杂览”的话，鼓吹送了出去。

次日起马，范进独自送在三十里之外，轿前打恭。周学道又叫到跟前说道：“龙头属老成。本道看你的文字，火候到了，即在此科一定发达。我复命之后，在京专候。”范进又磕头谢了，起来立着。学道轿子一拥而去。范进立着，直望见门枪影子抹过前山，看不见了，方才回到下处，谢了房主人。他家离城还有四十五里路，连夜回来拜见母亲。

家里住着一间草屋，一厦披子，门外是个茅草棚。正屋是母亲住着，妻子住在坏房里。他妻子乃是集上胡屠户的女儿。范进进学回家，母亲、妻子俱各欢喜。正待烧锅做饭，只见他丈人胡屠户，手里拿着一副大肠和一瓶酒走了进来。范进向他作揖，坐下。胡屠户道：“我自倒运，把个女儿嫁与你这现世宝穷鬼，历年以来不知累了我多少！如今，不知因我积了什么德带挈你中了个相公，我所以带个酒来贺你。"范进唯唯连声,叫浑家把肠子煮了,烫起酒来,在茅草棚下坐着。母亲自和媳妇在厨下造饭。胡屠户又吩咐女婿道:"你如今既中了相公,凡事要立起个体统来。比如我这行事里,都是些正经有脸面的人,又是你的长亲,你怎敢在我们跟前装大?若是家门口这些做田的、扒粪的,不过是平头百姓,你若同他拱手作揖,平起平坐,这就是坏了学校规矩,连我脸上都无光了。你是个烂忠厚没用的人,所以,这些话我不得不教导你,免得惹人笑话。"范进道:"岳父见教的是。"胡屠户又道:"亲家母也来这里坐着吃饭,老人家每日小菜饭想也难过。我女孩儿也吃些,自从进了你家门,这十几年不知猪油可曾吃过两三回哩!可怜!可怜!"说罢,婆媳两个都来坐着吃了饭。吃到日西时分,胡屠户吃的醺醺的。这里母子两个千恩万谢。屠户横披了衣服,腆着肚子去了。

次日,范进少不得拜拜乡邻。魏好古又约了一班同案的朋友彼此来往。因是乡试年,做了几个文会。

不觉到了六月尽间,这些同案的人约范进去乡试。范进因没有盘费,走去同丈人商议,被胡屠户一口啐在脸上,骂了一个狗血喷头,道:"不要失了你的时了!你自己只觉得中了一个相公,就癞虾蟆想吃起天鹅肉来!我听见人说,就是中相公时,也不是你的文章,还是宗师看见你老,不过意,舍与你的。如今痴心就想中起老爷来!这些中老爷的,都是天上的文曲星。你不看见城里张府上那些老爷,都是万贯家私,一个个方面大耳。像你这尖嘴猴腮,也该撒泡尿自己照照!不三不四,就想天鹅屁吃!趁早收了你心!明年在我们行事里替你寻一个馆,每年寻几两银子,养活你那老不死的老娘和你老婆是正经。你问我借盘缠,我一天杀一个猪,还赚不得钱把银子,都把与你去丢在水里,叫我一家老小喝西北风!"一顿夹七夹八,骂的范进摸门不着。辞了丈人回来,自心里想:"宗师说我火候已到,自古无场外的举人,如不进去考他一考,如何甘心?"因向几个同案商议,瞒着丈人到城里乡试。出了场即便回家,家里已是饿了两三天。被胡屠户知道,又骂了一顿。

到出榜那日,家里没有早饭米。母亲吩咐范进道:"我有一只生蛋的母鸡,你快拿集上去卖了,买几升米来,煮餐粥吃。我已是饿得两眼都看不见了。"范进慌忙抱了鸡走出门去。才去不到两个时辰,只听得一片声的锣响,三匹马闯将来。那三个人下了马,把马拴在茅草棚上,一片声叫道:"快请范老爷出来,恭喜高中了!"母亲不知是甚事，吓得躲在屋里；听见中了，方敢伸出头来说道："诸位请坐，小儿方才出去了。"那些报录人道："原来是老太太。"大家簇拥着要喜钱。正在吵闹，又是几匹马，二报、三报到了。挤了一屋的人，茅草棚地下都坐满了。邻居都来了，挤着看。老太太没奈何，只得央及一个邻居去寻他儿子。

那邻居飞奔到集上，一地里寻不见，直寻到集东头。见范进抱着鸡，手里插个草标，一步一踱的东张西望，在那里寻人买。邻居道："范相公，快些回去！恭喜你中了举人，报喜人挤了一屋里。"范进道是哄他，只装不听见，低着头往前走。邻居见他不理，走上来就要夺他手里的鸡。范进道："你夺我的鸡怎的？你又不买！"邻居道："你中了举了，叫你家去打发报子哩！"范进道："高邻，你晓得我今日没有米，要卖这鸡去救命，为什么拿这话来混我？我又不同你玩，你自回去罢，莫误了我卖鸡！"邻居见他不信，劈手把鸡夺了掼在地下，一把拉了回来。

报录人见了道："好了，新贵人回来了！"正要拥着他说话。范进三两步走进屋里来，见中间报帖已经升挂起来，上写道："捷报贵府老爷范讳进，高中广东乡试第七名亚元。京报连登黄甲。"范进不看便罢，看了一遍，又念一遍，自己把两手拍了一下，笑了一声道："噫！好！我中了！"说着往后一跤跌倒，牙关咬紧不省人事。老太太慌了，慌将几口开水灌了过来。他爬将起来，又拍着手大笑道："噫！好！我中了！"笑着，不由分说就往门外飞跑，把报录人和邻居都吓了一跳。走出大门不多路，一脚端在塘里，挣起来，头发都跌散了，两手黄泥，淋淋漓漓一身的水。众人拉他不住，拍着笑着一直走到集上去了。

众人大眼望小眼，一齐道："原来新贵人欢喜疯了。"老太太哭道："怎生这样苦命的事！中了一个什么举人，就得了这个拙病！这一疯了几时才得好？"娘子胡氏道："早上好好出去，怎的就得了这样的病！却是如何是好？"众邻居劝道："老太太不要心慌！我们而今且派两个人，跟定了范老爷。这里众人家里拿些鸡、蛋、酒、米，且管待了报子上的老爹们，再为商酌。"当下众邻居有拿鸡蛋来的，有拿白酒来的，也有背斗米来的，也有捉两只鸡来的。娘子哭哭啼啼在厨下收拾齐了，拿在草棚下。邻居又搬些桌凳，请报录的坐着吃酒，商议："他这疯了如何是好？"报录的内中有一个人道："在下倒有一个主意，不知可以行得行不得？"众人问："如何主意？"那人道："范老爷平日可有最怕的人？他只因欢喜狠了，痰涌上来迷了心窍。

如今只消他怕的这个人来，打他一个嘴巴，说：'这报录的话都是哄你，你并不曾中。'他吃这一吓，把痰吐了出来，就明白了。"众邻都拍手道："这个主意好得紧！妙得紧！范老爷怕的，莫过于肉案子上胡老爹。好了！快寻胡老爹来！他想是还不知道，在集上卖肉哩。"又一个人道："在集上卖肉，他倒好知道了。他从五更鼓就往东头集上迎猪，还不曾回来。快些迎着去寻他！"

一个人飞奔去迎，走到半路遇着胡屠户来，后面跟着一个烧汤的二汉，提着七八斤肉、四五千钱，正来贺喜。进门见了老太太，老太太大哭着告诉了一番。胡屠户诧异道:"难道这等没福?"外边人一片声请胡老爹说话。胡屠户把肉和钱交与女儿,走了出来。众人如此这般同他商议。胡屠户作难道:"虽然是我女婿,如今却做了老爷,就是天上的星宿。天上的星宿是打不得的!我听得斋公们说,打了天上的星宿,阎王就要拿去打一百铁棍,发在十八层地狱,永不得翻身。我却是不敢做这样的事!"邻居内一个尖酸人说道:"罢么!胡老爹,你每日杀猪的营生,白刀子进去,红刀子出来,阎王也不知叫判官在簿子上记了你几千条铁棍。就是添上这一百棍,也打什么要紧?只恐把铁棍子打完了,也算不到这笔账上来。或者你救好了女婿的病,阎王叙功,从地狱里把你提上第十七层来,也不可知。"报录的人道:"不要只管讲笑话。胡老爹,这个事须是这般,你没奈何,权变一权变。"屠户被众人劝不过,只得连斟两碗酒喝,壮一壮胆,把方才这些小心收起,将平日的凶恶样子拿出来,卷一卷那油晃晃的衣袖,走上集去。众邻居五六个都跟着走。老太太赶出叫道:"亲家,你只可吓他一吓,却不要把他打伤了!"众邻居道:"这自然,何消吩咐。"说着,一直去了。

来到集上,见范进正在一个庙门口站着,散着头发,满脸污泥,鞋都跑掉了一只,兀自拍着掌,口里叫道:"中了!中了!"胡屠户凶神似的走到跟前,说道:"该死的畜生!你中了什么?"一个嘴巴打将去。众人和邻居见这模样,忍不住地笑。不想胡屠户虽然大着胆子打了一下,心里到底还是怕的,那手早颤起来,不敢打到第二下。范进因这一个嘴巴,却也打晕了,昏倒于地。众邻居一齐上前,替他抹胸口、捶背心,舞了半日,渐渐喘息过来,眼睛明亮,不疯了。众人扶起,借庙门口一个外科郎中"跳驼子"板凳上坐着。胡屠户站在一边,不觉那只手隐隐地疼将起来。自己看时,把个巴掌仰着,再也弯不过来。自己心里懊恼道:"果然,天上文曲星是打不得的,而今菩萨计较起来了!"想一想,更疼得狠了,连忙问郎中讨了个膏药贴着。

范进看了众人,说道:"我怎么坐在这里?"又道:"我吗这半日,昏昏沉沉如在梦里一般。"众邻居道:"老爷,恭喜高中了。适才欢喜的有些引动了痰,方才吐出几口痰来,好了。快请回家去打发报录人!"范进说道:"是了,我也记得是中的第七名。"范进一面自绾了头发,一面问郎中借了一盆水洗洗脸。一个邻居早把那只鞋寻了来,替他穿上。见丈人在跟前,恐怕又要来骂。胡屠户上前道:"贤婿老爷,方才不是我敢大胆,是你老太太的主意,央我来劝你的。"邻居内一个人道:"胡老

爹方才这个嘴巴打的亲切,少顷范老爷洗脸,还要洗下半盆猪油来。"又一个道:"老爹,你这手,明日杀不得猪了。"胡屠户道:"我那里还杀猪!有我这贤婿,还怕后半世靠不着也怎的?我每常说,我的这个贤婿,才学又高,品貌又好,就是城里头那张府、周府这些老爷,也没有我女婿这样一个体面的相貌。你们不知道,得罪你们说,我小老这一双眼睛却是认得人的。想着先年,我小女在家里长到三十多岁,多少有钱富户要和我结亲!我自己觉得,女儿像有些福气的,毕竟要嫁与个老爷,今日果然不错!"说罢,哈哈大笑。众人都笑起来。看着范进洗了脸,郎中又拿茶来吃了，一同回家。范举人先走，屠户和邻居跟在后面。屠户见女婿衣裳后襟滚皱了许多，一路低着头替他扯了几十回。

到了家门，屠户高声叫道："老爷回府了！"老太太迎着出来，见儿子不疯，喜从天降。众人问报录的，已是家里把屠户送来的几千钱打发他们去了。范进拜了母亲，也拜谢丈人。胡屠户再三不安道："些许几个钱，不够你赏人。"范进又谢了邻居。

正待坐下，早看见一个体面的管家，手里拿着一个大红全帖，飞跑了进来道："张老爷来拜新中的范老爷。"说毕，轿子已是到了门口。胡屠户忙躲进女儿房里不敢出来。邻居各自散了。范进迎了出去。只见那张乡绅下了轿进来，头戴纱帽，身穿葵花色圆领，金带、皂靴。他是举人出身，做过一任知县的，别号静斋。同范进让了进来，到堂屋内平磕了头，分宾主坐下。张乡绅先攀谈道："世先生同在桑梓，一向有失亲近。"范进道："晚生久仰老先生，只是无缘，不曾拜会。"张乡绅道："适才看见题名录，贵房师高要县汤公，就是先祖的门生。我和你是亲切的世弟兄。"范进道："晚生侥幸，实是有愧。却幸得出老先生门下，可为欣喜。"张乡绅四面将眼睛望了一望，说道："世先生果是清贫。"随在跟的家人手里，拿过一封银子来说道："弟却也无以为敬，谨具贺仪五十两，世先生权且收着。这华居其实住不得，将来当事拜往俱不甚便。弟有空房一所就在东门大街上，三进三间，虽不轩敞，也还干净，就送与世先生。搬到那里去住，早晚也好请教些。"范进再三推辞，张乡绅急了，道："你我年谊世好，就如至亲骨肉一般。若要如此，就是见外了。"范进方才把银子收下，作揖谢了。又说了一会，打躬作别。胡屠户直等他上了轿，才敢走出堂屋来。

范进即将银子交与浑家，打开看，一封一封雪白的细丝锭子。即便包了两锭，叫胡屠户进来，递与他道："方才费老爹的心拿了五千钱来。这六两多银子，老爹拿了去。"屠户把银子攥在手里紧紧的，把拳头舒过来道："这个你且收着，我原是贺你的，怎好又拿了回去？"范进道："眼见得我这里还有这几两银子，若用完了，再来问老爹讨来用。"屠户连忙把拳头缩了回去，往腰里揣，口里说道："也罢，你而今相与了这个张老爷，何愁没了银子用？他家里的银子，说起来比皇帝家还多些哩！他家就是我卖肉的主顾，一年就是无事，肉也要用四五千斤，银子何足为奇！"又转回头来，望着女儿说道："我早上拿了钱来，你那该死行瘟的兄弟还不肯。我说：'姑老爷今非昔比,少不得有人把银子送上门来给他用,只怕姑老爷还不稀罕。'今日果不其然!如今拿了银子家去,骂这死砍头短命的奴才!"说了一会,千恩万谢,低着头笑眯眯地去了。

自此以后,果然有许多人来奉承他:有送田产的、有人送店房的,还有那些破落户,两口子来投身为仆图荫庇的。到两三个月,范进家奴仆、丫鬟都有了,钱、米是不消说了。张乡绅家又来催着搬家。搬到新房子里,唱戏、摆酒、请客,一连三日。到第四日上,老太太起来吃过点心,走到第三进房子内。见范进的娘子胡氏家常戴着银丝鬏髻,此时是十月中旬,天气尚暖,穿着天青缎套,官绿的缎裙,督率着家人、媳妇、丫鬟,洗碗盏杯箸。老太太看了,说道:"你们嫂嫂,姑娘们要仔细些,这都是别人家的东西,不要弄坏了!"家人、媳妇道:"老太太,那里是别人的,都是你老人家的!"老太太道:"我家怎的有这些东西?"丫鬟和媳妇一齐都说道:"怎么不是!岂但这些东西是,连我们这些人和这房子,都是你老太太家的!"老太太听了,把细瓷碗盏和银镶的杯盘,逐件看了一遍,哈哈大笑道:"这都是我的了!"大笑一声,往后便跌倒,忽然痰涌上来,不省人事。只因这一番,有分教:会试举人,变作秋风之客;多事贡生,长为兴讼之人。不知老太太性命如何,且听下回分解。

第四回 荐亡斋和尚吃官司
打秋风乡绅遭横事

话说老太太见这些家伙什物都是自己的，不觉欢喜，痰迷心窍，昏厥于地。家人、媳妇和丫鬟、娘子都慌了，快请老爷进来。范举人三步作一步走来看时，连叫母亲不应，忙将老太太抬放床上，请了医生来。医生说："老太太这病是中了脏，不可治了。"连请了几个医生，都是如此说。范举人越发慌了。夫妻两个守着哭泣，一面制备后事。挨到黄昏时分，老太太奄奄一息，归天去了。合家忙了一夜。

次日，请将阴阳徐先生来写了七单。老太太是犯三七，到期该请僧人追荐。大门上挂了白布球，新贴的厅联，都用白纸糊了。合城绅衿都来吊唁。请了同案的魏好古，穿着衣巾在前厅陪客。胡老爹上不得台盘，只好在厨房里或女儿房里，帮着量白布、秤肉、乱窜。

到得二七过了，范举人念旧，拿了几两银子交与胡屠户，托他仍旧到集上庵里，请平日相与的和尚做揽头，请大寺八众僧人来念经、拜"梁皇"忏、放焰口，追荐老太太生天。屠户拿着银子，一直走到集上庵里滕和尚家，恰好大寺里僧官慧敏也在那里坐着。僧官因有田在左近，所以常在这庵里起坐。滕和尚请屠户坐下，言及："前日新中的范老爷得病在小庵里，那日贫僧不在家，不曾候得。多亏门口卖药的陈先生烧了些茶水，替我做个主人。"胡屠户道："正是。我也多谢他的膏药。今日不在这里？"滕和尚道："今日不曾来。"又问道："范老爷那病随即就好了，却不想又有老太太这一变。胡老爹这几十天，想总在那里忙，不见来集上做生意。"胡屠户道："可不是吗？自从亲家母不幸去世，合城乡绅那一个不到他家来！就是我主顾张老爷、周老爷在那里司宾，大长日子，坐着无聊，只拉着我说闲话，陪着吃酒吃饭。见了客来，又要打躬作揖，累个不了。我是个闲散惯了的人，不耐烦做这些事！欲待躲着些，难道是怕小婿怪？惹绅衿老爷们看乔了，说道：'要至亲做什么呢？'"说罢，又如此这般把请僧人做斋的话说了。和尚听了，屁滚尿流，慌忙烧茶、下面。就在胡老爹面前转托僧官去约僧众，并备香烛、纸马、写疏等事。胡屠户吃过面去。

僧官接了银子，才待进城，走不到一里多路，只听得后边一个人叫道："慧老爷，为什么这些时不到庄上来走走？"僧官忙回过头来看时，是佃户何美之。何美之道："你老人家这些时，这等财忙！因甚事总不来走走？"僧官道："不是，我也要来。只因城里张大房里，想我屋后那一块田，又不肯出价钱。我几次回断了他。若到庄上来，他家那佃户又走过来嘴嘴舌舌缠个不清。我在寺里，他有人来寻我，只回他出门去了。"何美之道："这也不妨。想不想由他，肯不肯由你。今日无事，且到庄上去坐坐。况且，老爷前日煮过的那半只火腿吊在灶上，已经走油了，做的酒也熟了，不如消缴了他罢。今日就在庄上歇了去，怕怎的？"和尚被他说的口里流涎，那脚由不得自己，跟着他走到庄上。何美之叫浑家煮了一只母鸡，把火腿切了，酒舀出来烫着。和尚走热了，坐在天井内把衣服脱了一件，敞着怀，腆着个肚子，走出黑津津一头一脸的肥油。

须臾整理停当，何美之捧出盘子，浑家拎着酒，放在桌子上摆下。和尚上坐，浑家下陪，何美之打横，把酒来斟。吃着，说起三五日内，要往范府替老太太做斋。何美之浑家说道："范家老奶奶，我们自小看见他的，是个和气不过的老人家。只有他媳妇儿是庄南头胡屠户的女儿，一双红镶边的眼睛，一窝子黄头发，那日在这里住，鞋也没有一双，夏天靸毂着个蒲窝子，歪腿烂脚的。而今弄两件'尸皮子'穿起来，听见说做了夫人，好不体面！你说那里看人去！"正吃得兴头，听得外面敲门甚凶，何美之道："是谁？"和尚道："美之，你去看一看。"何美之才开了门，七八个人一齐拥了进来，看见女人、和尚一桌子坐着，齐说道："好快活！和尚、妇人大青天白日调情。好僧官老爷，知法犯法！"何美之喝道："休胡说！这是我田主人。"众人一顿骂道："田主人？连你婆子都有主儿了！"不由分说，拿条草绳，把和尚精赤条条同妇人一绳捆了，将个杠子穿心抬着，连何美之也带了，来到南海县前，一个关帝庙前戏台底下。和尚同妇人拴做一处，候知县出堂报状。众人押着何美之出去，和尚悄悄叫他报与范府。

范举人因母亲做佛事，和尚被人拴了，忍耐不得，随即拿帖子向知县说了。

知县差班头将和尚解放，女人着交美之领了家去，一班光棍带着，明日早堂发落。众人慌了，求张乡绅帖子在知县处说情。知县准了，早堂带进，骂了几句，扯一个淡赶了出去。和尚同众人，倒在衙门口用了几十两银子。

僧官先去范府谢了，次日方带领僧众来铺结坛场、挂佛像，两边十殿阎君。吃了开经面，打动铙、钹、叮当，念了一卷经，摆上早斋来。八众僧人，连司宾的魏相公，共九位，坐了两席。才吃着，长班报有客到。魏相公丢了碗，出去迎接进来，便是张、周两位乡绅，乌纱帽，浅色圆领，粉底皂靴。魏相公陪着一直拱到灵前去了。内中一个和尚向僧官道："方才进去的，就是张大户里静斋老爷。他和你是田邻，你也该过去问讯一声才是。"僧官道："也罢了。张家是什么有意思的人！想起我前日这一番是非，哪里是什么光棍？就是他的佃户商议定了，做鬼做神来弄送我。不过要簸掉我几两银子，好把屋后的那一块田卖与他。使心用心，反害了自身！落后，县里老爷要打他庄户，一般也慌了，觍着脸拿帖子去说，惹的县主不喜欢。"又道："他没脊骨的事多哩！就像周三房里做过巢县家的大姑娘，是他的外甥女儿。三房里曾托我说媒，我替他讲西乡里封大户家，好不有钱！张家硬主张着许与方才这穷不了的小魏相公，因他进个学，又说他会做个什么诗词。前日替这里做了一个荐亡的疏，我拿了给人看，说是倒别了三个字。像这都是作孽！眼见得二姑娘也要许人家了，又不知撮弄与个什么人！"说着，听见靴底响，众和尚挤挤眼，僧官就不言语了。两位乡绅出来同和尚拱一拱手，魏相公送了出去。众和尚吃完了斋，洗了脸和手，吹打拜忏，行香放灯，施食散花，跑五方，整整闹了三昼夜方才散了。

光阴弹指，七七之期已过，范举人出门谢了孝。一日张静斋来候问，还有话说。范举人叫请在灵前一个小书房里坐下，穿着衰绖出来相见，先谢了丧事里诸凡相助的话。张静斋道："老伯母的大事，我们做子侄的，理应效劳。想老伯母这样大寿归天也罢了，只是误了世先生此番会试。看来想是祖茔安葬了，可曾定有日期？"范举人道："今年山向不利，只好来秋举行，但费用尚在不敷。"张静斋屈指一算："铭旌是用周学台的衔。墓志托魏朋友将就做一篇，却是用谁的名？其余殡仪、桌席、执事、吹打，以及杂用、饭食、破土、谢风水之类，须三百多银子。"正算着，捧出饭来吃了。张静斋又道："三载居庐自是正理。但世先生

为安葬大事，也要到外边设法使用，似乎不必拘拘。现今高发之后，并不曾到贵老师处一候。高要地方肥美，或可秋风一二。弟意也要去候敝世叔，何不相约同行？一路上舟车之费，弟自当措办，不须世先生费心。"范举人道："极承老先生厚爱，只不知大礼上可行得？"张静斋道："礼有经，亦有权。想没有什么行不得处。"范举人又谢了。

张静斋约定日期，雇齐夫马，带了从人，取路往高要县进发，于路上商量说："此来，一者见老师；二来老太夫人墓志，就要借汤公的官衔名字。"不一日，进了高要城。那日知县下乡相验去了。二位不好进衙门，只得在一个关帝庙里坐下。那庙正修大殿，有县里工房在内监工。工房听见县主的相与到了，慌忙迎到里面客位内坐着，摆上九个茶盘来。工房坐在下席执壶斟茶。

吃了一回，外面走进一个人来，方巾阔服，粉底皂靴，蜜蜂眼，高鼻梁，络腮胡子。那人一进了门，就叫把盘子撤了，然后与二位叙礼坐下，动问那一位是张老先生，那一位是范老先生。二人各自道了姓名。那人道："贱姓严，舍下就在咫尺。去岁，宗师案临，幸叨岁荐，与我这汤父母是极好的相与。二位老先生，想都是年家故旧？"二位各道了年谊师生，严贡生不胜钦敬。工房告过失陪，那边去了。

严家家人掇了一个食盒来，又提了一瓶酒桌上放下。揭开盒盖，九个盘子都是鸡、鸭、糟鱼、火腿之类。严贡生请二位老先生上席，斟酒奉过来说道："本该请二位老先生降临寒舍，一来蜗居恐怕亵尊，二来就要进衙门去，恐怕关防有碍，故此备个粗碟就在此处谈谈。休嫌轻慢！"二位接了酒道："尚未奉谒，倒先取扰。"严贡生道："不敢，不敢。"立着要候干一杯。二位恐怕脸红，不敢多用，吃了半杯放下。严贡生道："汤父母为人廉静慈祥，真乃一县之福！"张静斋道："是。敝世叔也还有些善政吗？"严贡生道："老先生，人生万事都是个缘法，真个勉强不来的。汤父母到任的那日，敝处阖县绅衿公搭了一个彩棚，在十里牌迎接。弟站在彩棚门口，须臾，锣、旗、伞、扇、吹手、夜役，一队一队都过去了。轿子将近，远远望见老父母两朵高眉毛、一个大鼻梁、方面大耳，我心里就晓得，是一位岂弟君子。却又出奇，几十人在那里同接，老父母轿子里两只眼只看着小弟一个人。那时，有个朋友同小弟并站着，他把眼望一望老父母，又把眼望一望小弟，悄悄问我：'先年可曾认得这位父母？'小弟从实说：'不曾认得。'他就痴心，只道父母看的是他，忙抢上几步，意思要老父母问他什么。不想老父母下了轿同众人打躬，倒把眼望了别处，才晓得从前不是看他，把他羞的要不得。次日小弟到衙门去谒见，老父母方才下学回来，诸事忙作一团，却连忙丢了，叫请小弟进去，换了两遍茶，就像相与过几十年的一般。"张乡绅道："总因你先生为人有品望，所以敝世叔相敬。近来自然时时请教。"严贡生道："后来倒也不常进去。实不相瞒，小弟只是一个为人率真，在乡里之间，从不晓得占人寸丝半粟的便宜，所以历来的父母官都蒙相爱。汤父母容易不大喜会客，却也凡事心照。就如前月县考，把二小儿取在第十名，叫了进去，细细问他从的先生是那个？又问他可曾定过亲事？着实关切！"范举人道："我这老师看文章是法眼。既然赏鉴令郎，一定是英才，可贺！"严贡生道："岂敢，岂敢。"又道："我这高要是广东出名县分，一岁之中，银粮耗羡，花、布、牛、驴、渔、船、田、房税，不下万金。"又自拿手在桌上画着，低声说道："像汤父母这个做法，不过八千金。前任潘父母做的时节，实有万金。他还有些枝叶，还用着我们几个要紧的人。"说着，恐怕有人听见，把头别转来望着门外。一个蓬头赤足的小厮走了进来，望着他道："老爷，家里请你回去！"严贡生道："回去做什么？"小厮道："早上关的那口猪，那人来讨了，在家里吵哩。"严贡生道："他要猪，拿钱来！"小厮道："他说猪是他的。"严贡生道："我知道了。你先去吧，我就来。"那小厮又不肯去。张、范二位道："既然府上有事，老先生竟请回罢！"严贡生道："二位老先生有所不知，这口猪原是舍下的。"才说得一句，听见锣响，一齐立起身来说道："回衙了。"

二位整一整衣帽，叫管家拿着帖子，向贡生谢了扰，一直来到宅门口，投进帖子去。知县汤奉接了帖子：一个写"世侄张师陆"，一个写"门生范进"。自心里沉吟道："张世兄屡次来打秋风，甚是可厌；但这回同我新中的门生来见，不好回他。"吩咐快请。两人进来，先是静斋见过，范进上来叙师生之礼。汤知县再三谦让，奉坐吃茶。同静斋叙了些阔别的话，又把范进的文章称赞了一番，问道："因何不去会试？"范进方才说道："先母见背，遵制丁忧。"汤知县大惊，忙叫换去了吉服，拱进后堂，摆上酒来。席上燕窝、鸡、鸭，此外，就是广东出的柔鱼、苦瓜，也做两碗。知县安了席坐下，用的都是银镶杯箸。范进退前缩后的不举杯箸，知县不解其故。静斋笑道："世先生因遵制，想是不用这个杯箸。"知县忙叫换去，换了一个瓷杯、一双象牙箸来。范进又不肯举。静斋道："这个箸也不用。"随即，换了一双白颜色竹子的来方才罢了。知县疑惑他居丧如此尽礼，倘或不用荤酒，却是不曾备办。落后，看见他在燕窝碗里，拣了一个大虾元子送在嘴里，方才放心。因说道："却是得罪得紧。我这敝教酒席没有什么吃得，只这几样小菜，权且用个便饭。敝教只是个牛羊肉，又恐贵教老爷们不用，所以不敢上席。现今奉旨禁宰耕牛，上司行来牌票甚紧，衙门里都也莫得吃。"掌上烛来，将牌拿出来看着。

一个贴身的小厮，在知县耳跟前悄悄说了几句话。知县起身向二位道："外边有个书办回话，弟去一去就来。"去了一时，只听得吩咐道："且放在那里。"回来又入席坐下，说了失陪。向张静斋道："张世兄，你是做过官的。这件事正该商之于你，就是断牛肉的话。方才，有几个教亲共备了五十斤牛肉，请出一位老师夫来求我，说是要断尽了，他们就没有饭吃，求我略松宽些，叫作'瞒上不瞒下'。送五十斤牛肉在这里与我，却是受得受不得？"张静斋道："老世叔，这话断断使不得的了！你我做官的人，只知有皇上，哪知有教亲？想起洪武年间，刘老先生……”汤知县道：“那个刘老先生？”静斋道：“讳基的了。他是洪武三年开科的进士，‘天下有道’三句中的第五名。”范进插口道：“想是第三名？”静斋道：“是第五名。那墨卷是弟读过的，后来入了翰林。洪武私行到他家，就如‘雪夜访普’的一般。恰好江南张王送了他一坛小菜，当面打开看，都是些瓜子金。洪武圣上恼了，说道：‘他以为天下事，都靠着你们书生！’到第二日，把刘老先生贬为青田县知县，又用毒药摆死了。这个如何了得！”知县见－他说的口若悬河，又是本朝确切典故，不由得不信。问道：“这事如何处置？”张静斋道：“依小侄愚见，世叔就在这事上出个大名。今晚叫他伺候。明日早堂，将这老师夫拿进来打他几十个板子，取一面大枷枷了，把牛肉堆在枷上，出一张告示在旁，申明他大胆之处。上司访知，见世叔一丝不苟，升迁就在指日。”知县点头道：“十分有理。”当下席终，留二位在书房住了。

次日早堂，头一起，带进来是一个偷鸡的积贼。知县怒道：“你这奴才，在我手里犯过几次，总不改业。打也不怕，今日如何是好？”因取过朱笔来，在他脸上写了“偷鸡贼”三个字，取一面枷枷了。把他偷的鸡，头向后，尾向前，捆在他头上，枷了出去。才出得县门，那鸡屁股里刮喇的一声，屙出一抛稀屎来，从额颅上淌到鼻子上，胡子沾成一片，滴到枷上。两边看的人多笑。第二起，叫将老师夫上来，大骂一顿“大胆狗奴”，重责三十板。取一面大枷，把那五十斤牛肉，都堆在枷上，脸和颈子箍得紧紧的，只剩得两个眼睛，在县前示众。天气又热，枷到第二日，牛肉生蛆。第三日呜呼死了。

众回子心里不服，一时聚众数百人鸣锣罢市，闹到县前来，说道：“我们就是不该送牛肉来，也不该有死罪！这都是南海县的光棍张师陆的主意！我们闹进衙门去，揪他出来一顿打死，派出一个人来偿命！”不因这一闹，有分教：贡生兴讼，潜踪私来省诚；乡绅结亲，谒贵竟游京国。未知众回子吵闹如何，且听下回分解。

儒林外史

图文珍藏版

第五回　王秀才议立偏房
严监生疾终正寝

　　话说众回子因汤知县枷死了老师夫，闹将起来，将县衙门围得水泄不通，口口声声只要揪出张静斋来打死。知县大惊，细细在衙门里追问，才晓得是门子透风。知县道："我至不济，到底是一县之主。他敢怎的我？设或闹了进来，看见张世兄，就有些开交不得了。如今须是设法，先把张世兄弄出去，离了这个地方上才好。"忙唤了几个心腹的衙役进来商议。幸得衙门后身紧靠着北城，几个衙役先溜到城外，用绳子把张、范二位系了出去。换了蓝布衣服、草帽、草鞋，寻一条小路，忙忙如丧家之狗，急急如漏网之鱼，连夜找路回省城去了。

　　这里学师、典史俱出来安民，说了许多好话。众回子渐渐的散了。汤知县把这情由细细写了个禀帖，禀知按察司，按察司行文书檄了知县去。汤奉见了按察司，摘去纱帽，只管磕头。按察司道："论起来，这件事，你汤老爷也忒孟浪了些！不过枷责就罢了，何必将牛肉堆在枷上？这个成何刑法？但此刁风也不可长。我这里少不得拿几个为头的来，尽法处置。你且回衙门去办事，凡事须要斟酌些，不可任性！"汤知县又磕头说道："这事是卑职不是。蒙大老爷保全，真乃天地父母之恩，此后知过必改。但大老爷审断明白了，这几个为头的人，还求大老爷发下卑县发落，赏卑职一个脸面。"按察司也应承了。知县叩谢出来回到高要。过了些时，果然把五个为头的回子，问成奸民挟制官府，依律枷责，发来本县发落。知县看了本来文，挂出牌去。次日早晨大摇大摆出堂，将回子发落了。

　　正要退堂，见两个人进来喊冤，知县叫带上来问。一个叫作王小二，是贡生严大位的紧邻。去年三月内严贡生家一口才过下来的小猪走到他家去，他慌送回严家。严家说，猪到人家，再寻回来，最不利市。押着出了八钱银子把小猪就卖与他。这一口猪在王家已养到一百多斤，不想错走到严家去，严家把猪关了。小二的哥子王大走到严家讨猪。严贡生说猪本来是他的，你要讨猪，照时值估价，拿几两银子来，领了猪去。王大是个穷人，那有银子，就同严家争吵了几句，被严贡生几个儿子，拿拴门的闩、赶面的杖，打了一个臭死，腿都打折了，睡在家里。所以小二来喊冤。知县喝过一边，带那一个上来，问道："你叫作什么名字？"那人是个五六十岁的老者，禀道："小人叫作黄梦统，在乡下住。因去年九月上县来交钱粮，一时短少，央中向严乡绅借二十两银子，每月三分钱，写立借约送在严府，小的却不曾拿他的银子。走上街来遇着个乡里的亲眷，说他有几两银子借与小的，交个几分数，再下乡去设法，劝小的不要借严家的银子。小的交完钱粮就同亲戚回家去了。至今已是大半年，想起这事，来问严府取回借约。严乡绅问小的要这几个月的利钱。小的说：'并不曾借本，何得有利？'严乡绅说小的当时拿回借约，好让他把银子借与别人生利。因不曾取约，他将二十两银子也不能动；误了大半年的利钱，该是小的出。小的自知不是，向中人说，情愿买个蹄、酒上门取约。严乡绅执意不肯，把小的驴和米，同稍袋都叫人短了家去，还不发出纸来。这样含冤负屈的事，求太老爷做主！"知县听了，说道："一个做贡生的人忝列衣冠，不在乡里间做些好事，只管如此骗人，其实可恶！"便将两张状子都批准，原告在外伺候。

早有人把这话报知严贡生。严贡生慌了，自心里想："这两件事都是实的，倘若审断起来，体面上须不好看。三十六计，走为上计。"卷卷行李，一溜烟急走到省城去了。

知县准了状子，发房出了差。来到严家，严贡生已是不在家了。只得去会严二老官。二老官叫作严大育，字致和。他哥字致中，两人是同胞弟兄，却在两个宅里住。这严致和是个监生，家有十多万银子。严致和见差人来说了此事，他是个胆小有钱的人，见哥子又不在家，不敢轻慢，随即留差人吃了酒饭，拿两千钱打发去了。忙着小厮去请两位舅爷来商议。

他两个阿舅姓王，一个叫王德，是府学廪膳生员；一个叫王仁，是县学廪膳生员。都做着极兴头的馆，铮铮有名。听见妹丈请，一齐走来。严致和把这件事，从头告诉一遍，"现今出了差票在此，怎样料理？"王仁笑道："你令兄平日常说同汤公相与的，怎的这一点事就吓走了？"严致和道："这话也说不尽了。

只是家兄而今两脚站开，差人却在我这里吵闹要人。我怎能丢了家里的事出外去寻他？他也不肯回来。"王仁道："各家门户，这事究竟也不与你相干。"王德道："你有所不知。衙门里的差人，因妹丈有碗饭吃，他们做事只拣有头发的抓。若说不管，他就更要的人紧了。如今有个道理，是'釜底抽薪'之法：只消央个人去把告状的安抚住了，众人递个拦词便歇了。谅这也没有多大的事。"王仁道："不必又去央人，就是我们愚兄弟两个，去寻了王小二、黄梦统，到家替他分说开。把猪也还与王家，再折些许银子给他，养那打坏了的腿；黄家那借约，查了还他。一天的事都没有了。"严致和道："老舅怕不说的是。只是我家嫂，也是个糊涂人，几个舍侄，就像生狼一般，一总也不听教训。他怎肯把这猪和借约拿出来？"王德道："妹丈，这话也说不得了。假如你令嫂、令侄拗着，你认晦气，再拿出几两银子折个猪价，给了王姓的；黄家的借约，我们中间人立个纸笔与他，说寻出作废纸无用，这事才得落台，才得个耳根清净。"当下商议已定，一切办的停妥。

严二老官连在衙门使费，共用去了十几两银子。官司已了。

过了几日，整治一席酒，请二位舅爷来致谢。两个秀才拿腔作势，在馆里又不肯来。严致和吩咐小厮去说："奶奶这些时心里有些不好，今日一者请吃酒，二者奶奶要同舅爷们谈谈。"二位听见这话方才来。严致和即迎进厅上，吃过茶叫小厮进去说了。丫鬟出来请二位舅爷，进到房内。抬头看见他妹子王氏，面黄肌瘦，怯生生的，路也走不全，还在那里自己装瓜子、剥栗子，办围碟。见他哥哥进来，丢了过来拜见。奶妈抱着妾出的小儿子，年方三岁，带着银项圈，穿着红衣服，来叫舅舅。二位吃了茶。一个丫鬟来说："赵新娘进来拜舅爷。"二位连忙道："不劳罢。"坐下说了些家常话，又问妹子的病，"总是虚弱，该多用补药。"说罢，前厅摆下酒席，让了出去上席。

叙些闲话，又提起严致中的话来。王仁笑着问王德道："大哥，我到不解，他家大老那宗笔下，怎得会补起廪来的？"王德道："这是三十年前的话。那时，宗师都是御史出来，本是个吏员出身，知道什么文章！"王仁道："老大而今越发离奇了！我们至亲，一年中也要请他几次，却从不曾见他家一杯酒。想起还是前年出贡竖旗杆，在他家扰过一席。"王德愁着眉道："那时我不曾去。他为出

了一个贡，拉人出贺礼，把总甲、地方都派分子；县里狗腿差是不消说，弄了有一二百吊钱，还欠下厨子钱。屠户肉案子上的钱，至今也不肯还。过两个月在家吵一回，成什么模样！"严致和道："便是我也不好说。不瞒二位老舅，像我家还有几亩薄田，日逐夫妻四口在家里度日，猪肉也舍不得买一斤。每常小儿子要吃时，在熟切店内买四个钱的，哄他就是了。家兄寸土也无，人口又多，过不得三天，一买就是五斤，还要白煮得稀烂。上顿吃完了，下顿又在门口赊鱼。当初分家也是一样田地，白白都吃穷了。而今端了家里花梨椅子，悄悄开了后门，换肉心包子吃。你说这事如何是好？"二位哈哈大笑。笑罢，说："只管讲这些混话，误了我们吃酒。快取骰盆来。当下取骰子送与大舅爷："我们行状元令。"两位舅爷，一个人行一个状元令，每人中一回状元，吃一大杯。两位就中了几回状元，吃了几十杯。却又古怪："那骰子竟像知人事的，严监生一回状元也不曾中。二位拍手大笑。吃到四更鼓尽，跌跌撞撞，扶了回去。

自此以后，王氏的病渐渐重将起来。每日四五个医生，用药都是人参、附子，并不见效。看看卧床不起，生儿子的妾，在旁侍奉汤药极其殷勤。看他病势不好，夜晚时抱了孩子在床脚头坐着哭泣。哭了几回，那一夜道："我而今只求菩萨把我带了去，保佑大娘好了罢。"王氏道："你又痴了，各人的寿数那个是替得的？"赵氏道："不是这样说。我死了值得什么？大娘若有些长短，他爷少不得又娶个大娘。他爷四十多岁只得这点骨血，再娶个大娘来，各养的各疼。自古说：'晚娘的拳头，云里的日头。'这孩子料想不能长大。我也是个死数，不如早些替了大娘去，还保得这孩子一命。"王氏听了，也不答应。赵氏含着眼泪，日逐煨药煨粥，寸步不离。

一晚，赵氏出去了一会，不见进来。王氏问丫鬟道："赵家的那里去了？"丫鬟道："新娘每夜摆个香桌在天井里，哭求天地。他仍要替奶奶，保佑奶奶就好。今夜看见奶奶病重，所以早些出去拜求。"王氏听了，似信不信。次日晚间，赵氏又哭着讲这些话。王氏道："何不向你爷说，明日我若死了，就把你扶正做个填房？"赵氏忙请爷进来，把奶奶的话说了。严致和听了这一番话，连三说道："既然如此，明日清早就要请二位舅爷说定此事，才有凭据。"王氏摇手道："这个也随你们怎样做去。"

严致和就叫人极早请了舅爷来，看了药方，商议再请名医。说罢，让进房内坐着。严致和把王氏如此这般意思说了，又道："老舅可亲自问声令妹。"两人走到床前，王氏已是不能言语了，把手指着孩子，点了一点头。两位舅爷看了，把脸本丧着，不则一声。须臾，让到书房里用饭，彼此不提这话。吃罢，又请到一间密屋里。严致和说起王氏病重，吊下泪来，道："你令妹自到舍下二十年，真是弟的内助！如今丢了我，怎生是好？前日还向我说，岳父、岳母的坟也要修理。他自己积的一点东西，留与二位老舅，做个遗念。"因把小厮都叫出去，开了一张橱，拿出两封银子来，每位一百两，递与二位："老舅休嫌轻意！"二位双手来接。严致和又道："却是不可多心。将来要备祭桌，破费钱财，都是我这里备齐，请老舅来行礼。明日还拿轿子接两位舅奶奶来，令妹还有些首饰，留为遗念。"交毕，仍旧出来坐着。

外边有人来候，严致和去陪客人去了。回来见二位舅爷哭得眼红红的。王仁道："方才同家兄在这里说，舍妹真是女中丈夫，可谓王门有幸。方才这一番话，恐怕老妹丈胸中，也没有这样道理，还要恍恍忽忽，疑惑不清，枉为男子。"王德道："你不知道，你这一位如夫人关系你家三代。舍妹殁了，你若另娶一人，磨害死了我的外甥，老伯、老伯母在天不安，就是先父母也不安了。"王仁拍着桌子道："我们念书的人，全在纲常上做工夫，就是做文章，代孔子说话，也不过是这个理。你若不依，我们就不上门了！"严致和道："恐怕寒族多话。"两位道："有我两人做主。但这事须要大做。妹丈，你再出几两银子，明日只做我两人出的，备十几席，将三党亲都请到了，趁舍妹眼见，你两口子同拜天地祖宗，立为正室，谁人再敢放屁！"严致和又拿出五十两银子来交与，二位义形于色去了。

过了三日，王德、王仁果然到严家来，写了几十副帖子，遍请诸亲六眷。择个吉期，亲眷都到齐了，只有隔壁大老爹家，五个亲侄子一个也不到。众人吃过早饭，先到王氏床面前，写立王氏遗嘱。两位舅爷王于据、王于依都画了字。严监生戴着方巾，穿着青衫，披了红绸；赵氏穿着大红，戴了赤金冠子，两人双拜了天地，又拜了祖宗。王于依广有才学，又替他做了一篇告祖先的文，甚是恳切。告过祖宗，转了下来，两位舅爷叫丫鬟在房里请出两位舅奶奶来。夫妻四个，齐铺铺请妹夫、妹妹转在大边，磕下头去，以叙姊妹之礼。众亲眷都分了大小。便是管事的管家、家人、媳妇、丫鬟、使女，黑压压的几十个人，都来磕了主人、主母的头。赵氏又独自走进户内，拜王氏做姐姐。那时王氏已发昏去了。行礼已毕，大厅、二厅、书房、内堂屋，官客并堂客，共摆了二十多桌酒席。吃到三更时分，严监生正在大厅陪着客，奶妈慌忙走了出来，说道："奶奶断了气了！"严监生哭着走了进去，只见赵氏扶着床沿一头撞去，已经哭死了。众人且扶着赵氏灌开水，撬开牙齿灌了下去，灌醒了时，披头散发满地打滚，哭的天昏地暗，连严监生也无可奈何。管家都在厅上，堂客都在堂屋候殓，只有两个舅奶

奶在房里，乘着人乱，将些衣服、金珠首饰一掳精空，连赵氏方才戴的赤金冠子滚在地下，也拾起来藏在怀里。严监生慌忙叫奶妈抱起哥子来，拿一搭麻替他披着。那时衣衾棺椁都是现成的，入过了殓，天才亮了。灵柩停在第二层中堂内。众人进来参了灵，各自散了。

次日送孝布，每家两个。第三日成服。赵氏定要披麻戴孝，两位舅爷断然不肯，道："'名不正，则言不顺。'你此刻是姊妹了，妹子替姐姐只戴一年孝，穿细布孝衫，用白布孝箍。"议礼已定，报出丧去。自此，修斋、理七、开丧、出殡，用了四五千两银子，闹了半年，不必细说。赵氏感激两位舅爷入于骨髓，田上收了新米，每家两石；腌冬菜每家也是两石；火腿每家四只；鸡、鸭、小菜不算。

不觉到了除夕。严监生拜过了天地祖宗，收拾一席家宴。严监生同赵氏对坐，奶妈带着哥子，坐在底下。吃了几杯酒，严监生吊下泪来，指着一张橱里向赵氏说道："昨日典铺内送来三百两利钱，是你王氏姐姐的私房。每年腊月二十七八日送来，我就交与他。我也不管他在那里用。今年又送这银子来，可怜就没人接了！"赵氏道："你也莫要说大娘的银子没用处，我是看见的。想起一年到头，逢时遇节，庵里师姑送盒子，卖花婆换珠翠，弹三弦琵琶的女瞎子不离门，那一个不受他的恩惠？况他又心慈，见那些穷亲戚，自己吃不成也要把人吃，穿不成也要把人穿。这些银子够做什么！再有些也完了。倒是两位舅爷，从来不沾他分毫。依我的意思，这银子也不费用掉了，到开年，替奶奶大大的做几回好事。剩下来的银子料想也不多，明年是科举年，就是送与两位舅爷做盘程，也是该的。"严监生听着他说，桌子底下一个猫就扒在他腿上。严监生一靴头子踢开了。那猫吓得跑到里房内去，跑上床头。只听得一声大响，床头上掉下一个东西来，把地板上的酒坛子都打碎了。拿烛去看，原来那瘟猫，把床顶上的板跳塌一块，上面吊下一个大篦篓子来。近前看时，只见一地黑枣拌在酒里，篦篓横睡着。两个人才扳过来，枣子底下，一封一封桑皮纸包着。打开看时，共五百两银子。严监生叹道："我说他的银子，那里就肯用完了！像这，都是历年聚积的，恐怕我有急事好拿出来用的。而今他往那里去了！"一回哭着，叫人扫了地，把那个干枣子装了一盘，同赵氏放在灵前桌上，伏着灵床子又哭了一场。因此，新年不出去拜节，在家哽哽咽咽不时哭泣，精神颠倒，恍惚不宁。过了灯节后，就叫心口疼痛。初时撑着，每晚算账直算到三更鼓。后来就渐渐饮食不进，骨瘦如柴，又舍不得银子吃人参。赵氏劝他道："你心里不自在，这家务事，就丢开了罢！"他说道："我儿子又小，你叫我托那个？我在一日少不得料理一日。"不想春气渐深，肝木克了脾土，每日只吃两碗米汤，卧床不起。及至天气和暖，又勉强进些饮食，挣起来，家前屋后走走。挨过长夏，立秋以后病又重了。睡在床上，想着田上要收早稻，打发了管庄的仆人下乡去，又不放心，心里只是急躁。

那一日，早上吃过药，听着萧萧落叶打的窗子响，自觉得心里虚怯，长叹了一口气，把脸朝床里面睡下。赵氏从房外同两位舅爷进来问病，就辞别了到省城里乡试去。严监生叫丫鬟扶起来，强勉坐着。王德、王仁道："好几日不曾看妹丈，原来又瘦了些，喜得精神还好。"严监生请他坐下，说了些恭喜的话，留在房里吃点心，就讲到除夕夜里这一番话。叫赵氏拿出几封银子来，指着赵氏说道："这倒是他的意思，说姐姐留下来的一点东西，送与二位老舅，添着做恭喜的盘费。我这病势沉重，将来二位回府，不知可会的着了。我死之后，二位老舅照顾你外甥长大，教他读读书，挣着进个学，免得像我一生，终日受大房里的气！"二位接了银子，每位怀里带着两封，谢了又谢，又说了许多的安慰的话，作别去了。

自此，严监生的病一日重似一日，再不回头。诸亲六眷都来问候。五个侄子穿梭的过来，陪郎中弄药。到中秋以后，医家都不下药了。把管庄的家人，都从乡里叫了上来。病重得一连三天不能说话。晚间，挤了一屋的人，桌上点着一盏灯。严监生喉咙里痰响得一进一出，一声不倒一声的，总不得断气，还把手从被单里拿出来，伸着两个指头。大侄子走上前来，问道："二叔，你莫不是还有两个亲人不曾见面？"他就把头摇了两三摇。二侄子走上前来，问道："二叔，莫不是还有两笔银子在那里，不曾吩咐明白？"他把两眼睁得溜圆，把头又狠狠摇了几摇，越发指得紧了。奶妈抱着哥子，插口道："老爷想是因两位舅爷不在跟前，故此纪念。"他听了这话，把眼闭着摇头，那手只是指着不动。赵氏慌忙揩揩眼泪走近上前，道："爷，别人都说得不相干，只有我晓得你的意思！"只因这一句话，有分教：争田夺产，又从骨肉起戈矛；继嗣延宗，齐向官司进词讼。不知赵氏说出什么话来，且听下回分解。

第六回　乡绅发病闹船家
寡妇含冤控大伯

话说严监生临死之时，伸着两个指头，总不肯断气，几个侄儿和些家人，都来胡乱着问，有说为两个人的，有说为两件事的，有说为两处田地的，纷纷不一，只管摇头不是。赵氏分开众人走上前道："爷，只有我能知道你的心事。你是为那灯盏里点的是两茎灯草，不放心，恐费了油。我如今挑掉一茎就是了。"说罢，忙走去挑掉一茎。众人看严监生时，点一点头，把手垂下，登时就没了气。合家大口号哭起来，准备入殓，将灵柩停在第三层中堂内。

次早，着几个家人小厮满城去报丧。族长严振先，领着合族一班人来吊孝。都留着吃酒饭，领了孝布回去。赵氏有个兄弟赵老二，在米店里做生意；侄子赵老汉，在银匠店扯银炉，这时也公备个祭礼来上门。僧道挂起长幡，念经追荐。赵氏领着小儿子，早晚在柩前举哀。伙计、仆从、丫鬟、养娘，人人挂孝，门口一片都是白。

看看闹过头七，王德、王仁科举回来了，齐来吊孝，留着过了一日去。

又过了三四日，严大老官也从省里科举了回来，几个儿子都在这边丧堂里。大老爹卸了行李，正和浑家坐着，打点拿水来洗脸，早见二房里一个奶妈领着一个小厮，手里捧着端盒和一个毡包走进来，道："二奶奶顶上大老爹。知道大老爹来家了，热孝在身，不好过来拜见。这两套衣服和这银子，是二爷临终时说下的，送与大老爹做个遗念。就请大老爹过去。"严贡生打开看了，簇新的两套缎子衣服，齐臻臻的二百两银子，满心欢喜。随向浑家封了八分银子赏封，递与奶妈，说道："上复二奶奶，多谢。我即刻就过来。"打发奶妈和小厮去了。将衣裳和银子收好，又细问浑家，知道和儿子们都得了他些别敬，这是单留与大老官的。问毕，换了孝巾，系了一条白布的腰经，走过那边来。到柩前叫声"老二"，干号了几声，下了两拜。赵氏穿着重孝出来拜谢，又叫儿子磕伯伯的头，哭着说道："我们苦命。他爷半路里丢了去了，全靠大爷替我们做主！"严贡生道："二奶奶，人生各禀的寿数。我老二已是归天去了。你现今有恁个好儿子，慢慢地带着他过活，焦怎的？"赵氏又谢了，请在书房摆饭。请两位舅爷来陪。

须臾，舅爷到了，作揖坐下。王德道："令弟平日身体壮盛，怎么忽然一病就不能起？我们至亲的，也不曾当面别一别，甚是惨然。"严贡生道："岂但二位亲翁，就是我们弟兄一场，临危也不得见一面。但自古道'公而忘私，国而忘家'。我们科场是朝廷大典，你我为朝廷办事，就是不顾私亲，也还觉得于心无愧。"王德道："大先生在省，将有大半年了？"严贡生道："正是。因前任学台周老师举了弟的优行，又替弟考出了贡。他有个本家在这省里住，是做过应天巢县的，所以到省去会会他。不想一见如故，就留着住了几个月。又要同我结亲，再三把他第二令爱许与二小儿了。"王仁道："在省就住在他家的吗？"严贡生道："住在张静斋家。他也是做过县令，是汤父母的世侄。因在汤父母衙门里同席吃酒认得，相与起来。周亲家家，就是静斋先生执柯作伐。"王仁道："可是那年同一位姓范的孝廉同来的？"严贡生道："正是。"王仁递个眼色与乃兄道："大哥可记得？就是惹出回子那一番事来的了。"王德冷笑了一声。

一会摆上酒来，吃着又谈。王德道："今岁汤父母不曾入帘？"王仁道："大哥，你不知道吗？因汤父母前次入帘，都取中了些'陈猫古老鼠'的文章，不入时目，所以这次不曾来聘。今科十几位帘官，都是少年进士，专取有才气的文章。"严贡生道："这倒不然，才气也须是有法则。假若不照题位，乱写些热闹话，难道也算有才气不成？就如我这周老师，极是法眼，取在一等前列，都是有法则的老手。今科少不得还在这几个人内中。"严贡生说此话，因他弟兄两个，在周宗师手里都考的是二等。二人听这话，心里明白，不讲考校的事了。酒席将阑，又谈到前日这一场官事。"汤父母着实动怒，多亏令弟看的破，息下来了。"严贡生道："这是亡弟不济。若是我在家，和汤父母说了，把王小二、黄梦统这两个奴才，腿也砍折了！一个乡绅人家，由得百姓如此放肆！"王仁道："凡事只是厚道些好。"严贡生把脸红了一阵，又彼此劝了几杯酒。奶妈抱着哥子出来道："奶奶叫问大老爹：二爷几时开丧？又不知今年山向可利。祖茔里可以葬得，还是要寻地？费大老爹的心，同二位舅爷商议。"严贡生道："你向奶奶说，我

在家不多时耽搁，就要同二相公到省里，去周府招亲。你爷的事，托在二位舅爷就是。祖茔葬不得，要另寻地，等我回来斟酌。"说罢叫了扰，起身过去。二位也散了。

　　过了几日，大老爹果然带着第二个儿子往省里去了。

　　赵氏在家掌管家务，真个是：钱过北斗，米烂陈仓，僮仆成群，牛马成行，享福度日。不想皇天无眼，不祐善人。那小孩子出起天花来，发了一天热。医生来看，说是个险症。药里用了犀角、黄连、人牙，不能灌浆。把赵氏急的到处求神许愿，都是无益。到七日上，把个白白胖胖的孩子跑掉了。赵氏此番的哭泣，不但比不得哭大娘，并且比不得哭二爷，直哭得眼泪都哭不出来。整整地哭了三日三夜，打发孩子出去。

叫家人请了两位舅爷来商量，要立大房里第五个侄子承嗣。二位舅爷踌躇道："这件事我们做不得主，况且大先生又不在家。儿子是他的，须是要他自己情愿，我们如何硬做主？"赵氏道："哥哥，你妹夫有这几两银子的家私。如今把个正经主儿去了，这些家人、小厮都没个投奔，这立嗣的事是缓不得的。知道他伯伯几时回来？间壁第五个侄子，才十一二岁，立过来还怕我不会疼热他、教导他？他伯娘听见这个话，恨不得双手送过来。就是他伯伯回来，也没得说。你做舅舅的人，怎的做不得主？"王德道："也罢，我们过去替他说一说罢。"王仁道："大哥，这是哪里话？宗嗣大事，我们外姓，如何做得主？如今姑奶奶若是急的狠，只好我弟兄两人公写一字，他这里叫一个家人，连夜到省里，请了大先生回来商议。"王德道："这话最好，料想大先生回来也没得说。"王仁摇着头笑道："大哥，这话也且再看，但是不得不如此做。"赵氏听了这话，摸头不着，只得依着言语写了一封字，遣家人来富连夜赴省，接大老爹。

来富来到省城，问着大老爹的下处在高低街。到了寓处门口，只见四个戴红黑帽子的，手里拿着鞭子站在门口，吓了一跳，不敢进去。站了一会，看见跟大老爹的四斗子出来，才叫他领了他进去。看见敞厅上，中间摆着一乘彩轿，彩轿旁边竖着一把遮阳，遮阳上贴着"即补县正堂"。四斗子进去，请了大老爹出来。头戴纱帽，身穿圆领补服，脚下粉底皂靴。来富上前磕了头，递上书信。大老爹接着看了，道："我知道了，我家二相公恭喜，你且在这里伺候。"来富下来，到厨房里，看见厨子在那里办席。新人房在楼上，张见摆的红红绿绿的，来富不敢上去。

直到日头平西，不见一个吹手来。二相公戴着新方巾，披着红，簪着花，前前后后走着着急，问："吹手怎的不来？"大老爹在厅上嚷成一片声，叫四斗子快传吹打的。四斗子道："今日是个好日子。八钱银子一班，叫吹手还叫不动。老爷给了他二钱四分低银子，又还扣了他二分戥头，又叫张府里押着他来。他不知今日应承了几家，他这个时候怎得来？"大老爹发怒道："放狗屁！快替我去！

来迟了，连你一顿嘴巴！"四斗子骨都着嘴，一路絮聒了出去，说道："从早上到此刻，一碗饭也不给人吃。偏生有这些臭排场！"说罢去了。

直到上灯时候，连四斗子也不见回来。抬新人的轿夫和那些戴红黑帽子的又催的狠，厅上的客说道："也不必等吹手，吉时已到，且去迎亲罢！"将掌扇掮起来，四个戴红黑帽子的开道，来富跟着轿，一直来到周家。那周家敞厅甚大，虽然点着几盏灯烛，天井里却是不亮。这里又没有个吹打的，只得四个戴红黑帽子的，一递一声，在黑天井里喝道，喝个不了。来富看见，不好意思，叫他不要喝了。周家里面有人吩咐道："拜上严老爷，有吹打的就发轿，没吹打的不发轿。"正吵闹着，四斗子领了两个吹手赶来。一个吹箫，一个打鼓，在厅上滴滴打打的，总不成个腔调。两边听的人笑个不住。周家闹了一会，没奈何，只得把新人轿发来了。新人进门，不必细说。

过了十朝，叫来富同四斗子去写了两只高要船。那船家就是高要县的人。两只大船，银十二两，立契到高要付银。一只装的新郎新娘，一只严贡生自坐。择了吉日，辞别亲家，借了一副"巢县正堂"的金字牌，一副"肃静""回避"的白粉牌，四根门枪，插在船上。又叫了一班吹手，开锣掌伞，吹打上船。船家十分畏惧，小心服侍，一路无话。

那日，将到了高要县，不过二三十里路了，严贡生坐在船上，忽然一时头晕上来，两眼昏花，口里作恶心，哕出许多清痰来。来富同四斗子，一边一个架着膊子，只是要跌。严贡生口里叫道："不好！不好！"叫四斗子快丢了，去烧起一壶开水来。四斗子把他放了睡下，一声不倒一声的哼。四斗子慌忙同船家烧了开水，拿进舱来。严贡生将钥匙开了箱子，取出一方云片糕来，约有十多片，一片一片剥着，吃了几片，将肚子揉着，放了两个大屁，登时好了。剩下几片云片糕，搁在后鹅口板上，半日也不来查点。那掌舵驾长害馋痨，左手扶着舵，右手拈来，一片片的送在嘴里了。严贡生只作不看见。

少刻，船拢了马头。严贡生叫来富着速叫他两乘轿子来，摆齐执事，将二相公同新娘先送了家里去。又叫些马头上人来，把箱笼都搬了上岸，把自己的行李也搬上了岸。船家、水手都来讨喜钱。严贡生转身走进舱来，眼张失落的四面看了一遭，问四斗子道："我的药往哪里去了？"四斗子道："何曾有甚药？"严贡生道："方才我吃的不是药？分明放在船板上的！"那掌舵的道："想是刚才船板上的几片云片糕。那是老爷剩下不要的，小的大胆就吃了。"严贡生道："吃了！好贱的云片糕！你晓得我这里头，是些什么东西？"掌舵的道："云片糕，无过是些瓜仁、核桃、洋糖、粉面做成的了，有什么东西？"严贡生发怒道："放你的狗屁！我因素日有个晕病，费了几百两银子，合了这一料药，是省里张老爷在上党做官带了来的人参，周老爷在四川做官带了来的黄连。你这奴才，'猪八戒吃人参果，全不知滋味'！说得好容易！是云片糕？方才这几片，不要说值几十两银子，'半夜里不见了枪头子，攮到贼肚里'，只是我将来再发了晕病，却拿什么药来医？你这奴才，害我不浅！"叫四斗子开拜匣，写帖子："送这奴才到汤老爷衙里去，先打他几十板子再讲！"掌舵的吓了，赔着笑脸道："小的刚才吃的甜甜的，不知道是药，只说是云片糕。"严贡生道："还说是'云片糕'！再说'云片糕'，先打你几个嘴巴！"说着已把帖子写了，递给四斗子。

四斗子慌忙走上岸去。那些搬行李的人帮船家拦着。两只船上船家都慌了，一齐道："严老爷，而今是他不是，不该错吃了严老爷的药。但他是个穷人，就是连船都卖了，也不能赔老爷这几十两银子。若是送到县里，他哪里耽得住？如今只是求严老爷开恩，高抬贵手，恕过他罢！"严贡生越发恼得暴躁如雷。搬行李的脚子走过几个，到船上来道："这事，原是你船上人不是！方才若不如是着紧的问严老爷要喜钱、酒钱，严老爷已经上轿去了。都是你们拦住那严老爷，才查到这个药。如今自知理亏，还不过来向严老爷跟前磕头讨饶！难道你们不赔严老爷的药，严老爷还有些贴与你们不成？"众人一齐捺着掌舵的，磕了几个头。严贡生转弯道："既然你众人说，我又喜事匆匆，且放着这奴才，再和他慢慢算账，不怕他飞上天去！"骂毕，扬长上了轿。行李和小厮跟着一哄去了。船家眼睁睁看着他走去了。

严贡生回家，忙领了儿子和媳妇拜家堂，又忙的请奶奶来一同受拜。他浑家正在房里抬东抬西，闹得乱哄哄的。严贡生走来道："你忙什么？"他浑家道："你难道不知道？家里房子窄瘪瘪的，统共只得这一间上房。媳妇新新的，又是大家子姑娘，你不挪与他住？"严贡生道："呸！我早已打算定了，要你瞎忙！二房里高房大厦的，不好住？"他浑家道："他有房子，为甚的与你的儿子住？"

严贡生道:"他二房无子,不要立嗣的?"浑家道:"这不成,他要继我们第五个哩!"严贡生道:"这都由他吗?他算是个什么东西!我替二房立嗣,与他什么相干?"

他浑家听了这话,正摸不着头脑。只见赵氏着人来说:"二奶奶听见大老爹回家,叫请大老爹说话。我们二位舅老爷也在那边。"严贡生便走过来。见了王德、王仁,之乎者也了一顿,便叫过几个管事家人来吩咐:"将正宅打扫出来,明日二相公同二娘来住。"赵氏听得,还认他把第二个儿子来过继,便请舅爷说道:"哥哥,大爷方才怎样说?媳妇过来,自然在后一层;我照常住在前面,才好早晚照顾。怎倒叫我搬到那边去?媳妇住着正屋,婆婆倒住着厢房,天地世间也没有这个道理!"王仁道:"你且不要慌,随他说着,自然有个商议。"说罢,走出去了。彼此谈了两句谈话,又吃了一杯茶。王家小厮走来说:"同学朋友候着作文会。"二位作别去了。

严贡生送了回来,拉一把椅子坐下,将十几个管事的家人都叫了来,吩咐道:"我家二相公明日过来承继了,是你们的新主人,须要小心伺候!赵新娘是没有儿女的,二相公只认得他是父妾,他也没有还占着正屋的。吩咐你们媳妇子,把群屋打扫两间,替他搬过东西去。腾出正屋来,好让二相公歇宿。彼此也要避个嫌疑:二相公称呼他'新娘';他叫二相公、二娘是'二爷'、'二奶奶'。再过几日,二娘来了,是赵新娘先过来拜见,然后二相公过去作揖。我们乡绅人家,这些大礼都是差错不得的。你们各人管的田房利息账目,都连夜攒造清完,先送与我逐细看过,好交与二相公查点。比不得二老爹在日,小老婆当家,凭着你们这些奴才朦胧作弊。此后若有一点欺隐,我把你这些奴才,三十板一个,还要送到汤老爷衙门里,追工本饭米哩!"众人应诺下去。大老爹过那边去了。

这些家人、媳妇领了大老爹的言语,来催赵氏搬房,被赵氏一顿臭骂,又不敢就搬。平日嫌赵氏装尊,作威作福,这时偏要领了一班人来房里说:"大老爹吩咐的话,我们怎敢违拗!他到底是个正经主子。他若认真动了气,我们怎样了得?"赵氏号天大哭,哭了又骂,骂了又哭,足足闹了一夜。

次日,一乘轿子抬到县门口。正值汤知县坐早堂,就喊了冤。知县叫补进词来,次日发出:"仰族亲处复。"赵氏备了几席酒,请来家里。族长严振先,乃城中十二都的乡约，平日最怕的是严大老官。今虽坐在这里，只说道："我虽是族长，但这事以亲房为主。老爷批处，我也只好拿这话回老爷。"那两位舅爷王德、王仁，坐着就像泥塑木雕的一般，总不置一个可否。那开米店的赵老二，扯银炉的赵老汉，本来上不得台盘，才要开口说话，被严贡生睁开眼睛喝了一声，又不敢言语了。两个人自心里也裁划道："姑奶奶平日只敬重的王家哥儿两个，把我们不偢不保，我们没来由今日为他得罪严老大。'老虎头上扑苍蝇'怎的？落得做好好先生。"把个赵氏在屏风后急得像热锅上蚂蚁一般。见众人都不说话，自己隔着屏风请教大爷，数说这些从前已往的话，数了又哭，哭了又数，捶胸跌脚，号做一片。严贡生听着，不耐烦道："像这泼妇，真是小家子出身！我们乡绅人家，哪有这样规矩！不要恼犯了我的性子，揪着头发臭打一顿，登时叫媒人来领出发嫁！"赵氏越发哭喊起来，喊的半天云里都听见，要奔出来揪他撕他。是几个家人、媳妇劝住了。众人见不是事，也把严贡生扯了回去。当下各自散了。

次日商议写复呈。王德、王仁说："身在黉宫，片纸不入公门。"不肯列名。严振先只得混账复了几句话，说："赵氏本是妾扶正，也是有的；据严贡生说，与律例不合，不肯叫儿子认作母亲，也是有的。总候太老爷天断。"那汤知县也是妾生的儿子，见了复呈道："律设大法，理顺人情，这贡生也忒多事了！"就批了个极长的批语道："赵氏既扶过正，不应只管说是'妾'。如严贡生不愿将儿子承继，听赵氏自行拣择，立贤立爱可也。"严贡生看了这批，那头上的火，直冒了有十几丈，随即写呈到府里去告。府尊也是有妾的，看着觉得多事："仰高要县查案。"知县查上案去，批了个"如详缴"。严贡生更急了，到省赴按察司一状，司批："细故赴府具探理。"严贡生没法了，回不得头，想到："周学道是亲家一族。赶到京里求了周学道，在部里告下状来，务必要正名分！"只因这一去，有分教：多年名宿，今番又掇高科；英俊少年，一举便登上第。不知严贡生告状得准否，且听下回分解。

第七回 范学道视学报师恩 王员外立朝敦友谊

话说严贡生因立嗣兴讼，府、县都告输了，司里又不理，只得飞奔到京。想冒认周学台的亲戚，到部里告状。一直来到京师，周学道已升做国子监司业了。大着胆，竟写一个"眷姻晚生"的帖，门上去投。长班传进帖，周司业心里疑惑，并没有这个亲戚。正在沉吟，长班又送进一个手本，光头名字，没有称呼，上面写着"范进"。周司业知道是广东拔取的，如今中了，来京会试，便叫快请进来。范进进来，口称恩师，叩谢不已。周司业双手扶起，让他坐下，开口就问："贤契同乡，有个什么姓严的贡生吗？他方才拿姻家帖子来拜学生。长班问他，说是广东人。学生却不曾有这门亲戚。"范进道："方才门人见过。他是高要县人，同敝处周老先生是亲戚。只不知老师可是一家？"周司业道："虽是同姓，却不曾序过。这等看起来，不相干了。"即传长班进来，吩咐道："你去向那严贡生说：'衙门有公事，不便请见。尊帖也带了回去罢。'"长班应诺回去了。

周司业然后与范举人话旧，道："学生前科看广东榜，知道贤契高发，满望来京相晤，不想何以迟至今科？"范进把丁母忧的事说了一遍，周司业不胜叹息，说道："贤契绩学有素，虽然耽迟了几年，这次南宫一定入选。况学生已把你的大名，常在当道大老面前荐扬，人人都欲致之门下，你只在寓静坐，揣摩精熟。若有些许缺少费用，学生这里还可相帮。"范进道："门生终身皆顶戴老师高厚栽培。"又说了许多话，留着吃了饭，相别去了。

会试已毕，范进果然中了进士。授职部属，考选御史。数年之后，钦点山东学道，命下之日，范学道即来叩见周司业。周司业道："山东虽是我故乡，我却也没有甚事相烦。只心里记得训蒙的时候，乡下有个学生叫作荀玫，那时才得七岁，这又过了十多年，想也长成人了。他是个务农的人家，不知可读得成书。若是还在应考，贤契留意看看，果有一线之明，推情拔了他，也了我一番心愿。"
范进听了，专记在心，去往山东到任。考事行了大半年，才按临兖州府。生童共
是三棚，就把这件事忘怀了。直到第二日，要发童生案，头一晚才想起来。说
道："你看我办的是什么事！老师托我汶上县荀玫，我怎么并不照应？大意极

了！"慌忙先在生员等第卷子内一查，全然没有；随即在各幕客房里，把童生落
卷取来，对着名字、座号，一个一个的细查。查遍了六百多卷子，并不见有个荀
玫的卷子。学道心里烦闷道："难道他不曾考？"又虑道："若是有在里面，我查
不到，将来怎样见老师？还要细查。就是明日不出案也罢。"一会，同幕客们吃

酒，心里只将这件事委决不下。众幕宾也替疑猜不定。内中一个少年幕客蘧景玉说道："老先生这件事，倒合了一件故事。数年前，有一位老先生，点了四川学差，在何景明先生寓处吃酒。景明先生醉后大声道：'四川如苏轼的文章，是该考六等的了。'这位老先生记在心里。到后典了三年学差回来，再会见何老先生，说：'学生在四川三年，到处细查，并不见苏轼来考。想是临场规避了。'"说罢，将袖子掩了口笑。又道："不知这荀玫是贵老师怎么样向老先生说的？"范学道是个老实人，也不晓得他说的是笑话，只愁着眉道："苏轼既文章不好，查不着也罢了。这荀玫是老师要提拔的人，查不着，不好意思的。"一个年老的幕客牛布衣道："是汶上县？何不在已取中入学的十几卷内查一查，或者文字好，前日已取了，也不可知。"学道道："有理，有理。"忙把已取的十几卷取来，对一对号簿，头一卷就是荀玫。学道看罢，不觉笑逐颜开，一天愁都没有了。

次早发出案来，传齐生童发落。先是生员。一等、二等、三等都发落过了。传进四等来，汶上县四等第一名上来是梅玖，跪着阅过卷。学道作色道："做秀才的人，文章是本业，怎么荒谬到这样地步！平日不守本分，多事可知。本该考居极等，姑且从宽，取过戒饬来，照例责罚！"梅玖告道："生员那一日有病，故此文字糊涂。求大老爷格外开恩！"学道道："朝廷功令，本道也做不得主。左右，将他扯上凳去，照例责罚！"说着，学里面一个门斗，已将他拖在凳上。梅玖急了，哀告道："大老爷！看生员的先生面上，开恩罢！"学道道："你先生是那一个？"梅玖道："现任国子监司业周蒉轩先生，讳进的，便是生员的业师。"范学道道："你原来是我周老师的门生。也罢，权且免打。"门斗把他放起来，上来跪下。学道吩咐道："你既出周老师门下，更该用心读书。像你做出这样文章，岂不有玷门墙桃李？此后须要洗心改过。本道来科考时，访知你若再如此，断不能宽恕了！"喝声："赶将出去！"

传进新进儒童来。到汶上县，头一名点着荀玫，人丛里一个清秀少年上来接卷。学道问道："你和方才这梅玖是同门吗？"荀玫不懂这句话，答应不出来。学道又道："你可是周蒉轩老师的门生？"荀玫道："这是童生开蒙的师父。"学道道："是了，本道也在周老师门下。因出京之时，老师吩咐来查你卷子，不想暗中摸索，你已经取在第一。似这少年才俊，不枉了老师一番栽培，此后用心读书，颇可上进。"荀玫跪下谢了。候众人阅过卷，鼓吹送了出去，学道退堂掩门。

荀玫才走出来，恰好遇着梅玖还站在辕门外。荀玫忍不住问道："梅先生，你几时从过我们周先生读书？"梅玖道："你后生家哪里知道？想着我从先生时，你还不曾出世。先生那时在城里教书，教的都是县门口房科家的馆。后来下乡来，你们上学，我已是进过了，所以你不晓得。先生最喜欢我的，说是我的文章有才气，就是有些不合规矩。方才学台批我的卷子上，也是这话。可见会看文章的，都是这个讲究，一丝也不得差。你可知道，学台何难把俺考在三等中间，只是不得发落，不能见面了，特地把我考在这名次，以便当堂发落，说出周先生的话。明卖个情。所以把你进个案首，也是为此。俺们做文章的人，凡事要看出人的细心，不可忽略过了。"两人说着闲话，到了下处。

次日，送过宗师，雇牲口，一同回汶上县薛家集。

此时荀老爹已经没了，只有母亲在堂。荀玫拜见母亲，母亲欢喜道："自你爹去世，年岁不好，家里田地，渐渐也花费了。而今得你进个学，将来可以教书过日子。"申祥甫也老了，拄着拐杖来贺喜，就同梅三相商议，集上约会分子替荀玫贺学，凑了二三十吊钱。荀家管待众人，就借这观音庵里摆酒。

那日早晨，梅玖、荀玫先到，和尚接着。两人先拜了佛，同和尚施礼。和尚道："恭喜荀小相公，而今挣了这一顶头巾，不枉了荀老爹一生忠厚，做多少佛面上的事，广积阴功。那时你在这里上学时，还小哩，头上扎着抓角儿。"又指与二位道："这里不是周大老爷的长生牌？"二人看时，一张供桌，香炉、烛台，供着个金字牌位。上写道："赐进士出身，广东提学御史，今升国子监司业，周大老爷长生禄位。"左边一行小字，写着："公讳进，字蒉轩，邑人。"右边一行小字："薛家集里人、观音庵僧人同供奉。"两人见是老师的位，恭恭敬敬，同拜了几拜。又同和尚走到后边屋里，周先生当年设账的所在。见两扇门开着，临了水次，那对过河滩塌了几尺，这边长出些来。看那三间屋，用芦席隔着，而今不做学堂了。左边一间，住着一个江西先生，门上贴着"江右陈和甫仙乩神数"。那江西先生不在家，房门关着。只有堂屋中间墙上，还是周先生写的联对，红纸都久已贴白了。上面十个字是："正身以俟时，守己而律物。"梅玖指着向和尚道："还是周大老爷的亲笔，你不该贴在这里。拿些水喷了，揭下来裱一裱，收着才是。"和尚应诺,连忙用水揭下,弄了一会,申祥甫领着众人到齐了,吃了一日酒才散。

荀家把这几十吊钱,赎了几票当。买了几石米,剩下的留与荀玫做乡试盘费。次年录科,又取了第一。果然英雄出于少年。到省试,高高中了。忙到布政司衙门里领了杯、盘、衣帽、旗匾、盘程,匆匆进京会试,又中了第三名进士。

明朝的体统:举人报中了进士,即刻在下处摆起公座来升座,长班参堂磕头。这日正磕着头,外边传呼接帖,说:"同年同乡王老爷来拜。"荀进士叫长班抬开公座,自己迎了出去。只见王惠须发皓白,走进门一把拉着手说道:"年长兄,我同你是'天作之合',不比寻常同年弟兄。"两人平磕了头坐着,就说起昔年这一梦,"可见你我都是天榜有名,将来'同寅协恭',多少事业都要同做。"荀玫自小也依稀记得,听见过这句话,只是记不清了,今日听他说来方才明白。因说道:"小弟年幼,叨幸年老先生榜末,又是同乡,诸事全望指教。"王进士道:"这下处,是年长兄自己赁的?"荀进士道:"正是。"王进士道:"这甚窄,况且离朝纲又远,这里住着不便。不瞒年长兄说,弟还有一碗饭吃,京里房子,也是我自己买的,年长兄竟搬到我那里去住。将来殿试,一切事都便宜些。"说罢,又坐了一会去了。次日竟叫人来,把荀进士的行李,搬在江米巷自己下处同住。传胪那日,荀玫殿在二甲,王惠殿在三甲,都授了工部主事。俸满,一齐转了员外。

一日,两位正在寓处闲坐,只见长班传进一个红全帖来,上写"晚生陈礼顿首拜",全帖里面夹着一个单帖,上写着:"江西南昌县陈礼,字和甫,素善乩仙神数,曾在汶上县薛家集观音庵内行道。"王员外道:"长兄,这人你认得吗?"荀员外道:"是有这个人。他请仙判的最妙,何不唤他进来,请仙问问功名的事?"忙叫:"请!"只见那陈和甫走了进来,头戴瓦楞帽,身穿茧绸直裰,腰系丝绦,花白胡须,约有五十多岁光景。见了二位,躬身唱喏,说:"请二位老先生台座,好让山人拜见。"二人再三谦让,同他行了礼,让他首位坐下。荀员外道:"向日道兄在敝乡观音庵时,弟却无缘,不曾会见。"陈礼躬身道:"那日晚生晓得老先生到庵,因前三日,纯阳老祖师降坛,乩上写着,这日午时三刻,有一位贵人来到。那时老先生尚不曾高发,天机不可泄漏,所以,晚生就预先回避了。"王员外道："道兄请仙之法，是何人传授？还是专请纯阳祖师，还是各位仙人都可启请？"陈礼道："各位仙人都可请。就是帝王、师相、圣贤、豪杰，都可启请。不瞒二位老先生说，晚生数十年以来，并不在江湖上行道，总在王爷府里和诸部院大老爷衙门交往。切记先帝弘治十三年，晚生在工部大堂刘大老爷家扶乩。刘大老爷因李梦阳老爷参张国舅的事下狱，请仙问其吉凶。哪知乩上就降下周公老祖来，批了'七日来复'四个大字。到七日上，李老爷果然奉旨出狱，只罚了三个月的俸。后来，李老爷又约晚生去扶乩。那乩半日也不得动，后来忽然大动起来，写了一首诗，后来两句说道：'梦到江南省宗庙，不知谁是旧京人？'那些看的老爷，都不知道是谁。只有李老爷懂得诗词，连忙焚了香伏在地下，敬问：'是那一位君王？'那乩又如飞地写了几个字道：'朕乃建文皇帝是也。'众位都吓得跪在地下朝拜了。所以晚生说是帝王、圣贤都是请得来的。"王员外道："道兄如此高明，不知我们终身官爵的事，可断得出来？"陈礼道："怎么断不出来？凡人富贵、穷通、贫贱、寿夭，都从乩上判下来，无不奇验。"两位见他说得热闹，便道："我两人要请教，问一问升迁的事。"那陈礼道："老爷请焚起香来。"二位道："且慢，候吃过便饭。"

　　当下留着吃了饭，叫长班到他下处把沙盘、乩笔都取了来摆下。陈礼道："二位老爷自己默祝。"二位祝罢，将乩笔安好。陈礼又自己拜了，烧了一道降坛的符，便请二位老爷两边扶着乩笔，又念了一遍咒语，烧了一道启请的符。只见那乩渐渐动起来了。那陈礼叫长班斟了一杯茶，双手捧着跪献上去。那乩笔先画了几个圈子，便不动了。陈礼又焚了一道符，叫众人都息静。长班、家人站在外边去了。又过了一顿饭时，那乩扶得动了，写出四个大字："王公听判。"王员外慌忙丢了乩笔，下来拜了四拜，问道："不知大仙尊姓大名？"问罢又去扶乩。那乩旋转如飞，写下一行道："吾乃伏魔大帝，关圣帝君是也。"陈礼吓得在下面磕头如捣蒜，说道："今日二位老爷心诚，请得夫子降坛。这是轻易不得的事，总是二位老爷大福。须要十分诚敬，若有些许怠慢，山人就担待不起！"二位也觉悚然，毛发皆竖。丢着乩笔，下来又拜了四拜，再上去扶。陈礼道："且住，沙盘小，恐怕夫子指示言语多，写不下。且拿一副纸笔来，待山人在旁记下同看。"于是拿了一副纸笔，递与陈礼在旁抄写，两位仍旧扶着。那乩运笔如飞，写道："羡尔功名夏后，一枝高折鲜红。大江烟浪杳无踪，两日黄堂坐拥。只道骅骝开道，原来天府夔龙。琴瑟琵琶路上逢，一盏醇醪心痛。"

写毕，又判出五个大字："调寄《西江月》"。三个人都不解其意。王员外道："只有头一句明白：'功名夏后'，是'夏后氏五十而贡'。我恰是五十岁登科的，这句验了。此下的话全然不解。"陈礼道："夫子是从不误人的。老爷收着，后日必有神验。况这诗上说'天府夔龙'，想是老爷升任直到宰相之职。"王员外被他说破，也觉得心里欢喜。说罢，荀员外下来拜了，求夫子判断。那乩笔半日不动。求的急了，运笔判下一个"服"字。陈礼把沙摊平了求判，又判了一个"服"字。一连平了三回沙，判了三个"服"字，再不动了。陈礼道："想是夫子龙驾，已经回天，不可再亵渎了。"又焚了一道退送的符，将乩笔、香炉、沙盘撤去，重新坐下。二位官府封了五钱银子，又写了一封荐书，荐在那新升通政司范大人家。陈山人拜谢去了。

到晚，长班进来说："荀老爷家有人到。"只见荀家家人，挂着一身的孝，飞跑进来，磕了头，跪着禀道："家里老太太，已于前月二十一日归天。"荀员外听了这话，哭倒在地。王员外扶了半日，救醒转来，就要到堂上递呈丁忧。王员外道："年长兄，这事且再商议。现今考选科、道在即，你我的资格，都是有指望的。若是报明了丁忧家去，再迟三年，如何了得？不如且将这事瞒下，候考选过了再处。"荀员外道："年老先生极是相爱之意，但这件事恐瞒不下。"王员外道："快吩咐来的家人，把孝服作速换了。这事不许通知外面人知道，明早我自有道理。"一宿无话。

次日清早，请了吏部掌案的金东崖来商议。金东崖道："做官的人匿丧的事是行不得的。只可说是能员，要留部在任守制，这个不妨，但须是大人们保举，我们无从用力。若是发来部议，我自然效劳是不消说了。"两位重托了金东崖去。到晚，荀员外自换了青衣小帽，悄悄去求周司业、范通政两位老师，求个保举。两位都说可以酌量而行。又过了两三日，都回复了来说："官小，与夺情之例不合。这夺情，须是宰辅或九卿班上的官，倒是外官在边疆重地的亦可。若工部员外是个闲曹，不便保举夺情。"荀员外只得递呈丁忧。王员外道："年长兄，你此番丧葬需费，你又是个寒士，如何支持得来？况且我看见你不喜理这烦剧的事，怎生是好？如今也罢，我也告一个假，同你回去。丧葬之费数百金，也在我家里替你应用，这事才好。"荀员外道："我是该的了，为何因我，又误了年老先生的考选？"王员外道："考选还在明年，你要等除服，所以耽误。我这告假，多则半年。少只三个月，还赶得着。"

当下，荀员外拗不过，只得听他告了假，一同来家替太夫人治丧。一连开了七日吊，司、道、府、县，都来吊纸。此时轰动薛家集，百十里路外的人，男男女女都来看荀老爷家的丧事。集上申祥甫已是死了，他儿子申文卿，袭了丈人夏总甲的缺拿手本来磕头，看门效力。整整闹了两个月，丧事已毕。

王员外共借了上千两的银子与荀家，作辞回京。荀员外送出境外，谢了又谢。王员外一路无话。到京才开了假，早见长班领着一个报录的人进来叩喜。不因这一报，有分教：贞臣良佐，忽为悖逆之人；郡守部曹，竟作逋逃之客。未知所报王员外是何喜事，且听下回分解。

第八回　王观察穷途逢世好　娄公子故里遇贫交

话说王员外才到京开假，早见长班领报录人进来叩喜。王员外问是何喜事？报录人叩过头，呈上报单。上写道：

> 江抚王一本。为要地须才事：南昌知府员缺。此乃沿江重地，须才能干济之员。特来请旨，于部属内拣选一员。奉旨：南昌府知府员缺，着工部员外王惠补授。钦此！

王员外赏了报喜人酒饭，谢恩过，整理行装，去江西到任。非止一日，到了江西省城。南昌府前任蘧太守，浙江嘉兴府人，由进士出身，年老告病，已经出了衙门，印务是通判署着。王太守到任，升了公座，各属都禀见过了，便是蘧太守来拜，王惠也回拜过了。为这交盘的事，彼此参差着，王太守不肯就接。一日蘧太守差人来禀说："太爷年老多病，耳朵听话又不甚明白。交盘的事，本该自己来领王太爷的教，因是如此，明日打发少爷过来当面相恳。一切事都要仗托王太爷担代。"王惠应诺了，衙里整治酒饭，候蘧公子。

直到早饭过后，一乘小轿，一副红全帖上写"眷晚生蘧景玉拜"。王太守开了宅门，叫请少爷进来。王太守看那蘧公子，翩然俊雅，举动不群，彼此施了礼，让位坐下。王太守道："前晤尊公大人，幸瞻丰采。今日却闻得略有些贵恙。"蘧公子道："家君年老，常患肺病，不耐劳烦，兼之两耳重听。多承老先生纪念。"王太守道："不敢。老世台今年多少尊庚了？"蘧公子道："晚生三十七岁。"王太守道："一向总随尊大人任所的？"蘧公子道："家君做县令时，晚生尚幼，相随敝门伯范老先生，在山东督学幕中读书，也帮他看看卷子。直到升任南昌，署内无人办事，这数年总在这里的。"王太守道："尊大人精神正旺，何以就这般急流勇退了？"蘧公子道："家君常说：'宦海风波，实难久恋。'况做秀才的时候，原有几亩薄产可供饘粥；先人敝庐，可避风雨；就是琴、樽、炉、几、药栏、花榭，都也还有几处，可以消遣。所以在风尘劳攘的时候，每怀长林丰草之思，而今却可赋《遂初》了。"王太守道："自古道：'休官莫问子。'看老世台这等襟怀高旷，尊大人所以得畅然挂冠。"笑着说道："将来，不日高科鼎甲，老先生正好做封翁享福了。"蘧公子道："老先生，人生贤不肖，倒也不在科名。晚生只愿家君早归田里，得以菽水承欢，这是人生至乐之事。"王太守道："如此更加可敬了。"说着换了三遍茶，宽去大衣服坐下。

　　说到交代一事，王太守着实作难。蘧公子道："老先生不必过费清心。家君在此数年，布衣蔬食，不过仍旧是儒生行径。历年所积俸余，约有两千余金。如此地仓谷、马匹、杂项之类，有什么缺少不敷处，悉将此项送与老先生任意填补。家君知道老先生数任京官，宦囊清苦，决不有累。"王太守见他说得大方爽快，满心欢喜。

　　须臾，摆上酒来，奉席坐下。王太守慢慢问道："地方人情，可还有什么出产？词讼里，可也略有些什么通融？"蘧公子道："南昌人情，鄙野有余，巧诈不足。若说地方出产及词讼之事，家君在此，准的词讼甚少。若非纲常伦纪大事，其余户婚田土，都批到县里去。务在安辑，与民休息。至于处处利弊，也绝不耐烦去搜剔他。或者有，也不可知。但只问着晚生，便是'问道于盲'了。"王太守笑道："可见'三年清知府，十万雪花银'的话，而今也不甚确了。"

　　当下酒过数巡，蘧公子见他问的，都是些鄙陋不过的话，因又说起："家君在这里无他好处，只落得个讼简刑清。所以这些幕宾先生在衙门里，都也吟啸自若。还记得前任臬司向家君说道：'闻得贵府衙门里，有三样声息。'"王太守道："是那三样？"蘧公子道："是吟诗声、下棋声、唱曲声。"王太守大笑道："这三样声息，却也有趣的紧。"蘧公子道："将来老先生一番振作，只怕要换三样声息。"王太守道："是那三样？"蘧公子道："是戥子声、算盘声、板子声。"王太守并不知这话是讥诮他，正容答道："而今你我替朝廷办事，只怕也不得不如此认真。"蘧公子十分大酒量，王太守也最好饮，彼此推杯换盏，直吃到日西时分。将交代的事当面言明，王太守许定出结，作别去了。

过了几日，蘧太守果然送了一项银子。王太守替他出了结。蘧太守带着公子、家眷，装着半船书画，回嘉兴去了。

王太守送到城外回来，果然听了蘧公子的话。钉了一把头号的库戥，把六房书办都传进来，问明了各项内的余利，不许欺隐，都派入官。三日五日一比。用的是头号板子，把两根板子，拿到内衙上秤，较了一轻一重，都写了暗号在上面。出来坐堂之时，吩咐叫用大板，皂隶若取那轻的，就知他得了钱了，就取那重板子打皂隶。这些衙役、百姓，一个个被他打得魂飞魄散。合城的人无一个不知道太爷的利害，睡梦里也是怕的。因此，各上司访闻，都道是江西第一个能员。做到两年多些，各处荐了。

适值江西宁王反乱，各路戒严，朝廷就把他推升了南赣道，催趱军需。王太守接了羽檄文书，星速赴南赣到任。到任未久，出门查看台站。大车驷马，在路晓行夜宿。那日，到了一个地方，落在公馆。公馆是个旧人家一所大房子。走进去举头一看，正厅上悬着一块匾，匾上贴着红纸，上面四个大字是"骅骝开道"。王道台看见，吃了一惊。到厅升座，属员衙役参见过了。掩门用饭，忽见一阵大风，把那片红纸吹在地下，里面现出绿底金字，四个大字是"天府夔龙"。王道台心里不胜骇异，才晓得关圣帝君判断的话，直到今日才验。那所判"两日黄堂"，便就是南昌府的个"昌"字。可见万事分定。一宿无话，查毕公事回衙。

次年，宁王统兵，破了南赣官军。百姓开了城门，抱头鼠窜，四散乱走。王道台也抵挡不住，叫了一只小船黑夜逃走。走到大江中，遇着宁王百十只艨艟战船，明盔亮甲。船上有千万火把，照见小船，叫一声"拿！"几十个兵卒跳上船来，走进中舱，把王道台反剪了手，捉上大船。那些从人、船家，杀的杀了；还有怕杀的，跳在水里死了。王道台吓得撒抖抖的颤。灯烛影里，望见宁王坐在上面，不敢抬头。宁王见了，慌走下来，亲手替他解了缚，叫取衣裳穿了，说道："孤家是奉太后密旨起兵，诛君侧之奸。你既是江西的能员，降顺了孤家，少不得升授你的官爵。"王道台颤抖抖地叩头道："情愿降顺！"宁王道："既然愿降，待孤家亲赐一杯酒。"此时，王道台被缚得心口十分疼痛，跪着接酒在手，一饮而尽，心便不疼了。又磕头谢了。王爷即赏与江西按察司之职。自此，随在宁王军中。听见左右的人说，宁王在玉牒中，是第八个王子，方才悟了关帝君所判"琴瑟琵琶"，头上是八个"王"字，到此无一句不验了。

宁王闹了两年，不想被新建伯王守仁一阵杀败，束手就擒。那些伪官，杀的杀了，逃的逃了。王道台在衙门并不曾收拾得一件东西，只取了一个枕箱，里面几本残书和几两银子，换了青衣小帽，黑夜逃走。真乃是慌不择路，赶了几日旱路，又搭船走，昏天黑地，一直走到了浙江乌镇地方。

那日住了船，客人都上去吃点心。王惠也拿了几个钱上岸。那点心店里都坐满了，只有一个少年，独自据了一桌。王惠见那少年仿佛有些认得，却想不起。开店的道："客人，你来同这位客人一席坐吧！"王惠便去坐在对席。少年立起身来同他坐下。王惠忍不住问道："请教客人贵处？"那少年道："嘉兴。"王惠道："尊姓？"那少年道："姓蘧。"王惠道："向日有位蘧老先生，曾做过南昌太守，可与足下一家？"那少年惊道："便是家祖。老客何以见问？"王惠道："原来是蘧老先生的令公孙，失敬了！"那少年道："却是不曾拜问贵姓仙乡。"王惠道："这里不是说话处。宝舟在那边？"蘧公孙道："就在岸边。"

当下会了账，两人相携着，下了船坐下。王惠道："当日在南昌相会的少爷，台讳是景玉，想是令叔？"蘧公孙道："这便是先君。"王惠惊道："原来便是尊翁，怪道面貌相似！却如何这般称呼，难道已仙游了吗？"蘧公孙道："家祖那年南昌解组，次年即不幸先君见背。"王惠听罢流下泪来，说道："昔年在南昌，蒙尊公骨肉之谊，今不想已作故人。世兄今年贵庚多少了？"蘧公孙道："虚度十七岁。到底不曾请教贵姓仙乡。"王惠道："盛从同船家都不在此吗？"蘧公孙道："他们都上岸去了。"王惠附耳低言道："便是后任的南昌知府王惠。"蘧公孙大惊道："闻得老先生已荣升南赣道，如何改装，独自到此？"王惠道："只为宁王反叛，弟便挂印而逃。却为围城之中，不曾取出盘费。"蘧公孙道："如今却将何往？"王惠道："穷途流落，那有定所？"就不曾把降顺宁王的话说了出来。蘧公孙道："老先生既边疆不守，今日却不便出来自呈。只是茫茫四海，盘费缺少，如何使得？晚学生此番却是奉家祖之命，在杭州舍亲处讨取一桩银子，现在舟中。今且赠予老先生，以为路费。去寻一个僻静所在，安身为妙。"说罢，即取出四封银子，递与王惠，共二百两。王惠极其称谢，因说道："两边船上都

要赶路，不可久迟，只得告别。周济之情，不死当以厚报。"双膝跪了下去。蘧公孙慌忙跪下，同拜了几拜。王惠又道："我除了行李被褥之外，一无所有。只有一个枕箱，内有残书几本。此时潜踪在外，虽这一点物件，也恐被人识认，惹起是非。如今也将来交与世兄。我轻身更好逃窜了。"蘧公孙应诺。他即刻过船取来交代，彼此洒泪分手。王惠道："敬问令祖老先生。今世不能再见，来生犬马相报便了。"分别去后，王惠另觅了船入到太湖。自此更姓改名，削发披缁去了。

蘧公孙回到嘉兴，见了祖父，说起路上遇见王太守的话。蘧太守大惊道："他是降顺了宁王的。"公孙道："这却不曾说明。只说是挂印逃走，并不曾带得一点盘缠。"蘧太守道："他虽犯罪朝廷，却与我是个故交。何不就将你讨来的银子，送他作盘费？"公孙道："已送他了。"蘧太守道："共是多少？"公孙道："只取得二百两银子，尽数送与他了。"蘧太守不胜欢喜道："你真可谓汝父之肖子！"就将当日公子交代的事，又告诉了一遍。公孙见过乃祖，进房去见母亲刘氏。母亲问了些路上的话，慰劳一番，进房歇息。

次日，在乃祖跟前又说道："王太守枕箱内还有几本书。"取出来，送与乃祖看。蘧太守看了，都是钞本。其他也还没要紧，只内有一本是《高青邱集诗话》，有一百多纸，就是青邱亲笔缮写，甚是精工。蘧太守道："这本书，多年藏之大内。数十年来，多少才人求见一面不能，天下并没有第二本。你今无心得了此书，真乃天幸！须是收藏好了，不可轻易被人看见。"蘧公孙听了，心里想道："此书既是天下没有第二本，何不竟将他缮写成帙，添了我的名字刊刻起来，做这一番大名？"主意已定，竟去刻了起来。把高季迪名字写在上面，下面写"嘉兴蘧来旬骏夫氏补辑"。刻毕，印刷了几百部，遍送亲戚朋友。人人见了，赏玩不忍释手。自此，浙西各郡，都仰慕蘧太守公孙是个少年名士。蘧太守知道了，成事不说，也就此常教他做些诗词，写斗方，同诸名士赠答。

一日，门上人进来禀道："娄府两位少老爷到了。"蘧太守叫公孙："你娄家表叔到了，快去迎请进来！"公孙领命慌出去迎。这二位乃是娄中堂的公子。中堂在朝二十余年，薨逝之后，赐了祭葬，谥为文恪，乃是湖州人氏。长子现任通政司大堂。这位三公子，讳瓒，字玉亭，是个孝廉；四公子讳瓒，字瑟亭，在监读书。是蘧太守的亲内侄。公孙随着两位进来。蘧太守欢喜，亲自接出厅外檐下。两人进来，请姑丈转上，拜了下去。蘧太守亲手扶起，叫公孙过来，拜见了表叔，请坐奉茶。二位娄公子道："自拜别姑丈大人，屈指已十二载。小侄们在京，闻知姑丈挂冠归里，无人不拜服高见。今日得拜姑丈，早已须鬓皓然，可见有司官是劳苦的。"蘧太守道："我本无宦情。南昌待罪数年，也不曾做得一些事业。虚糜朝廷爵禄，不如退休了好。不想到家一载，小儿亡化了，越觉得胸怀冰冷。细想来，只怕还是做官的报应。"娄三公子道："表兄天才磊落英多，谁想享年不永。幸得表侄已长成人，侍奉姑丈膝下，还可借此自宽。"娄四公子道："便是小侄们，闻了表兄讣音，思量总角交好，不想中路分离，临终也不能一别，同三兄悲痛过深，几乎发了狂疾。大家兄念着，也终日流涕不止。"蘧太守道："令兄宦况也还觉得高兴嘛？"二位道："通政司是个清淡衙门，家兄在那里浮沉着，绝不曾有什么建白，却是事也不多。所以小侄们在京师，转觉无聊，商议不如返舍为是。"

坐了一会，换去衣服，二位又进去拜见了表嫂。公孙陪奉出来，请在书房里。面前一个小花圃，琴、樽、炉、几，竹、石、禽、鱼，萧然可爱。蘧太守也换了葛巾野服，拄着天台藤杖，出来陪坐。摆出饭来，用过饭，烹茗清谈，说起江西宁王反叛的话："多亏新建伯神明独运，建了这件大功，除了这番大难。"娄三公子道："新建伯此番有功不居，尤为难得。"四公子道："据小侄看来，宁王此番举动也与成祖差不多。只是成祖运气好，到而今称圣称神；宁王运气低，就落得个为贼为虏。也要算一件不平的事。"蘧太守道："成败论人，固是庸人之见。但本朝大事，你我做臣子的，说话须要谨慎！"四公子不敢再说了。哪知这两位公子，因科名蹭蹬，不得早年中鼎甲、入翰林，激成了一肚子牢骚不平，每常只说："自从永乐篡位之后，明朝就不成个天下！"每到酒酣耳热，更要发这一种议论。娄通政也是听不过，恐怕惹出事来，所以劝他回浙江。

当下又谈了一会闲话，两位问道："表侄学业近来造就何如？却还不曾恭喜毕过姻事？"太守道："不瞒二位贤侄说，我只得这一个孙子，自小娇养惯了。我每常见这些教书的先生，也不见有什么学问，一味装模作样，动不动就是打骂。人家请先生的，开口就说要严。老夫姑息得紧，所以不曾着他去从时下先生。你表兄在日，自己教他读些经史。自你表兄去后，我心里更加怜惜他，已替他捐了个监生，举业也不曾十分讲究。近来我在林下，倒常教他做几首诗，吟咏性情，要他知道乐天知命的道理，在我膝下承欢便了。"二位公子道："这个更是姑丈高见。俗语说得好：'与其出一个斫削元气的进士，不如出一个培养阴骘的通儒。'这个是得紧！"蘧太守便叫公孙把平日做的诗取几首来，与二位表叔看。二位看了，称赞不已。一连留住盘桓了四五日。二位辞别要行，蘧太守治酒饯别。席间说起公孙姻事："这里大户人家，也有央着来说的。我是个穷官，怕

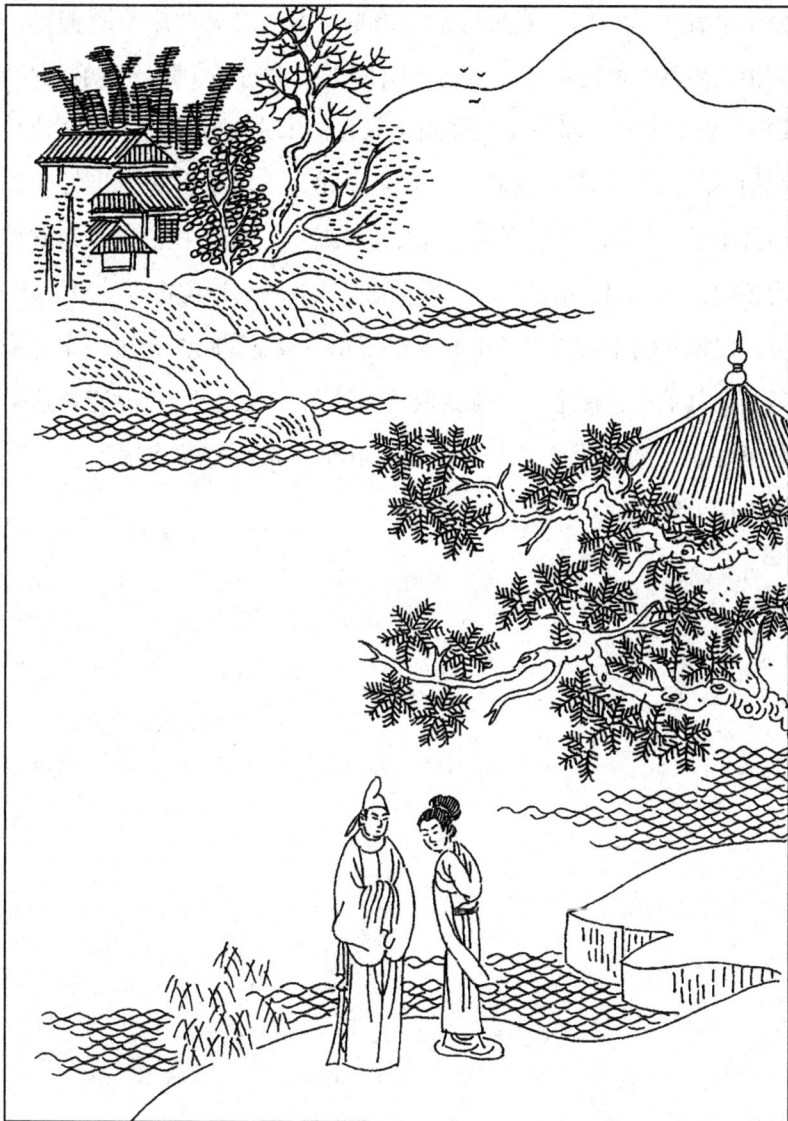

他们争行财下礼，所以耽迟着。贤侄在湖州，若是老亲旧戚人家，为我留意，贫穷些也不妨。"二位应诺了。当日席终。

次早，叫了船只，先发上行李去。蘧太守叫公孙亲送上船，自己出来厅事上作别，说道："老夫因至亲，在此数日，家常相待，休怪怠慢！二位贤侄回府，到令先太保公及尊公文恪公墓上，提着我的名字，说我蘧佑，年迈龙钟，不能亲自再来拜谒墓道了。"两公子听了，肃然起敬，拜别了姑丈。蘧太守执手送出大门。公孙先在船上，候二位到时，拜别了表叔，看着开了船，方才回来。

两公子坐着一只小船，萧然行李，仍是寒素。看见两岸桑阴稠密，禽鸟飞鸣，不到半里多路，便是小港。里边撑出船来，卖些菱、藕。两弟兄在船内道："我们几年京华尘土中，那得见这样幽雅景致？宋人词说得好：'算计只有归来是。'果然！果然！"看看天色晚了。到了一镇，人家桑阴里射出灯光来，直到河里。两公子道："叫船家泊下船。此处有人家。上面沽些酒来，消此良夜，就在这里宿了罢。"船家应诺泊了船。两弟兄凭舷痛饮，谈说古今的事。

次早，船家在船中做饭，两弟兄上岸闲步。只见屋角头走过一个人来，见了二位，纳头便拜下去，说道："娄少老爷，认得小人吗？"只因遇着这个人，有分教：公子好客，结多少硕彦名儒；相府开筵，常聚些布衣韦带。毕竟此人是谁，且听下回分解。

第九回　娄公子捐金赎朋友
刘守备冒姓打船家

话说两位公子在岸上闲步，忽见屋角头走过一个人来纳头便拜，两公子慌忙扶起，说道："足下是谁？我不认得。"那人道："两位少老爷认不得小人了吗？"两公子道："正是面善，一会儿想不起。"那人道："小人便是先太保老爷坟上看坟的邹吉甫的儿子邹三。"两公子大惊道："你却如何在此处？"邹三道："自老少爷们都进京之后，小的老子看着坟山，着实兴旺。门口又置了几块田地。那旧房子就不够住了。我家就另买了房子搬到东村，那房子让与小的叔子住。后来，小的家弟兄几个又娶了亲。东村房子，只够大哥大嫂子、二哥二嫂子住。小的有个姐姐，嫁在新市镇。姐夫没了，姐姐就把小的老子和娘，都接了这里来住。小的就跟了来的。"两公子道："原来如此。我家坟山，没有人来作践吗？"邹三道："这是那个敢？府县老爷们大凡往那里过，都要进来磕头。一茎草也没人动。"两公子道："你父亲、母亲而今在哪里？"邹三道："就在市梢尽头姐姐家住着，不多几步。小的老子，时常想念二位少老爷的恩德，不能见面。"三公子向四公子道："邹吉甫这老人家，我们也甚是想他。既在此不远，何不去到他家里看看？"四公子道："最好。"带了邹三回到岸上，叫跟随的吩咐过了船家。

邹三引着路，一径走到市梢头。只见七八间矮小房子，两扇篱笆门半开半掩。邹三走去叫道："阿爷，三少老爷、四少老爷在此。"邹吉甫里面应道："是那个？"拄着拐杖出来。望见两位公子，不觉喜从天降。让两公子走进堂屋，丢了拐杖，便要倒身下拜。两公子慌忙扶住，道："你老人家何消行这个礼？"两公子扯他同坐下。邹三捧出茶来，邹吉甫亲自接了，送与两公子吃着。三公子道："我们从京里出来，一到家，就要到先太保坟上扫墓，算计着会你老人家。却因绕道在嘉兴看蓬姑老爷，无意中走这条路。不想撞见你儿子，说你老人家在这里，得以会着。相别十几年，你老人家越发康健了。方才听见说，你那两个令郎，都娶了媳妇，曾添了几个孙子了吗？你的老伴也同在这里？"说着，那老婆婆白发齐眉，出来向两公子道了万福。两公子也还了礼。邹吉甫道："你快进去向女孩儿说，整治起饭来，留两位少老爷坐坐。"婆婆进去了。邹吉甫道："我夫妻两个感激太老爷、少老爷的恩典，一时也不能忘。我这老婆子每日在这房檐下，烧一炷香，保祝少老爷们仍旧官居一品。而今大少老爷想也是大轿子？"四公子道："我们弟兄们都不在家，有甚好处到你老人家，却说这样的话？越说得我们心里不安。"三公子道："况且坟山累你老人家看守多年，我们方且知感不尽，怎说这话？"邹吉甫道："蘧姑老爷已是告老还乡了。他少爷可惜去世！小公子想也长成人了吗？"三公子道："他今年十七岁，资性倒也还聪明的。"

邹三捧出饭来，鸡、鱼、肉、鸭，齐齐整整，还有几样蔬菜，摆在桌上，请两位公子坐下。邹吉甫不敢来陪。两公子再三扯他同坐。斟上酒来，邹吉甫道："乡下的水酒，老爷们恐吃不惯。"四公子道："这酒也还有些身份。"邹吉甫道："再不要说起！而今人情薄了，这米做出来的酒汁，都是薄的。小老还是听见我死鬼父亲说，在洪武爷手里过日子，各样都好。二斗米做酒，足有二十斤酒娘子。后来永乐爷掌了江山，不知怎样的，事事都改变了，二斗米，只做的出十五六斤酒来。像我这酒是扣着水下的，还是这般淡薄无味。"三公子道："我们酒量也不大，只这个酒十分好了。"邹吉甫吃着酒，说道："不瞒老爷说，我是老了，不中用了。怎得天可怜见，让他们孩子们再过几年洪武爷的日子就好了！"四公子听了，望着三公子笑。

邹吉甫又道："我听见人说：'本朝的天下，要同孔夫子的周朝一样好的，就为出了个永乐爷就弄坏了。'这事可是有的吗？"三公子笑道："你乡下一个老实人，哪里得知这些话？这话毕竟是谁向你说的？"邹吉甫道："我本来果然不晓得这些话。因我这镇上有个盐店，盐店一位管事先生闲常无事，就来到我们这稻场上，或是柳荫树下坐着，说的这些话，所以我常听见他。"两公子惊道："这先生姓什么？"邹吉甫道："他姓杨，为人忠直不过，又好看的是个书。要便袖口内藏了一卷，随处坐着，拿出来看。往常他在这里，饭后没事，也好步出来了。而今要见这先生，却是再不能得。"公子道："这先生往哪里去了？"邹吉甫道："再不要说起！杨先生虽是生意出身，一切账目却不肯用心料理。除了出外闲游，在店里时，也只是垂帘看书，凭着这伙计胡三。所以，一店里人都称呼他是个'老阿呆'。先年东家因他为人正气，所以托他管总。后来听见这些呆事，本东自己下店把账一盘，却亏空了七百多银子。问着，又没处开销，还在东家面前咬文嚼字，指手画脚的不服。东家恼了，一张呈子送在德清县里。县主老爷见是盐务的事，点到奉承，把这先生拿到监里坐着追比。而今已在监里将有一年半了。"三公子道："他家可有什么产业可以赔偿？"吉甫道："有倒好了。他家就住在村口外四里多路。两个儿子都是蠢人，既不做生意，又不读书，还靠着老官养活，却将什么赔偿？"

四公子向三公子道："穷乡僻壤，有这样读书君子，却被守钱奴如此凌虐，足令人怒发冲冠！我们可以商量个道理，救得此人吗？"三公子道："他不过是欠债，并非犯法。如今只消到城里，问明底细，替他把这几两负债弄清了就是。这有何难？"四公子道："这最有理。我两人明日到家，就去办这件事。"邹吉甫道："阿弥陀佛！二位少老爷是肯做好事的。想着从前已往，不知拔济了多少人！如今若救出杨先生来，这一镇的人谁不感仰？"三公子道："吉甫，这句话，你在镇上且不要说出来，待我们去相机而动。"四公子道："正是。未知事体做的来与做不来，说出来就没趣了。"于是，不用酒了，取饭来吃过，匆匆回船。邹吉甫拄着拐杖，送到船上，说："老少爷们恭喜回府，小老迟日再来城里府内候安。"又叫邹三捧着一瓶酒和些小菜送在船上，与二位少老爷消夜。看着开船，方才回去了。

两公子到家，清理了些家务，应酬了几天客事，即便唤了一个办事家人晋爵，叫他去到县里，查新市镇盐店里送来监禁这人是何名字？亏空何项银两？共计多少？本人有功名没功名？都查明白了来说。晋爵领命，来到县衙。户房书办原是晋爵拜盟的弟兄，见他来查，连忙将案寻出，用纸誊写一通递与他，拿了回来回复两公子。只见上面写着："新市镇公裕旗盐店呈首：商人杨执中（即杨允），累年在店不守本分，嫖赌穿吃，侵用成本七百余两，有误国课，恳恩追比云云。但查本人系廪生挨贡，不便追比，合详请褫革，以便严比。今将本犯权时寄监收禁，候上宪指示，然后勒限等情。"

四公子道："这也可笑得紧。廪生挨贡也是衣冠中人物，今不过侵用盐商这

几两银子，就要将他褫革追比，是何道理？"三公子道："你问明了，他并无别情吗？"晋爵道："小的问明了，并无别情。"三公子道："既然如此，你去把我们前日黄家圩那人来赎田的一宗银子，兑七百五十两替他上库，再写我两人的名帖，向德清县说：'这杨贡生是家老爷们相好。'叫他就放出监来。你再拿你的名字，添上一个保状。你作速去办理！"四公子道："晋爵，这事你就去办，不可怠慢！那杨贡生出监来，你也不必同他说什么。他自然到我这里来相会。"晋爵应诺去了。

晋爵只带二十两银子，一直到书办家，把这银子送与书办，说道："杨贡生的事，我和你商议个主意。"书办道："既是太师老爷府里发的有帖子，这事何难？"随即打个禀帖，说："这杨贡生是娄府的人。两位老爷发了帖，现有娄府家人具的保状。况且娄府说，这项银子，非赃非帑，何以便行监禁？此事乞老爷上裁。"知县听了娄府这番话，心下着慌，却又回不得盐商。传进书办去细细商酌。只得把几项盐规银子凑齐，补了这一项。准了晋爵保状，即刻把杨贡生放出监来。也不用发落，释放去了。那七百多银子，都是晋爵笑纳，把放出来的话，都回复了公子。

公子知道他出了监，自然就要来谢。哪知杨执中并不晓得是什么缘故。县前问人，说是一个姓晋的晋爵保了他去。他自心里想，生平并认不得这姓晋的。疑惑一番，不必管他，落得身子干净，且下乡家去，照旧看书。到家，老妻接着，喜从天降。两个蠢儿子，日日在镇上赌钱，半夜也不归家。只有一个老妪又痴又聋，在家烧火做饭、听候门户。杨执中次日在镇上各家相熟处走走。邹吉甫因是第二个儿子养了孙子，接在东庄去住，不曾会着。所以，娄公子这一番义举，做梦也不得知道。

娄公子过了月余，弟兄在家，不胜诧异。想到越石甫故事，心里觉得杨执中想是高绝的学问，更加可敬。一日，三公子向四公子道："杨执中至今并不来谢，此人品行不同。"四公子道："论理，我弟兄既仰慕他，就该先到他家相见订交。定要望他来报谢，这不是俗情了吗？"三公子道："我也是这样想。但岂不闻'公子有德于人，愿公子忘之'之说？我们若先到他家，可不像要特地自明这件事了？"四公子道："相见之时，原不要提起。朋友闻声相思、命驾相访，也是常事。难道因有了这些缘故，倒反隔绝了，相与不得的？"三公子道："这话极是有理。"当下商议已定，又道："我们须先一日上船，次日早到他家，以便作尽日之谈。"

于是叫了一只小船，不带从者。下午下船，走了几十里。此时，正值秋末冬初，昼短夜长。河里有些蒙蒙的月色。这小船乘着月色，摇着橹走。那河里各家运租米船挨挤不开。这船却小，只在船旁边擦过去。看看二更多天气，两位公子将次睡下，忽听一片声打的河路响。这小船却没有灯，舱门又关着，四公子在板缝里张一张，见上流头一只大船，明晃晃点着两对大高灯：一对灯上字是"相府"，一对是"通政司大堂"。船上站着几个如狼似虎的仆人，手拿鞭子打那挤河路的船。四公子吓了一跳，低低叫："三哥，你过来看看，这是那个？"三公子来看了一看："这仆人却不是我家的。"说着，那船已到了跟前，拿鞭子打这小船的船家。船家道："好好的一条河路，你走就走罢了，行凶打怎的？"船上那些人道："狗攮的奴才！你睁开驴眼，看看灯笼上的字，船是那家的船？"船家道："你灯上挂着'相府'，我知道你是那个宰相家？"那些人道："瞎眼的死囚！湖州除了娄府，还有第二个宰相？"船家道："娄府？罢了，是那一位老爷？"那船上道："我们是娄三老爷装租米的船，谁人不晓得？这狗攮的再回嘴，拿绳子来把他拴在船头上。明日回过三老爷，拿帖子送到县里，且打几十板子再讲！"船家道："娄三老爷现在我船上，你那里又有个娄三老爷出来了！"两公子听着暗笑。船家开了舱板，请三老爷出来，给他们认一认。

三公子走在船头上，此时月尚未落，映着那边煊灯光照得亮。三公子问道："你们是我家那一房的家人？"那些人却认得三公子。一齐都慌了。齐跪下道："小人们的主人却不是老爷一家。小人们的主人刘老爷，曾做过守府。因从庄上运些租米，怕河路里挤，大胆借了老爷府里官衔。不想就冲撞了三老爷的船，小的们该死了！"三公子道："你主人虽不是我本家，却也同在乡里，借个官衔灯笼何妨？但你们在河道里行凶打人，却使不得。你们说是我家，岂不要坏了我家的声名？况你也是知道的，我家从没有人敢做这样的事。你们起来就回去。见了你们主人，也不必说在河里遇着我的这一番话。只是下次也不必如此。难道我还计较你们不成？"众人应诺，谢了三老爷的恩典，磕头起来。忙把两副高灯登时吹息，将船溜到河边上歇息去了。三公子进舱来，同四公子笑了一回。四公子道："船家，你究竟也不该说出我家三老爷在船上，又请出与他看，把他们扫这一场大兴，是何意思？"船家道："不说，他把我船板都打通了，好不凶恶！这一会才现出原身来了！"说罢，两位公子解衣就寝。

小船摇橹行了一夜，清晨已到新市镇泊岸。两公子取水洗了面，吃了些茶水、点心，吩咐了船家："好好地看船，在此伺候。"两人走上岸。来到市梢尽头邹吉甫女儿家，见关着门。敲门问了一问，才知道老邹夫妇两人，都接到东庄去了。女儿留两位老爷吃茶，也不曾坐。

两人出了镇市，沿着大路去。走有四里多路，遇着一个挑柴的樵夫。问他："这里有个杨执中老爷，家住在哪里？"樵夫用手指着："远望着一片红的，便是他家屋后。你们打从这条小路穿过去。"两公子谢了樵夫，披榛觅路到了一个村子。不过四五家人家，几间茅屋。屋后有两棵大枫树，经霜后枫叶通红，知道这是杨家屋后了。又一条小路转到前门，门前一条涧沟，上面小小板桥。两公子过得桥来，看见杨家两扇板门关着。见人走到，那狗便吠起来。三公子自来叩门，叩了半日，里面走出一个老妪来，身上衣服甚是破烂。两公子近前问道："你这里是杨执中老爷家吗？"问了两遍，方才点头道："便是。你是哪里来的？"两公子道："我弟兄两个姓娄，在城里住。特来拜访杨执中老爷的。"那老妪又听不明白，说道："是姓刘吗？"两公子道："姓娄。你只向老爷说是大学士娄家，便知道了。"老妪道："老爷不在家里。从昨日出门看他们打鱼，并不曾回来。你们有什么说话，改日再来罢。"说罢，也不晓得请进去请坐吃茶，竟自关了门回去了。两公子不胜怅怅，立了一会，只得仍旧过桥，依着原路回到船上，进城去了。

杨执中这老呆，直到晚里才回家来。老妪告诉他道："早上城里有两个什么姓'柳'的来寻老爹，说他在什么'大觉寺'里住。"杨执中道："你怎么回他去的？"老妪道："我说老爹不在家，叫他改日来罢。"杨执中自心里想："那个什么姓柳的？"忽然想起，当初盐商告他，打官司，县里出的原差姓柳。一定是这差人要来找钱！因把老妪骂了几句道："你这老不死，老蠢虫！这样人来寻我，你只回我不在家罢了，又叫他改日来怎的？你就这样没用！"老妪又不服，回他的嘴。杨执中恼了，把老妪打了几个嘴巴，踢了几脚。自此之后，恐怕差人又来寻他，从清早就出门闲混，直到晚才归家。

不想娄府两公子放心不下，过了四五日，又叫船家到镇上，仍旧步到门首敲门。老妪开门，看见还是这两个人，惹起一肚子气，发作道："老爹不在家里！你们只管来寻怎的！"两公子道："前日你可曾说，我们是大学士娄府？"老妪道："还说什么！为你这两个人，带累我一顿拳打脚踢！今日又来做什么？老爹不在家！还有些日子不来家哩！我不得工夫，要去烧锅做饭！"说着不由两人再问，把门关上就进去了，再也敲不应。两公子不知是何缘故，心里又好恼，又好笑。立了一会，料想叫不应了，只得再回船来。

　　船摇着，行了有几里路。一个卖菱的船，船上一个小孩子，摇近船来。那孩子手扶着船窗，口里说道："买菱那！买菱那！"船家把绳子拴了船，且秤菱角。两公子在船窗内伏着，问那小孩子道："你是那村里住？"那小孩子道："我就住在这新市镇上。"四公子道："你这里有个杨执中老爹，你认得他吗？"那小孩子道："怎么不认得？这位老先生，是个和气不过的人。前日趁了我的船，去前村看戏，袖子里还丢下一张纸卷子，写了些字在上面。"三公子道："在哪里？"那小孩子道："在舱底下不是！"三公子道："取过来，我们看看。"那小孩子取了递过来，接了船家买菱的钱，摇着去了。两公子打开看，是一幅素纸，上面写着一首七言绝句诗道："不敢妄为些子事，只因曾读数行书。严霜烈日皆经过，次第春风到草庐。"后面一行写："枫林拙叟杨允草。"两公子看罢不胜叹息，说道："这先生襟怀冲淡，其实可敬！只是我两人怎么这般难会？"

　　这日虽霜风凄紧，却喜得天气晴朗。四公子在船头上，看见山光水色，徘徊眺望。只见后面一只大船赶将上来，船头上一个人叫道："娄四老爷！请拢了船，家老爷在此！"船家忙把船拢过去。那人跳过船来，磕了头，看见舱里道："原来三老爷也在此。"只因遇着这只船，有分教：少年名士，豪门喜结丝萝；相府儒生，胜地广招俊杰。毕竟这船是那一位贵人，且听下回分解。

第十回　鲁翰林怜才择婿　蘧公孙富室招亲

　　话说娄家两位公子在船上，后面一只大官船赶来，叫拢了船，一个人上船来请。两公子认得，是同乡鲁编修家里的管家。问道："你老爷是几时来家的？"管家道："告假回家，尚未曾到。"三公子道："如今在哪里？"管家道："现在大船上，请二位老爷过去。"

　　两公子走过船来，看见贴着"翰林院"的封条。编修公已是方巾便服出来，站在舱门口。编修原是太保的门生，当下见了，笑道："我方才远远看见，船头上站的是四世兄。我心里正疑惑：你们怎得在这小船上？不想三世兄也在这里，有趣得紧！请进舱里去！"让进舱内，彼此拜见过了。坐下，三公子道："京师拜别，不觉又是半载。世老先生因何告假回府？"鲁编修道："老世兄，做穷翰林的人，只望着几回差事。现今肥美的差，都被别人钻谋去了，白白坐在京里，赔钱度日。况且弟年将五十，又无子媳。只有一个小女，还不曾许字人家。思量不如告假返舍，料理些家务，再作道理。二位世兄为何驾着一只小船在河里？从人也不带一个，却做什么事？"四公子道："小弟总是闲着无事的人。因见天气晴暖，同家兄出来闲游，也没什么事。"鲁编修道："弟今早在那边镇上，去看一个故人，他要留我一饭。我因匆匆要返舍，就苦辞了他。他却将一席酒肴，送在我船上。今喜遇着二位世兄，正好把酒话旧。"因问从人道："二号船可曾到？"船家答应道："不曾到，还离得远哩。"鲁编修道："这也罢了。"叫家人："把二位老爷行李搬上大船来，那船叫他回去罢。"

　　吩咐摆了酒席，斟上酒来同饮，说了些京师里各衙门的细话。鲁编修又问问故乡的年岁，又问："近来可有几个有名望的人？"三公子因他问这一句话，就说出杨执中这一个人，可以算得极高的品行。就把这一张诗拿出来，送与鲁编修看。鲁编修看罢，愁着眉道："老世兄，似你这等所为，怕不是自古及今的贤公子？就是信陵君、春申君也不过如此。但这样的人盗虚声者多，有实学者少。我老实说，他若果有学问，为什么不中了去？只做这两句诗，当得什么？就如老世兄这样屈尊好士，也算这位杨兄一生第一个好遭际了。两回躲着不敢见面，其中就可想而知。依愚见，这样人不必十分周旋他，也罢了。"两公子听了这话，默然不语。

又吃了半日酒，讲了些闲话，已到城里。鲁编修定要送两位公子回家，然后自己回去。两公子进了家门，看门的禀道："蘧小少爷来了，在太太房里坐着哩。"两公子走进内堂，见蘧公孙在那里，三太太陪着。公孙见了表叔来，慌忙见礼。两公子扶住，邀到书房。蘧公孙呈上乃祖的书札并带了来的礼物，所刻的诗话，每位一本。两公子将此书略翻了几页，称赞道："贤侄少年，如此大才，我等俱要退避三舍矣！"蘧公孙道："小子无知妄作，要求表叔指点。"两公子欢喜不已，当夜设席接风，留在书房歇息。

次早起来，会过蘧公孙，就换了衣服，叫家人持帖，坐轿子去拜鲁编修。拜罢回家，即吩咐厨役备席，发帖请编修公，明日接风。走到书房内，向公孙笑着说道："我们明日请一位客，劳贤侄陪一陪。"蘧公孙问："是那一位?"三公子道："就是我同乡鲁编修，也是先太保做会试，总裁取中的。"四公子道："究竟也是个俗气不过的人。却因我们和他世兄弟，又前日船上遇着，就先扰他一席酒，所以明日邀他来坐坐。"

说着，看门的人进来禀说："绍兴姓牛的牛相公叫作牛布衣，在外候二位老爷。"三公子道："快请厅上坐！"蘧公孙道："这牛布衣先生，可是曾在山东范学台幕中的?"三公子道："正是。你怎得知?"蘧公孙道："曾和先父同事，小侄所以知道。"四公子道："我们倒忘了尊公是在那里的。"随即出去会了牛布衣。谈之良久，便同牛布衣走进书房。蘧公孙上前拜见。牛布衣说道："适才会见令表叔，才知尊大人已谢宾客，使我不胜伤感。今幸见世兄，如此英英玉立，可称嗣续有人，又要破涕为笑。"因问："令祖老先生康健吗?"蘧公孙答道："托庇粗安。家祖每常也时时想念老伯。"牛布衣又说起："范学台幕中查一个童生卷子，尊公说出何景明的一段话，真乃'谈言微中，名士风流'！"因将那一席话又述了一遍。两公子同蘧公孙都笑了。三公子道："牛先生，你我数十年故交，凡事忘形。今又喜得舍表侄得接大教，竟在此坐到晚去。”少顷，摆出酒席。四位樽酒论文，直吃到日暮。牛布衣告别，两公子问明寓处，送了出去。

次早，遣家人去邀请鲁编修。直到日中才来，头戴纱帽，身穿蟒衣，进了厅事，就要进去拜老师神主。两公子再三辞过，然后宽衣坐下，献茶。茶罢，蘧公孙出来拜见。三公子道：“这是舍表侄，南昌太守家姑丈之孙。”鲁编修道：“久慕！久慕！”彼此谦让坐下。

寒暄已毕，摆上两席酒来。鲁编修道：“老世兄，这个就不是了。你我世交，知己间何必做这些客套！依弟愚见，这厅事也太阔落。意欲借尊斋，只需一席酒，我四人促膝谈心方才畅快。”两公子见这般说，竟不违命，当下让到书房里。鲁编修见瓶、花、炉、几，位置得宜，不觉怡悦，奉席坐了。公子吩咐一声叫“焚香！”只见一个头发齐眉的童子，在几上捧了一个古铜香炉出去，随即两个管家进来放下暖帘，就出去了。足有一个时辰，酒斟三巡，那两个管家又进来，把暖帘卷上。但见书房两边，墙壁上、板缝里都喷出香气来，满座异香袭人。鲁编修觉飘飘有凌云之思。三公子向鲁编修道：“香必要如此烧，方不觉得有烟气。”

编修赞叹了一回，同蘧公孙谈及江西的事，问道：“令祖老先生南昌接任，便是王韪惠的了？”蘧公孙道：“正是。”鲁编修道：“这位王道尊，却是了不得。而今，朝廷捕获得他甚紧。”三公子道：“他是降了宁王的。”鲁编修道：“他是江西保荐第一能员，及其就是他先降顺了。”四公子道：“他这降，到底也不是！”鲁编修道：“古语道得好，‘无兵无粮，因甚不降’？只是各伪官也逃脱了许多，只有他，领着南赣数郡一齐归降。所以朝廷尤把他罪状的狠，悬赏捕拿。”公孙听了这话，那从前的事，一字也不敢提。鲁编修又说起他请仙这一段故事，两公子不知。鲁编修细说这件事，把《西江月》念了一遍。后来的事，逐句讲解出来。又道：“仙乩也古怪，只说道他归降，此后再不判了。还是吉凶未定。”四公子道：“‘几者，动之微，吉之先见。’这就是那扶乩的人，一时动乎其机。说是有神仙，又说有灵鬼的，都不相干。”

换过了席，两公子把蘧公孙的诗和他刻的诗话请教，极夸少年美才。鲁编修叹赏了许久，便向两公子问道：“令表侄贵庚？”三公子道：“十七。”鲁编修道：

"悬弧之庆在于何日？"三公子转问蘧公孙。公孙道："小侄是三月十六亥时生
的。"鲁编修点了一点头，记在心里。到晚席散，两公子送了客，各自安歇。又
过了数日，蘧公孙辞别回嘉兴去。两公子又留了一日。

　　这日，三公子在内书房，写回复蘧太守的书。才写着，书童进来道："看门
的禀事。"三公子道："着他进来。"看门的道："外面有一位先生，要求见二位
老爷。"三公子道："你回他，我们不在家。留下了帖罢。"看门的道："他没有
帖子。问着他名姓，也不肯说。只说是要面会二位老爷谈谈。"三公子道："那

先生是怎样一个人？"看门的道："他有五六十岁，头上也戴的是方巾，穿的件茧绸直裰，像个斯文人。"三公子惊道："想是杨执中来了！"忙丢了书子，请出四公子来。告诉他如此这般，似乎杨执中的行径。因叫门上的："去请在厅上坐，我们就出来会。"看门的应诺去了，请了那人到厅上坐下。

两公子出来相见，礼毕奉坐。那人道："久仰大名，如雷贯耳！只是无缘，不曾拜识。"三公子道："先生贵姓？台甫？"那人道："晚生姓陈，草字和甫，一向在京师行道。昨同翰苑鲁老先生来游贵乡，今得瞻二位老爷丰采。三老爷'耳白于面，名满天下'；四老爷土星明亮，不日该有加官晋爵之喜。"两公子听罢，才晓得不是杨执中。问道："先生精于风鉴？"陈和甫道："卜易谈星、看相算命、内科外科、内丹外丹，以及请仙判事、扶乩笔篆，晚生都略知道一二。向在京师，蒙各部院大人及四衙门的老先生，请个不歇。经晚生许过他升迁的，无不神验。不瞒二位老爷说，晚生只是个直言，并不肯阿谀趋奉，所以这些当道大人俱蒙相爱。前日正同鲁老先生笑说，自离江西，今年到贵省，屈指二十年来，已是走过九省了！"说罢哈哈大笑。左右捧上茶来吃了。四公子问道："今番是和鲁老先生同船来的？愚弟兄那日，在路遇见鲁老先生，在船上盘桓了一日，却不曾会见。"陈和甫道："那日晚生在二号船上，到晚才知道二位老爷在彼。这是晚生无缘，迟这几日才得拜见。"三公子道："先生言论轩爽，愚兄弟也觉得恨相见之晚。"陈和甫道："鲁老先生有句话，托晚生来面致二位老爷，可借尊斋一话。"两公子道："最好。"

当下让到书房里。陈和甫举眼四面一看，见院宇深沉，琴书潇洒，说道："真是'天上神仙府，人间宰相家'！"说毕，将椅子移近跟前道："鲁老先生有一个令爱，年方及笄，晚生在他府上是知道的。这位小姐德性温良，才貌出众。鲁老先生和夫人，因无子息，爱如掌上之珠。许多人家求亲，只是不允。昨在尊府，会见南昌蘧太爷的公孙，着实爱他才华，所以托晚生来问：'可曾毕过姻事？'"三公子道："这便是舍表侄，却还不曾毕姻。极承鲁老先生相爱，只不知他这位小姐，贵庚多少？年命可相妨碍？"陈和甫笑道："这个倒不消虑。令表侄八字，鲁老先生在尊府席上，已经问明在心里了。到家就是晚生查算，替他两人合婚：小姐少公孙一岁，今年十六岁了。天生一对好夫妻，年、月、日、时，无一不相合。将来福寿绵长，子孙众多，一些也没有破绽的。"四公子向三公子道："怪道他前日在席间，谆谆问表侄生的年月，我道是因什么？原来，那时已有意在那里！"三公子道："如此极好！鲁老先生错爱，又蒙陈先生你来做伐，我们即刻写书与家姑丈，择吉央媒，到府奉求。"陈和甫作别道："容日再来请教。今暂告别，回鲁老先生话去。"

两公子送过陈和甫，回来将这话说与蘧公孙道："贤侄，既有此事，却且休要就回嘉兴。我们写书与太爷，打发盛从回去，取了回音来，再作道理。"蘧公孙依命住下。

家人去了十余日，领着蘧太守的回书来见两公子道："太老爷听了这话，甚是欢喜。向小人吩咐说：自己不能远来，这事总央烦二位老爷做主。央媒拜允，一是二位老爷拣择。或娶过去，或招在这里，也是二位老爷斟酌。呈上回书，并白银五百两，以为聘礼之用。大相公也不必回家，住在这里办这喜事。太老爷身体是康强的，一切放心！"两公子收了回书、银子，择个吉日，央请陈和甫为媒。这边添上一位媒人，就是牛布衣。

当日，两位月老齐到娄府，设席款待过。二位坐上轿子，管家持帖，去鲁编修家求亲。鲁编修那里也设席相留。回了允帖，并带了庚帖过来。

到第三日，娄府办齐金银珠翠首饰、装蟒刻丝绸缎绫罗衣服、羊酒、果品，共是几十抬，行过礼去。又备了谢媒之礼：陈、牛二位，每位代衣帽银十二两，代果酒银四两，俱各欢喜。两公子就托陈和甫选定花烛之期。陈和甫选在十二月初八日不将大吉，送过吉期去。鲁编修说，只得一个女儿，舍不得嫁出门，要蘧公孙入赘。娄府也应允了。

到十二月初八，娄府张灯结彩，先请两位月老吃了一日。黄昏时分，大吹大擂起来。娄府一门官衔灯笼，就有八十多对；添上蘧太守家灯笼，足摆了三四条街还摆不了。全副执事，又是一班细乐，八对纱灯。这时天气初晴，浮云尚不曾退尽，灯上都用绿绸雨帷罩着。引着四人大轿，蘧公孙端坐在内。后面四乘轿子，便是娄府两公子、陈和甫、牛布衣，同送公孙入赘。

到了鲁宅门口，开门钱送了几封。只见重门洞开，里面一派乐声迎了出来。四位先下轿进去。两公子穿着公服，两山人也穿着吉服。鲁编修纱帽蟒袍、缎靴

金带，迎了出来，揖让升阶。才是一班细乐、八对绛纱灯，引着蘧公孙，纱帽宫袍、簪花披红，低头进来。到了厅事，先奠了雁，然后拜见鲁编修。鲁编修奉新婿正面一席坐下，两公子、两山人和鲁编修，两列相陪。献过三遍茶，摆上酒席。每人一席，共是六席。鲁编修先奉了公孙的席，公孙也回奉了。下面奏着细乐。鲁编修去奉众位的席。蘧公孙偷眼看时，是个旧旧的三间厅古老房子，此时点几十支大蜡烛，却极其辉煌。

须臾，坐定了席，乐声止了。蘧公孙下来告过丈人同二位表叔的席，又和两山人平行了礼，入席坐了。戏子上来参了堂，磕头下去，打动锣鼓，跳了一出"加官"，演了一出《张仙送子》、一出《封赠》。这时，下了两天雨才住，地下还不甚干。戏子穿着新靴，都从廊下板上大宽转走了上来。唱完三出头，副末执着戏单上来点戏。才走到蘧公孙席前跪下，恰好侍席的管家，捧上头一碗脍燕窝来，上在桌上。管家叫一声"免"，副末立起，呈上戏单。忽然乒乓一声响，屋梁上掉下一件东西来，不左不右，不上不下，端端正正掉在燕窝碗里，将碗打翻。那热汤，溅了副末一脸；碗里的菜泼了一桌子。定眼看时，原来是一个老鼠，从梁上走滑了脚，掉将下来。那老鼠掉在滚热的汤里，吓了一惊，把碗跳翻，爬起就从新郎官身上跳了下去，把簇新的大红缎补服都弄油了。众人都失了色，忙将这碗撤去，桌子打抹干净，又取一件圆领与公孙换了。公孙再三谦让，不肯点戏。商议了半日，点了《三代荣》，副末领单下去。

须臾，酒过数巡，食供两套，厨下捧上汤来。那厨役雇的是个乡下小吏。他靸了一双钉鞋，捧着六碗粉汤站在丹墀里，尖着眼睛看戏。管家才掇了四碗上去，还有两碗不曾端。他捧着看戏，看到戏场上，小旦装出一个妓者扭扭捏捏地唱，他就看昏了，忘其所以然，只道粉汤碗已是端完了，把盘子向地下一掀，要倒那盘子里的汤脚，却叮当一声响，把两个碗和粉汤都打碎在地下。他一时慌了，弯下腰去抓那粉汤，又被两个狗争着，咂嘴弄舌的，来抢那地下的粉汤吃。他怒从心上起，使尽平生气力，跷起一只脚来踢去。不想那狗倒不曾踢着，力太猛了，把一只钉鞋踢脱了，踢起有丈把高。陈和甫坐在左边的第一席，席上上了两盘点心：一盘猪肉心的烧卖，一盘鹅油白糖蒸的饺儿。热烘烘摆在面前，又是一大深碗索粉八宝攒汤。正待举起箸来到嘴，忽然，席口一个乌黑的东西的溜溜地滚了来，乒乓一声，把两盘点心打得稀烂。陈和甫吓了一惊，慌立起来，衣袖又把粉汤碗招翻，泼了一桌。满座上都觉得诧异。

鲁编修自觉得此事不甚吉利，懊恼了一回，又不好回说。随即悄悄叫管家到跟前，骂了几句说："你们都做什么？却叫这样人捧盘，可恶至极！过了喜事，一个个都要重责！"乱着，戏子正本做完。众家人掌了花烛，把蘧公孙送进新房。厅上众客换席看戏，直到天明才散。

次日，蘧公孙上厅谢亲，设席饮酒。席终，归到新房里重新摆酒，夫妻举案齐眉。此时，鲁小姐卸了浓妆，换几件雅淡衣服。蘧公孙举眼细看，真有沉鱼落雁之容，闭月羞花之貌。三四个丫鬟、养娘，轮流侍奉。又有两个贴身侍女，一个叫作采苹，一个叫作双红，都是袅娜轻盈，十分颜色。此时蘧公孙恍如身游阆苑蓬莱，巫山洛浦。只因这一番，有分教：闺阁继家声，有若名师之教；草茅隐贤士，又招好客之踪。毕竟后事如何，且听下回分解。

第十一回　鲁小姐制义难新郎
　　　　　　杨司训相府荐贤士

　　话说蘧公孙招赘鲁府，见小姐十分美貌，已是醉心；还不知小姐又是个才女。且他这个才女，又比寻常的才女不同。鲁编修因无公子，就把女儿当作儿子。五六岁上请先生开蒙，就读的是"四书""五经"。十一、二岁就讲书、读文章。先把一部王守溪的稿子读的滚瓜烂熟。教他做"破题""破承""起讲""题比""中比"成篇。送先生的束脩，那先生督课同男子一样。这小姐资性又高、记性又好，到此时，王、唐、瞿、薛以及诸大家之文，历科程墨，各省宗师考卷，肚里记得三千余篇。自己做出来的文章，又理真法老，花团锦簇。鲁编修每常叹道："假若是个儿子，几十个进士、状元都中来了！"闲居无事，便和女儿谈说："八股文章若做得好，随你做什么东西，要诗就诗，要赋就赋，都是'一鞭一条痕，一掴一掌血'。若是八股文章欠讲究，任你做出什么来，都是野狐禅，邪魔外道。"小姐听了父亲的教训，晓妆台畔、刺绣床前，摆满了一部一部的文章。每日丹黄烂然，蝇头细批。人家送来的诗词歌赋，正眼儿也不看他。家里虽有几本什么《千家诗》《解学士诗》，东坡、小妹诗话之类，倒把与伴读的侍女采苹、双红们看，闲暇也教他诌几句诗，以为笑话。

　　此番招赘进蘧公孙来，门户又相称，才貌又相当，真个是"才子佳人，一双两好"。料想公孙举业已成，不日就是个少年进士。但赘进门来十多日，香房里满架都是文章，公孙却全不在意。小姐心里道："这些自然都是他烂熟于胸中的了。"又疑道："他因新婚宴尔，正贪欢笑，还理论不到这事上。"又过了几日，见公孙赴宴回房，袖里笼了一本诗来灯下吟哦，也拉着小姐并坐同看。小姐此时还害羞，不好问他，只得强勉看了一个时辰，彼此睡下。到次日，小姐忍不住了，知道公孙坐在前边书房里，即取红纸一条，写下一行题目，是"身修而后家齐"。叫采苹过来，说道："你去送与姑爷，说是老爷要请教一篇文字的。"公孙接了，付之一笑。回说道："我于此事，不甚在行。况到尊府，未经满月，要做两件雅事。这样俗事，还不耐烦做哩！"公孙心里只道说，向才女说这样话，是极雅的了，不想正犯着忌讳。

当晚，养娘走进房来看小姐，只见愁眉泪眼，长吁短叹。养娘道："小姐，你才恭喜招赘了这样好姑爷，有何心事，做出这等模样？"小姐把日里的事告诉了一遍，说道："我只道他举业已成，不日就是举人、进士。谁想如此光景，岂不误我终身！"养娘劝了一回。公孙进来，待他辞色有些不善。公孙自知惭愧，彼此也不便明言。

从此啾啾唧唧，小姐心里纳闷。但说到举业上，公孙总不招揽。劝得紧了，反说小姐俗气。小姐越发闷上加闷，整日眉头不展。夫人知道，走来劝女儿道："我儿，你不要恁般呆气。我看新姑爷，人物已是十分了。况你爹原爱他是个少年名士。"小姐道："母亲，自古及今，几曾看见不会中进士的人，可以叫作个名士的？"说着，越要恼怒起来。夫人和养娘道："这个是你终身大事，不要如此。况且现放着两家鼎盛，就算姑爷不中进士做官，难道这一生还少了你用的？"小姐道："'好男不吃分家饭，好女不穿嫁时衣。'依孩儿的意思，总是自挣的功名好。靠着祖父，只算做不成器！"夫人道："就是如此，也只好慢慢劝他。这是急不得的。"养娘道："当真姑爷不得中，你将来生出小公子来，自小依你的教训，不要学他父亲。家里放着你恁个好先生，怕教不出个状元来就替你争口气？你这封诰是稳的。"说着，和夫人一齐笑起来。小姐叹了一口气，也就罢了。落后鲁编修听见这些话，也出了两个题请教公子。公孙勉强成篇。编修公看了，都是些诗词上的话，又有两句像《离骚》，又有两句"子书"，不是正经文字。因此心里也闷，说不出来。却全亏夫人疼爱这女婿，如同心头一块肉。

看看过了残冬。新年正月，公子回家拜祖父、母亲的年回来。正月十二日，娄府两公子请吃春酒。公孙到了，两公子接在书房里坐，问了蘧太守在家的安。说道："今日也并无外客，因是令节，约贤侄到来，家宴三杯。"

刚才坐下，看门人进来禀："看坟的邹吉甫来了。"两公子自从岁内为蘧公孙毕姻之事忙了月余，又乱着度岁，把那杨执中的话已丢在九霄云外。今见邹吉甫来，又忽然想起，叫请进来。两公子同蘧公孙都走出厅上，见头上戴着新毡帽，身穿一件青布厚棉道袍，脚下踏着暖鞋。他儿子小二，手里拿着个布口袋，装了许多炒米、豆腐干，进来放下。两公子和他施礼，说道"吉甫，你自恁空身来走走罢了，为什么带将礼来？我们又不好不收你的。"邹吉甫道："二位少老爷说这笑话，可不把我羞死了！乡下物件带来与老爷赏人。"两公子吩咐将礼收进去，邹二哥请在外边坐，将邹吉甫让进书房来。吉甫问了，知道是蘧小公子，又问蘧姑老爷的安。因说道："还是那年我家太老爷下葬会着姑老爷的。整整二十七年了，叫我们怎的不老！姑老爷胡子也全白了吗？"公孙道："全白了三四年了。"邹吉甫不肯僭公孙的坐。三公子道:"他是我们表侄,你老人家年尊,老实坐吧!"吉甫遵命坐下。先吃过饭,重新摆下碟子,斟上酒来。两公子说起两番访杨执中的话,从头至尾说了一遍。邹吉甫道:"他自然不晓得。这个却医我这几个月住在东庄,不曾去到新市镇。所以,这些话没人向杨先生说。杨先生是个忠厚不过的人,难道会装身份,故意躲着不见?他又是个极肯相与人的,听得二位少老爷访他,他巴不得连夜来会哩!明日我回去向他说了,同他来见二位少老爷。"四公子道:"你且住过了灯节。到十五日那日,同我这表侄往街坊上去看看灯。索性到十七八间,我们叫一只船同你到杨先生家。还是先去拜他才是。"吉甫道:"这更好了。"当夜吃完了酒,送蘧公孙回鲁宅去,就留邹吉甫在书房歇宿。

次日,乃试灯之期。娄府正厅上悬挂一对大珠灯,乃是武英殿之物,宪宗皇帝御赐的。那灯是内府制造,十分精巧。邹吉甫叫他的儿子邹二来看,也给他见见广大。到十四日,先打发他下乡去。说道:"我过了灯节,要同老爷们到新市镇,顺便到你姐姐家。要到二十外才家里去,你先去吧。"邹二应诺去了。

到十五晚上,蘧公孙正在鲁宅同夫人、小姐家宴。宴罢,娄府请来吃酒,同在街上游玩。湖州府太守衙前扎着一座鳌山灯。其余各庙,社火扮会,锣鼓喧天。人家士女都出来看灯踏月,真乃金吾不禁,闹了半夜。

次早,邹吉甫向两公子说,要先到新市镇女儿家去,约定两公子十八日下乡,同到杨家。两公子依了,送他出门。搭了个便船到新市镇,女儿接着,新年磕了老子的头,收拾酒饭吃了。

到十八日,邹吉甫要先到杨家去候两公子。自心里想:"杨先生是个穷极的人,公子们到,却将什么管待?"因问女儿要了一只鸡,数钱去镇上打了三斤一方肉,又沽了一瓶酒和些蔬菜之类。向邻居家借了一只小船,把这酒和鸡、肉都放在船舱里,自己棹着,来到杨家门口。将船泊在岸旁,上去敲开了门。杨执中出来,手里捧着一个炉,拿一方帕子,在那里用力地擦。见是邹吉甫,丢下炉唱喏。彼此见过节,邹吉甫把那些东西搬了进来。杨执中看见,吓了一跳,道:"哎哟!邹老爷,你为什么带这些酒肉来?我从前破费你的还少哩!你怎的又这样多情?"邹吉甫道:"老先生,你且收了进去!我今日虽是这些许村俗东西,

却不是为你，要在你这里等两位贵人。你且把这鸡和肉向你太太说，整治好了，我好同你说这两个人。"杨执中把两手袖着，笑道："邹老爹，却是告诉不得你。我自从去年在县里出来，家下一无所有，常日只好吃一餐粥。直到除夕那晚，我这镇上开小押的汪家店里，想着我这座心爱的炉，出二十四两银子。分明是算定我节下没有些柴米，要来讨这巧。我说：'要我这个炉，须是三百两现银子，少一厘也成不的。就是当在那里，过半年也要一百两。像你这几两银子，还不够我烧炉买炭的钱哩！'那人将银子拿了回去。这一晚到底没有柴米。我和老妻两个，点了一支蜡烛，把这炉摩弄了一夜，就过了年。"因将炉取在手内，指与邹吉甫看，道："你看这上面包浆，好颜色！今日又恰好没有早饭米，所以方才在此摩弄这炉消遣日子，不想遇着你来。这些酒和菜都有了，只是不得有饭。"邹吉甫道："原来如此！这便怎么样？"在腰间打开钞袋一寻，寻出二钱多银子，递与杨执中，道："先生，你且快叫人去买几升米来，才好坐了说话。"杨执中将这银子，唤出老妪，拿个家伙到镇上籴米。不多时，老妪籴米回来，往厨下烧饭去了。

杨执中关了门来坐下，问道："你说是今日那两个什么贵人来？"邹吉甫道："老先生，你为盐店里的事累在县里，却是怎样得出来的？"杨执中道："正是，我也不知。那日，县父母忽然把我放了出来。我在县门口问，说是个姓晋的，具保状保我出来。我自己细想，不曾认得这位姓晋的。老爷，你到底在哪里知道些影子的？"邹吉甫道："那里是什么姓晋的！这人叫作晋爵，就是娄太师府里，三少老爷的管家。少老爷弟兄两位，因在我这里听见你老先生的大名，回家就将自己银子兑出七百两上了库，叫家人晋爵具保状。这些事，先生回家之后，两位少老爷亲自到府上访了两次，先生难道不知道吗？"杨执中恍然醒悟道："是了，是了，这事被我这个老妪所误！我头一次看打鱼回来，老妪向我说，'城里有一个姓柳的'，我疑惑是前日那个姓柳的原差，就有些怕会他。后一次又是晚上回家，他说：'那姓柳的今日又来，是我回他去了。'说着也就罢了。如今想来，柳者，娄也，我哪里猜得到是娄府？只疑惑是县里原差。"邹吉甫道："你老人家因打这年把官司，常言道得好，'三年被毒蛇咬了，如今梦见一条绳子也是害怕'。只是心中疑惑是差人，这也罢了。因前日十二，我在娄府叩节，两位少老爷说到这话，约我今日同到尊府。我恐怕先生一时没有备办，所以带这点东西来，替你做个主人，好吗？"杨执中道："既是两公错爱，我便该先到城里去会他，何以又劳他来？"邹吉甫道："既已说来，不消先去，候他来会便了。"

坐了一会，杨执中烹出茶来吃了。听得叩门声，邹吉甫道："是少老爷来了，快去开门！"才开了门，只见一个稀醉的醉汉闯将进来，进门就跌了一跤，扒起来，摸一摸头，向内里直跑。杨执中定睛看时，便是他第二个儿子杨老六，在镇上赌输了，又嗔了几杯烧酒，嗔的烂醉，想着来家问母亲要钱，再去赌，一直往里跑。杨执中道："畜生！哪里去？还不过来见了邹老爹的礼！"那老六跌跌撞撞，作了个揖，就到厨下去了。看见锅里煮的鸡和肉喷鼻香，又闷着一锅好饭，房里又放着一瓶酒，不知是哪里来的？不由分说，揭开锅，就要捞了吃。他娘劈手把锅盖盖了。杨执中骂道："你又不害馋劳病！这是别人拿来的东西，还要等着请客！"他哪里肯依，醉得东倒西歪，只是抢了吃。杨执中骂他，他还睁着醉眼，混回嘴。杨执中急了，拿火叉赶着，一直打了出来。邹老爹且扯劝了一回，说道："酒菜，是候娄府两位少爷的。"那杨老六虽是蠢，又是酒后，但听见"娄府"，也就不敢胡闹了。他娘见他酒略醒些，撕了一只鸡腿，盛了一大碗饭，泡上些汤，瞒着老子递与他吃。吃罢，扒上床挺觉去了。

两公子直至日暮方到，蘧公孙也同了来。邹吉甫、杨执中迎了出去。两公子同蘧公孙进来，见是一间客座，两边放着六张旧竹椅子，中间一张书案。壁上悬的画，是楷书《朱子治家格言》，两边一副笺纸的联，上写道："三间东倒西歪屋；一个南腔北调人。"上面贴了一个报帖，上写："捷报贵府老爷杨讳允，钦选应天淮安府沭阳县儒学正堂。京报……"不曾看完，杨执中上来行礼奉坐，自己进去取盘子捧出茶来，献与各位。

茶罢，彼此说了些闻声相思的话。三公子指着报帖，问道："这荣选是近来的信吗？"杨执中道："是三年前，小弟不曾被祸的时候有此事。只为当初无意中补得一个廪，乡试过十六七次，并不能挂名榜末。垂老得这一个教官，又要去递手本，行庭参，自觉得腰胯硬了，做不来这样的事。当初，力辞了患病不去，又要经地方官验病出结，费了许多周折。哪知辞官未久，被了这一场横祸，受小人驵侩之欺！那时懊恼，不如竟到沭阳，也免得与狱吏为伍。若非三先生、四先生相赏于风尘之外，以大力垂手相援，则小弟这几根老骨头，只好瘐死囹圄之中矣！此恩此德，何日得报！"三公子道："些许小事，何必挂怀！今听先生辞官一节，更足仰品高德重。"四公子道："朋友原有通财之义，何足挂齿！小弟们还恨得知此事已迟，未能早为先生洗脱，心切不安。"杨执中听了这番话，更加钦敬。又和蘧公孙寒暄了几句。邹吉甫道："二位少老爷和蘧少爷来路远，想是饥了。"杨执中道："腐饭已经停当，请到后面坐。"

当下请在一间草屋内，是杨执中修葺的一个小小的书屋，面着一方小天井。

有几树梅花，这几日天暖，开了两三枝。书房内满壁诗画，中间一副笺纸联，上写道："嗅窗前寒梅数点，且任我俯仰以嬉；攀月中仙桂一枝，久让人婆娑而舞。"两公子看了，不胜叹息，此身飘飘如游仙境。杨执中捧出鸡肉酒饭，当下吃了几杯酒。用过饭，不吃了，撤了过去，烹茗清谈。谈到两次相访，被聋老妪误传的话，彼此大笑。两公子要邀杨执中到家盘桓几日。杨执中说："新年略有俗务，三四日后，自当敬造高斋，为平原十日之饮。"谈到起更时候，一庭月色照满书窗，梅花一枝枝，如画在上面相似。两公子流连不忍相别。杨执中道：

"本该留三先生、四先生草榻，奈乡下蜗居，二位先生恐不甚便。"于是执手踏着月影，把两公子同蘧公孙送到船上，自同邹吉甫回去了。

两公子同蘧公孙才到家，看门的禀道："鲁大老爷有要紧事请蘧少爷回去。来过三次人了。"蘧公孙慌回去。见了鲁夫人，夫人告诉说，编修公因女婿不肯做举业，心里着气。商量要娶一个如君，早养出一个儿子来，叫他读书，接进士的书香。夫人说年纪大了，劝他不必，他就着了重气。昨晚跌了一跤，半身麻木，口眼有些歪斜。小姐在旁，泪眼汪汪，只是叹气。公孙也无奈何，忙走到书房去问候。陈和甫正在那里切脉。切了脉，陈和甫道："老先生这脉息，右寸略见弦滑。肺为气之主，滑乃痰之征。总是老先生身在江湖，心悬魏阙，故而忧愁抑郁，现出此症。治法当先以顺气祛痰为主。晚生每见近日医家嫌半夏燥，一遇痰症就改用贝母，不知用贝母疗湿痰反为不美。老先生此症，当用四君子加入二陈，饭前温服。只消两三剂，使其肾气常和，虚火不致妄动，这病就退了。"于是写立药方。一连吃了四五剂，口不歪了，只是舌根还有些强。陈和甫又看过了脉，改用一个丸剂的方子，加入几味祛风的药，渐渐见效。

蘧公孙一连陪伴了十多日，并不得闲。那日值编修公午睡，偷空走到娄府。进了书房门。听见杨执中在内咕咕而谈，知道是他已来了。进去作揖，同坐下。杨执中接着说道："我方才说的，二位先生这样礼贤好士，如小弟何足道！我有个朋友，在萧山县山里住。这人真有经天纬地之才，空古绝今之学，真乃'处则不失为真儒，出则可以为王佐'！三先生、四先生如何不要结识他？"两公子惊问："哪里有这样一位高人？"杨执中叠着指头，说出这个人来。只因这一番，有分教：相府延宾，又聚几多英杰；名邦胜会，能消无限壮心。不知杨执中说出什么人来，且听下回分解。

第十二回　名士大宴莺脰湖
侠客虚设人头会

　　话说杨执中向两公子说："三先生、四先生如此好士，似小弟的车载斗量，何足为重！我有一个朋友，姓权名勿用，字潜斋，是萧山县人，住在山里。此人若招致而来，与二位先生一谈，才见出他管、乐的经纶，程、朱的学问。此乃是当时第一等人。"三公子大惊道："既有这等高贤，我们为何不去拜访？"四公子道："何不约定杨先生，明日就买舟同去？"说着，只见看门人拿着红帖飞跑进来说道："新任街道厅魏老爷上门，请二位老爷的安。在京带有大老爷的家书，说要见二位老爷，有话面禀。"两公子向蘧公孙道："贤侄陪杨先生坐着，我们去会一会就来。"便进去换了衣服，走出厅上。那街道厅冠带着进来，行过了礼，分宾主坐下。两公子问道："老父台几时出京荣任？还不曾奉贺，倒劳先施。"魏厅官道："不敢。晚生是前月初三日在京领凭，当面叩见大老爷。带有府报在此，敬来请三老爷、四老爷台安。"便将家书双手呈送过来。三公子接过来拆开看了，将书递与四公子，向厅官道："原来是为丈量的事。老父台初到任，就要办这丈量公事吗？"厅官道："正是。晚生今早接到上宪谕票，催促星宿丈量。晚生所以今日先来面禀二位老爷，求将先太保大人墓道地基开示明白。晚生不日到那里叩过了头，便要传齐地保细细查看。恐有无知小民在左近樵采作践，晚生还要出示晓谕。"四公子道："父台就去的吗？"厅官道："晚生便在三四日内禀明上宪，各处丈量。"三公子道："既如此，明日屈老父台舍下一饭。丈量到荒山时，弟辈自然到山中奉陪。"说着换过三遍茶。那厅官打了躬又打躬，作别去了。

　　两公子送了回来，脱去衣服到书房里，踌躇道："偏有这许多不巧的事！我们正要去访权先生，却遇着这厅官来讲丈量。明日要待他一饭。丈量到先太保墓道，愚弟兄却要自走一遭，须有几时耽搁，不得到萧山去。为之奈何？"杨执中道："二位先生可谓求贤若渴了！若是急于要会权先生，或者也不必定须亲往。二位先生竟写一书，小弟也附一札，差一位盛使，到山中面致潜斋，邀他来府一晤。他自当忻然命驾。"四公子道："唯恐权先生见怪弟等傲慢。"杨执中道："若不如此，府上公事是有的。过了此一事，又有事来，何日才得分身？岂不常悬此一段相思，终不能遂其愿！"蘧公孙道："也罢。表叔要会权先生，得闲之日，却未可。如今写书差的当人去，况又有杨先生的手书，那权先生也未必见外。"当下商议定了，备几色礼物，差家人晋爵的儿子宦成，收拾行李，带了书札、礼物往萧山。

这宦成奉着主命，上了杭州的船。船家见他行李齐整，人物雅致，请在中舱里坐。中舱先有两个戴方巾地坐着。他拱一拱手，同着坐下。当晚吃了饭，各铺行李睡下。次日行船无事，彼此闲谈。宦成听见那两个戴方巾的，说的都是些萧山县的话：下路船上，不论什么人，彼此都称为"客人"。因开口问道："客人，贵处是萧山？"那一个胡子客人道："是萧山。"宦成道："萧山有位权老爷，客人可认得？"那一个少年客人道："我那里不听见有个什么权老爷。"宦成道："听见说，号叫作潜斋的。"那少年道："那个什么潜斋？我们学里不见这个人。"那胡子道："是他吗？可笑得紧！"向那少年道："你不知道他的故事！我说与你听：他在山里住，祖代都是务农的人，到他父亲手里，挣起几个钱来，把他送在村学里读书。读到十七八岁，那乡里先生没良心，就作成他出来应考。落后他父亲死了。他是个不中用的货，又不会种田，又不会做生意，坐吃山崩，把些田地都弄得精光。足足考了三十多年，一回县考的复试也不曾取。他从来肚里也莫有通过，借在个土地庙里，训了几个蒙童。每年应考混着过也罢了。不想他又倒运，那年遇着湖州新市镇上盐店里一个伙计，姓杨的杨老头子来讨账，住在庙里，呆头呆脑，口里说什么天文地理、经纶匡济的混话。他听见，就像神附着的发了疯，从此不应考了，要做个高人。自从高人一做，这几个学生也不来了。在家穷的要不得，只在村坊上骗人过日子。口里动不动说：'我和你至交相爱，分什么彼此？你的就是我的，我的就是你的。'这几句话，便是他的歌诀。"那少年的道："只管骗人，那有这许多人骗？"那胡子道："他那一件不是骗来的！同在乡里之间，我也不便细说。"因向宦成道："你这位客人，却问这个人怎的？"

宦成道：“不咋的，我问一声儿。”口里答应，心里自忖说：“我家二位老爷也可笑，多少大官大府来拜往。还怕不够相与！没来由老远的路，来寻这样混账人家去做什么？”正思忖着，只见对面来了一只船。船上坐着两个姑娘，好像鲁老爷家采苹姊妹两个。吓了一跳，连忙伸出头来看，原来不相干。那两人也就不同他谈了。

不多几日，换船来到萧山。招寻了半日，寻到一个山坳里。几间坏草屋，门上贴着白。敲门进去，权勿用穿着一身白，头上戴着高白夏布孝帽。问了来意，留宦成在后面一间屋里，开了稻草铺，晚间拿些牛肉、白酒与他吃了。次早写了一封回书，向宦成道：“多谢你家老爷厚爱。但我热孝在身，不便出门。你回去，多多拜上你家二位老爷和杨老爷，厚礼权且收下。再过二十多天，我家老太太百日满过，我定到老爷们府上来会。管家，实是多慢了你，这两分银子权且为酒资。”将一个小纸包递与宦成。宦成接了道：“多谢权老爷。到那日，权老爷是必到府里来，免得小的主人盼望。”权勿用道：“这个自然。”送了宦成出门。

宦成依旧搭船，带了书子回湖州回复两公子。两公子不胜怅怅，因把书房后，一个大轩敞不过的亭子上，换了一匾，匾上写作“潜亭”，以示等权潜斋来住的意思。就把杨执中留在亭后一间房里住。杨执中老年痰火疾，夜里要人做伴，把第二个蠢儿子老六叫了来同住，每晚一醉是不消说。

将及一月，杨执中又写了一个字去，催权勿用。权勿用见了这字，收拾搭船来湖州。在城外上了岸，衣服也不换一件，左手捐着个被套，右手把个大布袖子晃荡晃荡，在街上脚高步低地撞。撞过了城门外的吊桥，那路上却挤。他也不知道出城该走左首，进城该走右首，方不碍路。他一味横着膀子乱摇。恰好有个乡里人在城里卖完了柴出来，肩头上横捐着一根尖扁担，对面一头撞将去，将他的个高孝帽子，横挑在扁担尖上。乡里人低着头走，也不知道，捐着走了。他吃了一惊，摸摸头上，不见了孝帽子。望见在那人扁担上，他就把手乱招，口里喊道：“那是我的帽子！”乡里人走得快，又听不见。他本来不会走城里的路，这时着了急，七手八脚的乱跑，眼睛又不看着前面。跑了一箭多路，一头撞到一顶轿子上，把那轿子里的官几乎撞了跌下来。那官大怒，问是什么人，叫前面两个夜役一条链子锁起来。他又不服气，向着官指手画脚的乱吵。那官落下轿子，要

儒林外史

图文珍藏版

将他审问。夜役喝着叫他跪，他睁着眼不肯跪。这时街上围了六七十人，齐铺铺地看。

内中走出一个人来，头戴一顶武士巾，身穿一件青绢箭衣，几根黄胡子，两只大眼睛，走近前向那官说道："老爷，且请息怒。这个人是娄府请来的上客。虽然冲撞了老爷，若是处了他，恐娄府知道，不好看相。"那官便是街道厅老魏。听见这话，将就盖个喧，抬起轿子去了。

权勿用看那人时，便是他旧相识侠客张铁臂。张铁臂让他到一个茶室里坐下，叫他喘息定了，吃过茶，向他说道："我前日到你家作吊，你家人说道，已是娄府中请了去了。今日为什么独自一个在城门口闲撞？"权勿用道："娄公子请我久了，我却是今日才要到他家去。不想撞着这官，闹了一场，亏你解了这结。我今便同你一齐到娄府去。"

当下两人一同来到娄府门上。看门的看见他穿着一身的白，头上又不戴帽子，后面领着一个雄赳赳的人，口口声声要会三老爷、四老爷。门上人问他姓名，他死不肯说，只说："你家老爷已知道久了。"看门的不肯传，他就在门上大嚷大叫。闹了一会，说："你把杨执中老爹请出来罢？"看门的没奈何，请出杨执中来。杨执中看见他这模样，吓了一跳，愁着眉道："你怎的连帽子都弄不见了？"叫他权且坐在大门板凳上，慌忙走进去，取出一顶旧方巾来与他戴了，便问："此位壮士是谁？"权勿用道："他便是我时常和你说的，有名的张铁臂。"杨执中道："久仰！久仰！"三个人一路进来，就告诉方才城门口这一番相闹的话。杨执中摇手道："少停见了公子，这话不必提起了。"这日两公子都不在家。两人跟着杨执中竟到书房里，洗脸吃饭，自有家人管待。

晚间，两公子赴宴回来，来书房相会，彼此恨相见之晚。指着潜亭与他看了，道出钦慕之意。又见他带了一个侠客来，更觉举动不同于众。又重新摆出酒来。权勿用首席，杨执中、张铁臂对席，两公子主位。席间，问起这号"铁臂"的缘故。张铁臂道："晚生小时有几斤力气。那些朋友们和我赌赛，叫我睡在街心里把膀子伸着，等那车来，有心不起来让他。那牛车走行了，来的力猛，足有四五千斤，车毂恰好打从膀子上过，压着膀子了。那时晚生把膀子一挣，吉丁的一声，那车就过去了几十步远。看看膀子上，白迹也没有一个。所以众人就加了我这一个绰号。"三公子鼓掌道："听了这快事，足可消酒一斗！各位都斟上大杯来。"权勿用辞说："居丧不饮酒。"杨执中道："古人云：'老不拘礼，病不拘礼。'我方才看见，肴馔也还用些，或者酒略饮两杯，不致沉醉，也还不妨。"权勿用道："先生，你这话又欠考核了。古人所谓五荤者，葱、韭、芫荽之类，怎么不戒？酒是断不可饮的。"四公子道："这自然不敢相强。"忙叫取茶来斟上。

张铁臂道："晚生的武艺尽多，马上十八，马下十八，鞭、铜、铊、锤，刀、枪、剑、戟，都还略有些讲究。只是一生性气不好，惯会路见不平，拔刀相助，最喜打天下有本事的好汉。银钱到手，又最喜帮助穷人。所以落得四海无家，而今流落在贵地。"四公子道："这才是英雄本色。"权勿用道："张兄方才所说武艺，他舞剑的身段尤其可观，诸先生何不当面请教？"两公子大喜，即刻叫人，家里取出一柄松文古剑来，递与铁臂。铁臂灯下拨开，光芒闪烁。即使脱了上盖的箭衣，束一束腰，手持宝剑，走出天井。众客都一拥出来。两公子叫："且住！快吩咐点起烛来。"一声说罢，十几个管家、小厮，每人手里执着一个烛奴，明晃晃点着蜡烛，摆列天井两边。张铁臂一上一下，一左一右，舞出许多身份来。舞到那酣畅的时候，只见冷森森一片寒光，如万道银蛇乱掣，并不见个人在那里。但觉阴风袭人，令看者毛发皆竖。权勿用又在几上取了一个铜盘，叫管家满贮了水，用手蘸着酒，一点也不得人。须臾，大叫一声，寒光陡散，还是一柄剑执在手里。看铁臂时，面上不红，心头不跳。众人称赞一番。直饮到四更方散，都留在书房里歇。自此，权勿用、张铁臂都是相府的上客。

一日，三公子来向诸位道："不日要设一个大会，遍请宾客游莺脰湖。"此时天气渐暖，权勿用身上那一件大粗白布衣服太厚，穿着热了，思量当几钱银子，去买些蓝布，缝一件单直裰，好穿了做游莺脰湖的上客。自心里算计已定，瞒着公子，托张铁臂去当了五百文钱来，放在床上枕头边。日间在潜亭上眺望，晚里归房宿歇，摸一摸床头间，五百文一个也不见了。思量房里没有别人。只是杨执中的蠢儿子在那里混。因一直寻到大门门房里，见他正坐在那里说呆话，便叫道："老六，和你说话。"老六已是喝得烂醉了，问道："老叔，叫我做什么？"权勿用道："我枕头边的五百钱，你可曾看见？"老六道："看见的。"权勿用道："哪里去了？"老六道："是下午时候，我拿出去赌钱输了。还剩有十来个在钞袋里，留着少刻买烧酒吃。"权勿用道："老六，这也奇了！我的钱，你怎么拿去赌输了？"老六道："老叔，你我原是一个人。你的就是我的，我的就是你的，分什么彼此？"说罢，把头一掉，就几步跨出去了。把个权勿用气的眼睁睁，敢怒而不敢言。真是说不出来的苦。自此，权勿用与杨执中彼此不合。权勿用说杨执中是个呆子，杨执中说权勿用是个疯子。三公子见他没有衣服，却又取出一件浅蓝绸直裰送他。

两公子请遍了各位宾客，叫下两只大船。厨役备办酒席，和司茶、酒的人，另在一个船上；一班唱清曲打粗细十番的，又在一船。此时，正值四月中旬，天气清和，各人都换了单夹衣服，手持纨扇。这一次虽算不得大会，却也聚了许多人。在会的是：娄玉亭三公子、娄瑟亭四公子、蘧公孙骎夫、牛高士布衣、杨司

训执中、权高士潜斋、张侠客铁臂、陈山人和甫。鲁编修请了不曾到。席间八位名士，带挈杨执中的蠢儿子杨老六，也在船上，共合九人之数。当下牛布衣吟诗，张铁臂击剑，陈和甫打哄说笑，伴着两公子的雍容尔雅，蘧公孙的俊俏风流，杨执中古貌古心，权勿用怪模怪样，真乃一时胜会。两边船窗四启，小船上

奏着细乐，慢慢游到莺脰湖。酒席齐备，十几个阔衣高帽的管家，在船头上更番斟酒、上菜。那食品之精洁，茶酒之清香，不消细说。饮到月上时分，两只船上点起五六十盏羊角灯，映着月色湖光，照耀如同白日。一派乐声大作，在空阔处更觉得响声，声闻十余里。两边岸上的人，望若神仙，谁人不羡？游了一整夜。

次早回来，蘧公孙去见鲁编修。编修公道："令表叔在家，只该闭户做些举业，以继家声。怎么只管结交这样一班人？如此招摇豪横，恐怕亦非所宜。"次日，蘧公孙向两表叔略述一二。三公子大笑道："我亦不解你令外舅，就俗到这个地位！"不曾说完，门上人进来禀说："鲁大老爷开坊升了侍读。朝命已下，京报适才到了，老爷们须要去道喜。"蘧公孙听了这话，慌忙先去道喜。

到了晚间，公孙打发家人飞跑来说："不好了！鲁大老爷接着朝命，正在合家欢喜，打点摆酒庆贺。不想痰病大发，登时中了脏，已不省人事了。快请二位老爷过去！"两公子听了，轿也等不得，忙走去看。到了鲁宅，进门听得一片哭声，知道已不在了。众亲戚已到，商量在本族亲房立了一个儿子过来，然后大殓治丧。蘧公孙哀毁骨立，极尽半子之谊。

又忙了几日，娄通政有家信到。两公子同在内书房商议写信到京。此乃二十四五，月色未上。两公子秉了一枝烛，对坐商议。到了二更半后，忽听房上瓦，一片声的响。一个人从屋檐上掉下来，满身血污，手里提了一个革囊。两公子烛下一看，便是张铁臂。两公子大惊道："张兄，你怎么半夜里走进我的内室，是何缘故？这革囊里是什么物件？"张铁臂道："二位老爷请坐，容我细禀。我生平一个恩人，一个仇人。这仇人已衔恨十年，无从下手，今日得便，已被我取了他首级在此。这革囊里面是血淋淋的一颗人头。但我那恩人，已在这十里之外，须五百两银子去报了他的大恩。自今以后，我的心事已了，便可以舍身为知己者用了。我想，可以措办此事，只有二位老爷。外此，那能有此等胸襟？所以冒昧黑夜来求。如不蒙相救，即从此远遁，不能再相见矣！"遂提了革囊要走。

两公子此时已吓得心胆皆碎，忙拦住道："张兄且休慌。五百金小事，何足介意！但此物作何处置？"张铁臂道："这有何难？我略施剑术即灭其迹，但仓促不能施行。候将五百金付去之后，我不过两个时辰即便回来，取出囊中之物，加上我的药末，顷刻化为水，毛发不存矣。二位老爷可备了筵席，广招宾客，看我施为此事。"两公子听罢，大是骇然。弟兄忙到内里取出五百两银子，付与张铁臂。铁臂将革囊放在阶下，银子拴束在身，叫一声"多谢！"腾身而起，上了房檐，行步如飞。只听得一片瓦响，无影无踪去了。当夜万籁俱寂，月色初上，照着阶下革囊里血淋淋的人头。只因这一番，有分教：豪华公子，闭门休问世情；名士文人，改行访求举业。不知这人头毕竟如何，且听下回分解。

第十三回　蘧𫘧夫求贤问业
马纯上仗义疏财

话说娄府两公子，将五百两银子送了侠客，与他报谢恩人，把革囊人头放在家里。两公子虽系相府，不怕有意外之事，但血淋淋一个人头，丢在内房阶下，未免有些焦心。四公子向三公子道："张铁臂他做侠客的人，断不肯失信于我。我们却不可做俗人。我们竟办几席酒，把几位知己朋友都请到了，等他来时，开了革囊，果然用药化为水，也是不容易看见之事。我们就同诸友做一个'人头会'，有何不可？"三公子听了，到天明，吩咐办下酒席，把牛布衣、陈和甫、蘧公孙都请到，家里住的三个客是不消说。只说小饮，且不必言其所以然。直待张铁臂来时，施行出来，好让众位都吃一惊。

众客到齐，彼此说些闲话。等了三四个时辰不见来，直等到日中，还不见来。三公子悄悄向四公子道："这事就有些古怪了。"四公子道："想他在别处又有耽搁了。他革囊现在我家，断无不来之理。"看看等到下晚，总不来了。厨下酒席已齐，只得请众客上坐。这日天气甚暖，两公子心里焦躁："此人若竟不来，这人头却往何处发放？"直到天晚，革囊臭了出来，家里太太闻见，不放心，打发人出来请两位老爷去看。二位老爷没奈何，才硬着胆开了革囊。一看，哪里是什么人头，只有六七斤一个猪头在里面。两公子面面相觑，不则一声，立刻叫把猪头拿到厨下赏与家人们去吃。两公子悄悄相商，这事不必使一人知道，仍旧出来陪客饮酒。

心里正在纳闷，看门的人进来禀道："乌程县有个差人，持了县里老爷的帖，同萧山县来的两个差人叩见老爷，有话面禀。"三公子道："这又奇了，有什么话说？"留四公子陪着客，自己走到厅上，传他们进来。那差人进来磕了头，说道："本官老爷请安。"随呈上一张票子和一角关文。三公子叫取烛来看，见那关文上写着：

萧山县正堂吴。为地棍奸拐事：案据兰若庵尼僧慧远，具控伊徒尼僧心远，被地棍权勿用奸拐霸占在家一案。查本犯未曾发觉之先，已自潜迹逃往贵治。为此移关，烦贵县查点来文事理，遣役协同来差访该犯潜踪何处，擒获解还敝县，以便审理究治。望速！望速！

看过，差人禀道："小的本官上复三老爷，知道这人在府内。因老爷这里不

知他这些事，所以留他。而今求老爷把他交与小的。他本县的差人现在外伺候。

交与他带去，休使他知觉逃走了，不好回文。"三公子道："我知道了，你在外面候着。"差人应诺出去了，在门房里坐着。三公子满心惭愧，叫请了四老爷和杨老爷出来。二位一齐来到，看了关文和本县拿人的票子，四公子也觉不好意思。杨执中道："三先生、四先生，自古道：'蜂虿入怀，解衣去赶。'他既弄出这样的事来，先生们庇护他不得了。如今我去向他说，把他交与差人，等他自己料理去。"两公子没奈何。杨执中走进书房席上，一五一十说了。权勿用红着脸道："真是真，假是假！我就同他去，怕什么！"两公子走进来，不肯改常，说了些不平的话，又奉了两杯别酒，取出两封银子送作盘程。两公子送出大门，叫仆人替他拿了行李，打躬而别。那两个差人见他出了娄府，两公子已经进府，就把他一条链子锁去了。两公子因这两番事后，觉得意兴稍减。吩咐看门的："但有生人相访，且回他'到京去了'。"自此闭门整理家务。

不多几日，蘧公孙来辞，说蘧太守有病，要回嘉兴去侍疾。两公子听见，便同公孙去候姑丈。及至嘉兴，蘧太守已是病得重了，看来是个不起之病。公孙传着太守之命，托两公子替他接了鲁小姐回家。两公子写信来家，打发婢子去说，鲁夫人不肯。小姐明于大义，和母亲说了，要去侍疾。此时采苹已嫁人去了，只有双红一个丫头做了赠嫁。叫两只大船，全副妆奁都搬在船上。来嘉兴，太守已去世了，公孙承重。鲁小姐上侍孀姑，下理家政，井井有条，亲戚无不称羡。娄府两公子，候治丧已过，也回湖州去了。公孙居丧三载，因看见两个表叔半世豪举，落得一场扫兴，因把这做名的心也看淡了，诗话也不刷印送人了。服阕之后，鲁小姐头胎生的个小儿子已有四岁了。小姐每日拘着他在房里讲"四书"、读文章。公孙也在旁指点。却也心里想在学校中相与几个考高等的朋友谈谈举业。无奈，嘉兴的朋友都知道公孙是个作诗的名士，不来亲近他，公孙觉得没趣。

那日打从街上走过，见一个新书店里贴着一张整红纸的报帖，上写道：

> 本坊敦请处州马纯上先生，精选三科乡会墨程。凡有同门录及朱卷赐顾者，幸认嘉兴府大街文海楼书坊不误。

公孙心里想道："这原来是个选家，何不来拜他一拜？"急到家换了衣服，写个"同学教弟"的帖子，来到书坊。问道："这里是马先生下处？"店里人道："马先生在楼上。"因喊一声道："马二先生，有客来拜。"楼上应道："来了。"于是走下楼来。公孙看那马二先生时，身长八尺，形容甚伟，头戴方巾扣，身穿蓝直裰，脚下粉底皂靴，面皮深黑，不多几根胡子。相见作揖让座。马二先生看了帖子，说道："尊名向在诗上见过。久仰！久仰！"公孙道："先生来操选政，乃文章山斗。小弟仰慕，晋谒已迟。"店里捧出茶来吃了。公孙又道："先生便是处州学，想是高补过的。"马二先生道："小弟补廪二十四年，蒙历任宗师的青目，共考过六七个案首。只是科场不利，不胜惭愧！"公孙道："遇合有时，下科一定是抢元无疑的了。"说了一会，公孙告别。马二先生问明了住处，明日就来回拜。公孙回家向鲁小姐说："马二先生明日来拜。他是个举业当行，要备个饭留他。"小姐欣然备下。

次早，马二先生换了大衣服，写了回帖，来到蘧府。公孙迎接进来，说道："我两人神交已久，不比泛常。今蒙赐顾，宽坐一坐，小弟备个家常饭，休嫌轻慢！"马二先生听罢欣然。公孙问道："尊选程墨，是那一种文章为主？"马二先生道："文章总以理法为主。任他风气变，理法总是不变。所以本朝洪、永是一变，成、弘又是一变。细看来，理法总是一般。大约文章，既不可带注疏气，尤不可带辞赋气。带注疏气，不过失之于少文采；带辞赋气，便有碍于圣贤口气，所以辞赋气犹在所忌。"公孙道："这是做文章了。请问批文章是怎样个道理？"马二先生道："也全是不可带辞赋气。小弟每常见前辈批语，有些风花雪月的字样，被那些后生们看见，便要想到诗词歌赋那条路上去，便要坏了心术。古人说得好，'作文之心如人目'。凡人目中，尘土屑固不可有，即金玉屑又是着得的吗？所以小弟批文章，总是采取《语类》《或问》上的精语。时常一个批语要做半夜，不肯苟且下笔。要那读文章的，读了这一篇，就悟想出十几篇的道理，才为有益。将来拙选告成，送来细细请教。"

说着，里面捧出饭来，果是家常肴馔：一碗炖鸭、一碗煮鸡、一尾鱼、一大碗煨的稀烂的猪肉。马二先生食量颇高，举起箸来，向公孙道："你我知己相逢，不做客套，这鱼且不必动，倒是肉好。"当下吃了四碗饭，将一大碗烂肉吃得干干净净。里面听见，又添出一碗来，连汤都吃完了。抬开桌子，啜茗清谈。马二先生问道："先生名门，又这般大才，久已该高发了，因甚困守在此？"公孙道："小弟因先君见背的早，在先祖膝下料理些家务，所以不曾致力于举业。"马二先生道："你这就差了。'举业'二字，是从古及今，人人必要做的。就如孔子生在春秋时候，那时用'言扬行举'做官，故孔子只讲得个'言寡尤，行寡悔，禄在其中'，这便是孔子的举业。讲到战国时，以游说做官，所以孟子历说齐、梁，这便是孟子的举业。到汉朝，用'贤良方正'开科，所以公孙弘、董仲舒举贤良方正，这便是汉人的举业。到唐朝，用诗赋取士，他们若讲孔孟的话，就没有官做了，所以唐人都会做几句诗，这便是唐人的举业。到宋朝又好了，都用的是些理学的人做官，所以程、朱就讲理学，这便是宋人的举业。到本朝，用文章取士，这是极好的法则。就是夫子在而今，也要念文章、做举业，断不讲那'言寡尤，行寡悔'的话。何也？就日日讲究'言寡尤、行寡悔'，那个给你官做？孔子的道也就不行了。"一席话，说得蘧公孙如梦方醒。又留他吃了晚饭，结为性命之交，相别而去。自此日日往来。

那日在文海楼彼此会着，看见刻的墨卷目录摆在桌上，上写着"历科墨卷持运"，下面一行刻着"处州马静纯上氏评选"。蘧公孙笑着向他说道："请教先生，不知尊选上面，可好添上小弟一个名字与先生同选，以附骥尾？"马二先生正色道："这个是有个道理的。站封面亦非容易之事，就是小弟，全亏几十年考校的高，有些虚名，所以他们来请。难道先生这样大名还站不得封面？只是你我两个，只可独占，不可合站，其中有个缘故。"蘧公孙道："是何缘故？"马二先生道："这事不过是名、利二者。小弟一不肯自己坏了名，自认作趋利。假若把你先生写在第二名，那些世俗人，就疑惑刻资出自先生，小弟岂不是个利徒了？若把先生写在第一名。小弟这数十年虚名，岂不都是假的了？还有个反面文章是如此算计，先生自想，也是这样算计。"说着，坊里捧出先生的饭来：一碗熬青菜，两个小菜碟。马二先生道："这没菜的饭，不好留先生用，奈何？"蘧公孙道："这个何妨？但我晓得，长兄先生也是吃不惯素饭的。我这里带的有银子。"忙取出一块来，叫店主人家的二汉买了一碗熟肉来。两人吃了，公孙别去。

在家里，每晚同鲁小姐课子到三四更鼓。或一天，遇着那小儿子书背不熟，小姐就要督责他念到天亮，倒先打发公孙到书房里去睡。双红这小丫头，在旁递茶递水，极其小心。他会念诗，常拿些诗来求讲，公孙也略替他讲讲。因心里喜他殷勤，就把收的王观察的个旧枕箱，把与他盛花儿、针线，又无意中把遇见王观察这一件事向他说了。不想宦成这奴才小时同他有约，竟大胆走到嘉兴，把这丫头拐了去。公孙知道，大怒，报了秀水县，出批文拿了回来。两日子看守在差人家，央人来求公孙，情愿出几十两银子，与公孙做丫头的身价，求赏与他做老婆。公孙断然不依。差人要带着宦成回宫，少不得打一顿板子，把丫头断了回来，一回两回诈他的银子。宦成的银子使完，衣服都当尽了。

那晚在差人家，两口子商议，要把这个旧枕箱拿出去卖几十个钱来买饭吃。双红是个丫头家不知人事，向宦成说道："这箱子是一位做大官的老爷的，想是值的银子多，几十个钱卖了岂不可惜！"宦成问："是蘧老爷的？是鲁老爷的？"丫头道："都不是。说这官比蘧太爷的官大多着哩！我也是听见姑爷说，这是一位王太爷，就接蘧太爷南昌的任。后来，这位王太爷做了不知多大的官，就和宁王相与。宁王日夜要想杀皇帝，皇帝先把宁王杀了，又要杀这王太爷。王太爷走到浙江来，不知怎的又说皇帝要他这个箱子。王太爷不敢带在身边走，恐怕搜出来，就交与姑爷。姑爷放在家里闲着，借与我盛些花，不晓得我带了出来。我想，皇帝都想要的东西，不知是值多少钱！你不见箱子里，还有王太爷写的字在上？"宦成道："皇帝也未必是要他这个箱子，必有别的缘故。这箱子能值几文！"

那差人一脚把门踢开，走进来骂道："你这倒运鬼！放着这样大财不发，还在这里受瘟罪。"宦成道："老爷，我有什么财发？"差人道："你这痴孩子！我要传授了，便宜你的狠哩！老婆白白送你，还可以发得几百银子财。你须要大大的请我，将来银子同我平分，我才和你说。"宦成道："只要有银子，平分是罢了。请是请不起的，除非明日卖了枕箱子请老爷。"差人道："卖箱子？还了得！就没戏唱了！你没有钱我借钱与你。不但今日晚里的酒钱，从明日起，要用，同我商量。我替你设法了来，总要加倍还我。"又道："我竟在里面扣除，怕你拗到哪里去？"差人即时拿出二百文买酒买肉，同宦成两口子吃，算是借与宦成的，记一笔账在那里。吃着，宦成问道："老爹说我有什么财发？"差人道："今日且吃酒，明日再说。"当夜猜三划五吃了半夜，把二百文都吃完了。

宦成这奴才吃了个尽醉，两口子睡到日中还不起来。差人已是清晨出门去了，寻了一个老练的差人商议。告诉他如此这般："事还是竟弄破了好，还是'开弓不放箭'，大家弄几个钱有益？"被老差人一口大啐道："这个事都讲破！破了还有个大风？如今只是闷着同他讲，不怕他不拿出钱来。还亏你当了这几十年的门户，利害也不晓得！遇着这样的事，还要讲破，破你娘的头！"骂的这差人又羞又喜。慌跑回来，见宦成还不曾起来，说道："好快活！这一会像两个狗恋着。快起来，和你说话！"宦成慌忙起来出了房门。差人道："和你到外边去说话。"两人拉着手，到街上一个僻静茶室里坐下。差人道："你这呆孩子，只晓得吃酒吃饭，要同女人睡觉。放着这样一注大财不会发，岂不是'如入宝山空手回'！"宦成道："老爹指教便是。"差人道："我指点你，你却不要过了庙不下雨。"

说着，一个人在门首过，叫了差人一声"老爹"，走过去了。差人见那人出神，叫宦成坐着，自己悄悄尾了那人去。只听得那人口里抱怨道："自自给他打了一顿，却是没有伤，喊不得冤。待要自己做出伤来，官府又会验的出。"差人悄悄地拾了一块砖头，凶神似的走上去，把头一打，打了一个大洞，那鲜血直流出来。那人吓了一跳，问差人道："这是怎的？"差人道："你方才说没有伤，这不是伤吗？又不是自己弄出来的，不怕老爷会验，还不快去喊冤哩！"那人倒着实感激，谢了他，把那血用手一抹，涂成了个血脸，往县前喊冤去了。宦成站在茶室门口望，听见这些话，又学了一个乖。

差人回来，坐下说道："我昨晚听见你当家的说，枕箱是那王太爷的。王太爷降了宁王，又逃走了，是个钦犯，这箱子便是个钦赃。他家里交给钦犯，藏着钦赃，若还首出来，就是杀头充军的罪。他还敢怎样你！"宦成听了他这一席话，如梦方醒。说道："老爹，我而今就写呈去首。"差人道："呆兄弟，这又没主意了。你首了，就把他一家杀个精光，与你也无益，弄不着他一个钱，况你又同他无仇。如今只消蹿出个人来，吓他一吓，吓出几百两银子来，把丫头白白送你做老婆，不要身价，这事就罢了。"宦成道："多谢老爹费心。如今只求老爹替我做主！"差人道："你且莫慌。"当下还了茶钱，同走出来。差人嘱咐道："这话，

到家在丫头跟前，不可露出一字。"宦成应诺了。从此，差人借了银子，宦成大酒大肉，且落得快活。

蘧公孙催着回官，差人只腾挪着混他：今日就说明日，明日就说后日，后日又说再迟三五日。公孙急了，要写呈子告差人。差人向宦成道："这事却要动手了！"因问："蘧小相平日可有一个相厚的人？"宦成道："这却不知道。"回去问丫头，丫头道："他在湖州相与的人多，这里却不曾见。我只听得有个书店里姓马的，来往了几次。"宦成将这话告诉差人。差人道："这就容易了。"便去寻代书，写下一张出首叛逆的呈子，带在身边。到大街上，一路书店问去。问到文海楼，一直进去请马先生说话。马二先生见是县里人，不知何事，只得邀他上楼坐下。差人道："先生一向可同做南昌府的蘧家蘧小相儿相与？"马二先生道："这是我极好的弟兄。头翁，你问他怎的？"差人两边一望道："这里没有外人吗？"马二先生道："没有。"把座子移近跟前，拿出这张呈子来，与马二先生看，道："他家竟有这件事。我们公门里好修行，所以通个信给他早为料理，怎肯坏这个良心！"马二先生看完，面如土色。又问了备细，向差人道："这事断断破不得！既承头翁好心，千万将呈子捺下。他却不在家，到坟上修理去了。等他来时商议。"差人道："他今日就要递。这是犯关节的事，谁人敢捺？"马二先生慌了道："这个如何了得！"差人道："先生，你一个'子曰行'的人怎这样没主意？自古'钱到公事办，火到猪头烂'，只要破些银子，把这枕箱买了回来，这事便罢了。"马二先生拍手道："好主意！"当下锁了楼门，同差人到酒店里。马二先生做东，大盘大碗请差人吃着，商议此事。只因这一番，有分教：通都大邑，来了几位选家；僻壤穷乡，出了一尊名士。毕竟差人要多少银子赎这枕箱，且听下回分解。

第十四回 蘧公孙书坊送良友
马秀才出洞遇神仙

话说马二先生在酒店里同差人商议，要替蘧公孙赎枕箱。差人道："这奴才手里拿着一张首呈，就像拾到了有利的票子。银子少了，他怎肯就把这钦赃放出来？极少也要三二百银子。还要我去拿话吓他：'这事弄破了，一来与你无益；二来钦案官司，过司由院，一路衙门你都要跟着走。你自己算计，可有这些闲钱陪着打这样的恶官司？'，是这样吓他，他又见了几个冲心的钱，这事才得了。我是一片本心，特地来报信。我也只愿得无事，落得河水不洗船。但做事也要打蛇打七寸才妙。你先生请上裁！"马二先生摇头道："二三百两是不能。不要说他现今不在家，是我替他设法；就是他在家里，虽然他家太爷做了几任官，而今也家道中落，哪里一时拿的许多银子出来？"差人道："既然没有银子，他本人又不见面，我们不要耽误他的事。把呈子丢还他，随他去闹罢了！"马二先生道："不是这样说。你同他是个淡交，我同他是深交。眼睁睁看他有事，不能替他掩下来，这就不成个朋友了。但是要做的来。"差人道："可又来！你要做的来，我也要做的来！"

马二先生道："头翁，我和你从长商议，实不相瞒，在此选书，东家包我几个月。有几两银子束惰，我还要留着些用。他这一件事，劳你去和宦成说。我这里将就垫二三十两银子把与他，他也只当是拾到的，解了这个冤家罢！"差人恼了道："这个正合着古语'漫天讨价，就地还钱'。我说二三百银子，你就说二三十两，戴着斗笠亲嘴，差着一帽子。怪不得人说你们'诗云子曰'的人难讲话。这样看来，你好像'老鼠尾巴上害疖子，出脓也不多'，倒是我多事，不该来惹这婆子口舌！"说罢，站起身来谢了扰，辞别就往外走。马二先生拉住道："请坐再说，急怎的？我方才这些话，你道我不出本心吗？他其实不在家，我又不是先知了风声，把他藏起和你讲价钱。况且你们一块土的人，彼此是知道的：

蘧公孙是什么慷慨角色！这宗银子，知道他认不认？几时还我？只是由着他弄出事来，后日懊悔迟了。总之，这件事，我也是个旁人，你也是个旁人。我如今认些晦气，你也要极力帮些。一个出力，一个出钱，也算积下一个莫大的阴功。若是我两人先参差着，就不是共事的道理了。"差人道："马老先生，而今这银子，我也不问是你出的，是他出，你们原是'毡袜裹脚靴'。但须要我效劳的来，老实一句，'打开板壁讲亮话'，这事，一些半些，几十两银子的话，横竖做不来。没有三百，也要二百两银子才有商议。我又不要你十两五两，没来由把难题目把你做怎的？"

马二先生见他这话说顶了真，心里着急，道："头翁，我的束述，其实只得一百两银子，这些时用掉了几两，还要留两把作盘费到杭州去。挤的干干净净，抖了包，只挤得出九十二两银子来，一厘也不得多。你若不信，我同你到下处去拿与你看。此外，行李箱子内，听凭你搜，若搜出一钱银子来，你把我不当人。就是这个意思，你替我维持去。如断然不能，我也就没法了。他也只好怨他的命。"差人道："先生，像你这样血心为朋友，难道我们当差的心，不是肉做的？自古山水尚有相逢之日，岂可人不留个相与！只是这行瘟的奴才头高，不知可说得下去？"又想一想道："我还有个主意，又合着古语说，'秀才人情纸半张'。现今丫头已是他拐到手了，又有这些事，料想要不回来。不如趁此就写一张婚书，上写收了他身价银一百两，合着你这九十多，不将有二百之数？这分明是有名无实的，却塞得住这小厮的嘴。这个计较何如？"马二先生道："这也罢了。只要你做得来，这一张纸何难？我就可以做主。"当下说定了。店里会了账，马二先生回到下处候着。

差人假做去会宦成，去了半日，回到文海楼。马二先生接到楼上。差人道："为这件事，不知费了多少唇舌。那小奴才就像我求他的，定要一千八百的乱说，说他家值多少，就该给他多少。落后我急了，要带他回宦，说：'先问了你这奸拐的罪，回过老爷，把你纳在监里，看你到那里去出首！'他才慌了，依着我说。我把他枕箱先赚了来，现放在楼下店里。先生快写起婚书来，把银子兑清。我再打一个禀帖销了案，打发这奴才走清秋大路，免得又生出枝叶来。马二先生道："你这赚法甚好，婚书已经写下了。"随即同银子交与差人。差人打开看，足足

九十二两。把箱子拿上楼来，交与马二先生，拿着婚书、银子去了。

回到家中，把婚书藏起，另外开了一篇细账，借贷吃用，衙门使费，共开出七十多两。只剩了十几两银子递与宦成。宦成嫌少，被他一顿骂道："你奸拐了人家使女，犯着官法，若不是我替你遮盖，怕老爷不会打折你的狗腿！我倒替你白白的骗一个老婆，又骗了许多银子，不讨你一声知感，反问我找银子！来！我如今带你去回老爷，先把你这奸情事打几十板子。丫头便传蘧家领去，叫你吃不了的苦兜着走。"宦成被他骂得闭口无言，忙收了银子，千恩万谢，领着双红，往他州外府寻生意去了。

蘧公孙从坟上回来，正要去问差人，催着回官。只见马二先生来候，请在书房坐下。问了些坟上的事务，慢慢说到这件事上来。蘧公孙初时还含糊。马二先生道："长兄，你这事还要瞒我吗？你的枕箱现在我下处楼上。"公孙听见枕箱，脸便飞红了。马二先生遂把差人怎样来说，我怎样商议，后来怎样怎样，"我把选书的九十几两银子给了他，才买回这个东西来。而今幸得平安无事。就是我这一项银子，也是为朋友上一时激于意气，难道就要你还？但不得不告诉你一遍。明日叫人到我那里，把箱子拿来，或是劈开了，或是竟烧化了，不可再留着惹事！"公孙听罢大惊，忙取一把椅子，放在中间，把马二先生捺了坐下，倒身拜了四拜。请他坐在书房里，自走进去，如此这般，把方才这些话说与乃眷鲁小姐。又道："像这样的，才是斯文骨肉朋友。有意气、有肝胆，相与了这样正人君子，也不枉了！像我娄家表叔，结交了多少人，一个个出乖露丑，若听见这样话，岂不羞死！"鲁小姐也着实感激，备饭留马二先生吃过，叫人跟去，将箱子取来毁了。"

次日，马二先生来辞别，要往杭州。公孙道："长兄先生，才得相聚，为什么便要去？"马二先生道："我原在杭州选书。因这文海楼请我来选这一部书，今已选完，在此就没事了。"公孙道："选书已完，何不搬来我小斋住着，早晚请教？"马二先生道："你此时还不是养客的时候。况且杭州各书店里等着我选考卷。还有些未了的事，没奈何，只得要去。倒是先生得闲，来西湖上走走。那西湖山光水色，颇可以添文思。"公孙不能相强，要留他办酒席钱行。马二先生道："还要到别的朋友家告别。"说罢去了，公孙送了出来。到次日，公孙封了二两银子，备了些熏肉、小菜，亲自到文海楼来送行，要了两部新选的墨卷回去。

马二先生上船，一直来到断河头。问文瀚楼的书坊，乃是文海楼一家。到那里去住，住了几日，没有什么文章选。腰里带了几个钱，要到西湖上走走。

这西湖，乃是天下第一个真山真水的景致！且不说那灵隐的幽深、天竺的清雅，只这出了钱塘门，过圣因寺，上了苏堤，中间是金沙港，转过去就望见雷峰塔，到了净慈寺，有十多里路，真乃五步一楼，十步一阁。一处是金粉楼台，一

处足竹篱茅舍，一处是桃柳争妍，一处是桑麻遍野。那些卖酒的青帘高飏，卖茶的红炭满炉。士女游人，络绎不绝。真不数"三十六家花酒店，七十二座管弦楼"。

　　马二先生独自一个，带了几个钱，步出钱塘门。在茶亭里，吃了几碗茶，到西湖沿上，牌楼跟前坐下。见那一船一船乡下妇女来烧香的，都梳着挑鬏头。也有穿蓝的，也有穿青绿衣裳的，年纪小的都穿些红绸单裙子；也有模样生的好些的，都是一个大团白脸，两个大高颧骨；也有许多疤、麻、疥、癞的。一顿饭时，就来了有五六船。那些女人后面，都跟着自己的汉子，揹着一把伞，手里拿着一个衣包。上了岸，散往各庙里去了。马二先生看了一遍，不在意里，起来又走了里把多路。望着湖沿上接连着几个酒店，挂着透肥的羊肉，柜台上盘子里，盛着滚热的蹄子、海参、糟鸭、鲜鱼，锅里煮着馄饨，蒸笼上蒸着极大的馒头。马二先生没有钱买了吃，喉咙里咽唾沫，只得走进一个面店，十六个钱吃了一碗面。肚里不饱，又走到间壁一个茶室吃了一碗茶，买了两个钱处片嚼嚼，倒觉得有些滋味。

吃完了出来，看见西湖沿上柳荫下系着两只船。那船上女客在那里换衣裳：一个脱去元色外套，换了一件水田披风；一个脱去天青外套，换了一件玉色绣的八团衣服；一个中年的脱去宝蓝缎衫，换了一件天青缎二色金的绣衫。那些跟从的女客，十几个人，也都换了衣裳。这三位女客，一位跟前一个丫鬟，手持黑纱团香扇，替他遮着日头，缓步上岸。那头上珍珠的白光，直射多远；裙上环珮，叮叮当当地响。马二先生低着头走了过去，不曾仰视。

往前走过了六桥，转个弯，便像些村乡地方，又有人家的棺材厝基。中间走了一二里多路，走也走不清，甚是可厌。马二先生欲待回家，遇着一走路的，同道："前面可还有好玩的所在？"那人道："转过去便是净慈、雷峰，怎么不好玩？"马二先生又往前走。走到半里路，见一座楼台，盖在水中间，隔着一道板桥。马二先生从桥上走过去，门口也是个茶室。吃了一碗茶。里面的门锁着，马二先生要进去看。管门的问他要了一个钱，开了门，放进去。里面是三间大楼，楼上供的是仁宗皇帝的御书。马二先生吓了一跳，慌忙整一整头巾，理一理宝蓝直裰，在靴桶内拿出一把扇子来当了笏板，恭恭敬敬，朝着楼上扬尘舞蹈，拜了五拜。拜毕起来，定一定神，照旧在茶桌子上坐下。旁边有个花园，卖茶的人说，是布政司房里的人在此请客，不好进去。那厨房却在外面，那热腾腾的燕窝、海参，一碗碗在跟前捧过去，马二先生又羡慕了一番。

出来过了雷峰，远远望见：高高下下许多房子，盖着琉璃瓦，曲曲折折无数的朱红栏杆。马二先生走到跟前，看见一个极高的山门，一个直匾，金字，上写着"敕赐净慈禅寺"。山门旁边一个小门，马二先生走了进去。一个大宽展的院落，地下都是水磨的砖。才进二道山门，两边廊上，都是几十层极高的阶级。那些富贵人家的女客，成群逐队，里里外外，来往不绝。都穿的是锦绣衣服，风吹起来，身上的香，一阵阵的扑人鼻子。马二先生身子又长，戴一顶高方巾，一幅乌黑的脸，腆着大肚子，穿着一双厚底破靴，横着身子乱跑，只管在人窝子里撞。女人也不看他，他也不看女人。前前后后跑了一跤，又出来坐在那茶亭内（上面一个横匾，金书"南屏"两字）吃了一碗茶。柜上摆着许多碟子：橘饼、芝麻糖、粽子、烧饼、处片、黑枣、煮栗子。马二先生每样买了几个钱的，不论好歹，吃了一饱。马二先生也倦了，直着脚跑进清波门，到了下处，关门睡了。因为走多了路，在下处睡了一天。

第三日起来，要到城隍山走走。城隍山就是吴山，就在城中。马二先生走不多远，已到了山脚下。望着几十层阶级，走了上去，横过来，又是几十层阶级，马二先生一气走上，不觉气喘。看见一个大庙，门前卖茶，吃了一碗。进去见是吴相国伍公之庙，马二先生作了个揖，逐细地把匾联看了一遍。又走上去，就像没有路的一般。左边一个门，门上钉着一个匾，匾上"片石居"三个字，里面也想是个花园，有些楼阁。马二先生步了进去，看见窗棂关着。马二先生在门外望里张了一张，见几个人围着一张桌子，摆着一座香炉，众人围着，像是请仙的意思。马二先生想道："这是他们请仙判断功名大事。我也进去问一问。"站了一会，望见那人磕头起来，旁边人道："请了一个才女来了。"马二先生听了暗笑。又一会，一个问道："可是李清照？"又一个问道："可是苏若兰？"又一个拍手道："原来是朱淑真！"马二先生道："这些什么人！料想不是管功名的了，我不如去吧。"

又转过两个弯，上了几层阶级。只见平坦的一条大街，左边靠着山，一路有几个庙宇；右边一路，一间一间的房子，都有两进。屋后一进，窗子大开着，空空阔阔，一眼隐隐望得见钱塘江。那房子，也有卖酒的、也有卖耍货的、也有卖饺儿的、也有卖面的、也有卖茶的、也有测字算命的。庙门口都摆的是茶桌子。这一条街，单是卖茶，就是三十多处，十分热闹。

马二先生正走着，见茶铺子里一个油头粉面的女人招呼他吃茶。马二先生别转头来就走，到间壁一个茶室泡了一碗茶。看见有卖的蓑衣饼，叫打了十二个钱的饼吃了，略觉有些意思。走上去，一个大庙甚是巍峨，便是城隍庙。他便一直

走进去，瞻仰了一番。

过了城隍庙，又是一个弯。又是一条小街，街上酒楼、面店都有。还有几个簇新的书店，店里贴着报单，上写"处州马纯上先生精选《三科程墨持运》于此发卖"。马二先生见了欢喜，走进书店坐坐，取过一本来看，问个价钱。又问："这书可还行？"书店人道："墨卷只行得一时，哪里比得古书？"马二先生起身出来，因略歇了一歇脚，就又往上走。过这一条街，上面无房子了，是极高的个山冈。一步步上去，走到山冈上，左边望着钱塘江，明明白白。那日，江上无风，水平如镜。过江的船，船上有轿子，都看得明白。再走上些，右边又看得见西湖、雷峰一带，湖心亭都望见。那西湖里打鱼船，一个一个，如小鸭子浮在水面。马二先生心旷神怡，只管走了上去。又看见一个大庙门，摆着茶桌子卖茶。马二先生两脚酸了，且坐吃茶。吃着，两边一望：一边是江，一边是湖。又有那山色一转围着，又遥见隔江的山，高高低低，忽隐忽现。马二先生叹道："真乃'载华岳而不重，振河海而不泄，万物载焉'！"吃了两碗茶，肚里正饿，思量要回去路上吃饭。恰好一个乡里人捧着许多烫面薄饼来卖，又有一篮子煮熟的牛肉，马二先生大喜，买了几十文饼和牛肉，就在茶桌子上尽兴一吃。

吃得饱了，自思趁着饱再上去。走上一箭多路，只见左边一条小径，榛莽蔓草，两边拥塞。马二先生照着这条路走去，见那玲珑怪石，千奇万状，钻进一个石罅，见石壁上多少名人题咏。马二先生也不看他，过了一个小石桥，照着那极窄的石磴走上去。又是一座大庙，又有一座石桥，甚不好走。马二先生攀藤附葛，走过桥去，见是个小小的祠宇，上有匾额，写着"丁仙之祠"。马二先生走进去，见中间塑一个仙人，左边一个仙鹤，右边竖着一座二十个字的碑。马二先生见有签筒，思量："我困在此处，何不求个签，问问吉凶？"正要上前展拜，只听得背后一人道："若要发财，何不问我？"马二先生回头一看，见祠门口立着一个人，身长八尺，头戴方巾，身穿茧绸直裰，左手自理着腰里丝绦，右手拄着龙头拐杖，一部大白须直垂过脐，飘飘有神仙之表。只因遇着这个人，有分教：慷慨仗义，银钱去而复来；广结交游，人物久而愈盛。毕竟此人是谁，且听下回分解。

第十五回 葬神仙马秀才送丧
思父母匡童生尽孝

话说马二先生在丁仙祠，正要跪下求签。后面一人叫一声"马二先生"。马二先生回头一看，那人像个神仙，慌忙上前施礼道："学生不知先生到此，有失迎接。但与先生素昧平生，何以便知学生姓马？"那人道："'天下何人不识君？'先生既遇着老夫，不必求签了。且同到敝寓谈谈。"马二先生道："尊寓在哪里？"那人指道："就在此处，不远。"当下携了马二先生的手，走出丁仙祠。却是一条平坦大路，一块石头也没有。未及一刻工夫，已到了伍相国庙门口。马二先生心里疑惑："原来有这近路，我方才走错了。"又疑惑："恐是神仙缩地腾云之法，也不可知。"来到庙门口，那人道："这便是敝寓，请进去坐！"

哪知这伍相国殿后，有极大的地方，又有花园。园里有五间大楼，四面窗子望江望湖。那人就住在这楼上，邀马二先生上楼，施礼坐下。那人四个长随，齐齐整整，都穿着绸缎衣服，每人脚下一双新靴，上来小心献茶。那人吩咐备饭，一齐应诺下去了。马二先生举眼一看，楼中间挂着一张匹纸，上写冰盘大的二十八个大字，一首绝句诗道：

南渡年来此地游，而今不比旧风流。

湖光山色浑无赖，挥手轻吟过十洲。

后面一行写"天台洪憨仙题"。马二先生看过《纲鉴》，知道"南渡"是宋高宗的事。屈指一算，已是三百多年；而今还在，一定是个神仙无疑。因问道："这佳作是老先生的？"那仙人道："'憨仙'便是贱号。偶尔遣兴之作，颇不足观。先生若爱看诗句，前时在此，有同抚台、藩台及诸位当事，在湖上唱和的一卷诗，取来请教。"便拿出一个手卷来。马二先生放开一看，都是各当事的亲笔一递一首，都是七言律诗，咏的西湖上的景，图书新鲜。着实赞了一回，收递过去。捧上饭来：一大盘稀烂的羊肉、一盘糟鸭、一大碗火腿虾圆杂烩、又是一碗清汤。虽是便饭，却也这般热闹。马二先生腹中尚饱，因不好辜负了仙人的意思，又尽力地吃了一餐。撤下家伙去。

洪憨仙道："先生久享大名，书坊敦请不歇，今日因甚闲暇，到这祠里来求签？"马二先生道："不瞒老先生说，晚学今年在嘉兴，选了一部文章，送了几十金，却为一个朋友的事，垫用去了。如今来到此处，虽住在书坊里，却没有什么文章选。寓处盘费已尽，心里纳闷，出来闲走走。要在这仙祠里求个签，问问可有发财机会？谁想遇着老先生，已经说破晚生心事，这签也不必求了。"洪憨仙道："发财也不难，但大财须缓一步。目今权且发个小财，好吗？"马二先生道："只要发财，那论大小！只不知老先生是什么道理？"洪憨仙沉吟了一会，说道："也罢，我如今将些许物件送与先生，你拿到下处去试一试。如果有效验，再来问我取讨。如不相干，别做商议。"因走进房内，床头边摸出一个包子来打开，里面有几块黑煤，递与马二先生道："你将这东西拿到下处，烧起一炉火来，取个罐子，把他顿在上面，看成些什么东西，再来和我说。"

马二先生接着，别了憨仙，回到下处。晚间，果然烧起一炉火来，把罐子顿上。那火吱吱地响了一阵，取罐倾了出来，竟是一锭细丝纹银。马二先生喜出望外，一连倾了六七罐，倒出六七锭大纹银。马二先生疑惑，不知可用得。当夜睡了。

次日清早，上街到钱店里去看。钱店都说是十足纹银。随即换了几千钱，拿回下处来。马二先生把钱收了，赶到洪憨仙下处来谢。憨仙已迎出门来道："昨晚之事如何？"马二先生道："果是仙家妙用！"如此这般，告诉憨仙，倾出多少纹银。憨仙道："早哩！我这里还有些，先生再拿去试试！"又取出一个包子来，比以前有三四倍，送与马二先生。又留着吃过饭。别了回来，马二先生一连在下处住了六七日。每日烧炉、倾银子，把那些黑煤都倾完了，上戥了一秤，足有八九十两重。马二先生欢喜无限，一包一包收在那里。

一日，憨仙来请说话，马二先生走来，憨仙道："先生，你是处州，我是台州，相近，原要算桑里。今日有个客来拜我，我和你要认作中表弟兄，将来自有一番交际。断不可误!"马二先生道:"请问,这位尊客是谁?"憨仙道:"便是这城里胡尚书家三公子,名缜,字密之。尚书公遗下宦囊不少。这位公子却有钱癖,思量多多益善,要学我这烧银之法。眼下可以拿出万金来,以为炉火药物之费。但此事须一居间之人。先生大名,他是知道的。况在书坊操选,是有踪迹可寻的人,他更可以放心。如今相会过,订了此事。到七七四十九日之后,成了'银母'。几一切铜、锡之物,点着即成黄金,岂止数十百万?我是用他不着。那时告别还山,先生得这'银母',家道自此也可小康了。"马二先生见他这般神术,有什么不信?坐在下处,等了胡三公子来。三公子同憨仙施礼,便请问马二先生:"贵乡贵姓?"憨仙道:"这是舍弟,各书坊所贴,处州马纯上先生选《三科程墨》的便是。"胡三公子改容相接,施礼坐下。三公子举眼一看,见憨仙人物轩昂,行李华丽,四个长随轮流献茶,又有选家马先生是至戚,欢喜放心之极,坐了一会,去了。

次日,憨仙同马二先生坐轿子回拜胡府。马二先生又送了一部新选的墨卷。三公子留着谈了半日,回到下处。顷刻,胡家管家来下请帖两副:一副写洪太爷,一副写马老爷。帖子上是:"明日湖亭一卮小集,候教。胡缜拜订。"持帖人说道:"家老爷拜上太爷:席设在西湖花港御书楼旁园子里,请太爷和马老爷明日早些。"憨仙收下帖子。

次日,两人坐轿来到花港。园门大开,胡三公子先在那里等候。两席酒,一本戏,吃了一日。马二先生坐在席上,想起:"前日独自一个看着别人吃酒席,今日恰好人请我也在这里。"当下极丰盛的酒馔、点心,马二先生用了一饱。胡三公子约定,三五日再请到家,写立合同,央马二先生居间。然后打扫家里花园,以为丹室。先兑出一万两银子,托憨仙修制药物,请到丹室内住下。三人说定,到晚席散。马二先生坐轿竟回文瀚楼。

一连四天,不见憨仙差人来请,便走去看他。一进了门,见那几个长随不胜慌张。问其所以,憨仙病倒了,症候甚重。医生说脉息不好,已是不肯下药。马二先生大惊,急上楼进房内去看,已是奄奄一息,头也抬不起来。马二先生心好,就在这里相伴,晚间也不回去。

挨过两日多,那憨仙寿数已尽,断气身亡。那四个人慌了手脚,寓处搂一

掳，只得四五件绸缎衣服，还当得几两银子，其余一无所有。几个箱子都是空的。这几个人也并非长随，是一个儿子、两个侄儿、一个女婿，这时都说出来。马二先生听在肚里，替他着急。此时棺材也不够买。马二先生有良心，赶着下处去取了十两银子来，与他们料理。儿子守着哭泣，侄子上街买棺材。女婿无事，同马二先生到间壁茶馆里谈谈。

马二先生道："你令岳是个活神仙，今年活了三百多岁，怎么忽然又死起来？"女婿道："笑话！他老人家今年只得六十六岁，哪里有什么三百岁？想着他老人家，也就是个不守本分，惯弄玄虚。寻了钱，又混用掉了，而今落得这一个收场。不瞒老先生说，我们都是买卖人，丢着生意同他做这虚头事。他而今直脚去了，累我们讨饭回乡，哪里说起！"马二先生道："他老人家床头间，有那一包一包的'黑煤'，烧起炉来，一倾就是纹银。"女婿道："哪里是什么'黑煤'？那就是银子，用煤煤黑了的。一下了炉，银子本色就现出来了。那原是个做出来哄人的，用完了那些，就没得用了。"马二先生道："还有一说，他若不是神仙，怎的在丁仙祠初见我的时候，并不曾认得我，就知我姓马？"女婿道："你又差了。他那日在片石居扶乩出来，看见你坐在书店看书。书店问你尊姓，你说：'我就是书面上马什么。'他听了知道的。世间哪里来的神仙？"

马二先生恍然大悟："他原来结交我，是要借我骗胡三公子。幸得胡家时运高，不得上算。"又想道："他亏负了我什么？我到底该感激他。"当下回来，候着他装殓，算还庙里房钱，叫脚子抬到清波门外厝著。马二先生备个牲醴、纸钱，送到厝所，看着用砖砌好了。剩的银子，那四个人做盘程，谢别去了。

马二先生送殡回来，依旧到城隍山吃茶。忽见茶室旁边添了一张小桌子，一个少年坐着拆字。那少年虽则瘦小，却还有些精神。却又古怪：面前摆着字盘笔砚，手里却拿着一本书看。马二先生心里诧异，假作要拆字，走近前一看，原来就是他新选的《三科程墨持运》。马二先生竟走到桌旁板凳上坐下，那少年丢下文章，问道："是要拆字的？"马二先生道："我走倒了，借此坐坐。"那少年道："请坐！我去取茶来。"即向茶室里开了一碗茶，送在马二先生跟前，陪着坐下。马二先生见他乖觉，问道："长兄，你贵姓？可就是这本城人？"那少年又看见他戴着方巾，知道是学里朋友，便道："晚生姓匡，不是本城人。晚生在温州府乐清县住。"马二先生见他戴顶破帽，身穿一件单布衣服，甚是褴褛，因说道："长兄，你离家数百里来省做这件道路，这事是寻不出大钱来的，连糊口也不足。你今年多少尊庚？家下可有父母妻子？我看你这般勤学，想也是个读书人。"那少年道："晚生今年二十二岁，还不曾娶过妻子。家里父母俱存。自小也上过几年学，因是家寒无力，读不成了。去年跟着一个卖柴的客人来省城，在柴行里记账。不想客人消折了本钱，不得回家，我就流落在此。前日一个家乡人来，说我父亲在家有病，于今不知个存亡，是这般苦楚。"说着，那眼泪如豆子大掉了下来。马二先生着实恻然，说道："你且不要伤心！你尊讳尊字是什么？"那少年收泪道："晚生叫匡迥，号超人。还不曾请问先生仙乡贵姓。"马二先生道："这不必问。你方才看的文章，封面上'马纯上'就是我了。"匡超人听了这话，慌忙作揖，磕下头去。说道："晚生真乃'有眼不识泰山'！"马二先生忙还了礼，说道："快不要如此！我和你萍水相逢，斯文骨肉。这拆字到晚也有限了，长兄何不收了，同我到下处谈谈？"匡超人道："这个最好。先生请坐，等我把东西收了。"当下将笔砚纸盘收了，做一包背着，同桌凳寄在对门庙里，跟马二先生到文瀚楼。

马二先生到文瀚楼，开了房门坐下。马二先生问道："长兄，你此时心里，可还想着读书上进？还想着家去看看尊公吗？"匡超人见问这话，又落下泪来，道："先生，我现今衣食缺少，还拿什么本钱想读书上进？这是不能的了。只是父亲在家患病，我为人子的，不能回去侍奉，禽兽也不如！所以，几回自心里恨极，不如早寻一个死处！"马二先生劝道："快不要如此！只你一点孝思，就是天地也感动地动了。你且坐下，我收拾饭与你吃。"当下留他吃了晚饭，又问道："比如长兄你如今要回家去，须得多少盘程？"匡超人道："先生，我哪里还讲多少？只这几天水路搭船，到了旱路上，我难道还想坐山轿不成！背了行李走，就是饭食少两餐也罢。我只要到父亲跟前，死也瞑目！"马二先生道："这也使得。你今晚且在我这里住一夜，慢慢商量。"到晚，马二先生又问道："你当时读过几年书？文章可曾成过篇？"匡超人道："成过篇的。"马二先生笑着，向他说："我如今大胆出个题目，你做一篇，我看看你笔下可望得进学？这个使得吗？"匡超人道："正要请教先生。只是不通，先生休笑！"马二先生道："说哪里话！我出一题，你明日做。"说罢，出了题，送他在那边睡。

次日，马二先生才起来，他文章已是停停当当送了过来。马二先生喜道："又勤学，又敏捷，可敬！可敬！"把那文章看了一遍，道："文章才气是有，只是理法欠些。"将文章按在桌上，拿笔点着，从头至尾，讲了许多虚实、反正、吞吐、含蓄之法与他。他作揖谢了要去。马二先生道："休慌！你在此终不是个长策，我送你盘费回去。"匡超人道："若蒙资助，只借出一两银子就好了。"马二先生道："不然，你这一到家，也要些须有个本钱奉养父母，才得有功夫读书。

我这里竟拿十两银子与你。你回去做些生意，请医生看你尊翁的病。"当下开箱子，取出十两一封银子，又寻了一件旧棉袄、一双鞋，都递与他，道："这银子，你拿家去；这鞋和衣服，恐怕路上冷，早晚穿穿。"

匡超人接了衣裳、银子，两泪交流道："蒙先生这般相爱，我匡迥何以为报？意欲拜为盟兄，将来诸事，还要照顾。只是大胆，不知长兄可肯容纳？"马二先生大喜，当下受了他两拜，又同他拜了两拜，结为兄弟。留他在楼上，收拾菜蔬替他钱行。吃着，向他说道："贤弟，你听我说，你如今回去侍奉父母，总以文章举业为主。人生世上，除了这事，就没有第二件可以出头。不要说算命、拆字是下等，就是教馆、作幕，都不是个了局。只是有本事进了学，中了举人、进士，即刻就荣宗耀祖。这就是《孝经》上所说的'显亲扬名'，才是大孝，自身也不得受苦。古语道得好：'书中自有黄金屋，书中自有千钟粟，书中自有颜如玉。'而今什么是书？就是我们的文章选本了。贤弟，你回去奉养父母，总以做举业为主。就是生意不好，奉养不周，也不必介意，总以做文章为主。那害病的父亲睡在床上，没有东西吃，果然听见你念文章的声气，他心花开了，分明难过也好过，分明那里疼也不疼了。这便是曾子的'养志'。假如时运不好，终身不得中举，一个廪生是挣的来的。到后来做任教官，也替父母请一道封诰。我是百无一能，年纪又大了。贤弟，你少年英敏，可细听愚兄之言，图个日后宦途相见。"说罢，又到自己书架上，细细捡了几部文章，塞在他棉袄里卷着。说道："这都是好的，你拿去读下。"匡超人依依不舍，又急于要家去看父亲，只得洒泪告辞。马二先生携着手，同他到城隍山旧下处，取了铺盖，又送他出清波门，一直送到江船上。看着上了船，马二先生辞别，进城去了。

匡超人过了钱塘江，要搭温州的船。看见一只船正走着，他就问："可带人？"船家道："我们是抚院大人差上郑老爹的船，不带人的。"匡超人背着行李正待走，船舱里一个白须老者道："驾长，单身客人，带着也罢了！添着你买酒吃。"船家道："既然老爹吩咐，客人你上来罢！"把船撑到岸边，让他下了船。匡超人放下行李，向老爹作了揖。看见舱里三个人：中间郑老爹坐着，他儿子坐在旁边，这边坐着一个外府的客人。郑老爹还了礼，叫他坐下。匡超人为人乖巧，在船上不拿强拿，不动强动，一口一声只叫"老爹"。那郑老爹甚是欢喜，有饭叫他同吃。饭后行船无事，郑老爹说起："而今人情浇薄，读书的人都不孝父母。这温州姓张的弟兄三个，都是秀才，两个疑惑老子把家私偏了小儿子，在家打吵。吵得父亲急了，出首到官。他两弟兄在府、县都用了钱，倒替他父亲做了假哀怜的呈子，把这事销了案。亏得学里一位老师爷持正不依，详了我们大人衙门。大人准了，差了我到温州提这一干人犯去。"那客人道："这一提了来审实，府、县的老爷不都有碍？"郑老爹道："审出真情，一总都是要参的！"匡超人听见这话，自心里叹息："有钱的，不孝父母；像我这穷人，要孝父母又不能。真乃不平之事！"过了两日，七岸起旱，谢了郑老爹。郑老爹饭钱一个也不问他要，他又谢了。一路晓行夜宿，来到自己村庄，望见家门。只因这一番，有分教：敦伦修行，终受当事之知；实至名归，反作终身之玷。不知后事如何，且听下回分解。

国学经典文库

中国二十大名著

儒林外史

图文珍藏版

第十六回 大柳庄孝子事亲
乐清县贤宰爱士

话说匡超人望见自己家门，心里欢喜，两步做一步，急急走来敲门。母亲听见是他的声音，开门迎了出来，看见道："小二，你回来了？"匡超人道："娘，我回来了！"放下行李，整一整衣服，替娘作揖磕头。他娘捏一捏他身上，见他穿着极厚的棉袄，方才放下心。向他说道："自从你跟了客人去后，这一年多，我的肉身时刻不安。一夜，梦见你掉在水里，我哭醒来。一夜，又梦见你把腿跌折了。一夜，又梦见你脸上生了一个大疙瘩，指与我看，我替你拿手拈，总拈不掉。一夜，又梦见你来家，望着我哭，把我也哭醒了。一夜，又梦见你头戴纱帽，说做了官。我笑着说：'我一个庄农人家那有官做？'旁一个人道：'这官不是你儿子。你儿子却也做了官，却是今生再也不到你跟前来了。'我又哭起来，说：'若做了官，就不得见面，这官就不做他也罢！'就把这句话哭着，呕喝醒了，把你爹也吓醒了。你爹问我，我一五一十把这梦告诉你爹，你爹说我心想痴了。不想就在这半夜，你爹就得了病，半边身子动不得，而今睡在房里。"

外边说着话，他父亲匡太公在房里已听见儿子回来了。登时那病就轻松些，觉得有些精神。匡超人走到跟前，叫一声："爹，儿子回来了！"上前磕了头。太公叫他坐在床沿上，细细告诉他这得病的缘故。说道："自你去后，你三房里叔子，就想着我这个屋。我心里算计也要卖给他。除另寻屋，再剩几两房价，等你回来做个小本生意。旁人向我说：'你这屋是他屋边屋。他谋买你的，须要他多出几两银子。'哪知他有钱的人，只想便宜，岂但不肯多出钱，照时值估价还要少几两。分明知道我等米下锅，要杀我的巧。我赌气不卖给他，他就下一个毒，串出上手业主，拿原价来赎我的。业主，你晓得的，还是我的叔辈。他倚恃尊长，开口就说：'本家的产业是卖不断的。'我说：'就是卖不断，这数年的修理，也是要认我的。'他一个钱不认，只要原价回赎。那日在祠堂里彼此争论，他竟把我打起来，族间这些有钱的，受了三房里嘱托，都偏为着他，倒说我不看祖宗面上。你哥又没中用，说了几句'道三不着两'的话。我着了这口气，回来就病倒了。自从我病倒，日用益发艰难。你哥听着人说，受了原价，写过吐退与他。那银子零星收来，都花费了。你哥看见不是事，同你嫂子商量，而今和我分了另吃。我想，又没有家私给他，自挣自吃，也只得由他。他而今每早挑着担子，在各处赶集，寻的钱两口子还养不来。我又睡在这里，终日只有出的气，没有进的气，间壁又要房子翻盖，不顾死活，三五天一回人来催，口里不知多少闲话。你又去得不知下落。你娘想着，一场两场的哭！"匡超人道："爹，这些事都不要焦心，且静静的养好了病。我在杭州，亏遇着一个先生，他送了我十两银子。我明日做起个小生意，寻些柴米过日子。三房里来催，怕怎的！等我回他。"

母亲走进来叫他吃饭，他跟了走进厨房，替嫂子作揖。嫂子倒茶与他吃，吃罢，又吃了饭。忙走到集上，把剩的盘程钱，买了一只猪蹄来家煨着，晚上与太公吃。买了回来，恰好他哥子挑着担子进门，他向哥作揖下跪。哥扶住了他，同坐在堂屋，告诉了些家里的苦楚。他哥子愁着眉道："老爹而今有些害发了，说的话'道三不着两'的。现今人家催房子，挨着总不肯出，带累我受气。他疼的是你。你来家早晚说着他些。"说罢，把担子挑到房里去。匡超人等菜烂了，和饭拿到父亲面前，扶起来坐着。太公因儿子回家心里欢喜，又有些荤菜，当晚那菜和饭也吃了许多。剩下的，请了母亲同哥进来，在太公面前，放桌子吃了晚饭。太公看着欢喜，直坐到更把天气，才扶了睡下。匡超人将被单拿来，在太公脚跟头睡。

次日清早起来，拿银子到集上买了几口猪养在圈里，又买了斗把豆子。先把猪肩出一个来杀了，烫洗干净，分肌劈理的卖了一早晨。又把豆子磨了一厢豆腐，也都卖了。

钱拿来放在太公床底下，就在太公跟前坐着。见太公烦闷，便搜出些西湖上景致，以及卖的各样的吃食东西，又听得各处的笑话，曲曲折折细说与太公听。太公听了也笑。太公过了一会向他道："我要出恭，快喊你娘进来！"母亲忙走进来，正要替太公垫布。匡超人道："爹要出恭，不要这样出了。像这布垫在被窝里，出的也不自在。况每日要洗这布，娘也怕薰得慌，不要熏伤了胃气。"太公道："我站得起来出恭倒好了！这也是没奈何。"匡超人道："不要站起来，我有道理。"连忙走到厨下，端了一个瓦盆，盛上一瓦盆的灰，拿进去放在床面前，就端了一条板凳，放在瓦盆外边。自己扒上床，把太公扶了横过来，两只脚放在板凳上，屁股紧对着瓦盆的灰。他自己钻在中间，双膝跪下，把太公两条腿捧着肩上。让太公睡得安安稳稳，自在出过恭，把太公两腿扶上床，仍旧直过来。又出的畅快，被窝里又没有臭气。他把板凳端开，瓦盆拿出去倒了，依旧进来坐着。

到晚，又扶太公坐起来吃了晚饭。坐一会，服侍太公睡下，盖好了被，他便把省里带来的一个大铁灯盏装满了油，坐在太公旁边，拿出文章来念。太公睡不着，夜里要吐痰、吃茶，一直到四更鼓，他就读到四更鼓。太公叫一声，就在跟前。太公夜里要出恭，从前没人服侍，就要忍到天亮。今番有儿子在旁伺候，夜里要出就出。晚饭也放心多吃几口。匡超人每夜四鼓才睡，只睡一个更头，便要起来杀猪、磨豆腐。

过了四五日，他哥在集上回家的早，集上带了一个小鸡子，在嫂子房里煮着，又买了一壶酒，要替兄弟接风。说道："这事不必告诉老爹罢。"匡超人不肯，把鸡先盛了一碗送与父母，剩下的兄弟两人在堂里吃着。恰好三房的阿叔过来催房子，匡超人丢下酒，向阿叔作揖下跪。阿叔道："好啊呀！老二回来了。穿的恁厚厚墩墩的棉袄，又在外边学得恁知礼，会打躬作揖。"匡超人道："我到家几日，事忙，还不曾来看得阿叔，就请坐下吃杯便酒罢。"阿叔坐下，吃了几杯酒，便提到出房子的话。匡超人道："阿叔莫要性急。放着弟兄两人在此，怎敢白赖阿叔的房子住！就是没钱典房子，租也租两间出去住了，把房子让阿叔。只是而今我父亲病着。人家说，病人移了床，不得就好。如今我弟兄着急请先生替父亲医，若是父亲好了，作速地让房子与阿叔。就算父亲是长病不得就好，我们也说不得料理寻房子搬去。只管占着阿叔的，不但阿叔要催，就是我父母两个老人家，住的也不安。"阿叔见他这番话说得中听，又婉委，又爽快，倒也没的说了。只说道："一个自家人，不是我只管要来催，因为要一总拆了修理。既是你恁说，再担待些日子吧。"匡超人道："多谢阿叔！阿叔但请放心，这事也不得过迟。"那阿叔应诺了要去。他哥道："阿叔再吃一杯酒。"阿叔道："我不吃了。"便辞了过去。

自此以后，匡超人的肉和豆腐，都卖得生意又燥。不到日中就卖完了，把钱拿来家，伴着父亲。算计那日赚的钱多，便在集上买个鸡鸭或是鱼，来家与父亲吃饭。因太公是个痰症，不十分宜吃大荤，所以要买这些东西。或是猪腰子，或是猪肚子，倒也不断。医药是不消说。太公日子过得称心，每日每夜出恭小解，都是儿子照顾定了。出恭一定是匡超人跪在跟前，把腿捧在肩头上。太公的病，渐渐好了许多，也和两个儿子商议要寻房子搬家。倒是匡超人说："父亲的病才好些，索性等再好几分。扶着起来走得，再搬家也不迟。"那边人来催，都是匡超人支吾过去。这匡超人精神最足：早半日做生意，夜晚伴父亲、念文章，辛苦已极；中上得闲，还溜到门首，同邻居们下象棋。

那日，正是早饭过后。他看着太公吃了饭，出门无事，正和一个本家放牛的在打稻场上，将一个稻箩翻过来做了桌子，放着一个象棋盘对着。只见一个白胡老者，背剪着手来看。看了半日，在旁边说道："喂！老兄这一盘输了！"匡超人抬头一看，认得便是本村大柳庄保正潘老爹，因立起身来叫了他一声，作了个揖。潘保正道："我道是谁？方才几乎不认得了。你是匡太公家匡二相公。你从前年出门，是几时回来了的？你老爹病在家里！"匡超人道："不瞒老爹说，我来家已是有半年了。因为无事，不敢来上门上户惊动老爹。我家父病在床上，近来也略觉好些。多谢老爹纪念！请老爹到舍下奉茶。"潘保正道："不消取扰。"因走近前，替他把帽子升一升，又拿他的手来细细看了，说道："二相公，不是我奉承你。我自小学得些麻衣神相法，你这骨骼是个贵相，将来只到二十七八岁，就交上好的运气，妻、财、子、禄，都是有的。现今印堂颜色有些发黄。不日就有个贵人星照命。"又把耳朵边揣着看看，道："却也还有个虚惊，不大碍事。此后运气，一年好似一年哩！"匡超人道："老爹，我做这小生意，只望着不折了本，每日寻得几个钱，养活父母，便谢天地菩萨了。哪里想什么富贵轮到我身上？"潘保正摇手道："不相干，这样的事哪里是你做的？"说罢，各自散了。

三房里催出房子，一日紧似一日。匡超人支吾不过，只得同他硬撑了几句。那里急了，发狠说："过三日再不出，叫人来摘门下瓦！"匡超人心里着急，又

不肯向父亲说出。过了三日，天色晚了，正服侍太公出了恭起来。太公睡下，他
把那铁灯盏点在旁边念文章。忽然听得门外一声响亮，有几十人声一齐吆喝起
来。他心里疑惑是三房里叫多少人来下瓦摘门。顷刻，几百人声一齐喊起，一派
红光，把窗纸照得通红。他叫一声："不好了！"忙开出去看，原来是本村失火。
一家人一齐跑出来说道："不好了！快些搬！"他哥睡得朦朦胧胧，扒了起来，
只顾得他一副上集的担子。担子里面的东西又零碎：芝麻糖、豆腐干、腐皮、泥
人、小孩子吹的箫、打的叮当、女人戴的锡簪子，挝着了这一件，掉了那一件。

那糖和泥人，断的断了，碎的碎了，弄了一身臭汗，才一总捧起来朝外跑。那火头已是望见有丈把高，一个一个的火团子往天井里滚。嫂子抢了一包被褥、衣裳、鞋脚抱着，哭哭啼啼，反往后走。老奶奶吓得两脚软了，一步也挪不动。那火光照耀得四处通红，两边喊声大震。匡超人想，别的都不打紧，忙进房去，抢了一床被在手内，从床上把太公扶起，背在身上，把两只手搂得紧紧的。且不顾母亲，把太公背在门外空处坐着。又飞跑进来，一把拉了嫂子，指与他门外走。又把母亲扶了，背在身上。才得出门，那时火已到门口，几乎没有出路。匡超人道："好了！父母都救出来了！"且在空地下把太公放了睡下，用被盖好。母亲和嫂子坐在跟前。再寻他哥时，已不知吓得躲在哪里去了？

那火轰轰烈烈，哔哔噗噗，一派红光，如金龙乱舞。乡间失火，又不知救法，水次又远，足足烧了半夜，方才渐渐熄了。稻场上都是烟煤，兀自有焰腾腾的火气。一村人家房子都烧成空地。

匡超人没奈何，无处存身。望见庄南头，大路上一个和尚庵，且把太公背到庵里。叫嫂子扶着母亲，一步一挨，挨到庵门口。和尚出来问了，不肯收留，说道："本村失了火，凡被烧的都没有房子住。一个个搬到我这庵里时，再盖两进屋也住不下。况且你又有个病人，哪里方便呢？"只见庵内走出一个老翁来，定睛看时，不是别人，就是潘保正。匡超人上前作了揖，如此这般，被了回禄。潘保正道："匡二相公，原来昨晚的火，你家也在内！可怜！"匡超人又把要借和尚庵住和尚不肯的话，说了一遍。潘保正道："师父，你不知道，匡太公是我们村上有名的忠厚人。况且这小二相公好个相貌，将来一定发达。你出家人，与人方便，自己方便。权借一间屋，与他住两天，他自然就搬了去。香钱我送与你。"和尚听见保正老爹吩咐，不敢违拗，才请他一家进去，让出一间房子来。匡超人把太公背进庵里去睡下。潘保正进来问候太公，太公谢了保正。和尚烧了一壶茶来与众位吃。保正回家去了，一会又送些饭和菜来与他压惊。直到下午，他哥才寻了来，反怪兄弟不帮他抢东西。匡超人见不是事，托保正就在庵旁大路口替他租了间半屋，搬去住下。

幸得那晚原不曾睡下，本钱还带在身边，依旧杀猪，磨豆腐过日子。晚间点灯念文章。太公却因着了这一吓，病更添得重了。匡超人虽是忧愁，读书还不歇。

那日，读到二更多天，正读得高兴，忽听窗外锣响，许多火把簇拥着一乘官轿过去，后面马蹄一片声音。自然是本县知县过，他也不曾住声。由着他过去了。不想这知县，这一晚就在庄上住。下了公馆，心中叹息："这样乡村地面，夜深时分还有人苦功读书，实为可敬！只不知这人是秀才，是童生。何不传保正来问一问？"当下传了潘保正来，问道："庄南头庙门旁那一家，夜里念文章的，是个什么人？"保正知道就是匡家，悉把如此这般："被火烧了，租在这里住。这念文章的，是他第二个儿子匡迥，每日念到三四更鼓。不是个秀才，也不是个童生，只是个小本生意人。"知县听罢惨然，吩咐道："我这里发一个帖子，你明日拿出去，致意这匡迥，说我此时也不便约他来会。现今考试在即，叫他报名来应考。如果文章会做，我提拔他。"保正领命下来。

次日清早，知县进城回衙去了。保正叩送了回来，飞跑走到匡家敲开了门，说道："恭喜！"匡超人问道："何事？"保正帽子里取出一个单帖来递与他，上写："侍生李本瑛拜。"匡超人看见是本县主的帖子，吓了一跳，忙问："老爹，这帖是拜那个的？"保正悉把如此这般："老爷在你这里过，听见你念文章，传我去问。我就说你如此穷苦，如何行孝，都禀明了老爷。老爷发这帖子与你，说不日考校，叫你去应考。是要抬举你的意思。我前日说你气色好，主有个贵人星照命，今日何如？"匡超人喜从天降，捧了这个帖子，去向父亲说了。太公也欢喜。到晚，他哥回来看见帖子，又把这话向他哥说了。他哥不肯信。

过了几天时，县里果然出告示考童生。匡超人买卷子去应考。考过了，发出团案来，取了。

复试，匡超人又买卷伺候。知县坐了堂，头一个点名就是他。知县叫住道："你今年多少年纪了？"匡超人道："童生今年二十二岁。"知县道："你文字是会做的。这回复试更要用心，我少不得照顾你！"匡超人磕头谢了，领卷下去。复试过两次，出了长案，竟取了第一名案首，报到乡里去。匡超人拿手本上来谢。知县传进宅门去见了，问其家里这些苦楚，便封出二两银子来送他："这是我分俸些许，你拿去奉养父母。到家并发奋加意用功，府考、院考的时候，你再来见我，我还资助你的盘费。"匡超人谢了出来，回家把银子拿与父亲，把官说的这些话告诉了一遍。太公着实感激，捧着银子在枕上望空磕头，谢了本县老爷。到此时，他哥才信。乡下眼界浅，见匡超人取了案首，县里老爷又传进去见过，也就在庄上大家约着，送过贺分到他家来。太公吩咐借间壁庵里请了一天酒。

这时残冬已过。开印后宗师按临温州。匡超人叩辞别知县。知县又送了二两银子。他到府，府考过。接着院考。考了出来，恰好知县上辕门见学道，在学道前下一跪，说："卑职这取的案首匡迥是孤寒之士，且是孝子。"就把他行孝的事细细说了。学道道："'士先器识而后辞章。'果然内行克敦，文辞都是末艺。但昨看匡迥的文字，理法虽略有未清，才气是极好的。贵县请回，领教便了。"只因这一番，有分教：婚姻缔就，孝便衰于二亲；科第取来，心只系乎两榜。未知匡超人这一考得进学否，且听下回分解。

第十七回　匡秀才重游旧地
赵医生高踞诗坛

话说匡太公自从儿子上府去考，尿屎仍旧在床上。他去了二十多日，就如去了两年的一般，每日眼泪汪汪望着门外。那日向他老奶奶说道："第二个去了这些时，总不回来。不知他可有福气挣着进一个学？这早晚我若死了，就不能看见他在跟前送终！"说着，又哭了。老奶奶劝了一回。

忽听门外一片声打的响，一个凶神的人，赶着他大儿子打了来，说在集上赶集，占了他摆摊子的窝子。匡大又不服气，红着眼，向那人乱叫。那人把匡大担子夺了下来，那些零零碎碎东西撒了一地，筐子都踢坏了。匡大要拉他见官，口里说道："县主老爷现同我家老二相与，我怕与你吗！我同你回老爷去！"太公听得忙叫他进来，吩咐道："快不要如此！我是个良善人家，从不曾同人口舌，经官动府。况且占了他摊子，原是你不是！央人替他好好说，不要吵闹，带累我不安。"他哪里肯听，气狠狠的，又出去吵闹。吵得邻居都来围着看，也有拉的，也有劝的。正闹着，潘保正走来了，把那人说了几声，那人嘴才软了。保正又道："匡大哥，你还不把你的东西拾在担子里，拿回家去哩。"匡大一头骂着，一头抬东西。

只见大路上两个人，手里拿着红纸帖子，走来问道："这里有一个姓匡的吗？"保正认得，是学里门斗。说道："好了，匡二相公恭喜进了学了！"便道："匡大哥，快领二位去同你老爹说。"匡大东西才拾完在担子里，挑起担子，领两个门斗来家。那人也是保正劝回去了。门斗进了门，见匡太公睡在床上，道了恭喜，把报帖升贴起来。上写道：

> 捷报贵府相公匡讳迥，蒙提学御史学道大老爷取中乐清县第一名入泮。联科及第。本学公报。

太公欢喜，叫老奶奶烧起茶来，把匡大担子里的糖和豆腐干，装了两盘，又煮了十来个鸡子，请门斗吃着。潘保正又拿了十来个鸡子来贺喜。一总煮了出来，留着潘老爹陪门斗吃饭。饭罢，太公拿出二百文来做报钱，门斗嫌少。太公道："我乃赤贫之人，又遭了回禄。小儿的事，劳二位来，这些须当什么，权为一茶之敬。"潘老爹又说了一番，添了一百文，门斗去了。

直到四五日后，匡超人送过宗师，才回家来，穿着衣巾，拜见父母。嫂子是因回禄后就住在娘家去了。此时只拜了哥哥。他哥见他中了个相公，比从前更加亲热些。潘保正替他约齐了分子，择个日子贺学，又借在庵里摆酒。此番不同，共收了二十多吊钱，宰了两个猪和些鸡鸭之类，吃了两三日酒，和尚也来奉承。

匡超人同太公商议不磨豆腐了。把这剩下来的十几吊钱把与他哥，又租了两间屋，开个小杂货店。嫂子也接了回来，也不分在两处吃了。每日寻的钱，家里盘缠。

忙过几日，匡超人又进城去谢知县。知县此番便和他分庭抗礼，留着吃了酒饭，叫他拜做老师。事毕回家，学里那两个门斗，又下来到他家说话。他请了潘老爹来陪。门斗说："学里老爷要传匡相公去见，还要进见之礼。"匡超人恼了，道："我只认得我的老师ｊ他这教官我去见他做什么？有什么进见之礼！"潘老爹道："二相公，你不可这样说了。我们县里老爷虽是老师，是你拜的老师，这是私情。这学里老师是朝廷制下的，专管秀才。你就中了状元，这老师也要认的。怎么不去见？你是个寒士，进见礼也不好争，每位封两钱银子去就是了。"当下约定日子，先打发门斗回去。

到那日，封了进见礼去见了学师回来。太公又吩咐买个牲醴到祖坟上去拜奠。那日上坟回来，太公觉得身体不大爽利。从此，病一日重似一日。吃了药，也再不得见效。饮食也渐渐少的不能吃了。匡超人到处求神问卜，凶多吉少。同哥商议，把自己向日那几两本钱，替太公备后事，店里照旧不动。当下买了一具棺木，做了许多布衣，合着太公的头做了一顶方巾，预备停当。太公奄奄在床，一日昏聩得很，一日又觉得明白些。

那日太公自知不济，叫两个儿子都到跟前，吩咐道："我这病犯得拙了！眼见得望天的日子远，入地的日子近。我一生是个无用的人，一块土也不曾丢给你们，两间房子都没有了。第二的侥幸进了一个学，将来读读书，会上进一层也不可知。但功名到底是身外之物，德行是要紧的。我看你在孝弟上用心极是难得，却又不可因后来日子略过得顺利些，就添出一肚子里的势利见识来，改变了小时的心事。我死之后，你一满了服，就急急地要寻一头亲事。总要穷人家的儿女，万不可贪图富贵，攀高结贵。你哥是个混账人，你要到底敬重他，和侍奉我的一样才是！"兄弟两个哭着听了，太公瞑目而逝。合家大哭起来。匡超人呼天抢地，一面安排装殓。因房屋褊窄，停放过了头七，将灵柩送在祖茔安葬，满庄的人都来吊孝送丧。两弟兄谢过了客。匡大照常开店。匡超人逢七便去坟上哭奠。

那一日，正从坟上奠了回来，天色已黑。刚才到家，潘保正走来，向他说道："二相公，你可知道县里老爷坏了？今日委了温州府二太爷来摘了印去了。他是你老师，你也该进城去看看。"匡超人次日换了素服，进城去看。才走进城，哪晓得百姓要留这官，鸣锣罢市，围住了摘印的官，要夺回印信。把城门大白日关了，闹成一片。匡超人不得进去，只得回来再听消息。第三日，听得省里委了安民的官来了，要拿为首的人。

又过了三四日，匡超人从坟上回来。潘保正迎着道："不好了！祸事到了！"匡超人道："什么祸事？"潘保正道："到家去和你说。"当下到了匡家坐下，道："昨日安民的官下来，百姓散了。上司叫这官密访为头的人，已经拿了几个。衙门里有两个没良心的差人，就把你也密报了。说老爷待你甚好，你一定在内为头要保留。是哪里冤枉的事！如今上面还要密访，但这事哪里定得？他若访出是实，恐怕就有人下来拿。依我的意思，你不如在外府去躲避些时。没有官事就罢。若有，我替你维持。"匡超人惊得手慌脚忙，说道："这是哪里晦气！多承老爹相爱，说信与我。只是我而今哪里去好？"潘保正道："你自心里想，那处熟，就往那处去。"匡超人道："我只要杭州熟，却不曾有甚相与的。"潘保正道："你要往杭州，我写一个字与你带去。我有个房分兄弟，行三，人都叫他'潘三爷'，现在布政司里充吏，家里就在司门前山上住。你去寻着了他，凡事叫他照应。他是个极慷慨的人，不得错的。"匡超人道："既是如此，费老爹的心，写下书子，我今晚就走才好。"当下潘老爹一头写书，他一面嘱咐哥、嫂家里事务。洒泪拜别母亲，拴束行李，藏了书子出门。潘老爹送上大路回去。

匡超人背着行李，走了几天旱路，到温州搭船。那日没有便船，只得到饭店权宿。走进饭店，见里面点着灯。先有一个客人坐在一张桌子上，面前摆了一本书，在那里静静地看。匡超人看那人时，黄瘦面皮，稀稀的几根胡子。那人看书出神，又是个近视眼，不曾见有人进来。匡超人走到跟前，请教了一声"老客"，拱一拱手，那人才立起身来为礼。青绢直身，瓦楞帽子，像个生意人模样。两人叙礼坐下。匡超人问道："客人贵乡尊姓？"那人道："在下姓景，寒舍就在这五十里外。因有个小店在省城，如今往店里去。因无便船，权在此住一夜。"

看见匡超人戴着方巾，知道他是秀才，便道："先生贵处哪里？尊姓台甫？"匡超人道："小弟贱姓匡，字超人，敝处乐清。也是要往省城，没有便船。"那景客人道："如此甚好，我们明日一同上船。"各自睡下。

次日早去上船，两人同包了一个头舱。上船放下行李，那景客人就拿出一本书来看。匡超人初时不好问他，偷眼望那书上，圈的花花绿绿，是些什么诗词之类。到上午同吃了饭，又拿出书来看，看一会，又闲坐着吃茶。匡超人问道："昨晚请教老客，说有店在省城，却开的是什么宝店？"景客人道："是头巾店。"匡超人道："老客既开宝店，却看这书做什么？"景客人笑道："你道这书，单是戴头巾做秀才的会看吗？我杭城多少名士，都是不讲八股的。不瞒匡先生你说，小弟贱号叫作景兰江，各处诗选上，都刻过我的诗。今已二十余年。这些发过的老先生，但到杭城，就要同我们唱和。"因在舱内开了一个箱子，取出几十个斗方子来，递与匡超人道："这就是拙刻，正要请教。"匡超人自觉失言，心里惭愧。接过诗来，虽然不懂，假做看完了，瞎赞一回。景兰江又问："恭喜入泮是那一位学台？"匡超人道："就是现在新任宗师。"景兰江道："新学台是湖州鲁老先生同年，鲁老先生就是小弟的诗友。小弟当时联句的诗会，杨执中先生、权勿用先生、嘉兴蓬太守公孙骏夫，还有娄中堂两位公子：三先生、四先生，都是弟们文字至交。可惜有位牛布衣先生，只是神交，不曾会面。"匡超人见他说这些人，便问道："杭城文瀚楼选书的马二先生，讳叫作静的，先生想也相与？"景兰江道："那是做时文的朋友。虽也认得，不算相与。不瞒先生说，我们杭城名坛中倒也没有他们这一派。却是有几个同调的人，将来到省，可以同先生相会。"匡超人听罢，不胜骇然。同他一路来到断河头。船近了岸，正要搬行李。景兰江站在船头上，只见一乘轿子歇在岸边，轿里走出一个人来，头戴方巾，身穿宝蓝直裰，手里摇着一把白纸诗扇，扇柄上拴着一个方象牙图书，后面跟着一个人，背了一个药箱。那先生下了轿，正要进那人家去。景兰江喊道："赵雪兄，久违了！哪里去？"那赵先生回过头来，叫一声："哎呀！原来是老弟，几时来的？"景兰江道："才到这里，行李还不曾上岸。"因回头望着舱里道："匡先生，请出来。这是我最相好的赵雪斋先生，请过来会会！"匡超人出来，同他上了岸。

景兰江吩咐船家，把行李且搬到茶室里来。当下三人同作了揖，同进茶室。

赵先生问道："此位长兄尊姓？"景兰江道："这位是乐清匡先生，同我一船来的。"彼此谦逊了一回坐下，泡了三碗茶来。赵先生道："老弟，你为什么就去了这些时？叫我终日盼望。"景兰江道："正是为些俗事缠着。这些时可有诗会吗？"赵先生道："怎么没有！前月中翰颐老先生来天竺进香，邀我们同到天竺，做了一天的诗。通政范大人告假省墓，船只在这里住了一日，还约我们到船上拈题分韵。着实扰了他一天。御史荀老先生来打抚台的秋风，丢着秋风不打，日日邀我们到下处作诗。这些人都问你现今胡三公子替湖州鲁老先生征挽诗，送了十几个斗方在我那里。我打发不清，你来得正好，分两张去做。"说着，吃了茶，问："这位匡先生想也在庠，是那位学台手里恭喜的？"景兰江道："就是现任学台。"赵先生微笑道："是大小儿同案。"吃完了茶，赵先生先别，看病去了。

景兰江问道："匡先生，你而今行李发到哪里去？"匡超人道："如今且拢文瀚楼。"景兰江道："也罢，你拢那里去，我且到店里。我的店在豆腐桥大街上金刚寺前。先生闲着，到我店里来谈。"说罢叫人挑了行李去了。匡超人背着行李走到文瀚楼，问马二先生，已是回处州去了。文瀚楼主人认得他，留在楼上住。

次日，拿了书子，到司前去找潘三爷。进了门，家人回道："三爷不在家，前几日奉差到台州学道衙门办公事去了。"匡超人道："几时回家？"家人道："才去，怕不也还要三四十天工夫。"

匡超人只得回来，寻到豆腐桥大街景家方巾店里。景兰江不在店内，问左右店邻，店邻说道："景大先生吗？这样好天气，他先生正好到六桥探春光，寻花问柳，做西湖上的诗。绝好的诗题，他怎肯在店里坐着？"匡超人见问不着，只得转身又走。走过两条街，远远望见景先生同着两个戴方巾的走。匡超人相见作揖。景兰江指着那一个麻子道："这位是支剑峰先生。"指着那一个胡子道："这位是浦墨卿先生。都是我们诗会中领袖。"那二人问："此位先生？"景兰江道："这是乐清匡超人先生。"匡超人道："小弟方才在宝店奉拜先生，恰值公出。此时往哪里去？"景先生道："无事闲游。"又道："良朋相遇，岂可分途，何不到旗亭小饮三杯？"那两位道："最好。"当下拉了匡超人，同进一个酒店，拣一副坐头坐下。酒保来问，要什么菜。景兰江叫了一卖一钱二分银子的杂烩，两碟小吃。那小吃一样是炒肉皮，一样就是黄豆芽。拿上酒来，支剑峰问道："今日何以不去访雪兄？"浦墨卿道："他家今日宴一位出奇的客。"支剑峰道："客罢，有什么出奇？"浦墨卿道："出奇得紧哩！你满饮一杯，我把这段公案告诉你。"当下支剑峰斟上酒，二位也陪着吃了。

浦墨卿道："这位客姓黄，是戊辰的进士，而今选了我这宁波府鄞县知县。他先年在京里，同杨执中先生相与；杨执中却和赵爷相好，因他来浙，就写一封书子来会赵爷。赵爷那日不在家，不曾会。"景兰江道："赵爷官府来拜的也多，会不着他，也是常事。"浦墨卿道："那日真正不在家。次日赵爷去回拜。会着，彼此叙说起来。你道奇也不奇？"众人道："有什么奇处？"浦墨卿道："那黄公竟与赵爷生的同年、同月、同日、同时！"众人一齐道："这果然奇了！"浦墨卿道："还有奇处。赵爷今年五十九岁，两个儿子，四个孙子，老两个夫妻齐眉，只却是个布衣。黄公中了一个进士，做任知县，却是三十岁上就断了弦。夫人没了，而今儿花女花也无。"支剑峰道："这果然奇！同一个年、月、日、时，一个是这般境界，一个是那般境界，判然不合。可见，'五星'、'子平'都是不相干的。"说着，又吃了许多的酒。

浦墨卿道："三位先生，小弟有个疑难在此，诸公大家参一参：比如黄公同赵爷一般的年、月、日、时生的，一个中了进士，却是孤身一人；一个却是子孙满堂，不中进士。这两个人，还是那一个好？我们还是愿做那一个？"三位不曾言语。浦攫卿道："这话让匡先生先说。匡先生，你且说一说。"匡超人道："二者不可得兼。依小弟愚见，还是做赵先生的好。"众人一齐拍手道："有理！有理！"浦墨卿道："读书毕竟中进士是个了局。赵爷各样好了，到底差一个进士。不但我们说，就是他自己心里也不快活的，是差着一个进士。而今又想中进士，又想象赵爷的全福，天也不肯！虽然世间也有这样人，但我们如今既设疑难，若只管说要合作两个人，就没得难了。如今依我的主意：只中进士，不要全福；只做黄公，不做赵爷。可是吗？"支剑峰道："不是这样说。赵爷虽差着一个进士，而今他大公郎已经高进了，将来名登两榜，少不得封诰乃尊。难道儿子的进士当不得自己的进士不成？"浦墨卿笑道："这又不然。先年有一位老先生，儿子已做了大位，他还要科举。后来点名，监临不肯收他。他把卷子掼在地下，恨道：

'为这个小畜生，累我戴个假纱帽！'这样看来，儿子的到底当不得自己的！"

景兰江道："你们都说的是隔壁帐。都斟起酒来！满满的吃三杯，听我说。"支剑峰道："说的不是怎样？"景兰江道："说的不是，倒罚三杯！"众人道："这没的说。"当下斟上酒吃着。景兰江道："众位先生所讲中进士，是为名？是为利？"众人道："是为名。"景兰江道："可知道赵爷虽不曾中进士，外边诗选上刻着他的诗几十处，行遍天下。那个不晓得有个赵雪斋先生？只怕比进士享名多着哩！"说罢哈哈大笑。众人都一齐道："这果然说得畅快！"一齐干了酒。匡超人听得，才知道天下还有这一种道理。景兰江道："今日我等雅集，即拈'楼'字为韵，回去都做了诗，写在一张纸上，送在匡先生下处请教。"当下同出店来，分路而别。只因这一番，有分教：交游添气色，又结婚姻；文字发光芒，更将进取。不知后事如何，且听下回分解。

第十八回 约诗会名士携匡二
访朋友书店会潘三

话说匡超人那晚吃了酒，回来寓处睡下。次日清晨文瀚楼店主人走上楼来，坐下道："先生，而今有一件事相商。"匡超人问："是何事？"主人道："目今我和一个朋友合本，要刻一部考卷卖。要费先生的心，替我批一批，又要批的好，又要批的快。合共三百多篇文章，不知要多少日子就可以批得出来？我如今扣着日子，好发与山东、河南客人带去卖。若出的迟，山东、河南客人起了身，就误了一觉睡。这书刻出来，封面上就刻先生的名号，还多寡有几两选金和几十本样书送与先生。不知先生可赶得来？"匡超人道："大约是几多日子批出来，方不误事？"主人道："须是半个月内有得出来，觉得日子宽些。不然，就是二十天也罢了。"匡超人心里算计：半个月料想还做的来。当面应承了。

主人随即搬了许多的考卷文章上楼来，午间又备了四样菜，请先生坐坐，说："发样的时候，再请一回，出书的时候，又请一回；平常每日就是小菜饭；初二、十六跟着店里吃'牙祭肉'。茶水、灯油都是店里供给。"匡超人大喜，当晚点起灯来，替他不住手的批，就批出五十篇。听听那谯楼上才交四鼓，匡超人喜道："像这样，那里要半个月！"吹灯睡下，次早起来又批。一日搭半夜，总批得七八十篇。

到第四日，正在楼上批文章，忽听得楼下叫一声道："匡先生在家吗？"匡超人道："是那一位？"忙走下楼来，见是景兰江。手里拿着一个斗方卷着，见了作揖道："候迟有罪。"匡超人把他让上楼去。他把斗方放开在桌上说道："这就是前日宴集限'楼'字韵的。同人已经写起斗方来。赵雪兄看见，因未得与，不胜怅帐，因照韵也做了一首。我们要让他写在前面，只得又各人写了一回。所以今日才得送来请教。"匡超人见题上写着"暮春旗亭小集，同限'楼'字"。每人一首诗。后面排着四个名字是："赵洁雪斋手稿""景本蕙兰江手稿""支锷剑峰手稿""浦玉方墨卿手稿"。看见纸张白亮，图书鲜红，真觉可爱。就拿来贴在楼上壁间，然后坐下。匡超人道："那日多扰大醉，回来晚了。"景兰江道："这几日不曾出门?"匡超人道："因主人家托着选几篇文章，要替他赶出来发刻，所以有失问候。"景兰江道："这选文章的事也好。今日我同你去会一个人。"匡超人道："是那一位?"景兰江道："你不要管，快换了衣服，我同你去便知。"当下，换了衣服，锁了楼门，同下来走到街上。

匡超人道："如今往哪里去？"景兰江道："是我们这里做过冢宰的胡老先生的公子，胡三先生，他今朝小生日。同人都在那里聚会，我也要去祝寿，故来拉了你去。到那里，可以会得好些人。方才斗方上几位，都在那里。"匡超人道："我还不曾拜过胡三先生，可要带个帖子去？"景兰江道："这是要的。"一同走到香蜡店，买了个帖子，在柜台上借笔写："眷晚生匡迥拜。"写完，笼着又走。景兰江走着告诉匡超人道："这位胡三先生，虽然好客，却是个胆小不过的人。先年冢宰公去世之后，他关着门，总不敢见一个人，动不动就被人骗一头，说也没处说。落后这几年，全亏结交了我们，相与起来，替他帮门户，才热闹起来，没有人敢欺他。"匡超人道："他一个冢宰公子，怎的有人敢欺？"景兰江道："冢宰么，是过去的事了！他眼下又没人在朝，自己不过是个诸生。俗语说得好：'死知府，不如一个活老鼠。'那个理他？而今人情是势利的。倒是我这雪斋先生，诗名大，府、司、院、道现任的官员，那一个不来拜他！人只看见他大门口。今日是一把黄伞的轿子来，明日又是七八个红黑帽子吆喝了来，那蓝伞的官不算，就不由得不怕。所以，近来人看见他的轿子，不过三日两日就到胡三公子家去，就疑猜三公子也有些势力。就是三公子那门首住房子的，房钱也给得爽利些。胡三公子也还知感。"

正说得热闹，街上又遇着两个方巾阔服的人。景兰江迎着道："二位也是到胡三先生家拜寿去的？却还要约那位？向那头走？"那两人道："就是来约长兄。既遇着，一同行罢！"因问："此位是谁？"景兰江指着那两人，向匡超人道："这位是金东崖先生，这位是严致中先生。"指着匡超人，向二位道："这是匡超人先生。"四人齐作了一个揖，一齐同走。走到一个极大的门楼，知道是冢宰第了。把帖子交与看门的。看门的说："请在厅上坐！"匡超人举眼，看见中间御书匾额"中朝柱石"四个字，两边楠木椅子。四人坐下。

少顷胡三公子出来，头戴方巾，身穿酱色缎直裰，粉底皂靴，三绺髭须，约有四十多岁光景。三公子着实谦光，当下同诸位作了揖。诸位祝寿，三公子断不敢当，又谢了诸位，奉坐。金东崖首座，严致中二座，匡超人三座。景兰江是本地人，同三公子坐在主位。金东崖向三公子谢了前日的扰。三公子向严致中道："一向驾在京师，几时到的？"严致中道："前日才到。一向在都门敝亲家国子司业周老先生家做居停，因与通政范公日日相聚。今通政公告假省墓，约弟同行，顺便返舍走走。"胡三公子道："通政公寓在哪里？"严贡生道："通政公在船上，不曾进城，不过三四日即行。弟因前日进城会见雪兄，说道三哥今日寿日，所以来奉祝，叙叙阔怀。"三公子道："匡先生几时到省？贵处哪里？寓在何处？"景兰江代答道："贵处乐清。到省也不久，是和小弟一船来的。现今寓在文瀚楼选历科考卷。"三公子道："久仰！久仰！"说着，家人捧茶上来吃了。三公子立起身来，让诸位到书房里坐。

　　四位走进书房，见上面席间先坐着两个人，方巾白须，大模大样。见四位进来，慢慢立起身。严贡生认得，便上前道："卫先生、随先生都在这里，我们公揖。"当下做过了揖，请诸位坐。那卫先生、随先生也不谦让，仍旧上席坐了。家人来禀三公子，又有客到。三公子出去了。这里坐下，景兰江请教"二位先生贵乡"。严贡生代答道："此位是建德卫体善先生，乃建德乡榜。此位是石门随岑庵先生，是老明经。二位先生，是浙江二十年的老选家，选的文章，衣被海内的。"景兰江着实打躬，道其仰慕之意。那两个先生也不问诸人的姓名。随岑庵却认得金东崖，是那年出贡进京到监时相会的。因和他攀话道："东翁，在京一别，又是数年，因甚回府来走走？想是年满授职，也该荣选了！"金东崖道："不是。近来部里来投充的人也甚杂，又因司官工惠出去做官，降了宁王，后来朝里又拿问了刘太监，常到部里搜剔卷案。我怕在那里久，惹是非，所以就告假出了京来。"说着，捧出面来吃了。吃过，那卫先生、随先生闲坐着，谈起文来。卫先生道："近来的选事，益发坏了！"随先生道："正是。前科，我两人该选一部，振作一番。"卫先生估着眼道："前科没有文章！"匡超人忍不住，上前问道："请教先生，前科墨卷，到处都有刻本的，怎么没有文章？"卫先生道："此位长兄尊姓？"景兰江道："这是乐清匡先生。"卫先生道："所以说没有文章者，是没有文章的法则。"匡超人道："文章既是中了，就是有法则了。难道中式之外，又另有个法则？"卫先生道："长兄你原来不知。文章是代圣贤立言，有个一定的规矩，比不得那些杂览，可以随手乱做的。所以一篇文章，不但看出这本人的富贵福泽，并看出国运的盛衰。洪、永有洪、永的法则，成、弘有成、弘的法则，都是一脉流传，有个元灯。比如主考中出一榜人来，也有合法的，也有侥幸的。必定要经我们选家，批了出来，这篇就是传文了。若是这一科，无可入选，只叫作没有文章。"随先生道："长兄，所以我们不怕不中，只是中了出来，这三篇文章要见得人，不丑。不然，只算做侥幸，一生抱愧。"又问卫先生道："近来那马静选的《三科程墨》，可曾看见？"卫先生道："正是他，把个选事坏了！他在嘉兴蓬坦庵太守家走动，终日讲的是些杂学。听见他杂览倒是好的，于文章的理法，他全然不知，一味乱闹，好墨卷也被他批坏了。所以我看见他的选本，叫子弟把他的批语涂掉了读。"

说着，胡三公子同了支剑峰、浦墨卿进来摆桌子，同吃了饭。一直到晚不得上席，要等着赵雪斋。等到一更天，赵先生抬着一乘轿子，又两个轿夫跟着，前后打着四支火把，飞跑了来。下了轿，同众人作揖，道及："得罪！有累诸位先生久候。"胡府又来了许多亲戚、本家，将两席改作三席，大家围着坐了。席散，各自归家。

匡超人到寓所，还批了些文章才睡。屈指六日之内，把三百多篇文章都批完了。就把在胡家听的这一席话，敷衍起来，做了个序文在上。又还偷着功夫，去拜了同席吃酒的这几位朋友。选本已成，书店里拿去看了，回来说道："向日，马二先生在家兄文海楼，三百篇文章，要批两个月。催着还要发怒。不想先生批得恁快！我拿给人看，说又快又细。这是极好的了！先生住着，将来各书坊里，都要来请先生，生意多哩！"因封出二两选金送来，说道："刻完的时候，还送先生五十个样书。"又备了酒在楼上吃。

吃着，外边一个小厮，送将一个传单来。匡超人接着开看，是一张松江笺，折做一个全帖的样式，上写道：

　　谨择本月十五日西湖宴集，分韵赋诗。每位各出杖头资二星。今将在会诸位先生台衔开列于后：卫体善先生、随岑庵先生、赵雪斋先生、严致中先生、浦墨卿先生、支剑峰先生、匡超人先生、胡密之先生、景兰江先生，共九位。

下写"同人公具"。又一行写道："尊分约齐，送至御书堂胡三老爷收。"匡超人看见各位各下都画了"知"字，他也画了。随即，将选金内秤了二钱银子，连传单交与那小使拿去了。

到晚无事，因想起明日西湖上须要作诗，我若不会，不好看相。便在书店里拿了一本《诗法入门》，点起灯来看。他是绝顶的聪明，看了一夜，早已会了。次日，又看了一日一夜，拿起笔来就做。做了出来，觉得比壁上贴的还好些。当日又看，要已精而益求其精。

到十五日早上，打选衣帽，正要出门，早见景兰江同支剑峰来约。三人同出了清波门，只见诸位都坐在一只小船上候。上船一看，赵雪斋还不曾到，内中却不见严贡生。因问胡三公子道："严先生怎的不见？"三公子道："他因范通政昨日要开船，他把分子送来，已经回广东去了。"当下一上了船，在西湖里摇着。浦墨卿问三公子道："严大先生，我听见他家为立嗣，有什么家难官事，所以到处乱跑。而今不知怎样了？"三公子道："我昨日问他的，那事已经平复。仍旧立的是他二令郎。将家私三七分开，他令弟的妾，自己分了三股家私过日子。这个倒也罢了。"

一刻到了花港。众人都倚着胡公子，走上去借花园吃酒。胡三公子走去借，那里竟关着门不肯。胡三公子发了急，那人也不理。景先生拉那人到背地里问，那人道："胡三爷是出名的悭吝，他一年有几席酒照顾我？我奉承他！况且，他去年借了这里摆了两席酒，一个钱也没有！去的时候，他也不叫人扫扫，还说煮饭的米剩下两升，叫小厮背了回去。这样大老官乡绅，我不奉承他！"一席话，说的没法。众人只得一齐走到于公祠一个和尚家坐着。和尚烹出茶来。

分子都在胡三公子身上。三公子便拉了景兰江出去买东西。匡超人道："我也跟去玩玩。"当下走到街上。先到一个鸭子店，三公子恐怕鸭子不肥，拔下耳挖来，戳戳脯子上肉厚，方才叫景兰江讲价钱买了。因人多，多买了几斤肉，又买了两只鸡、一尾鱼和些蔬菜，叫跟的小厮先拿了去。还要买些肉馒头，中上当点心。于是走进一个馒头店，看了三十个馒头。那馒头三个钱一个，三公子只给他两个钱一个，就同那馒头店里吵起来。景兰江在旁劝闹。劝了一回，不买馒头了。买了些素面去下了吃，就是景兰江拿着。又去买了些笋干、盐蛋、熟栗子、瓜子之类，以为下酒之物。匡超人也帮着拿些。来到庙里交与和尚收拾。支剑峰

道："三老爷，你何不叫个厨役伺候，为什么自己忙？"三公子吐舌道："厨役就费了！"又称了一块银，叫小厮去买米。

忙到下午，赵雪斋轿子才到了，下轿就叫取箱来。轿夫把箱子捧到，他开箱取出一个药封来，二钱四分，递与三公子收了。厨下酒菜已齐，捧上来众位吃了。吃过饭，拿上酒来。赵雪斋道："吾辈今日雅集，不可无诗！"当下拈阄分韵：赵先生拈的是"四支"，卫先生拈的是"八齐"，浦先生拈的是"一东"，胡先后拈的是"二冬"，景先生拈的是"十四寒"，随先生拈的是"五微"，匡先生拈的是"十五删"，支先生拈的是"三江"。分韵已定，又吃了几杯酒，各散进城。胡三公子叫家人取了食盒，把剩下来的骨头骨脑和些果子装在里面，果然又问和尚查剩下的米共几升，也装起来。送了和尚五分银子的香资。押家人挑着，也进城去。

匡超人与支剑峰、浦墨卿、景兰江同路。四人高兴，一路说笑，勾留玩耍，进城迟了，已经昏黑。景兰江道："天已黑了，我们快些走！"支剑峰已是大醉，口发狂言道："何妨！谁不知道我们西湖诗会的名士！况且李太白穿着宫锦袍夜里还走，何况才晚：放心走！谁敢来？"正在手舞足蹈高兴，忽然前面一对高灯，又是一对提灯，上面写的字是"盐捕分府"。那分府坐在轿里一眼看见，认得是支锷，叫人采过他来，问道："支锷！你是本分府盐务里的巡商，怎么黑夜吃得大醉在街上胡闹？"支剑峰醉了，把脚不稳，前跌后撞，口里还说："李太白宫锦夜行。"那分府看见他戴了方巾，说道："衙门巡商，从来没有生、监充当的。你怎么戴这个帽子！左右的，挝去了！"一条链子锁起来。浦墨卿走上去帮了几句。分府怒道："你既是生员，如何黑夜酗酒？带着送在儒学去！"景兰江见不是事，悄悄在黑影里把匡超人拉了一把，往小巷内两人溜了。转到下处，打开了门，上楼去睡。

次日出去访访，两人也不曾大受累，依旧把分韵的诗都做了来。匡超人也做了。及看那卫先生、随先生的诗，"且夫""尝谓"都写在内，其余，也就是文章批语上采下来的几个字眼。拿自己的诗比比，也不见得不如他。众人把这诗写在一张纸上，共写了七八张。匡超人也贴在壁上。

又过了半个多月，书店考卷刻成，请先生。那晚吃得大醉。次早睡在床上，只听下面喊道："匡先生，有客来拜。"只因会着这个人，有分教：婚姻就处，知为凤世之因；名誉隆时，不比时流之辈。毕竟此人是谁，且听下回分解。

第十九回 匡超人幸得良朋
潘自业横遭祸事

话说匡超人睡在楼上，听见有客来拜，慌忙穿衣起来下楼。见一个人坐在楼下，头戴吏巾，身穿元缎直裰，脚下虾蟆头厚底皂靴；黄胡子，高颧骨，黄黑面皮，一双直眼。那人见匡超人下来，便问道："此位是匡二相公吗？"匡超人道："贱姓匡。请问尊客贵姓？"那人："在下姓潘。前日看见家兄书子，说你二相公来省。"匡超人道："原来就是潘三哥！"慌忙作揖行礼，请到楼上坐下。潘三道："那日二相公赐顾，我不在家。前日返舍看见家兄的书信，极赞二相公为人聪明，又行过多少好事。着实可敬！"匡超人道："小弟来省特地投奔三哥，不想公出。今日会见，欢喜之极！"说罢，自己下去拿茶，又托书店买了两盘点心，拿上楼来。潘三正在那里看斗方，看见点心到了，说道："哎呀！这做什么？"接茶在手，指着壁上道："二相公，你到省里来，和这些人相与做什么？"匡超人问："是怎的？"潘三道"这一班人是有名的呆子。这姓景的，开头巾店，本来有两千银子的本钱，一顿诗做的精光。他每日在店里，手里拿着一个刷子刷头巾，口里还哼的是'清明时节雨纷纷'，把那买头巾的和店邻看了都笑。而今折了本钱，只借这作诗为由，遇着人就借银子，人听见他都怕。那一个姓支的，是盐务里一个巡商。我来家在衙门里听见说，不多几日，他吃醉了，在街上吟诗，被府里二太爷一条链子锁去，把巡商都革了。将来只好穷的淌屎！二相公，你在客边，要做些有想头的事。这样人，同他混缠做什么？"

当下，吃了两个点心便丢下，说道："这点心吃他做什么？我和你到街上去吃饭。"叫匡超人锁了门，同到街上司门口一个饭店里。潘三叫切一只整鸭，脍一卖海参杂烩，又是一大盘白肉，都拿上来。饭店里见是潘三爷，屁滚尿流，鸭和肉都捡上好的、极肥的切来，海参杂烩加味用作料。两人先斟两壶酒，酒罢用饭。剩下的就给了店里人。出来也不算账，只吩咐得一声："是我的。"那店主人忙拱手道："三爷请便，小店知道。"

　　走出店门，潘三道："二相公，你而今往哪去？"匡超人道："正要到三哥府上。"潘三道："也罢，到我家去坐坐。"同着一直走到一个巷内，一带青墙，两扇半截板门，又是两扇重门。进到厅上，一伙人在那里围着一张桌子赌钱。潘三骂道："你这一班狗才，无事便在我这里胡闹！"众人道："知道三老爹到家几日了，送几个头钱来与老爹接风。"潘三道："我哪里要你什么钱接风！"又道："也罢，我有个朋友在此，你们弄出几个钱来热闹热闹。"匡超人要同他施礼。

他拦住道:"方才见过,罢了,又作揖怎的?你且坐着!"当下走了进去,拿出两千钱来,向众人说道:"兄弟们,这个是匡二相公的两千钱,放与你们。今日打得头钱都是他的。"向匡超人道:"二相公,你在这里坐着,看着这一个管子。这管子满了,你就倒出来收了,让他们再丢。"便拉一把椅子,叫匡超人坐着,他也在旁边看。

看了一会,外边走进一个人来请潘三爷说话。潘三出去看时,原来是开赌场的王老六。潘三道:"老六,久不见你,寻我怎的?"老六道:"请三爷在外边说话。"潘三同他走了出来,一个僻静茶室里坐下。王老六道:"如今有一件事可以发个小财,一径来和三爷商议。"潘三问是何事。老六道:"昨日钱塘县衙门里快手,拿着一班光棍在茅家铺轮奸。奸的是乐清县大户人家逃出来的一个使女,叫作荷花。这班光棍正奸得好,被快手拾着了,来报了官。县里王太爷,把光棍每人打几十板子放了,出了差,将这荷花解回乐清去。我这乡下有个财主,姓胡,他看上了这个丫头。商量若想个方法,瞒得下这个丫头来,情愿出几百银子买他。这事可有个主意?"潘三道:"差人是那个?"王老六道:"是黄球。"潘三道:"黄球可曾自己解去?"王老六道:"不曾去,是两个副差去的。"潘三道:"几时去的?"王老六道:"去了一日了。"潘三道:"黄球可知道胡家这事?"王老六道:"怎么不知道!他也想在这里面发几个钱的财,只是没有方法。"潘三道:"这也不难。你去约黄球来当面商议。"那人应诺去了。

潘三独自坐着吃茶,只见又是一个人慌慌张张的走了进来,说道:"三老爹,我那里不寻你,原来独自坐在这里吃茶!"潘三道:"你寻我做什么?"那人道:"这离城四十里外,有个乡里人施美卿,卖弟媳妇与黄祥甫。银子都兑了,弟媳妇要守节,不肯嫁。施美卿同媒人商议着要抢。媒人说:'我不认得你家弟媳妇,你须是说出个记认。'施美卿说:'每日清早上,是我弟媳妇出来屋后抱柴。你明日众人伏在那里,遇着就抢罢了。'众人依计而行,到第二日抢了家去。不想那一日早,弟媳妇不曾出来,是他乃眷抱柴。众人就抢了去。隔着三四十里路,已是睡了一晚。施美卿来要讨他的老婆,这里不肯。施美卿告了状。如今那边要诉。却因讲亲的时节不曾写个婚书,没有凭据。而今要写一个,乡里人不在行,来同老爹商议。还有这衙门里事,都托老爹料理。有几两银子,送作使费。"潘三道："这是什么要紧的事，也这般大惊小怪！你且坐着，我等黄头说话哩。"

　　须臾，王老六同黄球来到。黄球见了那人道："原来郝老二也在这里。"潘三道："不相干，他是说别的话。"因同黄球另在一张桌子上坐下。王老六同郝老二又在一桌。黄球道："方才这件事，三老爹是怎个施为？"潘三道："他出多少银子？"黄球道："胡家说，只要得这丫头荷花，他连使费一总干净，出二百两银子。"潘三道："你想赚他多少？"黄球道："只要三老爹把这事办得妥当，我是好处，多寡分几两银子罢了。难道我还同你老人家争？"潘三道："既如此，罢了。我家现住着一位乐清县的相公，他和乐清县的太爷最好。我托他去人情上弄一张回批来，只说荷花已经解到，交与本人领去了。我这里，再托人向本县弄出一个朱签来，到路上将荷花赶回，把与胡家，这个方法何如？"黄球道："这好得很了。只是事不宜迟，老爹就要去办。"潘三道："今日就有朱签。你叫他把银子作速取来！"黄球应诺，同王老六去了。

　　潘三叫郝老二："跟我家去。"当下两人来家，赌钱的还不曾散。潘三看着赌完了，送了众人出去，留下匡超人来道："二相公你住在此，我和你说话。"当下留在后面楼上，起了一个婚书稿，叫匡超人写了，把与郝老二看，叫他明日拿银子来取。打发郝二去了。吃了晚饭，点起灯来，念着回批，叫匡超人写了。家里有的是豆腐干刻的假印，取来用上。又取出朱笔，叫匡超人写了一个赶回文书的朱签。办毕，拿出酒来对饮，向匡超人道："像这，都是有些想头的事，也不枉费一番精神，和那些呆瘟缠什么！"是夜留他睡下。

　　次早两处都送了银子来。潘三收进去，随即拿二十两银子递与匡超人，叫他带在寓处做盘费。匡超人欢喜接了。遇便人，也带些家去，与哥添本钱。书坊各店，也有些文章请他选；潘三一切事，都带着他分几两银子。身上渐渐光鲜。果然听了潘三的话，和那边的名士来往稀少。

　　不觉住了将及两年。一日，潘三走来道："二相公，好几日不会，同你往街上吃三杯。"匡超人锁了楼门，同走上街。才走得几步，只见潘家一个小厮寻来了，说："有客在家里，等三爷说话。"潘三道："二相公，你就同我家去。"当下同他到家，请匡超人在里间小客座里坐下。潘三同那人在外边。潘三道："李四哥，许久不见。一向在哪里？"李四道："我一向在学道衙门前。今有一件事

回来商议，怕三爷不在家。而今会着三爷，这事不愁不妥了。"潘三道："你又什么事捣鬼话？同你共事，你是'马蹄刀瓢里切菜，滴水也不漏'，总不肯放出钱来。"李四道："这事是有钱的。"潘三道："你且说，是什么事？"李四道："目今宗师按临绍兴了。有个金东崖，在部里做了几年衙门，挣起几个钱来，而今想儿子进学。他儿子叫作金跃，却是一字不通的。考期在即，要寻一个替身。这位学道的关防又严，须是想出一个新法子来。这事所以要和三爷商议。"潘三道："他愿出多少银子？"李四道："绍兴的秀才，足足值一千两一个。他如今走小路，一半也要他五百两。只是眼下，且难得这一个替考的人，又必定是怎样装一个何等样的人进去？那替考的笔资多少？衙门里使费共是多少？剩下的，你我怎样一个分法？"潘三道："通共五百两银子，你还想在这里头分一个分子。这事就不必讲了！你只好在他那边得些谢礼，这里你不必想！"李四道："三爷，就依你说也罢了，到底是怎个做法？"潘三道："你总不要管，替考的人也在我，衙门里打点也在我。你只叫他把五百两银子兑出来，封在当铺里，另外拿三十两银子，给我做盘费。我总包他一个秀才。若不得进学，五百两一丝也不动。可妥当吗？"李四道："这没的说了。"当下说定，约着日子来封银子。潘三送了李四出去，回来向匡超人说道："二相公，这个事用得着你了。"匡超人道："我方才听见的。用着我，只好替考。但是，我还是坐在外面做了文章传递，还是竟进去替他考？若要进去替他考，我竟没有这样的胆子。"潘三道："不妨，有我哩！我怎肯害你？且等他封了银子来，我少不得同你往绍兴去。"当晚别了回寓。

过了几日，潘三果然来搬了行李同行。过了钱塘江，一直来到绍兴府。在学道门口，寻了一个僻静巷子寓所住下。次日，李四带了那童生来会一会。潘三打听得宗师挂牌考会稽了，三更时分，带了匡超人悄悄同到班房门口，拿出一顶高黑帽，一件青布衣服，一条红搭包来，叫他除了方巾，脱了衣裳，就将这一套行头穿上。附耳低言，如此如此，不可有误！把他送在班房，潘三拿着衣帽去了。交过五鼓，学道三炮升堂。超人手执水火棍，跟了一班军牢夜役，吆喝了进去，排班站在二门口。学道出来点名，点到童生金跃，匡超人递个眼色与他。那童生是照会定了的，便不归号，悄悄站在黑影里。匡超人就退下几步，到那童生跟前，躲在人背后，把帽子除下来，与童生戴着，衣服也彼此换过来。那童生执了水火棍站在那里。匡超人捧卷归号，做了文章，放到三四牌，才交卷出去。回到下处，神鬼也不知觉。发案时候，这金跃高高进了。

潘三同他回家，拿二百两银子，以为笔资。潘三道："二相公，你如今得了这一注横财，这就不要花费了，做些正经事。"匡超人道："什么正经事？"潘三道："你现今服也满了，还不曾娶个亲事。我有一个朋友，姓郑，在抚院大人衙门里。这郑老爹是个忠厚不过的人，父子都当衙门。他有第三个女儿，托我替他做个媒。我一向也想着你，年貌也相当。一向因你没钱，我就不曾认真地替你说。如今只要你情愿,我一说就是妥的。你且落得招在他家。一切行财下礼的费用,我还另外帮你些。"匡超人道:"这是三哥极相爱的事,我有什么不情愿?只是现有这银子在此,为甚又要你费钱?"潘三道:"你不晓得你这丈人家,浅房窄屋的,招进去,料想也不久。要留些银子,自己寻两间房子。将来添一个人吃饭,又要生男育女,却比不得在客边了。我和你是一个人,再帮你几两银子,分什么彼此?你将来发达了,愁为不着我的情也怎的?"匡超人着实感激。潘三果然去和郑老爹说,取了庚帖来。只问匡超人要了十二两银子,去换几件首饰,做四件衣服,过了礼去。择定十月十五日入赘。

到了那日,潘三备了几碗菜,请他来吃早饭。吃着,向他说道:"二相公,我是媒人,我今日送你过去,这一席子酒,就算你请媒的了。"匡超人听了也笑。吃过,叫匡超人洗了澡,里里外外,都换了一身新衣服,头上新方巾,脚下新靴。潘三又拿出一件新宝蓝缎直裰与他穿上。吉时已到,叫两乘轿子,两人坐了。轿前一对灯笼,竟来入赘。郑老爹家住在巡抚衙门旁一个小巷内,一间门面,到底三间。那日,新郎到门,那里把门关了。潘三拿出二百钱来做开门钱,然后开了门。郑老爹迎了出来。翁婿一见,才晓得就是那年回去同船之人。这一番结亲,真是凤因。当下匡超人拜了丈人,又进去拜了丈母。阿舅都平磕了头。郑家设席管待。潘三吃了一会,辞别去了。郑家把匡超人请进新房。见新娘端端正正,好个相貌,满心欢喜。合卺成亲,不必细说。

次早,潘三又送了一席酒来与他谢亲。郑家请了潘三来陪,吃了一日。

荏苒满月,郑家屋小,不便居住。潘三替他在书店左近典了四间屋,价银四十两,又买了些桌椅家伙之类,搬了进去。请请邻居,买两石米,所存的这项银子已是一空。还亏事事都是潘三帮衬,办的便宜;又还亏书店,寻着选了两部文章,有几两选金,又有样书,卖了些将就度日。到得一年有余,生了一个女儿,夫妻相得。

一日,正在门首闲站,忽见一个青衣小帽的人,一路问来。问到跟前,说道:"这里可是乐清匡相公家?"匡超人道:"正是。台驾哪里来的?"那人道:"我是给事中李老爷差往浙江,有书带与匡相公。"匡超人听见这话,忙请那人进到客位坐下。取书出来看了,才知就是他老师因被参发审,审的参款都是虚情，依旧复任；未及数月，行取进京，授了给事中。这番寄书来，约这门生进京，要照看他。匡超人留来人酒饭，写了禀启，说："蒙老师呼唤，不日整理行装，即来趋教。"打发去了。

随即接了他哥匡大的书子，说宗师按临温州，齐集的牌已到，叫他回来应考。匡超人不敢怠慢，向浑家说了，一面接丈母来做伴。他便收拾行装，去应岁考。考过，宗师着实称赞，取在一等第一；又把他题了优行，贡入太学肄业。他欢喜谢了宗师。宗师起马，送过，依旧回省。和潘三商议，要回乐清乡里去挂匾、竖旗杆。到织锦店里，织了三件补服：自己一件，母亲一件，妻子一件。制备停当，又在各书店里约了一个会，每店三两。各家又另外送了贺礼。

正要择日回家，那日景兰江走来候候，就邀在酒店里吃酒。吃酒中间，匡超人告诉他这些话，景兰江着实羡了一回。落后，讲到潘三身上来。景兰江道："你不知道吗？"匡超人道："什么事？我不晓得。"景江兰道："潘三昨晚拿了，已是下在监里。"匡超人大惊道："哪有此事！我昨日午间才会着他，怎么就拿了？"景兰江道："千真万确的事。不然，我也不知道。我有一个舍亲，在县里当刑房。今早是舍亲小生日，我在那里祝寿，满座的人都讲这话，我所以听见。竟是抚台访牌下来，县尊刻不敢缓，三更天出差去拿，还恐怕他走了。将前后门都围起来，登时拿到。县尊也不曾问什么，只把访的款单掼了下来，把与他看。他看了也没的辩，只朝上磕了几个头，就送在监里去了。才走得几步，到了堂口，县尊叫差人回来，吩咐寄内号，同大盗在一处。这人此后苦了！你若不信，我同你到舍亲家去，看看款单。"匡超人道："这个好极。费先生的心引我去，看一看访的是些什么事？"当下两人会了账出酒店，一直走到刑房家。

那刑房姓蒋，家里还有些客坐着。见两人来，请在书房坐下，问其来意。景兰江说："这敝友要借县里昨晚拿的潘三那人款单看看。"刑房拿出款单来。这单就粘在访牌上，那访牌上写道：

> 访得潘自业，即潘三，本市井奸棍，借藩司衙门隐占身体，把持官府，包揽词讼，广放私债，毒害良民，无所不为。如此恶棍，岂可一刻容留于光天化日之下！为此，牌仰该县，即将本犯拿获，严审究报，以

便按律治罪。毋违。火速！火速！

那款单上开着十几款：一、包揽欺隐钱粮若干两；一、私和人命几案；一、短截本县印文及私动朱笔一案；一、假雕印信若干颗；一、拐带人口几案；一、重利剥民，威逼平人身死几案；一、勾串提学衙门，买嘱枪手代考几案；……不能细述。匡超人不看便罢，看了这款单，不觉飕的一声，魂从顶门出去了。只因这一番，有分教：师生有情意，再缔丝萝；朋友各分张，难言兰臭。毕竟后事如何，且听下回分解。

第二十回 匡超人高兴长安道
牛布衣客死芜湖关

话说匡超人看了款单，登时面如土色，真是"分开两扇顶门骨，无数凉冰浇下来"。口里说不出，自心下想道："这些事，也有两件是我在里面的，倘若审了，根究起来，如何了得！"当下同景兰江别了刑房，回到街上，景兰江作别去了。

匡超人到家，踌躇了一夜，不曾睡觉。娘子问他怎的，他不好真说，只说："我如今贡了，要到京里去做官，你独自在这里住着不便，只好把你送到乐清家里去。你在我母亲跟前，我便往京里去做官。做的兴头，再来接你上任。"娘子道："你去做官罢了，我自在这里，接了我妈来做伴。你叫我到乡里去，我哪里住得惯？这是不能的。"匡超人道："你有所不知。我在家里，日逐有几个活钱。我去之后，你日食从何而来？老爹那边也是艰难日子，他哪有闲钱养活女儿？待要把你送到娘家住，那里房子窄。我而今是要做官的，你就是诰命夫人，住在那地方不成体面，不如还是家去好。现今，这房子转的出四十两银子，我拿几两添着进京，剩下的你带去，放在我哥店里，你每日支用。我家那里东西又贱，鸡、鱼、肉、鸭，日日有的，有什么不快活？"娘子再三再四不肯下乡，他终日来逼，逼得急了，哭喊吵闹了几次。他不管娘子肯与不肯，竟托书店里人，把房子转了，拿了银子回来。娘子到底不肯去。他请了丈人、丈母来劝。丈母也不肯。那丈人郑老爹见女婿就要做官，责备女儿不知好歹，着实教训了一顿。女儿拗不过，方才允了。叫一只船，把些家伙什物都搬在上。匡超人托阿舅送妹子到家，写字与他哥，说将本钱添在店里，逐日支销。择个日子动身，娘子哭哭啼啼，拜别父母，上船去了。

匡超人也收拾行李，来到京师见李给谏。给谏大喜，问着他又补了廪，以优行贡入太学，益发喜极，向他说道："贤契，目今朝廷考取教习，学生料理，包管贤契可以取中。你且将行李搬在我寓处来，盘桓几日。"匡超人应诺，搬了行李来。

又过了几时，给谏问匡超人："可曾婚娶？"匡超人暗想，老师是位大人，在他面前说出丈人是抚院的差，恐惹他看轻了笑，只得答道："还不曾。"给谏道："恁大年纪，尚不曾娶，也是男子汉'摽梅之候'了。但这事也在我身上。"次晚，遣一个老成管家来到书房里，向匡超人说道："家老爷拜上匡爷。因昨日谈及匡爷还不曾恭喜娶过夫人，家老爷有一外甥女，是家老爷夫人自小抚养大的，今年十九岁，才貌出众，现在署中，家老爷意欲招匡爷为甥婿。一切恭喜费用俱是家老爷备办，不消匡爷费心。所以着小的来向匡爷叩喜。"匡超人听见这话，吓了一跳，思量："要回他说已经娶过的，前日却说过不曾。但要允他，又恐理上有碍。"又转一念道："戏文上说的蔡状元招赘牛相府，传为佳话，这有何妨！"即便应允了。

给谏大喜，进去和夫人说下。择了吉日，张灯结彩，倒陪数百金妆奁，把外甥女嫁与匡超人。到那一日，大吹大擂。匡超人纱帽圆领，金带皂靴，先拜了给谏公夫妇。一派细乐，引进洞房。揭去方巾，见那新娘子辛小姐，真是沉鱼落雁之容，闭月羞花之貌。人物又标致，嫁妆又齐整。匡超人此时恍若亲见瑶宫仙子、月下嫦娥，那魂灵都飘在九霄云外去了。自此，珠围翠绕，宴尔新婚，享了几个月的天福。

不想教习考取，要回本省地方取结。匡超人没奈何，含着一包眼泪，只得别过了辛小姐，回浙江来。一进杭州城，先到他原旧丈人郑老爹家来。进了郑家门，这一惊非同小可！只见郑老爹两眼哭得通红，对面客位上一人，便是他令兄匡大，里边丈母哭天喊地的哭。匡超人吓痴了，向丈人作了揖，便问："哥几时来的？老爹家为甚事这样哭？"匡大道："你且搬进行李来，洗脸吃茶，慢慢和你说。"匡超人洗了脸，走进去见丈母，被丈母敲桌子、打板凳，哭着一场数说："总是你这天灾人祸的，把我一个娇滴滴的女儿，生生地送死了！"匡超人此时才晓得，郑氏娘子已是死了，忙走出来问他哥。匡大道："自你去后，弟妇到了家里，为人最好，母亲也甚欢喜。那想他省里人，过不惯我们乡下的日子。况且你嫂子们在乡下做的事，弟妇是一样也做不来。又没有个白白坐着，反叫婆婆和嫂子服侍他的道理，因此，心里着急，吐起血来。靠大娘的身子还好，倒反照顾他，他更不过意。一日两，两日三，乡里又没个好医生，病了不到一百天，就不在了。我也是才到，所以郑老爹、郑太太听见了哭。"

匡超人听见了这些话，止不住落下几点泪来，便问："后事是怎样办的?"匡大道："弟妇一倒了头，家里一个钱也没有。我店里是腾不出来，就算腾出些许来，也不济事。无计奈何，只得把预备着娘的衣衾棺木，都把与他用了。"匡超人道："这也罢了。"匡大道："装殓了，家里又没处停，只得权厝在庙后，等你回来下土。你如今来得正好，作速收拾收拾，同我回去。"匡超人道："还不是下土的事哩。我想如今我还有几两银子，大哥拿回去，在你弟妇厝基上，替他多添两层厚砖，砌的坚固些，也还过得几年。方才老爹说的，他是个诰命夫人。到家请会画的替他追个像，把凤冠补服画起来。逢时遇节，供在家里，叫小女儿烧香，他的魂灵也欢喜。就是那年我做了家去与娘的那件补服，若本家亲戚们家请酒，叫娘也穿起来，显得与众人不同。哥将来在家，也要叫人称呼'老爷'。凡事立起体统来，不可自己倒了架子。我将来有了地方，少不得连哥、嫂都接到任上，同享荣华的。"匡大被他这一番话，说得眼花缭乱，浑身都酥了，一总都依他说。晚间，郑家备了个酒，吃过，同在郑家住下。次日上街买些东西。匡超人将几十两银子递与他哥。

又过了三四日，景兰江同着刑房的蒋书办找了来说话，见郑家房子浅，要邀到茶室里去坐。匡超人近日口气不同，虽不说，意思不肯到茶室。景兰江揣知其意，说道："匡先生在此取结赴任，恐不便到茶室里去坐。小弟而今正要替先生接风，我们而今竟到酒楼上去坐吧，还冠冕些。"当下邀二人上了酒楼。斟上酒来，景兰江问道："先生，你这教习的官，可是就有得选的吗?"匡超人道："怎么不选? 像我们这正途出身，考的是内廷教习，每日教的，多是勋戚人家子弟。"景兰江道："也和平常教书一般的吗?"匡超人道："不然! 不然! 我们在里面，也和衙门一般，公座、朱墨、笔砚，摆的停当。我早上进去，升了公座，那学生们送书上来，我只把那日子用朱笔一点，他就下去了。学生都是荫袭的三品以上的大人，出来就是督、抚、提、镇，都在我跟前磕头。像这国子监的祭酒，是我的老师，他就是现任中堂的儿子，中堂是太老师。前日太老师有病，满朝问安的官都不见，单只请我进去，坐在床沿上，谈了一会出来。"

蒋刑房等他说完了，慢慢提起来，说："潘三哥在监里，前甘再三和我说，听见尊驾回来了，意思要会一会，叙叙苦情。不知先生你意下何如？"匡超人道："潘三哥是个豪杰。他不曾遇事时，会着我们，到酒店里坐坐，鸭子是一定两只，还有许多羊肉、猪肉、鸡、鱼。像这店里钱数一卖的菜，他都是不吃的。可惜而今受了累。本该竟到监里去看他一看，只是小弟而今比不得做诸生的时候，既替朝廷办事，就要依照着朝廷的赏罚。若到这样地方去看人，便是赏罚不明了。"蒋刑房道："这本城的官并不是你先生做着，你只算去看看朋友，有什么赏罚不明？"匡超人道："二位先生，这话我不该说，因是知己面前不妨。潘三哥所做的这些事，便是我做地方官，我也是要访拿他的。如今倒反走进监去看他，难道说朝廷处分的他不是？这就不是做臣子的道理了。况且，我在这里取结，院里、司里都知道的。如今设若走一走，传的上边知道，就是小弟一生官场之玷。这个如何行得！可好费你蒋先生的心，多拜上潘三哥，凡事心照。若小弟侥幸，这回去就得个肥美地方，到任一年半载，那时带几百银子来帮衬他，到不值什么。"两人见他说得如此，大约没得辩他。吃完酒，各自散讫。蒋刑房自到监里回复潘三去了。

匡超人取定了结，也便收拾行李上船。那时先包了一只淌板船的头舱，包到扬州，在断河头上船。上得船来，中舱先坐着两个人：一个老年的，茧绸直裰，丝绦朱履；一个中年的，宝蓝直裰，粉底皂靴。都戴着方巾。匡超人见是衣冠人物，便同他拱手坐下，问起姓名。那老年的道："贱姓牛，草字布衣。"匡超人听见景兰江说过的，便道："久仰！"又问那一位，牛布衣代答道："此位冯先生，尊字琢庵，乃此科新贵，往京师会试去的。"匡超人道："牛先生也进京吗？"牛布衣道："小弟不去，要到江上边芜湖县地方，寻访几个朋友。因与冯先生相好，偶尔同船。只到扬州，弟就告别，另上南京船，走长江去了。先生仙乡贵姓？今往哪里去的？"匡超人说了姓名。冯琢庵道："先生是浙江选家。尊选有好几部，弟都是见过的。"匡超人道："我的文名也够了。自从那年到杭州，至今五六年，考卷、墨卷、房书、行书、名家的稿子，还有《四书讲书》《五经讲书》《古文选本》，家里有个帐，共是九十五本。弟选的文章，每一回出，书店定要卖掉一万部，山东、山西、河南、陕西、北直的客人都争着买，只愁买不到手。还有个拙稿，是前年刻的，而今已经翻刻过三副板。不瞒二位先生说，此五省读书的人，家家隆重的是小弟，都在书案上，香火蜡烛供着'先儒匡子之神位'。"牛布衣笑道："先生，你此言误矣！所谓'先儒'者，乃已经去世之儒者。今先生尚在，何得如此称呼？"匡超人红着脸道："不然！所谓'先儒'者，乃先生之谓也！"牛布衣见他如此说，也不和他辩。冯琢庵又问道："操选政的，还有一位马纯上，选手何如？"匡超人道："这也是弟的好友。这马纯兄理法有余，才气不足。所以他的选本，也不甚行。选本总以行为主，若是不行，书店就要赔本。唯有小弟的选本，外国都有的。"彼此谈着，过了数日，不觉已到扬州。冯琢庵、匡超人换了淮安船，到王家营，起旱进京去了。

牛布衣独自搭江船，过了南京来到芜湖。寻在浮桥口一个小庵内作寓。这庵叫作甘露庵，门面三间：中间供着一尊韦驮菩萨；左边一间锁着，堆些柴草；右边一间做走路。进去一个大院落，大殿三间。殿后两间房：一间是本庵一个老和尚自己住着，一间便是牛布衣住的客房。牛布衣日间出去寻访朋友，晚间点了一盏灯，吟哦些什么诗词之类。老和尚见他孤踪，时常煨了茶，送在他房里，陪着说话到一、二更天。若遇清风明月的时节，便同他在前面天井里谈说古今的事务，甚是相得。

不想一日牛布衣病倒了，请医生来，一连吃了几十帖药，总不见效。那日，牛布衣请老和尚进房来坐在床沿上，说道："我离家一千余里，客居在此，多蒙老师父照顾。不想而今得了这个拙病，眼见得不济事了。家中并无儿女，只有一个妻子，年纪还不上四十岁。前日和我同来的一个朋友，又进京会试去了。而今，老师父就是至亲骨肉一般。我这床头箱内有六两银子，我若死去，即烦老师父替我买具棺木。还有几件粗布衣服，拿去变卖了，请几众师父替我念一卷经，超度我生天。棺柩便寻那里一块空地，把我寄放着。材头上写'大明布衣牛先生之柩'，不要把我烧化了。倘得遇着个故乡亲戚，把我的丧带回去，我在九泉之下，也是感激老师父的！"老和尚听了这话，那眼泪止不住纷纷地落了下来，说道："居士，你但放心，说凶得吉。咻若果有些山高水低，这事都在我老僧身上。"牛布衣又挣起来，朝着床里面席子下拿出两本书来，递与老和尚道："这

两本是我生平所做的诗，虽没有什么好，却是一生相与的人都在上面。我舍不得
湮没了，也交与老师父。又幸遇着个后来的才人，替我流传了，我死也瞑目！"
老和尚双手接了。见他一丝两气，甚不过意，连忙到自己房里，煎了些龙眼莲子
汤，拿到床前，扶起来与他吃。已是不能吃了，勉强呷了两口汤，仍旧面朝床里
睡下。挨到晚上，痰响了一阵，喘息一回，呜呼哀哉，断气身亡。老和尚大哭了
一场。

此时乃嘉靖九年八月初三日，天气尚热。老和尚忙取银子去买了一具棺木
来，拿衣服替他换上，央了几个庵邻，七手八脚在房里入殓。百忙里，老和尚还

走到自己房里，披了袈裟，拿了手击子，到他枢前来念《往生咒》。装殓停当，老和尚想："哪里去寻空地？不如就把这间堆柴的屋腾出来，与他停枢。"和邻居说了，脱去袈裟，同邻居把柴搬到大天井里堆着，将这屋安放了灵枢。取一张桌子，供奉香炉、烛台、魂幡，俱各停当。老和尚伏着灵桌，又哭了一场。将众人安在大天井里坐着，烹起几壶来吃着。老和尚煮了一顿粥，打了一二十斤酒，买些面筋、豆腐干、青菜之类到庵，央及一个邻居烧锅。老和尚自己安排停当，先捧到牛布衣枢前奠了酒，拜了几拜，便拿到后边与众人打散。老和尚道："牛先生是个异乡人，今日回首在这里，一些什么也没有。贫僧一个人支持不来。阿弥陀佛，却是起动众位施主，来忙了恁一天。出家人又不能备个什么看馔，只得一杯水酒和些素菜，与列位坐坐。列位只当是做好事罢了，休嫌怠慢！"众人道："我们都是烟火邻居，遇着这样大事，理该效劳，却又还破费老师父，不当人子。我们众人心里都不安，老师父怎的反说这话？"当下众人把那酒菜和粥都吃完了，各自散讫。

过了几日，老和尚果然请了吉祥寺八众僧人来，替牛布衣拜了一天的"梁皇"忏。

自此之后，老和尚每日早晚课诵，开门关门，一定到牛布衣枢前添些香，洒几点眼泪。那日，定更时分，老和尚晚课已毕，正要关门，只见一个十七八岁的小厮，右手拿着一本经折，左手拿着一本书，进门来，坐在韦驮脚下，映着琉璃灯便念。老和尚不好问他，由他念到二更多天去了。老和尚关门睡下。次日这时候，他又来念。一连念了四五日。老和尚忍不住了，见他进了门，上前问道："小檀越，你是谁家子弟？因甚每晚到贫僧这庵里来读书，这是什么缘故？"那小厮作了一个揖，叫声"老师父"，叉手不离方寸，说出姓名来。只因这一番，有分教：立心做名士，有志者事竟成；无意整家园，创业者成难守。毕竟这小厮姓甚名谁，且听下回分解。

第二十一回　冒姓字小子求名
念亲戚老夫卧病

　　话说牛浦郎在甘露庵里读书，老和尚问他姓名，他上前作了一个揖，说道："老师父，我姓牛，舍下就在这前街上住。因当初在浦口外婆家长的，所以小名就叫作浦郎。不幸父母都去世了。只有个家祖年纪七十多岁，开个小香蜡店，胡乱度日。每日叫我拿这经折，去讨些赊账。我打从学堂门口过，听见念书的声音好听，因在店里偷了钱，买这本书来念。却是吵闹老师父了。"老和尚道："我方才不是说的，人家拿大钱请先生教子弟，还不肯读。像你小檀越偷钱买书念，这是极上进的事。但这里地下冷，又琉璃灯不甚明亮。我这殿上有张桌子，又有个灯挂儿，你何不就着那里去念，也觉得爽快些。"浦郎谢了老和尚，跟了进来。果然一张方桌，上面一个油灯挂，甚是幽静。

　　浦郎在这边厢读书，老和尚在那边打坐，每晚要到三更天。一日，老和尚听见他念书，走过来问道："小檀越，我只道你是想应考要上进的念头，故买这本文章来念。而今听见你念的是诗，这个却念他则甚？"浦郎道："我们经纪人家，哪里还想什么应考上进？只是念两句诗，破破俗罢了。"老和尚见他出语不俗，便问道："你看这诗，讲的来吗？"浦郎道："讲不来的也多，若有一两句讲的来，不由得心里觉得欢喜。"老和尚道："你既然欢喜，再念几时，我把两本诗与你看，包你更欢喜哩！"浦郎道："老师父有什么诗？何不与我看？"老和尚笑道："且慢，等你再想几时看。"

　　又过了些时，老和尚下乡到人家去念经，有几日不回来。把房门锁了，殿上托了浦郎。浦郎自心里疑猜："老师父有什么诗，却不肯与我看？哄我想的慌！"仔细算来，"三讨不如一偷"。趁老和尚不在家，到晚把房门拨开，走了进去。见桌上摆着一座香炉、一个灯盏、一串念珠，桌上放着些废残的经典。翻了一跂，那有个什么诗！浦郎疑惑道："难道老师父哄我？"又寻到床上，寻着一个枕箱，一把铜锁锁着。浦郎把锁抻开，见里面重重包裹，两本锦面线装的书，上写"牛布衣诗稿"。浦郎喜道："这个是了！"慌忙拿了出来，把枕箱锁好，走出房来，房门依旧关上。

将这两本书拿到灯下一看，不觉眉开眼笑，手舞足蹈得起来。是何缘故？他平日读的诗，是唐诗，文理深奥，他不甚懂；这个是时人的诗，他看着就有五六分解的来，故此欢喜。又见那题目上都写着：《呈相国某大人》《怀督学周大人》《娄公子偕游莺脰湖分韵，兼呈令兄通政》《与鲁太史话别》《寄怀王观察》，其余某太守、某司马、藩明府、某少尹，不一而足。浦郎自想："这相国、督学、太史、通政以及太守、司马、明府，都是而今的现任老爷们的称呼。可见，只要会做两句诗，并不要进学、中举，就可以同这些老爷们往来。何等荣耀！"因想："他这个人姓牛，我也姓牛。他诗上只写了'牛布衣'，并不曾有个名字。何不把我的名字合着他的号，刻起两方图书来，印在上面，这两本诗可不算了我的了？我从今就号做牛布衣！"当晚回家盘算，喜了一夜。

次日，又在店里偷了几十个钱，走到吉祥寺门口一个刻图书的郭铁笔店里柜外，和郭铁笔拱一拱手，坐下说道："要费先生的心，刻两方图书。"郭铁笔递过一张纸来道："请写尊衔！"浦郎把自己小名，去了一个"郎"字，写道："一方阴文图书，刻'牛浦之印'；一方阳文，刻'布衣'二字。"郭铁笔接在手内，将眼上下把浦郎一看，说道："先生便是牛布衣吗？"浦郎答道："布衣是贱字。"郭铁笔慌忙爬出柜台来，重新作揖请坐，奉过茶来，说道："久已闻得，有位牛布衣住在甘露庵，容易不肯会人，相交的都是贵官长者，失敬！失敬！尊章即镌上献丑，笔资也不敢领。此处也有几位朋友仰慕先生，改日同到贵寓拜访。"浦郎恐他走到庵里，看出交象，只得顺口答道："极承先生见爱。但目今也因邻郡一位当事约去作诗，还有几时耽搁，只在明早就行。先生且不必枉驾，索性回来相聚罢。图书也是小弟明早来领。"郭铁笔应诺了。浦郎次日讨了图书，印在上面，藏得好好的。每晚仍在庵里念诗。

他祖父牛老儿坐在店里。那日午后没有生意，间壁开米店的一位卜老爹走了过来，坐着说闲话。牛老爹店里卖的，有现成的百益酒，烫了一壶，拨出两块豆腐乳和些笋干、大头菜，摆在柜台上，两人吃着。卜老爹道："你老人家而今也罢了。生意这几年也还兴，你令孙长成人了，着实伶俐去得。你老人家有了接代，将来就是福人了。"牛老道："老哥，告诉你不得！我老年不幸，把儿子、媳妇都亡了，丢下这个孽障种子，还不曾娶得一个孙媳妇，今年已十八岁了。每日叫他出门讨赊账，讨到三更半夜不来家。说着也不信，不是一日了。恐怕这厮知识开了，在外没脊骨钻狗洞，淘渌坏了身子，将来我这几根老骨头，却是叫何人送终？"说着，不觉凄惶起来。

卜老道："这也不是甚难摆划的事。假如你焦他没有房屋，何不替他娶上一

个孙媳妇，一家一户过日子？这也前后免不得要做的事。"牛老道："老哥，我这小生意，日用还糊不过来，那得这一项银子，做这一件事？"卜老沉吟道："如今倒有一头亲事，不知你可情愿？若情愿时，一个钱也不消费得。"牛老道："却是哪里有这一头亲事？"卜老道："我先前有一个小女，嫁在运漕贾家。不幸我小女病故了，女婿又出外经商，遗下一个外甥女，是我领来养在家里，倒大令孙一岁，今年十九岁了。你若不弃嫌，就把与你做个孙媳妇。你我爱亲做亲，我不争你的财礼，你也不争我的妆奁，只要做几件布草衣服。况且一墙之隔，打开一个门，就搀了过来，行人钱都可以省得的。"牛老听罢，大喜道："极承老哥相爱，明日就央媒到府上来求。"卜老道："这个又不是了。又不是我的孙女儿，我和你，这些客套做什么！如今主亲也是我，媒人也是我，只费得你两个帖子。我那里把庚帖送过来，你请先生择一个好日子，就把这事完成了。"牛老听罢，忙斟了一杯酒送过来，出席作了一个揖。当下说定了，卜老过去。

到晚，牛浦回来，祖父把卜老爹这些好意告诉了一番。牛浦不敢违拗，次早写了两副红全帖：一副拜卜老为媒，一副拜姓贾的小亲家。那边收了，发过庚帖来。牛老请阴阳徐先生，择定十月二十七日吉期过门。牛老把囤下来的几石粮食变卖了，做了一件绿布棉袄、红布棉裙子、青布上盖、紫布裤子，共是四件暖衣，又换了四样首饰，三日前送了过去。

到了二十七日，牛老清晨起来，把自己的被褥搬到柜台上去睡。他家只得一间半房子：半间安着柜台，一间做客座，客座后半间就是新房。当日牛老让出床来，就同牛浦把新做的帐子、被褥铺叠起来。又匀出一张小桌子，端了进来，放在后檐下有天窗的所在，好趁着亮，放镜子梳头。房里停当，把后面天井内，搭个芦席的厦子做厨房。忙了一早晨，交了钱与牛浦出去买东西。只见那边卜老爹已是料理了些镜子、灯台、茶壶和一套盆桶、两个枕头，叫他大儿子卜诚做一担挑了来。挑进门放下，和牛老作了揖。牛老心里着实不安，请他坐下。忙走到柜里面，一个罐内倒出两块橘饼和些蜜饯天茄，斟了一杯茶，双手递与卜诚，说道："却是有劳得紧了，使我老汉坐立不安。"卜诚道："老伯快不要如此，这是我们自己的事。"说罢，坐下吃茶。只见牛浦戴了新瓦楞帽，身穿青布新直裰，新鞋净袜，从外面走了进来。后边跟着一个人，手里提着几大块肉、两个鸡、一大尾鱼和些闽笋、芹菜之类。他自己手里捧着油盐作料，走了进来。牛老道："这是你舅丈人，快过来见礼！"牛浦丢下手里东西，向卜诚作揖下跪。起来数钱，打发那拿东西的人，自捧着作料，送到厨下去了。随后卜家第二个儿子卜信，端了一个箱子，内里盛的是新娘子的针线鞋面；又一个大捧盘，十杯高果子茶，送了过来，以为明早拜堂之用。牛老留着吃茶，牛浦也拜见过了。卜家弟兄两个坐了一回，拜辞去了。牛老自到厨下收拾酒席，足忙了一天。

到晚上，店里拿了一对长枝的红蜡烛点在房里，每枝上插了一朵通草花。央请了邻居家两位奶奶，把新娘子搀了过来，在房里拜了花烛。牛老安排一席酒菜在新人房里，与新人和搀新人的奶奶坐。自己在客座内摆了一张桌子，点起蜡烛来。杯箸安排停当，请得卜家父子三位来到。牛老先斟了一杯酒奠了天地，再满满斟上一杯捧在手里，请卜老转上，说道："这一门亲，蒙老哥亲家相爱，我做兄弟的知感不尽！却是穷人家，不能备个好席面，只得这一杯水酒，又还要屈了二位舅爷地坐。凡事总是海涵了罢！"说着，深深作下揖去，卜老还了礼。牛老又要奉卜诚、卜信的席，两人再三辞了，作揖坐下。牛老道："实是不成个酒馔，至亲面上，休要笑话！只是还有一说，我家别的没有，茶叶和炭还有些许。如今煨一壶好茶，留亲家坐着谈谈，到五更天，让两口儿出来磕个头，也尽我兄弟一点穷心。"卜老道："亲家，外甥女年纪幼不知个礼体，他父亲又不在跟前，一些陪嫁的东西也没有，把我羞的要不得。若说坐到天亮，我自恁要和你老人家谈谈哩，为什么要去？"当下卜诚、卜信吃了酒先回家去，卜老坐到五更天。两口儿打扮出来，先请牛老在上，磕下头去。牛老道："孙儿，我不容易看养你到而今。而今多亏了你这外公公，替你成就了亲事。你已是有了房屋了。我从今日起，就把店里的事即交付与你。一切买卖、赊欠、存留，都是你自己主张。我也老了，累不起了，只好坐在店里，帮你照顾。你只当寻个老伙计罢了！孙媳妇是好的，只愿你们夫妻，百年偕老，多子多孙！"磕了头起来，请卜老爹转上受礼，两人磕下头去。卜老道："我外孙女儿有甚不到处，姑爷你指点他。敬重上人，不要违拗夫主的言语！家下没有多人，凡事谨慎些，休惹老人家着急！"两礼罢，说着扶了起来。牛老又留亲家吃早饭，卜老不肯，辞别去了。自此，牛家嫡亲三口儿度日。

牛浦自从婆亲，好些时不曾到庵里去。那日出讨赊账，顺路往庵里走走。才到浮桥口，看见庵门外拴着五六匹马，马上都有行李，马牌子跟着。走近前去，看韦驮殿西边凳上，坐着三四个人，头戴大毡帽，身穿绸绢衣服；左手拿着马鞭子，右手拈着须子；脚下尖头粉底皂靴跷得高高的，坐在那里。牛浦不敢进去。老和尚在里面一眼张见，慌忙招手道："小檀越，你怎么这些时不来？我正要等你说话哩，快些进来！"牛浦见他叫，大着胆走了进去。见和尚已经将行李收拾停当，恰待起身，因吃了一惊道："老师父，你收拾了行李，要往哪里去？"老和尚道："这外面坐的几个人，是京里九门提督齐大人那里差来的。齐大人当时在京，曾拜在我名下，而今他升做大官，特地打发人来，请我到京里报国寺去做方丈。我本不愿去，因前日有个朋友死在我这里，他却有个朋友到京会试去了。我今借这个便，到京寻着他这个朋友，把他的丧奔了回去，也了我这一番心愿。我前日说有两本诗，要与你看，就是他的，在我枕箱内。我此时也不得功夫了，你自开箱拿了去看。还有一床褥子不好带去，还有些零碎器用，都把与小檀越。你替我照应着，等我回来。"牛浦正要问话，那几个人走进来，说道："今日天色甚早，还赶得几十里路。请老师父快上马，休误了我们走道儿。"说着，将行李搬出，把老和尚簇拥上马。那几个人都上了牲口。牛浦送了出来，只向老和尚说得一声："前途保重！"那一群马泼刺刺的，如飞一般也似去了。

牛浦望不见老和尚，方才回来。自己查点一查点东西，把老和尚锁房门的锁开了，取了下来，出门反锁了庵门，回家歇宿。次日又到庵里走走，自想："老和尚已去，无人对证，何不就认作牛布衣？"因取了一张白纸，写下五个大字道："牛布衣寓内"。自此，每日来走走。

又过了一个月，他祖父牛老儿坐在店里闲着，把账盘一盘。见欠账上人欠的也有限了，每日卖不上几十文钱，又都是柴米上支销去了。合共算起，本钱已是十去其七。这店渐渐地撑不住了，气的眼睁睁说不出话来。到晚牛浦回家，问着他，总归不出一个清账，口里只管"之乎者也"，胡支扯叶。牛老气成一病，七十岁的人，元气衰了，又没有药物补养。病不过十日，寿数已尽，归天去了。

牛浦夫妻两口，放声大哭起来。卜老听了，慌忙走过来，见尸首停在门上，叫着："老哥！"眼泪如雨地哭了一场。哭罢，见牛浦在旁，哭的言不得语不得，说道："这时节不是你哭的事。吩咐外甥女儿看好了老爹，你同我出去料理棺衾。"牛浦揩泪谢了卜老，当下同到卜老相熟的店里，赊了一具棺材，又拿了许多的布，叫裁缝赶着做起衣裳来。当晚入殓。次早雇了八个脚子抬往祖坟安葬。卜老又还替他请了阴阳徐先生，自己骑驴子，同阴阳下去点了穴。看着亲家入土，又哭了一场。同阴阳生回来，留着牛浦在坟上过了三日。卜老一到家，就有各项的人来要钱，卜老都许着。直到牛浦回家，归一归店里本钱，只抵得棺材店五两银子。其余布店、裁缝、脚子的钱都没处出。无计奈何，只得把自己住的那间半房子，典与浮桥上抽闸板的闸牌子，得典价十五两。除还清了账，还剩四两多银子。卜老叫他留着些，到开年清明替老爹成坟。

牛浦两口子没处住，卜老把自己家里出了一间房子，叫他两口儿搬来住下，把那房子交与闸牌子去了。那日搬来，卜老还办了几碗菜，替他暖房，卜老也到他房里坐了一会。只是想着死的亲家，就要哽哽咽咽的哭。

不觉已是除夕，卜老一家过年。儿子、媳妇房中，都有酒席、炭火。卜老先送了几斤炭，叫牛浦在房里生起火来，又送了一桌酒菜，叫他除夕在房里立起牌位来祭奠老爹。新年初一日，叫他到坟上烧纸钱去。又说道："你到坟上去向老爹说，我年纪老了，这天气冷，我不能亲自来替亲家拜年。"说着又哭了。牛浦应诺了去。

卜老直到初三才出来贺节，在人家吃了几杯酒和些菜。打从浮桥口过，见那闸牌子家换了新春联，贴的花花绿绿的，不由得一阵心酸，流出许多眼泪来。要家去，忽然遇着侄女婿，一把拉了家去。侄女儿打扮着出来拜年。拜过了，留在房里吃酒，捧上糯米做的年团子来，吃了两个已经不吃了，侄女儿苦劝着，又吃了两个。回来一路迎着风就觉得有些不好。到晚头疼发热就睡倒了。请了医生来看，有说是着了气，气裹了痰的；也有说该发散；也有说该用温中的；也有说老年人该用补药的；纷纷不一。卜诚、卜信慌了，终日看着。牛浦一早一晚的进房来问安。

那日天色晚了，卜老爹睡在床上，见窗眼里钻进两个人来，走到床前，手里拿了一张纸递与他看。问别人，都说不曾看见有什么人。卜老爹接纸在手，看见一张花边批文，上写着许多人的名字，都用朱笔点了，一单共有三十四五个人。头一名牛相，他知道是他亲家的名字；末了一名，便是他自己名字卜崇礼。再要问那人时，把眼一眨，人和票子都不见了。只因这一番，有分教：结交官府，致令亲戚难依；遨游仕途，幸遇宗谊可靠。不知卜老性命如何，且听下回分解。

第二十二回　认祖孙玉圃联宗
　　　　　　爱交游雪斋留客

　　话说卜老爹睡在床上，亲自看见地府勾牌，知道要去世了，即把两个儿子、媳妇叫到跟前，都吩咐了几句遗言，又把方才看见勾批的话说了，道："快替我穿了送老的衣服，我立刻就要去了！"两个儿子哭哭啼啼，忙取衣服来穿上。穿着衣服，他口里自言自语道："且喜我和我亲家是一票，他是头一个，我是末一个。他已是去得远了，我要赶上他去。"说着，把身子一挣，一头倒在枕头上。两个儿子都扯不住，忙看时，已没了气了。后事都是现成的，少不得修斋理七，报丧开吊，都是牛浦陪客。

　　这牛浦也就有几个念书的人和他相与，乘着人乱，也夹七夹八的来往。初时，卜家也还觉得新色。后来，见来的回数多了，一个生意人家只见这些"之乎者也"的人来讲呆话，觉得可厌，非止一日。

　　那日，牛浦走到庵里，庵门锁着。开了门只见一张帖子掉在地下，上面许多字。是从门缝里送进来的。拾起一看，上面写道：

　　　小弟董瑛，在京师会试，于冯琢庵年兄处，得读大作，渴欲一晤，
　　以得识荆。奉访尊寓不值，不胜怅怅！明早幸驾少留片刻，以便趋教。
　　至祷！至祷！

　　看毕，知道是访那个牛布衣的。但见帖子上有"渴欲识荆"的话，是不曾会过。"何不就认作牛布衣和他相会？"又想道："他说在京会试，定然是一位老爷。且叫他竟到卜家来会我，吓他一吓卜家弟兄两个，有何不可？"主意已定，即在庵里取纸笔写了一个帖子，说道："牛布衣近日馆于舍亲卜宅。尊客过问，可至浮桥南首大街卜家米店便是。"写毕，带了出来，锁好了门，贴在门上。

回家向卜诚、卜信说道："明日有一位董老爷来拜。他就是要做官的人，我们不好轻慢。如今要借重大爷，明日早晨把客座里收拾干净了，还要借重二爷，捧出两杯茶来。这都是大家脸上有光辉的事，须帮衬一帮衬。"卜家弟兄两个，听见有官来拜，也觉得喜出望外，一齐应诺了。

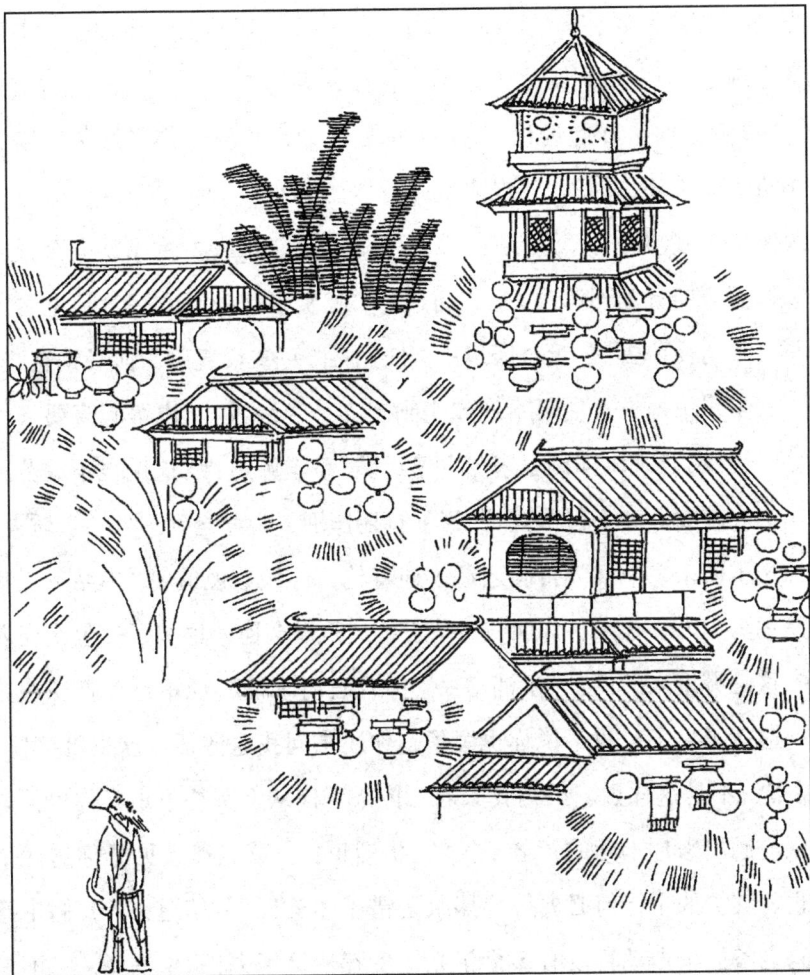

第二日清早，卜诚起来，扫了客堂里的地，把囤米的折子，搬在窗外廊檐下，取六张椅子，对面放着；叫浑家生起炭炉子，煨出一壶茶来，寻了一个捧盘、两个茶杯、两张茶匙，又剥了四个圆眼，一杯里放两个，伺候停当。

直到早饭时候，一个青衣人手持红帖，一路问了来。道："这里可有一位牛相公？董老爷来拜。"卜诚道："在这里。"接了帖，飞跑进来说。牛浦迎了出去，见轿子已落在门首。董孝廉下轿进来，头戴纱帽，身穿浅蓝色缎圆领，脚下粉底皂靴；三绺须，白净面皮；约有三十多岁光景。进来行了礼，分宾主坐下。董孝廉先开口道："久仰大名，又读佳作，想慕之极！只疑先生老师宿学，原来还这般青年，更加可敬！"牛浦道："晚生山鄙之人，胡乱笔墨，蒙老先生同冯琢翁过奖，抱愧实多。"董孝廉道："不敢。"卜信捧出两杯茶，从上面走下来，送与董孝廉。董孝廉接了茶，牛浦也接了。卜信直挺挺站在堂屋中间。牛浦打了躬，向董孝廉道："小价村野之人，不知礼体，老先生休要见笑！"董孝廉笑道："先生世外高人，何必如此讨论！"卜信听见这话，颈脖子都飞红了，接了茶盘咕嘟着嘴进去。牛浦又问道："老先生此番驾往何处？"董孝廉道："弟已授职县令，今发来应天候缺，行李尚在舟中。因渴欲一晤，故此两次奉访。今既已接教过，今晚即要开船赴苏州去矣。"牛浦道："晚生得蒙青目，一日地主之谊，也不曾尽得，如何便要去？"董孝廉道："先生，我们文章气谊，何必拘这些俗情！弟此去，若早得一地方，便可奉迎先生到署，早晚请教。"说罢起身要去。牛浦攀留不住，说道："晚生即刻就来船上奉送。"董孝廉道："这倒也不敢劳了，只怕弟一出去船就要开，不得奉候。"当下打躬作别，牛浦送到门外，上轿去了。

　　牛浦送了回来，卜信气得脸通红，迎着他，一顿数说道："牛姑爷，我至不济，也是你舅丈人、长亲！你叫我捧茶去，这是没奈何，也罢了。怎么当着董老爷臊我？这是哪里来的话？"牛浦道："但凡官府来拜，规矩是该换三遍茶。你只送了一遍就不见。我不说你也罢了，你还来问我这些话，这也可笑！"卜诚道："姑爷，不是这样说。虽则我家老二捧茶不该从上头往下走，你也不该就在董老爷跟前洒出来！不惹的董老爷笑？"牛浦道："董老爷看见了你这两个灰扑扑的人也就够笑的了，何必要等你捧茶走错了才笑！"卜信道："我们生意人家也不要这老爷们来走动！没有多借了光，反惹他笑了去！"牛浦道："不是我说一个大胆的话，若不是我在你家，你家就一二百年，也不得有个老爷走进这屋里来。"卜诚道："没的扯淡！就算你相与老爷，你到底不是个老爷！"牛浦道："凭你向那个说去！还是坐着同老爷打躬作揖的好，还是捧茶给老爷吃，走错路，惹老爷笑得好？"卜信道："不要恶心！我家也不稀罕这样老爷！"牛浦道："不稀罕吗？明日向董老爷说，拿帖子送到芜湖县先打一顿板子！"两个人一齐叫道："反了！反了！外甥女婿要送舅丈人去打板子！是我家养活你这年把的不是了！

就和他到县里去讲讲，看是打那个的板子！"牛浦道："那个怕你！就和你去！"

当下两人把牛浦扯着，扯到县门口。知县才发二梆，不曾坐堂。三人站在影壁前，恰好遇着郭铁笔走来，问其所以。卜诚道："郭先生，自古'一斗米养个恩人，一石米养个仇人'，这是我们养他的不是了！"郭铁笔也着实说牛浦的不

是，道："尊卑长幼，自然之理。这话却行不得！但至亲间见官，也不雅相。"当下扯到茶馆里，叫牛浦斟了杯茶坐下。卜诚道："牛姑爷，倒也不是这样说！如今我家老爹去世，家里人口多，我弟兄两个招揽不来。难得当着郭先生在此，我们把这话说一说：外甥女少不的是我们养着，牛姑爷也该自己做出一个主意

来，只管不尴不尬住着也不是事。"牛浦道："你为这话吗？这话倒容易。我从今日就搬了行李出来自己过日，不缠扰你们就是了。"当下吃完茶，劝开这一场闹，三人又谢郭铁笔。郭铁笔别过去了。卜诚、卜信回家。

牛浦赌气，来家拿了一床被，搬在庵里来住。没得吃用，把老和尚的铙、钹、叮当都当了。闲着无事，去望望郭铁笔。铁笔不在店里，柜上有人家寄的一部新《缙绅》卖。牛浦揭开一看，看见淮安府安东县新补的知县董瑛，字彦芳，浙江仁和人。说道："是了，我何不寻他去？"忙走到庵里卷了被褥，又把和尚的一座香炉、一架磬，拿去当了二两多银子。

也不到卜家告说，竟搭了江船。恰好遇顺风，一日一夜就到了南京燕子矶。要搭扬州船，来到一个饭店里。店主人说道："今日头船已经开了，没有船，只好住一夜，明日午后上船。"牛浦放下行李，走出店门，见江沿上系着一只大船，问店主人道："这只船可开的？"店主人笑道："这只船，你怎上的起？要等个大老官来包了才走哩！"说罢，走了进来。走堂的拿了一双筷子、两个小菜碟，又是一碟腊猪头肉、一碟子芦蒿炒豆腐干、一碗汤、一大碗饭，一齐搬上来。牛浦问："这菜和饭是怎么算？"走堂的道："饭是二厘一碗，荤菜一分，素的一半。"牛浦把这菜和饭都吃了，又走出店门。

只见江沿上歇着一乘轿、三担行李、四个长随。那轿里走出一个人来，头戴方巾，身穿沉香色夹绸直裰，粉底皂靴，手拿白纸扇，花白胡须，约有五十多岁光景；一双刺猬眼，两个鹳骨腮。那人走出轿来，吩咐船家道："我要到扬州盐院太老爷那里去说话的，你们小心伺候！我到扬州另外赏你。若有一些怠慢，就拿帖子送在江都县重处！"船家唯唯连声，搭扶手，请上了船。船家都帮着搬行李。正搬得热闹，店主人向牛浦道："你快些搭去！"牛浦捎着行李，走到船尾上。船家一把把他拉了上船，摇手叫他不要则声，把他安在烟篷底下坐。牛浦见他们众人把行李搬上了船，长随在舱里拿出"两淮公务"的灯笼来挂在舱口。叫船家把炉铫拿出来，在船头上生起火来，煨了一壶茶送进舱去。天色已黑，点起灯笼来。四个长随都到后船来办盘子，炉子上顿酒。料理停当，都捧到中舱里，点起一只红蜡烛来。牛浦偷眼在板缝里张那人时，对了蜡烛，桌上摆着四盘菜，左手拿着酒杯，右手按着一本书，在那里点头细看。看了一回，拿进饭去吃了。少顷吹灯睡了。牛浦也悄悄睡下。

是夜，东北风紧，三更时分，潇潇飒飒地下起细雨。那烟篷芦席上漏下水来，牛浦翻身打滚的睡不着。到五更天，只听得舱里叫道："船家，为什么不开船？"船家道："这大呆的顶头风，前头就是黄天荡，昨晚一号几十只船都湾在这里，那一个敢开？"少停，天色大亮。船家烧起脸水送进舱去，长随们都到后舱来洗脸。候着他们洗完，也递过一盆水与牛浦洗了。只见两个长随打伞上岸去了，一个长随取了一只金华火腿，在船边上向着港里洗。洗了一会，那两个长随买了一尾鲫鱼、一只烧鸭、一方肉和些鲜笋、芹菜，一齐拿上船来。船家量米煮饭，几个长随过来收拾这几样看馔，整治停当，装作四大盘，又烫了一壶酒，捧进舱去与那人吃早饭。吃过剩下的，四个长随拿到船后板上，齐坐着吃了一会。吃毕，打抹船板干净，才是船家在烟篷底下取出一碟萝卜干和一碗饭与牛浦吃，牛浦也吃了。

那雨虽略止了些，风却不曾住。到晌午时分，那人把舱后开了一扇板，一眼看见牛浦，问道："这是什么人？"船家赔着笑脸说道："这是小的们带的一分酒资。"那人道："你这位少年，何不进后舱来坐坐？"牛浦巴不得这一声，连忙从后面钻进舱来，便向那人作揖下跪。那人举手道："船舱里窄，不必行这个礼。你且坐下！"牛浦道："不敢，拜问老先生尊姓？"那人道："我么，姓牛，名瑶，草字叫作玉圃。我本是徽州人。你姓什么？"牛浦道："晚生也姓牛，祖籍本来也是新安。"牛玉圃不等他说完，便接着道："你既然姓牛，五百年前是一家。我和你祖孙相称罢！我们徽州人称叔祖是叔公，你从今只叫我做叔公罢了。"牛浦听了这话也觉愕然，因见他如此体面，不敢违拗。因问道："叔公此番到扬，有什么公事？"牛玉圃道："我不瞒你说，我八轿的官，也不知相与过多少！那个不要我到他衙门里去？我是懒出门。而今在这东家万雪斋家，也不是甚以要紧的人。他图我相与的官府多，有些声势，每年请我在这里，送我几百两银，留我代笔。代笔也只是个名色，我也不奈烦住在他家那个俗地方，我自在子午宫住。你如今既认了我，我自有用的着你处。"当下向船家说："把他的行李拿进舱来，船钱也在我这里算。"船家道："老爷又认了一个本家，要多赏小的们几个酒钱哩。"这日晚饭，就在舱里陪着牛玉圃吃。

到夜风住，天已晴了。五更鼓已到仪征。进了黄泥滩，牛玉圃起来洗了脸，携着牛浦上岸走走。走上岸，向牛浦道："他们在船上收拾饭费事。这里有个大观楼，素菜甚好。我和你去吃素饭罢。"回头吩咐船上道："你们自料理吃早饭，我们往大观楼吃饭就来，不要人跟随了。"说着，到了大观楼。上得楼梯，只见楼上先坐着一个戴方巾的人。那人见牛玉圃，吓了一跳，说道："原来是老弟！"牛玉圃道："原来是老哥！"两个平磕了头。那人问："此位是谁？"牛玉圃道："这是舍侄孙。"向牛浦道："你快过来叩见。这是我二十年拜盟的老弟兄，常在大衙门里共事的王义安老先生。快来叩见！"牛浦行过了礼。分宾主坐下，牛浦坐在横头。走堂的搬上饭来，一碗炒面筋，一碗脍腐皮，三人吃着。牛玉圃道："我和你还是那年在齐大老爷衙门里相别，直到而今。"王义安道："那个齐大老爷？"牛玉圃道："便是做九门提督的了。"王义安道："齐大老爷待我两个人，是没的说的了！"

正说得稠密，忽见楼梯上，又走上两个戴方巾的秀才来：前面一个穿一件茧绸直裰，胸前油了一块；后面一个穿一件元色直裰，两个袖子破的晃晃荡荡的，走了上来。两个秀才一眼看见王义安，那穿茧绸的道："这不是我们这里丰家巷婊子家掌柜的乌龟王义安？"那穿元色的道："怎么不是他！他怎么敢戴了方巾，在这里胡闹！"不由分说，走上去一把扯掉了他的方巾，劈脸就是一个大嘴巴，打的乌龟跪在地上磕头如捣蒜。两个秀才越发威风。牛玉圃走上去扯劝，被两个秀才啐了一口，说道："你一个衣冠中人同这乌龟坐着一桌子吃饭。你不知道罢了，既知道，还要来替他劝闹，连你也该死了！还不快走，在这里讨没脸！"牛玉圃见这事不好，悄悄拉了牛浦走下楼来，会了账，急急走回去了。这里两个秀才，把乌龟打了个臭死。店里人做好做歹，叫他认不是。两个秀才总不肯住，要送他到官。落后，打的乌龟急了，在腰间摸出三两七钱碎银子来，送与两位相公做好看钱，才罢了，放他下去。

牛玉圃同牛浦上了船，开到扬州，一直拢了子午宫下处。道士出来接着，安放行李，当晚睡下。次日早晨，拿出一顶旧方巾和一件蓝绸直裰来，递与牛浦，道："今日要同往东家万雪斋先生家，你穿了这个衣帽去。"当下叫了两乘轿子，两人坐了。两个长随跟着，一个抱着毡包，一直来到河下。见一个大高门楼，有七八个朝奉坐在板凳上，中间夹着一个奶妈，坐着说闲话。轿子到了门首，两人下轿走了进去。那朝奉都是认得的，说道："牛老爷回来了！请在书房坐。"当下，走进了一个虎座的门楼，过了磨砖的天井，到了厅上。举头一看，中间悬着一个大匾，金字是"慎思堂"三字，旁边一行"两淮盐运使司盐运使荀玫书"。两边金笺对联，写了"读书好，耕田好，学好便好；创业难，守成难，知难不难。"中间挂着一轴倪云林的画。书案上摆着一大块不曾琢过的璞，十二张花梨椅子，左边放着六尺高的一座穿衣镜。从镜子后边走进去，两扇门开了，鹅卵石砌成的地，循着塘沿走，一路的朱红栏杆。走了进去，三间花厅，隔子中间悬着斑竹帘。有两个小幺儿在那里伺候，见两个走来，揭开帘子让了进去。举眼一看：里面摆的都是水磨楠木桌椅，中间悬着一个白纸黑字小匾，是"课花摘句"四个字。

两人坐下吃了茶，那主人万雪斋，方从里面走了出来。头戴方巾，手摇金扇，身穿澄乡茧绸直裰，脚下朱履，出来同牛玉圃作揖。牛玉圃叫过牛浦来见，说道："这是舍侄孙。见过了老先生！"三人分宾主坐下，牛浦坐在下面。又捧出一道茶来吃了。万雪斋道："玉翁为什么在京耽搁这许多时？"牛玉圃道："只为我的名声太大了，一到京住在承恩寺，就有许多人来求，也有送斗方来的，也有送扇子来的，也有送册页来的，都要我写字、作诗。还有分了题限了韵来求教的。昼日昼夜打发不清。才打发清了，国公府里徐二公子，不知怎样就知道小弟到了，一回两回打发管家来请。他那管家都是锦衣卫指挥，五品的前程。到我下处来了几次，我只得到他家盘桓了几天。临行再三不肯放，我说是雪翁有急事等着，才勉强辞了来。二公子也仰慕雪翁，尊作诗稿，是他亲笔看的。"因在袖口里拿出两本诗来递与万雪斋。

万雪斋接诗在手，便问："这一位令侄孙，一向不曾会过，多少尊庚了？大号是什么？"牛浦答应不出来。牛玉圃道："他今年才二十岁。年幼，还不曾有号。"万雪斋正要揭开诗本来看，只见一个小厮飞跑进来，禀道："宋爷请到了。"万雪斋起身道："玉翁，本该奉陪。因第七个小妾有病，请医家宋仁老来看，弟要去同他斟酌，暂且告过。你竟请在我这里宽坐，用了饭坐到晚去。"说罢去了。

　　管家捧出四个小菜碟、两双碗筷来，抬桌子摆饭。牛玉圃向牛浦道："他们摆饭还有一会工夫，我和你且在那边走走。那边还有许多齐整房子好看。"当下领着牛浦，走过了一个小桥，循着塘沿走，望见那边高高低低许多楼阁。那塘沿略窄，一路栽着十几棵柳树。牛玉圃走着，回头过来向他说道："方才主人问着你话，你怎么不答应？"牛浦眼瞪瞪地望着牛玉圃的脸说，不觉一脚蹉了个空，半截身子掉下塘去。牛玉圃慌忙来扶，亏有柳树拦着，拉了起来。鞋袜都湿透了，衣服上淋淋漓漓的半截水。牛玉圃恼了，沉着脸道："你原来是上不得台盘的人！"忙叫小厮毡包里拿出一件衣裳来与他换了，先送他回下处。只因这一番，有分教：旁人闲话，说破财主行踪；小子无良，弄得老生扫兴。不知后事如何，且听下回分解。

第二十三回　发阴私诗人被打　叹老景寡妇寻夫

话说牛玉圃看见牛浦跌在水里不成模样，叫小厮叫轿子先送他回去。牛浦到了下处惹了一肚子气，把嘴骨都着坐在那里。坐了一会，寻了一双干鞋袜换了。道士来问："可曾吃饭？"又不好说是没有，只得说吃了，足足的哦了半天。牛玉圃在万家吃酒，直到更把天才回来，上楼又把牛浦数说了一顿。牛浦不敢回言，彼此住下。次日，一天无事。

第三日，万家又有人来请。牛玉圃吩咐牛浦看着下处，自己坐轿子去了。牛浦同道士吃了早饭。道士道："我要到旧城里木兰院一个师兄家走走。牛相公，你在家里坐着罢。"牛浦道："我在家有甚事？不如也同你去玩玩。"当下锁了门，同道士一直进了旧城，一个茶馆内坐下。茶馆里送上一壶干烘茶、一碟透糖、一碟梅豆上来。吃着，道士问道："牛相公，你这位令叔祖可是亲房的？一向他老人家在这里，不见你相公来。"牛浦道："也是路上遇着，叙起来联宗的。我一向在安东县董老爷衙门里。那董老爷好不好客！记得我一初到他那里时候，才送了帖子进去，他就连忙叫两个差人出来请我的轿。我不曾坐轿，却骑的是个驴。我要下驴，差人不肯，两个人牵了我的驴头，一路走上去。走到暖阁上，走的地板咯噔咯噔的一路响。董老爷已是开了宅门，自己迎了出来，同我手挽着手走了进去。留我住了二十多天。我要辞他回来，他送我十七两四钱五分细丝银子，送我出到大堂上，看着我骑上了驴。口里说道：'你此去若是得意就罢了，若不得意，再来寻我。'这样人真是难得！我如今还要到他那里去。"道士道："这位老爷，果然就难得了！"

牛浦道："我这东家万雪斋老爷，他是什么前程？将来几时有官做？"道士鼻子里笑了一声，道："万家，只好你令叔祖敬重他罢了！若说做官，只怕纱帽满天飞，飞到他头上，还有人撼了他的去哩！"牛浦道："这又奇了！他又不是娼、优、隶、卒，为什么那纱帽飞到他头上，还有人拿了去？"道士道："你不知道他的出身吗？我说与你，你却不可说出来。万家他自小是我们这河下万有旗程家的书童，自小跟在书房伴读。他主子程明卿见他聪明，到十八九岁上，就叫他做小司客。"牛浦道："怎么样叫作小司客？"道士道："我们这里盐商人家，比如托一个朋友在司上行走，替他会官、拜客，每年几百银子辛俸，这叫作'大司客'。若是司上有些零碎事情，打发一个家人去打听、料理，这就叫作'小司客'了。他做小司客的时候极其停当，每年聚几两银子，先带小货，后来就弄窝子。不想他时运好，那几年窝价陡长，他就寻了四、五万银子，便赎了身出来，买了这所房子。自己行盐，生意又好，就发起十几万来。万有旗程家已经折了本钱回徽州去了，所以没人说他这件事。去年万家娶媳妇，他媳妇也是个翰林女儿，万家费了几千两银子娶进来。那日大吹大打，执事灯笼就摆了半街，好不热闹！到第三日，亲家要上门做朝，家里就唱戏、摆酒。不想他主子程明卿，清早上就一乘轿子抬了来，坐在他那厅房里。万家走了出来，就不由得自己跪着，作了几个揖，当时兑了一万两银子出来，才糊地去了，不曾破相。"正说着，木兰院里走出两个道士来，把这道士约了去吃斋。道士告别去了。

牛浦自己吃了几杯茶，走回下处来。进了子午宫，只见牛玉圃已经回来，坐在楼底下。桌上摆着几封大银子，楼门还锁着。牛玉圃见牛浦进来，叫他快开了楼门把银子搬上楼去。抱怨牛浦道："适才我叫看着下处，你为什么街上去胡撞！"牛浦道："适才我站在门口，遇见敝县的二公在门口过。他见我就下了轿子，说道：'许久不见。'要拉到船上谈谈，故此去了一会。"牛玉圃见他会官，就不说他不是了。因问道："你这位二公姓什么？"牛浦道："他姓李，是北直人。便是这李二公，也知道叔公。"牛玉圃道，"他们在官场中，自然是闻我的名的。"牛浦道："他说，也认得万雪斋先生。"牛玉圃道："雪斋也是交满天下的。"因指着这个银子道："这就是雪斋家拿来的。因他第七位如夫人有病，医生说是寒症，药里要用一个雪虾蟆，在扬州，出了几百银子也没处买。听见说苏州还寻得出来，他拿三百两银子托我去买。我没得功夫，已在他跟前举荐了你。你如今去走一走吧，还可以赚的几两银子。"牛浦不敢违拗。当夜牛玉圃买了一只鸡和些酒替他饯行，在楼上吃着。牛浦道："方才有一句话，正要向叔公说。

是敝县李二公说的。"牛玉圃道："什么话？"牛浦道："万雪斋先生算同叔公是极好的了，但只是笔墨相与，他家银钱大事还不肯相托。李二公说，他生平有一个心腹的朋友，叔公如今只要说，同这个人相好，他就诸事放心，一切都托叔公。不但叔公发财，连我做侄孙的将来都有日子过。"牛玉圃道："他心腹朋友是那一个？"牛浦道："是徽州程明卿先生。"牛玉圃笑道："这是我二十年拜盟的朋友，我怎么不认的？我知道了。"吃完了酒各自睡下。次日，牛浦带着银子，告辞叔公，上船往苏州去了。

次日，万家又来请酒，牛玉圃坐轿子去。到了万家，先有两位盐商坐在那里，一个姓顾，一个姓汪。相见做过了揖。那两个盐商说都是亲戚，不肯僭牛玉圃地坐，让牛玉圃坐在首席。吃过了茶，先讲了些窝子长跌的话。抬上席来，两位一桌。奉过酒，头一碗上的冬虫夏草。万雪斋请诸位吃着，说道："像这样东西，也是外方来的，我们扬州城里偏生多。一个雪虾蟆，就偏生寻不出来！"顾盐商道："还不曾寻着吗？"万雪斋道："正是。扬州没有，昨日才托玉翁令侄孙到苏州寻去了。"汪盐商道："这样稀奇东西，苏州也未必有，只怕还要到我们徽州旧家人家寻去，或者寻出来。"万雪斋道："这话不错。一切的东西，是我们徽州出的好。"顾盐商道："不但东西出得好，就是人物，也出在我们徽州。"牛玉圃忽然想起，问道："雪翁，徽州有一位程明卿先生，是相好的吗？"万雪斋听了，脸就绯红，一句也答不出来。牛玉圃道："这是我拜盟的好弟兄，前日还有书子与我，说不日就要到扬州，少不得要与雪翁叙一叙。"万雪斋气的两手冰冷，总是一句话也说不出来。顾盐商道："玉翁，自古'相交满天下，知心能几人'！我们今日且吃酒，那些旧话，也不必谈他罢了。"当晚勉强终席，各自散去。

牛玉圃回到下处，几天不见万家来请。那日在楼上睡中觉，一觉醒来长随拿封书子上来说道："这是河下万老爷家送来的，不等回书去了。"牛玉圃拆开来看：

> 刻下仪征王汉策舍亲令堂太亲母七十大寿，欲求先生做寿文一篇，
> 并求大笔书写，望即命驾往伊处。至嘱！至嘱！

牛玉圃看了这话，便叫长随叫了一只草上飞，往仪征去。

当晚上船，次早到丑坝上岸，在米店内问王汉策老爷家。米店人说道："是做埠头的王汉家？他在法云街朝东的一个新门楼子里面住。"牛玉圃走到王家，一直进去。见三间敞厅，厅中间椅子上，亮着一幅一幅的金字寿文。左边窗子口一张长桌，一个秀才低着头在那里写。见牛玉圃进厅，丢下笔走了过来。牛玉圃见他穿着茧绸直裰，胸前油了一块，就吃了一惊。那秀才认得牛玉圃，说道：

"你就是大观楼同乌龟一桌吃饭的！今日又来这里做什么？"牛玉圃上前同他吵闹。王汉策从里面走出来，向那秀才道："先生请坐，这个不与你相干。"那秀才自在那边坐了。王汉策同牛玉圃拱一拱手，也不作揖，彼此坐下。问道："尊驾就是号玉圃的吗？"牛玉圃道："正是。"王汉策道："我这里就是万府下店。雪翁昨日有书子来，说尊驾为人不甚端方，又好结交匪类。自今以后，不敢劳尊了。"因向账房里称出一两银子来，递与他说道："我也不留了，你请尊便罢！"牛玉圃大怒，说道："我那稀罕这一两银子！我自去和万雪斋说！"把银子掼在椅子上。王汉策道："你既不要，我也不强。我倒劝你不要到雪斋家去，雪斋也不能会！"牛玉圃气愤愤的走了出去。王汉策道："恕不送了。"把手一拱，走了进去。

牛玉圃只得带着长随，在丑坝寻一个饭店住下，口口声声只念着："万雪斋这狗头如此可恶！"走堂的笑道："万雪斋老爷，是极肯相与人的，除非你说出他程家那话头来才不尴尬。"说罢走过去了。牛玉圃听在耳朵里，忙叫长随去问那走堂的。走堂的方如此这般说出："他是程明卿家的管家，最怕人揭挑他这个事。你必定说出来，他才恼的。"长随把这个话，回复了牛玉圃。牛玉圃才省悟道："罢了！我上了这小畜生的当了！"当下住了一夜。

次日，叫船到苏州去寻牛浦。上船之后，盘缠不足，长随又辞去了两个，只剩两个粗夯汉子跟着，一直来到苏州，找在虎丘药材行内。牛浦正坐在那里，见牛玉圃到，迎了出来，说道："叔公来了。"牛玉圃道："雪虾蟆可曾有？"牛浦道："还不曾有。"牛玉圃道："近日镇江有一个人家有了，快把银子拿来，同着买去。我的船就在阊门外。"当下押着他，拿了银子同上了船，一路不说出。

走了几天，到了龙袍州地方，是个没人烟的所在。是日，吃了早饭，牛玉圃圆睁两眼，大怒道："你可晓得我要打你哩？"牛浦吓慌了道："做孙子的又不曾得罪叔公，为什么要打我呢？"牛玉圃道："放你的狗屁！你弄得好乾坤哩！"当下不由分说，叫两个夯汉把牛浦衣裳剥尽了，帽子鞋袜都不留，拿绳子捆起来，臭打了一顿，抬着往岸上一掼。他那一只船就扯起篷来去了。

牛浦被他掼的发昏，又掼倒在一个粪窖子跟前，滚一滚就要滚到粪窖子里面去，只得忍气吞声，动也不敢动。过了半日，只见江里又来了一只船。那船到岸

儒林外史

图文珍藏版

就住了。一个客人走上来粪窖子里面出恭，牛浦喊他救命。那客人道："你是何等样人？被甚人剥了衣裳捆倒在此？"牛浦道："老爹，我是芜湖县的一个秀才。因安东县董老爷请我去做馆，路上遇见强盗，把我的衣裳、行李都打劫去了，只饶的一命在此。我是落难的人，求老爹救我一救！"那客人惊道："你果然是安东县董老爷衙门里去的吗？我就是安东县人。我如今替你解了绳子。"看见他精赤条条不像模样，因说道："相公且站着，我到船上取个衣帽鞋袜来，与你穿着好上船走。"当下，果然到船上取了一件布衣服、一双鞋、一顶瓦楞帽，与他穿戴起来。说道："这帽子不是你相公戴的，如今且权戴着，到前热闹所在，再买方巾罢。"牛浦穿了衣服，下跪谢那客人。扶了起来，同到船里。满船客人听了这话，都吃一惊，问："这位相公尊姓？"牛浦道："我姓牛。"因拜问："这位恩人尊姓？"那客人道："在下姓黄，就是安东县人。家里做个小生意，是戏子行头经纪。前日因往南京去，替他们班里人买些添的行头，从这里过，不想无意中救了这一位相公。你既是到董老爷衙门里去的，且同我到安东，在舍下住着，整理些衣服，再往衙门里去。"牛浦深谢了，从这日，就吃这客人的饭。

此时，天气甚热。牛浦被剥了衣服，在日头下捆了半日，又受了粪窖子里熏蒸的热气，一到船上就害起痢疾来。那痢疾又是禁口痢，里急后重，一天到晚都痢不清。只得坐在船尾上，两手抓着船板由他屙。屙到三四天，就像一个活鬼。身上打的又发疼，大腿在船沿坐成两条沟。只听得舱内客人悄悄商议道："这个人料想是不好了。如今还是趁他有口气送上去，若死了就费力了。"那位黄客人不肯。他屙到第五天上，忽然鼻子里闻见一阵绿豆香，向船家道："我想喝口绿豆汤。"满船人都不肯。他说道："我自家要吃，我死了也无怨！"众人没奈何，只得拢了岸买些绿豆来，煮了一碗汤与他吃过。肚里响了一阵屙出一泡大屎，登时就好了。扒进舱来，谢了众人，睡下安息。养了两天，渐渐复原。

到了安东，先住在黄客人家。黄客人替他买了一顶方巾，添了件把衣服、一双靴，穿着去拜董知县。董知县果然欢喜，当下留了酒饭，要留在衙门里面住。牛浦道："晚生有个亲戚在贵治，还是住在他那里便意些。"董知县道："这也罢了。先生住在令亲家，早晚常进来走走，我好请教。"牛浦辞了出来。黄客人见他果然同老爷相与，十分敬重。牛浦三日两日进衙门去走走，借着讲诗为名，顺

便撞两处木钟，弄起几个钱来。黄家又把第四个女儿招他做个女婿，在安东快活过日子。

　　不想董知县就升任去了，接任的是个姓向的知县，也是浙江人。交代时候，向知县问董知县可有什么事托他。董知县道："倒没有什么事。只有个作诗的朋友住在贵治，叫作牛布衣。老寅台青目一二，足感盛情。"向知县应诺了。董知县上京去，牛浦送在一百里外，到第三日才回家。浑家告诉他道："昨日有个人来，说是你芜湖长房舅舅，路过在这里看你。我留他吃了个饭去了。他说下半年回来，再来看你。"牛浦心里疑惑："并没有这个舅舅。不知是那一个？且等他下半年来再处。"董知县一路到了京师，在吏部投了文，次日过堂掣签。这时冯琢庵已中了进士，散了部属，寓处就在吏部门口不远。董知县先到他寓处来拜。冯主事迎着坐下，叙了寒温。董知县只说得一句"贵友牛布衣在芜湖甘露庵里"，不曾说这一番交情，也不曾说到安东县曾会着的一番话，只见长班进来跪着禀道："部里大人升堂了。"董知县连忙辞别了去。到部就掣了一个贵州知州的签，匆匆束装赴任去了，不曾再会冯主事。

　　冯主事过了几时，打发一个家人寄家书回去。又拿出十两银子来问那家人道："你可认得那牛布衣牛相公家？"家人道："小的认得。"冯主事道："这是十两银子，你带回去，送与牛相公的夫人牛奶奶，说她的丈夫现在芜湖甘露庵里，寄个的信与他。不可有误！这银子说是我带与牛奶奶盘缠的。"管家领了主命，回家见了主母。办理家务事毕，便走到一个僻巷内。一扇篱笆门关着，管家走到门口，只见一个小儿开门出来，手里拿了一个筲箕出去买米。管家向他说，是京里冯老爷差来的。小儿领他进去站在客坐内。小儿就走进去了，又走了出来，问道："你有甚说话？"管家问那小儿道："牛奶奶是你什么人？"那小儿道："是大姑娘。"管家把这十两银子递在他手里，说道："这银子，是我家老爷带与牛奶奶盘缠的。说你家牛相公现在芜湖甘露庵内，寄个的信与你，免得悬望。"小儿请他坐着，把银子接了进去。管家看见中间悬着一轴稀破的古画，两边贴了许多的斗方，六张破丢不落的竹椅。天井里一个土台子，台子上一架藤花，藤花旁边就是篱笆门。坐了一会，只见那小儿捧出一杯茶来，手里又拿了一个包子，包了二钱银子，递与他道："我家大姑说：'有劳你，这个送给你买茶吃。到家拜上太太，到京拜上老爷，多谢！说的话，我知道了。'"管家承谢过去了。牛奶奶接着这个银子，心里凄惶起来，说："他恁大年纪只管在外头，又没个儿女，怎生是好？我不如趁着这几两银子，走到芜湖去，寻他回来，也是一场事！"

　　主意已定，把这两间破房子锁了，交与邻居看守。自己带了侄子，搭船一路来到芜湖。找到浮桥口甘露庵，两扇门掩着。推开进去，韦驮菩萨面前香炉、烛台都没有了。又走进，大殿上椽子倒的七横八竖。天井里一个老道人坐着缝衣裳，问着他，只打手势，原来又哑又聋。问他："这里面可有一个牛布衣？"他拿手指着前头一间屋里。牛奶奶带着侄子复身走出来，见韦驮菩萨旁边一间屋，又没有门，走了进去。屋里停着一具大棺材，面前放着一张三只腿的桌子，歪在半边。棺材上头的魂幡也不见了，只剩了一根棍。棺材贴头上有字，又被那屋上没有瓦，雨淋下来，把字迹都剥落了，只有"大明"两字，第三字只得一横。牛奶奶走到这里，不觉心惊肉颤，那寒毛根根都竖起来。又走进去问那道人道："牛布衣莫不是死了？"道人把手摇两摇，指着门外。他侄子道："他说姑爷不曾死，又到别处去了。"牛奶奶又走到庵外，沿街细问，人都说不听见他死。一直问到吉祥寺郭铁笔店里。郭铁笔道："他么？而今到安东董老爷任上去了。"牛奶奶此番得着实信，立意往安东去寻。只因这一番，有分教：错中有错，无端更起波澜；人外求人，有意做成交结。不知牛奶奶曾到安东去否，且听下回分解。

第二十四回　牛浦郎牵连多讼事
　　　　　　　鲍文卿整理旧生涯

　　话说牛浦招赘在安东黄姓人家，黄家把门面一带三四间屋都与他住。他就把门口贴了一个帖，上写道："牛布衣代做诗文。"那日早上，正在家里闲坐，只听得有人敲门。开门让了进来，原来是芜湖县的一个旧邻居。这人叫作石老鼠，是个有名的无赖，而今却也老了。牛浦见是他来，吓了一跳，只得同他作揖坐下，自己走进去取茶。浑家在屏风后张见，迎着他告诉道："这就是去年来的你长房舅舅，今日又来了。"牛浦道："他哪里是我什么舅舅？"接了茶出来，递与石老鼠吃。石老鼠道："相公，我听见恭喜你又招了亲在这里，甚是得意！"牛浦道："好几年不曾会见老爹，而今在哪里发财？"石老鼠道："我也只在淮北、山东各处走走。而今打从你这里过，路上盘缠用完了，特来拜望你，借几两银子用用。你于万帮我一个衬！"牛浦道："我虽则同老爹是个旧邻居，却从来不曾通过财帛。况且我又是客边，借这亲家住着，哪里来的几两银子与老爹？"石老鼠冷笑道："你这小孩子就没良心了！想着我当初挥金如土的时节，你用了我不知多少！而今看见你在人家招了亲，留你个脸面，不好就说，你倒回出这样话来！"牛浦发了急道："这是哪里来的话？你就挥金如土，我几时看见你金子？几时看见你的土？你一个中年人，不想做些好事，只要'在光水头上钻眼——骗人'！"石老鼠道："牛浦郎你不要说嘴！想着你小时做的些丑事，瞒的别人，可瞒得过我？况且你停妻娶妻，在那里骗了卜家女儿，在这里又骗了黄家女儿，该当何罪！你不乖乖的拿出几两银子来，我就同你到安东县去讲！"牛浦跳起来道："那个怕你！就同你到安东县去！"

　　当下，两人揪扭出了黄家门，一直来到县门口。遇着县里两个头役，认得牛浦，慌忙上前劝住，问是什么事。石老鼠就把他小时不成人的事说：骗了卜家女儿，到这里又骗了黄家女儿，又冒名顶替，多少混账事。牛浦道："他是我们那里有名的光棍，叫作石老鼠。而今越发老而无耻！去年走到我家，我不在家里，他冒认是我舅舅，骗饭吃。今年又凭空走来，问我要银子。哪有这样无情无理的事！"几个头役道："也罢！牛相公，他这人年纪老了，虽不是亲戚，到底是你的一个旧邻居。想是真正没有盘费了。自古道：'家贫不是贫，路贫贫杀人。'你此时有钱，也不服气拿出来给他。我们众人替你垫几百文送他去罢。"石老鼠还要争。众头役道："这里不是你撒野的地方！牛相公就同我老爷相与最好。你一个中年人，不要讨没脸面，吃了苦去！"石老鼠听见这话，方才不敢多言了，接着几百钱，谢了众人自去。

牛浦也谢了众人回家。才走得几步，只见家门口一个邻居迎着来道："牛相公，你到这里说话！"当下拉到一个僻静巷内告诉他道："你家娘子在家同人吵哩！"牛浦道："同谁吵？"邻居道："你刚才出门，随即一乘轿子，一担行李，一个堂客来到。你家娘子接了进去。这堂客说，他就是你的前妻，要你见面。在那里同你家黄氏娘子吵得很。娘子托我带信，叫你快些家去！"牛浦听了这话，就像提在冷水盆里一般，自心里明白："自然是石老鼠这老奴才，把卜家的前头娘子贾氏撮弄的来闹了！"也没奈何，只得硬着胆走了来家。到家门口站住脚听一听，里面吵闹的，不是贾氏娘子声音，是个浙江人，便敲门进去。和那妇人对了面，彼此不认得。黄氏道："这便是我家的了。你看看可是你的丈夫？"牛奶奶问道："你这位怎叫作牛布衣？"牛浦道："我怎的不是牛布衣？但是我认不得你这位奶奶。"牛奶奶道："我便是牛布衣的妻子。你这厮冒了我丈夫的名字，在此挂招牌。分明是你把我丈夫谋害死了！我怎肯同你开交！"牛浦道："天下同名同姓也最多，怎见得便是我谋害你丈夫？这又出奇了！"牛奶奶道："怎么不是！我从芜湖县问到甘露庵，一路问来，说在安东。你既是冒我丈夫名字，须要还我丈夫！"当下哭喊起来，叫跟来的侄子将牛浦扭着。牛奶奶上了轿，一直喊到县前去了。正值向知县出门，就喊了冤。知县叫补词来。当下补了词，出差拘齐人，挂牌，第三日午堂听审。

这一天，知县坐堂，审的是三件。

第一件，为"活杀父命事"。告状的是个和尚。这和尚因在山中拾柴，看见人家放的许多牛。内中有一条牛见这和尚，把两眼睁睁地只望着他。和尚觉得心动，走到那牛跟前。那牛就两眼抛梭地淌下泪来。和尚慌到牛跟前跪下。牛伸出舌头来舔他的头，舐着，那眼泪越发多了。和尚方才知道是他的父亲转世。因向那人家哭着求告，施舍在庵里供养着。不想被庵里邻居牵去杀了，所以来告状，就带施牛的这个人做干证。向知县取了和尚口供，叫上那邻居来问。邻居道："小的四日前，是这和尚牵了这个牛来卖与小的。小的买到手就杀了。和尚昨日又来向小的说，这牛是他父亲变的，要多卖几两银子，前日银子卖少了，要来找价。小的不肯，他就同小的吵起来。小的听见人说，这牛并不是他父亲变的。这和尚积年剃了光头，把盐搽在头上，走到放牛所在，见那极肥的牛，他就跪在牛跟前，哄出牛舌头来舔他的头。牛但凡舐着盐，就要淌出眼水来。他就说是他父亲，到那人家哭着求施舍，施舍了来，就卖钱用，不是一遭了。这回又拿这事告小的，求老爷做主！"向知县叫那施牛的人问道："这牛果然是你施与他家的，不曾要钱？"施牛的道："小的白送与他，不曾要一个钱。"向知县道："轮回之事本属渺茫，哪有这个道理？况既说父亲转世，不该又卖钱用。这秃奴可恶极了！"即丢下签来，重责二十，赶了出去。

第二件，为"毒杀兄命事"。告状人叫胡赖，告的是医生陈安。向知县叫上原告来问道："他怎样毒杀你哥子？"胡赖道："小的哥子害病，请了医生陈安来看。他用了一剂药，小的哥子次日就发了跑躁，跳在水里淹死了。这分明是他毒死的！"向知县道："平日有仇无仇！"胡赖道："没有仇。"向知县叫上陈安来问道："你替胡赖的哥子治病，用的是什么汤头？"陈安道："他本来是个寒症，小的用的是荆防发散药，药内放了八分细辛。当时他家就有个亲戚，是个团脸矮子，在旁多嘴，说是细辛用到三分就要吃死了人。《本草》上哪有这句话？落后，他哥过了三四日，才跳在水里死了。与小的什么相干？青天老爷在上，就是把四百味药药性都查遍了，也没见那味药是吃了该跳河的，这是哪里说起？医生行着道，怎当得他这样诬陷！求老爷做主！"向知县道："这果然也胡说极了！医家有割股之心，况且你家有病人，原该看守好了，为什么放他出去跳河？与医生何干？这样的事也来告状！"一齐赶了出去。

第三件，便是牛奶奶告的状，为"谋杀夫命事"。向知县叫上牛奶奶去问。牛奶奶悉把如此这般，从浙江寻到芜湖，从芜湖寻到安东。"他现挂着我丈夫招牌，我丈夫不问他要，问谁要！”向知县道："这也怎么见得？"向知县问牛浦道："牛生员，你一向可认得这个人？"牛浦道："生员岂但认不得这妇人，并认不得她丈夫。他忽然走到生员家要起丈夫来，真是天上飞下来的一件大冤枉事！"向知县向牛奶奶道："眼见得这牛生员叫作牛布衣，你丈夫也叫作牛布衣，天下同名同姓的多，他自然不知道你丈夫踪迹；你到别处去寻访你丈夫去吧。"牛奶奶在堂上哭哭啼啼，定要求向知县替他申冤。缠的向知县急了，说道："也罢，我这里差两个衙役，把这妇人解回绍兴。你到本地告状去，我哪里管这样无头官事？牛生员，你也请回去罢！"说罢，便退了堂。两个解役把牛奶奶解往绍兴去了。只因这一件事，传的上司道，说向知县相与做诗文的人，放着人命大事都不问，要把向知县访闻参处。

按察司具揭到院。这按察司姓崔，是太监的侄儿，荫袭出身，做到按察司。这日，叫幕客叙了揭帖稿，取来灯下自己细看："为特参昏庸不职之县令以肃官方事……"内开安东县知县向鼎许多事故。自己看了又念，念了又看。灯烛影里只见一个人双膝跪下。崔按察举眼一看，原来是他门下的一个戏子，叫作鲍文卿。按察司道："你有什么话，起来说！"鲍文卿道："方才小的看见大老爷要参处的这位，是安东县向老爷。这位老爷，小的也不曾认得；但自从七八岁学戏，在师父手里就念的是他做的曲子。这老爷是个大才子、大名士，如今二十多年了，才做得一个知县，好不可怜！如今又要因这事参处了。况他这件事，也还是敬重斯文的意思，不知可以求得大老爷免了他的参处罢？"按察司道："不想你这一个人，倒有爱惜才人的念头。你倒有这个意思，难道我倒不肯？只是如今免了他这一革职，他却不知道是你救他。我如今将这些缘故写一个书子，把你送到他衙门里去，叫他谢你几百两银子，回家做个本钱。"鲍文卿磕头谢了。按察司吩咐书房小厮，去向幕宾说："这安东县不要参了。"

过了几日，果然差一个衙役，拿着书子把鲍文卿送到安东县。向知县把书子拆开一看，大惊，忙叫快开宅门，请这位鲍相公进来。向知县便迎了出去。鲍文卿青衣小帽，走进宅门，双膝跪下，便叩老爷的头，跪在地下请老爷的安。向知县双手来扶，要同他叙礼。他道："小的何等人，敢与老爷施礼！"向知县道："你是上司衙门里的人，况且与我有恩，怎么拘这个礼？快请起来，好让我拜

谢！"他再三不肯。向知县拉他坐，他断然不敢坐。向知县急了，说："崔大老爷送了你来，我这般待你，崔大老爷知道不便。"鲍文卿道："虽是老爷要格外抬举小的，但这个关系朝廷体统，小的断然不敢。"立着垂手回了几句话，退到廊下去了。向知县托家里亲戚出来陪，他也断不敢当。落后，叫管家出来陪，他才欢喜了，坐在管家房里有说有笑。次日，向知县备了席，摆在书房里，自己出来陪，斟酒来奉。他跪在地下，断不敢接酒；叫他坐，也到底不坐。向知县没奈何，只得把酒席发了下去，叫管家陪他吃了，他还上来谢赏。向知县写了谢按察司的禀帖，封了五百两银子谢他。他一厘也不敢受，说道："这是朝廷颁与老爷们的俸银，小的乃是贱人，怎敢用朝廷的银子？小的若领了这项银子去养家口，一定折死小的。大老爷天恩，留小的一条狗命。"向知县见他说到这田地，不好强他。因把他这些话，又写了一个禀帖，禀按察司。又留他住了几天，差人送他回京。按察司听见这些话，说他是个呆子，也就罢了。又过了几时，按察司升了京堂，把他带进京去。不想一进了京，按察司就病故了。鲍文卿在京没有靠山，他本是南京人，只得收拾行李回南京来。

这南京，乃是太祖皇帝建都的所在。里城门十三，外城门十八，穿城四十里，沿城一转足有一百二十多里。城里几十条大街，几百条小巷，都是人烟凑集，金粉楼台。城里一道河，东水关到西水关，足有十里，便是秦淮河。水满的时候，画船箫鼓，昼夜不绝。城里城外，琳宫梵宇，碧瓦朱甍。在六朝时是四百八十寺，到如今，何止四千八百寺！大街小巷，合共起来，大小酒楼有六七百座，茶社有一千余处。不论你走到一个僻巷里面，总有一个地方悬着灯笼卖茶，插着时鲜花朵，烹着上好的雨水。茶社里，坐满了吃茶的人。到晚来，两边酒楼上明角灯，每条街上足有数千盏，照耀如同白日，走路人并不带灯笼。那秦淮到了有月色的时候，越是夜色已深，更有那细吹细唱的船来，凄清委婉，动人心魄。两边河房里住家的女郎，穿了轻纱衣服，头上簪了茉莉花，一齐卷起湘帘，凭栏静听。所以，灯船鼓声一响，两边帘卷窗开，河房里焚的龙涎、沉、速，香雾一齐喷出来，和河里的月色烟光合成一片，望着如阆苑仙人，瑶宫仙女。还有那十六楼官妓，新妆炫服，招接四方游客。真乃朝朝寒食，夜夜元宵！

这鲍文卿住在水西门。水西门与聚宝门相近。这聚宝门，当年说每日进来有百牛千猪万担粮，到这时候何止一千个牛，一万个猪，粮食更无其数。鲍文卿进了水西门，到家和妻子见了。他家本是几代的戏行，如今仍旧做这戏行营业。他这戏行里，淮清桥是三个总寓，一个老郎庵。水西门是一个总寓，一个老郎庵。总寓内，都挂着一班一班的戏子牌。凡要定戏，先几日，要在牌上写一个日子。鲍文卿却是水西门总寓挂牌。他戏行规矩最大，但凡本行中有不公不法的事，一齐上了庵烧过香，坐在总寓那里品出不是来，要打就打，要罚就罚，一个字也不敢拗的。还有洪武年间起首的班子，一班十几人，每班立一座石碑在老郎庵里，十几个人共刻在一座碑上。比如有祖宗的名字在这碑上的，子孙出来学戏就是"世家子弟"，略有几岁年纪就称为"老道长"。凡遇本行公事，都向老道长说了，方才敢行。鲍文卿的祖父的名字，却在那第一座碑上。他到家料理了些柴米，就把家里笙、箫、管、笛、三弦、琵琶都查点了出来。也有断了弦，也有坏了皮的，一总尘灰寸壅。他查出来放在那里，到总寓旁边茶馆内，去会会同行。

才走进茶馆，只见一个人坐在那里，头戴高帽，身穿宝蓝缎直裰，脚下粉底皂靴，独自坐在那里吃茶。鲍文卿近前一看，原是他同班唱老生的钱麻子。钱麻子见了他来，说道："文卿，你从几时回来的？请坐吃茶。"鲍文卿道："我方才远远看见你，只疑惑是那一位翰林、科、道老爷，错走到我这里来吃茶，原来就是你这老屁精！"当下坐了吃茶。钱麻子道："文卿，你在京里走了一回，见过几个做官的，回家就拿翰林、科、道来吓我了！"鲍文卿道："兄弟，不是这样说。像这衣服、靴子，不是我们行事的人可以穿得的。你穿这样衣裳，叫那读书的人穿什么?"钱麻子道:"而今事,那是二十年前的讲究了!南京这些乡绅人家寿诞或是喜事,我们只拿一副蜡烛去,他就要留我们坐着一桌吃饭。凭他什么大官,他也只坐在下面。若遇同席有几个学里酸子,我眼角里,还不曾看见他哩!"鲍文卿道:"兄弟你说这样不安本分的话,岂但来生还做戏子,连变驴变马都是该的!"钱麻子笑着打了他一下。

茶馆里拿上点心来吃。吃着,只见外面又走进一个人来,头戴浩然巾,身穿酱色绸直裰,脚下粉底皂靴,手执龙头拐杖走了进来。钱麻子道:"黄老爹,到这里来吃茶。"黄老爹道:"我道是谁,原来是你们二位!到跟前才认得。怪不得,我今年已八十二岁了,眼睛该花了。文卿,你几时来的?"鲍文卿道:"到家不多几日,还不曾来看老爹。日子好过的快,相别已十四年。记得我出门那日还在国公府徐老爷里面,看着老爹妆了一出《茶博士》才走的。老爹而今可在班里了?"黄老爹摇手道:"我久已不做戏子了。"坐下添点心来吃,向钱麻子道:"前日南门外张举人家,请我同你去下棋,你怎么不到?"钱麻子道:"那日我班里有生意。明日是鼓楼外薛乡绅小生日,定了我徒弟的戏。我和你,明日要去拜寿。"鲍文卿道:"那个薛乡绅?"黄老爹道:"他是做过福建汀州知府,和我同年,今年八十二岁,朝廷请他做乡饮大宾了。"鲍文卿道:"像老爹拄着拐杖,缓步细摇,依我说,这乡饮大宾就该是老爹做!"又道:"钱兄弟,你看老爹这个体统,岂止像知府告老回家,就是尚书、侍郎回来,也不过像老爹这个排场罢了!"那老畜生,不晓得这话是笑他,反欣欣得意。当下吃完了茶,各自散了。

鲍文卿虽则因这些事看不上眼,自己却还要寻几个孩子,起个小班子,因在城里到处寻人说话。那日走到鼓楼坡上遇着一个人,有分教:邂逅相逢,旧交更添气色;婚姻有分,子弟亦被恩光。毕竟不知鲍文卿遇的是个什么人,且听下回分解。

第二十五回　鲍文卿南京遇旧　倪廷玺安庆招亲

话说鲍文卿到城北去寻人，觅孩子学戏。走到鼓楼坡上，他才上坡，遇着一个人下坡。鲍文卿看那人时：头戴破毡帽，身穿一件破黑绸直裰，脚下一双烂红鞋；花白胡须，约有六十多岁光景。手里拿着一张破琴，琴上贴着一条白纸，纸上写着四个字道："修补乐器。"鲍文卿赶上几步，向他拱手道："老爹是会修补乐器的吗？"那人道："正是。"鲍文卿道："如此，屈老爹在茶馆坐坐。"当下，两人进了茶馆坐下，拿了一壶茶来吃着。鲍文卿道："老爹尊姓？"那人道："贱姓倪。"鲍文卿道："尊府在哪里？"那人道："远哩，舍下在三牌楼。"鲍文卿道："倪老爹，你这修补乐器，三弦、琵琶都可以修得吗？"倪老爹道："都可以修得的。"鲍文卿道："在下姓鲍，舍下住在水西门，原是梨园行业。因家里有几件乐器坏了，要借重老爹修一修！如今不知是屈老爹到舍下去修好，还是送到老爹府上去修？"倪老爹道："长兄，你共有几件乐器？"鲍文卿道："只怕也有七八件。"倪老爹道："有七八件，就不好拿来，还是我到你府上来修罢，也不过一两日功夫。我只扰你一顿早饭，晚里还回来家。"鲍文卿道："这就好了。只是茶水不周，老爹休要见怪！"又道："几时可以屈老爹去？"倪老爹道："明日不得闲，后日来罢。"当下说定了。门口挑了一担茯苓糕来。鲍文卿买了半斤，同倪老爹吃了，彼此告别。鲍文卿道："后日清晨专候老爹！"倪老爹应诺去了。鲍文卿回来，和浑家说下，把乐器都揩抹净了，搬出来摆在客座里。

到那日清晨，倪老爹来了，吃过茶点心，拿这乐器修补。修了一回，家里两个学戏的孩子，捧出一顿素饭来。鲍文卿陪着倪老爹吃了。

到下午时候，鲍文卿出门，回来向倪老爹道："却是怠慢老爹的紧，家里没个好菜蔬，不恭。我而今约老爹去酒楼上坐坐。这乐器丢着明日再补罢。"倪老爹道："为什么又要取扰？"当下两人走出来，到一个酒楼上，拣了一个僻静座头坐下。堂官过来问："可还有客?"倪老爹道："没有客了。你这里有些什么菜?"走堂的叠着指头数道："肘子、鸭子、黄闷鱼、醉白鱼、杂烩、单鸡、白切肚子、生焰肉、京炒肉、焰肉片、煎肉圆、闷青鱼、煮鲢头,还有便碟白切肉。"倪老爹道："长兄,我们自己人,吃个便碟罢。"鲍文卿道："便碟不恭。"因叫堂官先拿卖鸭子来吃酒,再焰肉片带饭来。堂官应下去了。

须臾,捧着一卖鸭子、两壶酒上来。鲍文卿起身斟倪老爹一杯,坐下吃酒。因问倪老爹道："我看老爹像个斯文人,因甚做这修补乐器的事?"那倪老爹叹一口气道："长兄,告诉不得你!我从二十岁上进学到而今,做了三十七年的秀才。就坏在读了这几句死书,拿不得轻,负不得重,一日穷似一日,儿女又多,只得借这手艺糊口。原是没奈何的事!"鲍文卿惊道："原来老爹是学校中人,我大胆的狠了!请问老爹几位相公?老太太可是齐眉?"倪老爹道："老妻还在。从前倒有六个小儿,而今说不得了。"鲍文卿道："这是什么缘故?"倪老爹说到此处,不觉凄然垂下泪来。鲍文卿又斟一杯酒,递与倪老爹,说道："老爹,你有甚心事,不妨和在下说。我或者可以替你分忧。"倪老爹道："这话不说罢,说了反要惹你长兄笑。"鲍文卿道："我是何等之人,敢笑老爹!老爹只管说。"倪老爹道："不瞒你说,我是六个儿子。死了一个,而今只得第六个小儿子在家里。那四个……"说着,又忍着不说了。鲍文卿道："那四个怎的?"倪老爹被他问急了,说道："长兄你不是外人,料想也不笑我。我不瞒你说,那四个儿子,我都因没有的吃用,把他们卖在他州外府去了!"鲍文卿听见这句话,忍不住的眼里流下泪来,说道："这是个可怜了!"倪老爹垂泪道："岂但那四个卖了,这一个小的将来也留不住,也要卖与人去!"鲍文卿道："老爹,你和你家老太太怎的舍得?"倪老爹道："只因衣食欠缺,留他在家跟着饿死,不如放他一条生路。"

鲍文卿着实伤感了一会,说道："这件事我倒有个商议,只是不好在老爹跟前说。"倪老爹道："长兄,你有什么话只管说,有何妨?"鲍文卿正待要说,又忍住道："不说罢。这话说了,恐怕惹老爹怪。"倪老爹道："岂有此理!任凭你说什么,我怎肯怪你?"鲍文卿道："我大胆说了罢。"倪老爹道："你说,你说。"鲍文卿道："老爹,比如你要把这小相公卖与人,若得卖到他州别府,就和那几个相公一样不见面了。如今我在下四十多岁，生平只得一个女儿，并不曾有个儿子。你老人家若肯不弃贱行，把这小令郎过继与我，我照样送过二十两银子与老爹。我抚养他成人。平日逢时遇节，可以到老爹家里来。后来老爹事体好了，依旧把他送还老爹。这可以使得的吗？"倪老爹道："若得如此，就是我的小儿子恩星照命，我有什么不肯？但是，既过继与你，累你抚养，我哪里还收得你的银子？"鲍文卿道："说哪里话？我一定送过二十两银子来。"说罢，彼此又吃了一回，会了账，出得店门。趁天色未黑，倪老爹回家去了。

鲍文卿回来把这话向乃眷说了一遍，乃眷也欢喜。次日，倪老爹清早来补乐器，会着鲍文卿，说："昨日商议的话，我回去和老妻说，老妻也甚是感激。如今一言为定，择个好日，就带小儿来过继便了。"鲍文卿大喜。自此，两人呼为亲家。

过了几日，鲍家备了一席酒请倪老爹。倪老爹带了儿子来，写立过继文书，凭着左邻开绒线店张国重，右邻开香蜡店王羽秋。两个邻居都到了。那文书上写道："立过继文书倪霜峰，今将第六子倪廷玺，年方一十六岁，因日食无措，夫妻商议，情愿出继与鲍文卿名下为义子，改名鲍廷玺。此后成人婚娶，俱系鲍文卿抚养，立嗣承桃，两无异说。如有天年不测，各听天命。今欲有凭，立此过继文书，永远存照。嘉靖十六年十月初一日。立过继文书倪霜峰。凭中邻：张国重，王羽秋。"都画了押。鲍文卿拿出二十两银子来，付与倪老爹去了。鲍文卿又谢了众人。自此两家来往不绝。

这倪廷玺改名鲍廷玺，甚是聪明伶俐。鲍文卿因他是正经人家儿子，不肯叫他学戏，送他读了两年书，帮着当家管班。到十从岁上，倪老爹去世了，鲍文卿又拿出几十两银子来，替他料理后事。自己去一连哭了几场，依旧叫儿子去披麻戴孝，送倪老爹入土。自此以后，鲍廷玺着实得力。他娘说他是螟蛉之子，不疼他，只疼的是女儿、女婿。鲍文卿说他是正经人家儿女，比亲生的还疼些。每日吃茶吃酒都带着他，在外揽生意都同着他。让他赚几个钱，添衣帽鞋袜。又心里算计，要替他娶个媳妇。

那日早上，正在带着鲍廷玺出门，只见门口一个人，骑了一匹骡子，到门口下了骡子进来。鲍文卿认得是天长县杜老爷的管家，姓邵的。便道："邵大爷，你几时过江来的？"邵管家道："特过江来寻鲍师父。"鲍文卿同他作了揖，叫儿子也作了揖。请他坐下，拿水来洗脸，拿茶来吃。吃着，问道："我记得你家老太太该在这年把正七十岁，想是过来定戏的？你家大老爷在府安？"邵管家笑道："正是为此。老爷吩咐，要定二十本戏。鲍师父，你家可有班子？若有，就接了你的班子过去。"鲍文卿道："我家现有一个小班，自然该去伺候。只不知要几时动身？"邵管家道："就在出月动身。"说罢，邵管家叫跟骡的人，把行李搬了进来，骡子打发回去。邵管家在被套内取出一封银子来，递与鲍文卿道："这是五十两定银，鲍师父，你且收了。其余的，领班子过去再付。"文卿收了银子。当晚，整治酒席，大盘大碗，留邵管家吃了半夜。次日，邵管家上街去买东西。买了四五天，雇头口先过江去了。

鲍文卿也就收拾，带着鲍廷玺，领了班子，到天长杜府去做戏。做了四十多天回来，足足赚了一百几十两银子。父子两个，一路感杜府的恩德不尽。那一班十几个小戏子，也是杜府老太太每人另外赏他一件棉袄、一双鞋袜。各家父母知道，也着实感恩，又来谢了鲍文卿。

鲍文卿仍旧领了班子，在南京城里做戏。那一日，在上河去做夜戏，五更天散了戏，戏子和箱都先进城来了。他父子两个，在上河澡堂子里洗了一个澡，吃了些茶点心，慢慢走回来。到了家门口，鲍文卿道："我们不必拢家了。内桥有个人家，定了明日的戏。我和你趁早去，把他的银子称来。"当下，鲍廷玺跟着，两个人走到坊口。只见对面来了一把黄伞，两对红黑帽，一柄遮阳，一顶大轿，知道是外府官过。父子两个站在房檐下看，让那伞和红黑帽过去了。遮阳到了跟前，上写着"安庆府正堂"。鲍文卿正仰脸看着遮阳，轿子已到。那轿子里面的官看见鲍文卿，吃了一惊。鲍文卿回过脸来看那官时，原来便是安东县向老爷，他原来升了。轿子才过去，那官叫跟轿的青衣人到轿前，说了几句话。那青衣人飞跑到鲍文卿跟前，问道："太老爷问你可是鲍师父吗？"鲍文卿道："我便是。太老爷可是做过安东县升了来的？"那人道："是。太爷公馆在贡院门口张家河房里，请鲍师父在那里去相会。"说罢，飞跑赶着轿子去了。

鲍文卿领着儿子，走到贡院前香蜡店里，买了一个手本，上写"门下鲍文卿叩"。走到张家河房门口，知道向太爷已经回寓了，把手本递与管门的，说道：

"有劳大爷禀声，我是鲍文卿，来叩见太老爷。"门上接了手本，说道："你且伺候着。"鲍文卿同儿子坐在板凳上。坐了一会，里面打发小厮出来问道："门上的，太爷问，有个鲍文卿可曾来？"门上人道："来了，有手本在这里。"慌忙传进手本去。只听得里面道："快请！"鲍文卿叫儿子在外面候着，自己跟了管门的进去。

进到河房来，向知府已是纱帽便服，迎了出来。笑着说道："我的老友到了！"鲍文卿跪下，磕头请安。向知府双手扶住，说道："老友，你若只管这样拘礼，我们就难相与了。"再三再四拉他坐。他又跪下告了坐，方敢在底下一个凳子上坐了。向知府坐下，说道："文卿，自同你别后不觉已是十余年。我如今老了，你的胡子却也白了许多。"鲍文卿立起来道："太老爷高升，小的多不知道，不曾叩得大喜。"向知府道："请坐下，我告诉你：我在安东做了两年，又到四川做了一任知州，转了个二府，今年才升到这里。你自从崔大人死后回家来做些什么事？"鲍文卿道："小的本是戏子出身，回家没有甚事，依旧教一小班子过日。"向知府道："你方才同走的那少年是谁？"鲍文卿道："那就是小的儿子，带在公馆门口，不敢进来。"向知府道："为什么不进来？叫人快出去请鲍相公进来！"

当下一个小厮领了鲍廷玺进来。他父亲叫他磕太老爷的头。向知府亲手扶起，问："你今年十几岁了？"鲍廷玺道："小的今年十七岁了。"向知府道："好个气质，像正经人家的儿女！"叫他坐在他父亲旁边。向知府道："文卿，你这令郎，也学戏行的营业吗？"鲍文卿道："小的不曾教他学戏。他念了两年书，而今跟在班里记账。"向知府道:"这个也好。我如今还要到各上司衙门走走。你不要去,同令郎在我这里吃了饭,我回来还有话替你说。"说罢,换了衣服,起身上轿去了。

鲍文卿同儿子走到管家们房里。管宅门的王老爹本来认得,彼此作了揖,叫儿子也作了揖。看见王老爹的儿子小王,已经长到三十多岁,满嘴有胡子了。王老爹极其欢喜鲍廷玺,拿出一个大红缎子钉金线的钞袋来,里头装着一锭银子送与他。鲍廷玺作揖谢了。坐着说些闲话,吃过了饭。

向知府直到下午才回来,换去了衣服,仍旧坐在河房里。请鲍文卿父子两个进来坐下,说道:"我明日就要回衙门去,不得和你细谈。"因叫小厮在房里取出一封银子来,递与他道:"这是二十两银子,你且收着。我去之后,你在家收拾收拾,把班子托与人领着。你在半个月内,同令郎到我衙门里来。我还有话和你说。"鲍文卿接着银子,谢了太老爷的赏,说道:"小的总在半个月内,领了儿子到太老爷衙门里来请安。"当下,又留他吃了酒。鲍文卿同儿子回家歇息。

次早,又到公馆里送了向太爷的行。回家同浑家商议,把班子暂托与他女婿归姑爷同教师金次福领着。他自己收拾行李衣服,又买了几件南京的人事——头绳、肥皂之类,带与衙门里各位管家。

又过了几日,在水西门搭船。到了池口,只见又有两个人搭船。舱内坐着,彼此谈及。鲍文卿说要到向太爷衙门里去的,那两个就是安庆府里的书办,一路就奉承鲍家父子两个,买酒买肉请他吃着。晚上候别的客人睡着了,便悄悄向鲍文卿说:"有一件事,只求太爷批一个'准'字,就可以送你二百两银子。又有一件事,县里详上来,只求太爷驳下去,这件事竟可以送三百两。你鲍太爷在我们太老爷跟前,恳个情罢!"鲍文卿道:"不瞒二位老爹说,我是个老戏子,乃下贱之人,蒙太老爷抬举,叫到衙门里来。我是何等之人,敢在太老爷跟前说情?"那两个书办道:"鲍太爷,你疑惑我这话是说谎吗?只要你肯说这情,上岸先兑五百两银子与你。"鲍文卿笑道:"我若是欢喜银子,当年在安东县,曾赏过我五百两银子,我不敢受。自己知道是个穷命,须是骨头里挣出来的钱,才做得肉。我怎肯瞒着太老爷拿这项钱?况且,他若有理,断不肯拿出几百两银来寻人情。若是准了这一边的情,就要叫那边受屈,岂不丧了阴德!依我的意思:

不但我不敢管，连二位老爹也不必管他。自古道，'公门里好修行'，你们服侍太老爷，凡事不可坏了太老爷清名，也要各人保着自己的身家性命。"几句说的两个书办毛骨悚然，一场没趣，扯了一个淡，罢了。

次日早晨，到了安庆，宅门上投进手本去。向知府叫将他父子两人行李搬在书房里面住，每日同自己亲戚一桌吃饭。又拿出许多绸和布来，替他父子两个，里里外外做衣裳。一日，向知府走来书房坐着，问道："文卿，你令郎可曾做过亲事吗？"鲍文卿道："小的是穷人，这件事还做不起。"向知府道："我倒有一句话，若说出来恐怕得罪你。这事，你若肯相就，倒了我一个心愿"。鲍文卿道："太老爷有什么话吩咐，小的怎敢不依？"向知府道："就是我家总管姓王的，他有一个小女儿，生得甚是乖巧。老妻着实疼爱他，带在房里，梳头、裹脚都是老妻亲手打扮。今年十七岁了，和你令郎是同年。这姓王的，在我家已经三代，我把投身纸都查了赏他，已不算我家的管家了。他儿子小王，我又替他买了一个部里书办名字，五年考满，便选一个典史杂职。你若不弃嫌，便把你令郎招给他，做个女婿。将来这做官的。便是你令郎的阿舅了。这个你可肯吗？"鲍文卿道："太老爷莫大之恩，小的知感不尽！只是小的儿子，不知人事，不知王老爹可肯要他做女婿？"向知府道："我替他说了，他极欢喜你令郎的。这事不要你费一个钱，你只明日拿一个帖子同姓王的拜一拜。一切床帐、被褥、衣服、首饰、酒席之费都是我备办齐了，替他两口子完成好事，你只做个现成公公罢了。"鲍文卿跪下，谢太老爷。向知府双手扶起来，说道："这是什么要紧的事？将来我还要为你的情哩。"

次日，鲍文卿拿了帖子拜王老爹。王老爹也回拜了。

到晚上三更时分，忽然抚院一个差官，一匹马，同了一位二府抬了轿子一直走上堂来，叫请向太爷出来。满衙门的人都慌了，说道："不好了！来摘印了！"只因这一番，有分教：荣华富贵，享受不过片时；潦倒摧颓，波澜又兴多少。不知这来的官果然摘印与否，且听下回分解。

第二十六回 向观察升官哭友 鲍廷玺丧父娶妻

话说向知府听见摘印官来，忙将刑名、钱谷相公都请到跟前说道："诸位先生，将房里各样稿案查点查点，务必要查细些，不可遗漏了事！"说罢开了宅门匆匆出去了。出去会见那二府，拿出一张牌票来看了，附耳低言了几句。二府上轿去了，差官还在外候着。向太守进来，亲戚和鲍文卿一齐都迎着问。向知府道："没甚事，不相干！是宁国府知府坏了，委我去摘印。"当下料理马夫连夜同差官往宁国去了。

衙门里打首饰、缝衣服、做床帐被褥、糊房，打点王家女儿招女婿，忙了几日。向知府回来了，择定十月十三大吉之期。衙门外传了一班鼓手、两个傧相进来。鲍廷玺插着花，披着红，身穿绸缎衣服，脚下粉底皂靴，先拜了父亲。吹打着，迎过那边去，拜了丈人、丈母。小王穿着补服出来陪妹婿。吃过三遍茶，请进洞房里，和新娘交拜合卺，不必细说。次日清早，出来拜见老爷、夫人。夫人另外赏了八件首饰，两套衣服。衙里摆了三天喜酒，无一个人不吃到。满月之后，小王又要进京去选官。鲍文卿备酒，替小亲家饯行。鲍廷玺亲自送阿舅上船，送了一天路才回来。自此以后，鲍廷玺在衙门里只如在云端里过日子。

看看过了新年，开了印，各县送童生来府考。向知府要下察院考童生，向鲍文卿父子两个道："我要下察院去考童生。这些小厮们，若带去巡视，他们就要作弊。你父子两个是我心腹人，替我去照顾几天。"

鲍文卿领了命，父子两个在察院里巡场查号。安庆七学共考三场。见那些童生也有代笔的，也有传递的。大家丢纸团，掠砖头，挤眉弄眼，无所不为。到了抢粉汤、包子的时候，大家推成一团、跌成一块。鲍廷玺看不上眼。有一个童生推着出恭，走到察院土墙跟前，把土墙挖个洞，伸手要到外头去接文章，被鲍廷玺看见，要采他过来见太爷。鲍文卿拦住道："这是我小儿不知世事。相公，你一个正经读书人，快归号里去做文章。倘若太爷看见了，就不便了。"忙拾起些土来，把那洞补好，把那个童生送进号去。

考事已毕，发出案来，怀宁县的案首叫作季萑。他父亲是个武两榜，同向知府是文武同年，在家候选守备。发案过了几日，季守备进来拜谢。向知府设席相留。席摆在书房里，叫鲍文卿同着出来坐坐。当下季守备首席，向知府主位，鲍文卿坐在横头。季守备道："老公祖这一番考试，至公至明，合府无人不服。"向知府道："年先生，这看文字的事，我也荒疏了。倒是前日考场里，亏我这鲍朋友在彼巡场，还不曾有什么弊窦。"此时季守备才晓得，这人姓鲍。后来渐渐说到他是一个老梨园角色，季守备脸上，不觉就有些怪物相。向知府道："而今的人，可谓江河日下。这些中进士、做翰林的，和他说到传道穷经，他便说迂而无当。和他说到通今博古，他便说杂而不精。究竟事君交友的所在，全然看不得。不如我这鲍朋友，他虽生意是贱业，倒颇多君子之行。"因将他生平的好处，说了一番。季守备也就肃然起敬。酒罢，辞了出来。

过三四日，倒把鲍文卿请到他家里，吃了一餐酒。考案首的儿子季崔也出来陪坐。鲍文卿见他是一个美貌少年，便问："少爷尊号？"季守备道："他号叫作苇萧。"当下吃完了酒，鲍文卿辞了回来，向向知府着实称赞这季少爷好个相貌，将来不可限量。

又过了几个月，那王家女儿怀着身子，要分娩，不想养不下来，死了。鲍文卿父子两个恸哭。向太守倒反劝道："也罢，这是他各人的寿数，你们不必悲伤了！你小小年纪，我将来少不得再替你娶个媳妇。你们若只管哭时，惹得夫人心里越发不好过了。"鲍文卿也吩咐儿子，叫不要只管哭。但他自己也添了个痰火疾，不时举动，动不动就要咳嗽半夜。意思要辞了向太爷回家去，又不敢说出来。

恰好向太爷升了福建汀漳道。鲍文卿向太守道："太老爷又恭喜高升！小的本该跟随太老爷去，怎奈小的老了，又得了病在身上。小的而今叩辞了太老爷，回南京去，丢下儿子跟着太老爷服侍罢。"向太守道："老友，这样远路，路上又不好走，你年纪老了我也不肯拉你去。你的儿子你留在身边侍奉你。我带他去做什么！我如今就要进京陛见。我先送你回南京去，我自有道理。"次日，封出一千两银子，叫小厮捧着，拿到书房里来，说道："文卿，你在我这里一年多，并不曾见你说过半个字的人情。我替你娶个媳妇，又没命死了。我心里着实过意不去。而今这一千两银子送与你，你拿回家去置些产业、娶一房媳妇、养老送终。我若做官再到南京来，再接你相会。"鲍文卿又不肯受。向道台道："而今不比当初了，我做府道的人，不穷在这一千两银子。你若不受，把我当做什么人？"鲍文卿不敢违拗，方才磕头谢了。向道台吩咐叫了一只大船，备酒替他饯行，自己送出宅门。鲍文卿同儿子跪在地下，洒泪告辞。向道台也挥泪和他分手。

鲍文卿父子两个，带着银子，一路来到南京。到家告诉浑家向太老爷这些恩德，举家感激。鲍文卿扶着病出去寻人，把这银子买了一所房子、两副行头，租与两个戏班子穿着，剩下的，家里盘缠。

又过了几个月，鲍文卿的病渐渐重了，卧床不起。自己知道不好了，那日把浑家、儿子、女儿、女婿都叫在跟前，吩咐他们："同心同意，好好过日子。不必等我满服，就娶一房媳妇进来要紧。"说罢，瞑目而逝。合家恸哭，料理后事。把棺材就停在房子中间，开了几日丧。四个总寓的戏子，都来吊孝。鲍廷玺又寻阴阳先生寻了一块地，择个日子出殡，只是没人题铭旌。

正在踌躇，只见一个青衣人飞跑来了，问道："这里可是鲍老爹家？"鲍廷玺道："便是。你是哪里来的？"那人道："福建汀漳道向太老爷来了，轿子已到了门前。"鲍廷玺慌忙换了孝服，穿上青衣，到大门外去跪接。向道台下了轿，看见门上贴着白，问道："你父亲已是死了？"鲍廷玺哭着应道："小的父亲死了。"向道台道："没了几时了？"鲍廷玺道："明日就是四七。"向道台道："我陛见回来，从这里过，正要会会你父亲，不想已做故人。你引我到枢前去！"鲍廷玺哭着跪辞，向道台不肯。一直走到枢前，叫着："老友文卿！"恸哭了一场，上了一炷香，作了四个揖。鲍廷玺的母亲也出来拜谢了。向道台出到厅上，问道："你父亲几时出殡？"鲍廷玺道："择在出月初八日。"向道台道："谁人题的铭旌？"鲍廷玺道："小的和人商议，说铭旌上不好写。"向道台道："有什么不好写！取纸笔过来。"当下鲍廷玺送上纸笔。向道台取笔在手，写道："皇明义民鲍文卿（享年五十有九）之枢。赐进士出身中宪大夫福建汀漳道老友向鼎顿首拜题。"写完递与他道："你就照着这个送到亭彩店内去做。"又说道："我明早就要开船了。还有些少助丧之费，今晚送来与你。"说罢，吃了一杯茶，上轿去了。鲍廷玺随即跟到船上，叩谢过了太老爷回来。晚上，向道台又打发一个管家，拿着一百两银子送到鲍家。那管家茶也不曾吃，匆匆回船去了。

这里到出月初八日，做了铭旌。吹手、亭彩、和尚、道士、歌郎，替鲍老爹出殡，一直出到南门外。同行的人，都出来送殡，在南门外酒楼上，摆了几十桌斋。丧事已毕。

　　过了半年有余，一日，金次福走来，请鲍老太说话。鲍廷玺就请了在堂屋里坐着，进去和母亲说了。鲍老太走了出来说道："金师父，许久不见。今日什么风吹到此？"金次福道："正是。好久不曾来看老太，老太在家享福。你那行头而今换了班子穿着了？"老太道："因为班子在城里做戏，生意行得细。如今换了一个文元班，内中一半，也是我家的徒弟，在盱眙、天长这一带走。他那里乡绅财主多，还赚的几个大钱。"金次福道："这样你老人家更要发财了。"当下吃了一杯茶，金次福道："我今日有一头亲事来作成你家庭玺，娶过来，倒又可以发个大财。"鲍老太道："是那一家的女儿？"金次福道："这人是内桥胡家的女儿。胡家是布政使司的衙门，起初把他嫁了安丰典管当的王三胖。不到一年光景王三胖就死了。这堂客才得二十一岁，出奇的人才，就上画也是画不就的。因他年纪小，又没儿女，所以娘家主张着嫁人。这王三胖丢给他足有上千的东西：大床一张、凉床一张、四箱、四橱。箱子里的衣裳盛的满满的，手也插不下去。金手镯有两三副，赤金冠子两顶，珍珠、宝石不计其数。还有两个丫头，一个叫作荷花，一个叫作采莲，都跟着嫁了来。你若娶了他与廷玺，他两人年貌也还相合，这是极好的事。"一番话，说得老太满心欢喜。向他说道："金师父，费你的心！我还要托我家姑爷出去访访。访的确了，来寻你老人家做媒。"金次福："这是不要访的。也罢，访访也好，我再来讨回信。"说罢去了。鲍廷玺送他出去。

　　到晚，他家姓归的姑爷走来。老太一五一十把这些话告诉他，托他出去访。归姑爷又问老太要了几十个钱带着，明日早上去吃茶。次日，走到一个做媒的沈天孚家。沈天孚的老婆，也是一个媒婆，有名的沈大脚。归姑爷到沈天孚家，拉出沈天孚来，在茶馆里吃茶，就问起这头亲事。沈天孚道："哦！你问的是胡七喇子吗？他的故事长着哩！你买几个烧饼来，等我吃饱了和你说。"归姑爷走到隔壁，买了八个烧饼拿进茶馆来，同他吃着。说道："你说这故事罢"沈天孚道："慢些，待我吃完了说。"当下把烧饼吃完了，说道："你问这个人怎的？莫不是那家要娶她？这个堂客是娶不得的！若娶进门，就要一把天火！"归姑爷道："这是怎的？"沈天孚道："他原是跟布政使司胡偏头的女儿。偏头死了，他跟着哥们过日子。他哥不成人，赌钱吃酒，把布政使的缺都卖掉了。因他有几分颜色，从十七岁上，就卖与北门桥来家做小。他做小不安本分，人叫他新娘他就要骂，要人称呼他是太太。被大娘子知道，一顿嘴巴子赶了出来。复后嫁了王三胖。王三胖是一个候选州同，他真正是太太了。他做太太的又做得过了，把大呆的儿子、媳妇，一天要骂三场，家人、婆娘两天要打八顿。这些人都恨如头醋。不想不到一年，三胖死了。儿子疑惑三胖的东西都在他手里，那日进房来搜。家人、婆娘又帮着图出气。这堂客有见识，预先把一匣子金珠首饰，一总倒在马桶里。那些人在房里搜了一遍，搜不出来，又搜太太身上，也搜不出银钱来。他借此就大哭大喊，喊到上元县堂上去了，出首儿子。上元县传齐了审，把儿子责罚了一顿，又劝他道：'你也是嫁过了两个丈夫的了，还守什么节！看这光景，儿子也不能和你一处同住，不如叫他分个产业给你，另在一处。你守着也由你，你再嫁也由你。'当下处断出来，他另分几间房子在胭脂巷住。就为这胡七喇子的名声，没有人敢惹他。这事有七八年了。他怕不也有二十五六岁。他对人自说二十一岁。"归姑爷道："他手头有千把银子的话，可是有的？"沈天孚道："大约这几年也花费了。他的金珠首饰、锦缎衣服，也还值五六百银子，这是有的。"归姑爷心里想道："果然有五六百银子，我丈母心里也欢喜了。若说女人会撒泼，我哪怕磨死倪家的这小孩子！"因向沈天孚道："天老，这要娶他的人，就是我丈人抱养这个小孩子。这亲事，是他家教师金次福来说的。你如今不管他喇子不喇子，替他撮合成了，自然重重的得他几个媒钱。你为什么不做？"沈天孚道："这有何难！我到家，叫我家堂客同他一说，管包成就。只是谢媒钱在你。"归姑爷道："这个自然。我且去吧，再来讨你的回信。"当下付了茶钱出门来，彼此散了。

　　沈天孚回家来和沈大脚说。沈大脚摇着头道："天老爷！这位奶奶可是好惹的！他又要是个官，又要有钱，又要人物齐整，又要上无公婆，下无小叔、姑子。他每日睡到中才起来，横草不拿，竖草不拈，每日要吃八分银子药。他又不吃大荤，头一日要鸭子，第二日要鱼，第三日要茭儿菜鲜笋做汤。闲着没事，还要橘饼、圆眼、莲米搭嘴。酒量又大，每晚要炸麻雀、盐水虾，吃三斤百花酒。上床睡下，两个丫头，轮流着捶腿，捶到四更鼓尽才歇。我方才听见你说是个戏子家。戏子家有多大汤水，弄这位奶奶家去？"沈天孚道："你替他架些空罢

了'！"沈大脚商议道："我如今把这做戏子的话，藏起不要说，也并不必说他家弄行头。只说他是个举人，不日就要做官，家里又开着字号店，广有田地。这个说法好吗吗？"沈天孚道："最好！最好！你就这么说去。"

当下沈大脚吃了饭，一直走到胭脂巷，敲开了门。丫头荷花迎着出来问："你是哪里来的？"沈大脚道："这里可是王太太家？"荷花道："便是。你有什么话说？"沈大脚道："我是替王太太讲喜事的。"荷花道："请在堂屋里坐。太太才起来，还不曾停当。"沈大脚说道："我在堂屋里坐怎的？我就进房里，去见太太。"当下揭开门帘进房，只见王太太坐在床沿上裹脚，采莲在旁边捧着砚盒子。王太太见他进来，晓得他为媒婆，就叫他坐下，叫拿茶与他吃。看着太太两只脚，足足裹了有三顿饭时才裹完了，又慢慢梳头、洗脸、穿衣服，直弄到日头趐西才清白。因问道："你贵姓？有什么活来说？"沈大脚道："我姓沈。因有一头亲事来效劳，将来好吃太太喜酒。"王太太道："是个什么人家？"沈大脚道："是我们这水西门大街上鲍府上，人都叫他鲍举人家。家里广有田地，又开字号店，足足有千万贯家私。本人二十三岁，上无父母，下无兄弟、儿女，要娶一个贤惠太太当家，久已说在我肚里了。我想，这个人家，除非是你这位太太才去得，所以大胆来说。"王太太道："这举人是他家什么人？"沈大脚道："就是这要娶亲的老爷了。他家那还有第二个！"王太太道："是文举？武举？"浓大脚道："他是个武举。扯的动十个力气的弓，端的起三百斤的制子，好不有力气！"王太太道："沈妈，你料想也知道，我是见过大事的，不比别人。想着一初到王府上，才满了月，就替大女儿送亲，送到孙乡绅家。那孙乡绅家三问大敞厅，点了百十枝大蜡烛，摆着糖斗、糖仙，吃一看二眼观三的席。戏子细吹细打把我迎了进去。孙家老太太戴着凤冠、穿着霞帔，把我奉在上席正中间，脸朝下坐了。我头上戴着黄豆大珍珠的拖挂，把脸都遮满了，一边一个丫头拿手替我分开了，才露出嘴来吃他的蜜饯茶。唱了一夜戏，吃了一夜酒。第二日回家，跟了去的四个家人、婆娘，把我白绫织金裙子上弄了一点灰，我要把他一个个都处死了。他四个一齐走进来，跪在房里，把头在地板上磕的扑通扑通地响，我还不开恩饶他哩。沈妈，你替我说这事，须要十分的实。若有半些差池，我手里不能轻轻地放过了你。"浓大脚道："这个何消说！我从来是一点水一个泡的人，比不得媒人嘴。若扯了一字谎，明日太太访出来，我自己把这两个脸巴子送来，给太太掌嘴。"王太太道："果然如此，好了。你到那人家说去，我等你回信。"当下包了几十个钱，又包了些黑枣、青饼之类，叫他带回去与娃娃吃。只因这一番，有分教：忠厚子弟，成就了恶姻缘；骨肉分离，又遇着亲兄弟。不知这亲事说成否，且听下回分解。

第二十七回 王太太夫妻反目
倪廷珠兄弟相逢

话说沈大脚问定了王太太的话，回家向丈夫说了。次日，归姑爷来讨信，沈天孚如此这般告诉他说："我家堂客过去，着实讲了一番。这堂客已是千肯万肯。但我说明了他家是没有公婆的，不要叫鲍老太自己来下插定。到明日，拿四样首饰来，仍旧叫我家堂客送与他。择个日子就抬人便了。"

归姑爷听了这话，回家去告诉丈母说："这堂客手里有几百两银子的话是真的。只是性子不好些，会欺负丈夫。这是他两口子的事，我们管他怎的！"鲍老太道："这管他怎的！现今这小厮傲头傲脑，也要娶个辣燥些的媳妇来，制着他才好。"老太主张着要娶这堂客。随即叫了鲍廷玺来。叫他去请沈天孚、金次福两个人来为媒。鲍廷玺道："我们小户人家，只是娶个穷人家女儿做媳妇好。这样堂客要了家来，恐怕淘气。"被他妈一顿臭骂道："倒运的奴才！没福气的奴才！你到底是那穷人家的根子，开口就说要穷。将来少不得要穷断你的筋！像他有许多箱笼，娶进来摆摆房，也是热闹的。你这奴才知道什么！"骂的鲍廷玺不敢回言，只得央及归姑爷同着去拜媒人。归姑爷道："像娘这样费心，还不讨他说个是！只要拣精拣肥，我也犯不着要效他这个劳。"老太又把姑爷说了一番，道："他不知道好歹，姐夫不必计较他。"姑爷方才肯同他去，拜了两个媒人。

次日备了一席酒请媒。鲍廷玺有生意，领着班子出去做戏了。就是姑爷作陪客。老太家里拿出四样金首饰、四样银首饰来，还是他前头王氏娘子的，交与沈天孚去插定。沈天孚又赚了他四样，只拿四样首饰，叫沈大脚去下插定。那里接了，择定十月十三日过门。

到十二日，把那四箱、四橱和盆桶、锡器、两张大床先搬了来。两个丫头，坐轿子跟着。到了鲍家，看见老太，也不晓得是他家什么人，又不好问，只得在房里铺设齐整，就在房里坐着。明早，归家大姑娘坐轿子来。这里请了金次福的

图文珍藏版

老婆和钱麻子的老婆两个挽亲。到晚，一乘轿子、四对灯笼火把，娶进门来。进房撒帐，说四言八句，拜花烛，吃交杯盏，不必细说。

　　五更鼓出来拜堂，听见说有婆婆，就惹了一肚气。出来使性掼气磕了几个头，也没有茶，也没有鞋。拜毕，就往房里去了。丫头一会出来要雨水煨茶与太太喝；一会出来叫拿炭烧着了进去，与太太添着烧速香；一会出来到厨下叫厨子蒸点心、做汤，拿进房来与太太吃。两个丫头川流不息的在家前屋后地走，叫的"太太"一片声响。鲍老太听见道："在我这里叫什么'太太'！连'奶奶'也叫不得，只好叫个'相公娘'罢了！"丫头走进房去，把这话对太太说了，太太就气了个发昏。

到第三日，鲍家请了许多的戏子的老婆来做朝。南京的风俗：但凡新媳妇进门，三天就要到厨下，去收拾一样菜，发个利市。这菜一定是鱼，取"富贵有余"的意思。当下，鲍家买了一尾鱼，烧起锅，请相公娘上锅。王太太不保，坐着不动。钱麻子的老婆走进房来道："这使不得。你而今到他家做媳妇，这些规矩是要还他的。"太太忍气吞声，脱了锦缎衣服，系上围裙，走到厨下，把鱼接在手内，拿刀刮了三四刮，拎着尾巴望滚汤锅里一掼。钱麻子老婆正站在锅台旁边看他收拾鱼，被他这一掼，便溅了一脸的热水，连一件二色金的缎衫子都弄湿了，吓了一跳，走过来道："这是怎说！"忙取出一个汗巾子来揞脸。王太太丢了刀，咕嘟着嘴往房里去了。当晚，堂客上席，他也不曾出来坐。

到第四日，鲍廷玺领班子出去做戏，进房来穿衣服。王太太看见他这几日，都戴的是瓦楞帽子，并无纱帽，心里疑惑："他不像个举人。"这日见他戴帽子出去，问道："这晚间你往哪里去？"鲍廷玺道："我做生意去。"说着就去了。太太心里越发疑惑："他做什么生意？"又想道："想是在字号店里算账。"一直等到五更鼓天亮，他才回来。太太问道："你在字号店里算账，为什么算了这一夜？"鲍廷玺道："什么字号店？我是戏班子里管班的，领着戏子去做夜戏才回来。"太太不听见这一句话罢了，听了这一句话，怒气攻心，大叫一声，望后便倒，牙关咬紧，不省人事。鲍廷玺慌了，忙叫两个丫头拿姜汤灌了半日。灌醒过来，大哭大喊，满地乱滚，滚散头发。一会又要扒到床顶上去大声哭着。唱起曲子来。原来气成了一个失心疯。吓得鲍老太同大姑娘都跑进来看。看了这般模样，又好恼又好笑。正闹着，沈大脚手里拿着两包点心，走到房里贺喜。才走进房，太太一眼看见，上前就一把揪住，把他揪到马子跟前，揭开马子，抓了一把尿屎，抹了他一脸一嘴。沈大脚却满鼻子都塞满了臭气。众人来扯开了。沈大脚走出堂屋里，又被鲍老太指着脸骂了一顿。沈大脚没情没趣，只得讨些水洗了脸，悄悄地出了门，回去了。

这里请了医生桌。医生说："这是一肚子的痰，正气又虚，要用人参、琥珀。"每剂药要五钱银子。自此以后一连害了两年，把些衣服、首饰都花费完了，两个丫头也卖了。归姑爷同大姑娘和老太商议道："他本是螟蛉之子，又没中用。

而今，又弄了这个疯女人来，在家闹到这个田地。将来我们这房子和本钱，还不够他吃人参、琥珀，吃光了，这个如何来得？不如趁此时将他赶出去，离门离户，我们才得干净，一家一户过日子。"鲍老太听信了女儿、女婿的话，要把他两口子赶出去。鲍廷玺慌了，去求邻居王羽秋、张国重来说。张国重、王羽秋走过来说道："老太，这使不得！他是你老爹在时抱养他的。况且，又帮着老爹做了这些年生意，如何赶得他出去？"老太把他怎样不孝、媳妇怎样不贤，着实数说了一遍，说道："我是断断不能要他的了！他若要在这里，我只好带着女儿、女婿搬出去让他！"当下两人讲不过老太，只得说道："就是老太要赶他出去，也分些本钱与他做生意，叫他两口子光光的怎样出去过日子？"老太道："他当日来的时候，只得头上几茎黄毛，身上还是光光的。而今我养活的他恁大，又替他娶过两回亲，况且，他那死鬼老子，也不知是累了我家多少。他不能补报我罢了，我还有什么贴他！"那两人道："虽如此说，恩从上流，还是你老人家照顾他些。"说来说去，说的老太转了口，许给他二十两银子，自己去住。

鲍廷玺接了银子，哭哭啼啼，不日搬了出来，在王羽秋店后借一间屋居住。只得这二十两银子，要团班子、弄行头是弄不起，要想做个别的小生意，又不在行，只好坐吃山空。把这二十两银子吃的将光，太太的人参、琥珀药也没得吃了，病也不大发了，只是在家坐着，哭泣咒骂，非止一日。

那一日，鲍廷玺街上走走回来，王羽秋迎着问道："你当初有个令兄在苏州吗？"鲍廷玺道："我老爹只得我一个儿子，并没有哥哥。"王羽秋道："不是鲍家的，是你那三牌楼倪家的。"鲍廷玺道："倪家虽有几个哥，听见说，都是我老爹自小卖出去了，后来一总都不知下落，却也不曾听见是在苏州。"王羽秋道："方才有个人一路找来，找在隔壁鲍老太家，说：'倪大太爷找倪六太爷的。'鲍老太不招应。那人就问在我这里，我就想到你身上。你当初在倪家，可是第六？"鲍廷玺道："我正是第六。"王羽秋道："那人找不到，又到那边找去了。他少不得还找了回来，你在我店里坐了候着。"少顷，只见那人又来找问。王羽秋道："这便是倪六爷，你找他怎的？"鲍廷玺道："你是哪里来的？是那个要找我？"那人在腰里拿出一个红纸帖子来，递与鲍廷玺看。鲍廷玺接着，只见上写道："水西门鲍文卿老爹家过继的儿子鲍廷玺，本名倪廷玺，乃父亲倪霜峰第六子，是我的同胞的兄弟。我叫作倪廷珠。找着是我的兄弟，就同他到公馆里来相会。要紧！要紧！"鲍廷玺道："这是了！一点也不错！你是什么人？"那人道："我是跟大太爷的，叫作阿三。"鲍廷玺道："大太爷在哪里？"阿三道："大太爷现在苏州抚院衙门里做相公，每年一千两银子。而今现在大老爷公馆里。既是六太爷，就请同小的到公馆里，和大太爷相会。"鲍廷玺喜从天降，就同阿三一直走到淮清桥抚院公馆前。阿三道："六太爷，请到河底下茶馆里坐着，我去请大太爷来会。"一直去了。

鲍廷玺自己坐着。坐了一会，只见阿三跟了一个人进来，头戴方巾，身穿酱

色缎直裰，脚下粉底皂靴，三绺髭须，有五十岁光景。那人走进茶馆，阿三指道：“便是六太爷了。”鲍廷玺忙走上前，那人一把拉住道：“你便是我六兄弟了！”鲍廷玺道：“你便是我大哥哥！”两人抱头大哭。哭了一场坐下。倪廷珠道：“兄弟，自从你过继在鲍老爹家，我在京里，全然不知道。我自从二十多岁的时候，就学会了这个幕道，在各衙里做馆。在各省找寻那几个弟兄，都不曾找得着。五年前，我同一位知县到广东赴任去，在三牌楼找着一个旧时老邻居问，才晓得你过继在鲍家了，父母俱已去世了！”说着，又哭起来。鲍廷玺道：“我而今鲍门的事……”倪廷珠道：“兄弟，你且等我说完了。我这几年，亏遭际了这位姬大人，宾主相得，每年送我束脩一千两银子。那几年在山东，今年调在苏州来做巡抚。这是故乡了，我所以着紧来找贤弟。找着贤弟，我把历年节省的几两银子拿出来，弄一所房子，将来把你嫂子也从京里接到南京来，和兄弟一家一户地过日子。兄弟，你自然是娶过弟媳的了。”鲍廷玺道：“大哥在上，……”便悉把怎样过继到鲍家，怎样蒙鲍老爹恩养，怎样在向太爷衙门里招亲，怎样前妻王氏死了，又娶了这个女人，而今怎样被鲍老太赶出来了，都说了一遍。倪廷珠道：“这个不妨。而今弟妇现在哪里？”鲍廷玺道：“现在鲍老爹隔壁一个人家借着住。”倪廷珠道：“我且和你同到家里去看看，我再作道理。”

当下会了茶钱，一同走到王羽秋店里。王羽秋也见了札。鲍廷玺请他在后面。王太太拜见大伯，此时衣服、首饰都没有了，只穿着家常打扮。倪廷珠荷包里拿出四两银子来，送与弟妇做拜见礼。王太太看见有这一个体面大伯，不觉忧愁减了一半，自己捧茶上来。鲍廷玺接着，送与大哥。倪廷珠吃了一杯茶，说道：“兄弟，我且暂回公馆里去。我就回来和你说话，你在家等着我。”说罢去了。

鲍廷玺在家和太太商议：“少刻大哥来，我们须备个酒饭候着。如今买一只板鸭和几斤肉，再买一尾鱼来，托王羽秋老爹来收拾，做个四样才好。”王太太说：“呸！你这死不见识面的货！他一个抚院衙门里住着的人，他没有见过板鸭和肉！他自然是吃了饭才来，他稀罕你这样东西吃！如今快秤三钱六分银子，到果子店里装十六个细巧围碟子来，打几斤陈百花酒候着他，才是个道理！”鲍廷玺道：“太太说的是。”当下秤了银子，把酒和碟子都备齐捧了来家。

到晚，果然一乘轿子，两个"巡抚部院"的灯笼，阿三跟着，他哥来了。倪廷珠下了轿，进来说道："兄弟，我这寓处没有什么。只带的七十多两银子。"叫阿三在轿柜里拿出来，一包一包交与鲍廷玺，道："这个你且收着。我明日就要同姬大人往苏州去。你作速看下一所房子，价银或是二百两、三百两都可以。你同弟妇搬进去住着。你就收拾到苏州衙门里来。我和姬大人说，把今年束一千两银子，都支了与你，拿到南京来做个本钱，或是买些房产过日。"当下鲍廷玺收了银子，留着他哥吃酒。吃着，说一家父母兄弟分离苦楚的话，说着又哭，哭着又说。直吃到二更多天，方才去了。

鲍廷玺次日同王羽秋商议，叫了房牙子来，要当房子。自此，家门口人，都晓得倪大老爷来找兄弟，现在抚院大老爷衙门里，都称呼鲍廷玺是倪六老爷，太太是不消说。又过了半个月，房牙子看定了一所房子，在下浮桥施家巷，三间门面，一路四进，是施御史家的。施御史不在家，着典与人住，价银二百二十两。成了议约，付押议银二十两，择了日子搬进去，再兑银子。搬家那日，两边邻居都送看盒，归姑爷也来行人情，出份子。鲍廷玺请了两日酒，又替太太赎了些头面、衣服。太太身子里，又有些啾啾唧唧得起来，隔几日要请个医生，要吃八分银子的药，那几十两银子渐渐要完了。

鲍廷玺收拾要到苏州寻他大哥去，上了苏州船。那日风不顺，船家荡在江北，走了一夜，到了仪征，船住在黄泥滩，风更大，过不得江。鲍廷玺走上岸，要买个茶点心吃，忽然遇见一个少年，头戴方巾，身穿玉色绸直裰，脚下大红鞋。那少年把鲍廷玺上上下下看了一遍，问道："你不是鲍姑老爷吗？"鲍廷玺惊道："在下姓鲍。相公尊姓大名？怎样这样称呼？"那少年道："你可是安庆府向太爷衙门里王老爹的女婿？"鲍廷玺道："我便是。相公怎的知道？"那少年道："我便是王老爹的孙女婿，你老人家，可不是我的姑丈人吗？"鲍廷玺笑道："这是怎么说？且请相公到茶馆坐坐。"当下两人走进茶馆，拿上茶来。仪征有的是肉包子，装上一盘来吃着。鲍廷玺问道："相公尊姓？"那少年道："我姓季。姑老爷你认不得我？我在府里考童生，看见你巡场，我就认得了。后来，你家老爹还在我家吃过了酒。这些事你难道都记不得了？"鲍廷玺道："你原来是季老太爷府里的季少爷！你却因什么做了这门亲？"季苇萧道："自从向太爷升任去后，王老爹不曾跟了去，就在安庆住着。后来，我家岳选了典史。'安庆的乡绅人家，因他老人家为人盛德，所以同他来往起来，我家就结了这门亲。"鲍廷玺道："这也极好。你们太老爷在家好吗?"季苇萧道："先君见背已三年多了。"鲍廷玺道："姑爷，你却为什么在这里?"季苇萧道："我因盐运司荀大人是先君文武同年，我故此来看看年伯。姑老爷你却往哪里去?"鲍廷玺道："我到苏州去看一个亲戚。"季苇萧道："几时才得回来?"鲍廷玺道："大约也得二十多日。"季苇萧道："若回来无事，到扬州玩玩。若到扬州，只在道门口门簿上一查，便知道我的下处。我那时做东，请姑老爷。"鲍廷玺道："这个一定来奉候。"说罢，彼此分别走了。

鲍廷玺上了船一直来到苏州，才到阊门上岸，劈面撞着跟他哥的小厮阿三。只因这一番，有分教：荣华富贵，依然一旦成空；奔走道途，又得无端聚会。毕竟阿三说出什么话来，且听下回分解。

第二十八回　季苇萧扬州入赘　萧金铉白下选书

　　话说鲍廷玺走到阊门，遇见跟他哥的小厮阿三。阿三前走，后面跟了一个闲汉，挑了一担东西，是些三牲和些银锭、纸马之类。鲍廷玺道："阿三，倪大太爷在衙门里面？你这些东西叫人挑了，同他到哪里去？"阿三道："六太爷来了！大太爷自从南京回来，进了大老爷衙门，打发人上京接太太去。去的人回说，太太已于前月去世。大太爷着了这一急，得了重病，不多几日就归天了。大太爷的灵柩，现在城外厝着，小的便搬在饭店里住。今日是大太爷头七，小的送这三牲、纸马到坟上烧纸去。"鲍廷玺听了这话，两眼大睁着，话也说不出来，慌问道："怎么说？大太爷死了？"阿三道："是，大太爷去世了。"鲍廷玺哭倒在地，阿三扶了起来。当下不进城了，就同阿三到他哥哥厝基的所在，摆下牲醴，浇奠了酒，焚起纸钱，哭道："哥哥阴魂不远，你兄弟来迟一步，就不能再见大哥一面！"说罢，又恸哭了一场。阿三劝了回来，在饭店里住下。次日，鲍廷玺将自己盘缠，又买了一副牲醴、纸钱，去上了哥哥坟回来。连连在饭店里住了几天，盘缠也用尽了，阿三也辞了他，往别处去了。

　　思量没有主意，只得把新做来的一件见抚院的绸直裰，当了两把银子，且到扬州寻寻季姑爷再处。当下搭船，一直来到扬州，往道门口去问季苇萧的下处。门簿上写着"寓在兴教寺"。忙找到兴教寺，和尚道："季相公吗？他今日在五城巷引行公店隔壁尤家招亲，你到哪里去寻？"

　　鲍廷玺一直找到尤家，见那家门口挂着彩子，三间敞厅，坐了一敞厅的客。正中书案上点着两枝通红的蜡烛，中间悬着一轴《百子图》的画，两边贴着朱笺纸的对联，上写道："清风明月常如此；才子佳人信有之。"季苇萧戴着新方巾，穿着银红绸直裰，在那里陪客。见了鲍廷玺进来，吓了一跳，同他作了揖，请他坐下。说道："姑老爷才从苏州回来的？"鲍廷玺道："正是。恰又遇着姑爷恭喜，我来吃喜酒。"座上的客问："此位尊姓"？季苇萧代答道："这舍亲姓鲍，是我的贱内的姑爷，是小弟的姑丈人。"众人道："原来是姑太爷。失敬！失敬！"鲍廷玺问："各位太爷尊姓？"季苇萧指着上首席坐的两位道："这位是辛东之先生，这位是金寓刘先生。二位是扬州大名士。作诗的从古也没有这好的，又且书法绝妙，天下没有第三个。"说罢，摆上饭来。二位先生首席，鲍廷玺三席，还有几个人，都是尤家亲戚，坐了一桌子。

吃过了饭，这些亲戚们同季苇萧里面料理事去了。鲍廷玺坐着，同那两位先生攀谈。辛先生道："扬州这些有钱的盐呆子，其实可恶！就如河下兴盛旗冯家，他有十几万银子。他从徽州请了我出来，住了半年，我说：'你要为我的情，就一总送我二三千银子。'他竟一毛不拔！我后来向人说：'冯家他这银子该给我的。他将来死的时候，这十几万银子，一个钱也带不去，到阴司里是个穷鬼。阎王要盖森罗宝殿，这四个字的匾，少不得是请我写，至少也得送我一万两银子！我那时就把几千与他用用，也不可知。何必如此计较！'"说罢，笑了。金先生道："这话一丝也不错！前日不多时，河下方家来请我写一副对联，共是二十二个字。他叫小厮送了八十两银子来谢我。我叫他小厮到跟前，吩咐他道：'你拜上你家老爷，说金老爷的字，是在京师王爷府里品过价钱的：小字是一两一个，大字十两一个。我这二十二个字，平买平卖，时价值二百二十两银子。你若是二百一十九两九钱，也不必来取对联。'那小厮回家去说了。方家这畜生卖弄有钱，竟坐了轿子到我下处来，把二百二十两银子与我。我把对联递与他。他，他，两把把对联扯碎了。我登时大怒，把这银子打开，一总都掼在街上，给那些挑盐的、拾粪的拾了去了！列位，你说这样小人，岂不可恶！"

正说着，季苇萧走了出来，笑说道："你们在这里讲盐呆子的故事？我近日听见说，扬州是'六精'。"辛东之道："是'五精'罢了，哪里'六精'？"季苇萧道："是'六精'的狠！我说与你听！他轿里是坐的'债精'，抬轿的是'牛精'，跟轿的是'屁精'，看门的是'谎精'，家里藏着的是'妖精'，这是'五精'了。而今时作，这些盐商头上，戴的是方巾，中间定是一个'水晶'结子，合起来是'六精'。"说罢，一齐笑了。捧上面来说。四人吃着，鲍廷玺问道："我听见说，盐务里这些有钱的到面店里，八分一碗的面，只呷一口汤，就拿下去赏与轿夫吃。这话可是有的吗？"辛先生道："怎么不是有的？"金先生道："他那里当真吃不下。他本是在家里泡了一碗锅巴吃了，才到面店去的！"

当下说着笑话，天色晚了下来，里面吹打着，引季苇萧进了洞房。众人上席吃酒，吃罢各散。鲍廷玺仍旧到钞关饭店里住了一夜。

次日，来贺喜看新人。看罢出来，坐在厅上，鲍廷玺悄悄问季苇萧道："姑爷，你前面的姑奶奶，不曾听见怎的，你怎么又做这件事？"季苇萧指着对联与他看道："你不见'才子佳人信有之'？我们风流人物，只要才子佳人会合，一房两房何足为奇！"鲍廷玺道："这也罢了。你这些费用，是哪里来的？"季苇萧道："我一到扬州，萄年伯就送了我一百二十两银子，又把我在瓜洲管关税。只怕还要在这里过几年，所以又娶一个亲。姑老爷。你几时回南京去？"鲍廷玺道："姑爷，不瞒你说，我在苏州去投奔一个亲戚，投不着，来到这里。而今并没有盘缠回南京。"季苇萧道："这个容易。我如今送几钱银子与姑老爷做盘费，还要托姑老爷带一个书子到南京去。"

正说着，只见那辛先生、金先生和一个道士，又有一个人，一齐来吵房。季苇萧让了进去，新房里吵了一会，出来坐下。辛先生指着这两位，向季苇萧道："这位道友尊姓来，号霞士，也是我们扬州诗人。这位是芜湖郭铁笔先生，镌的图书最妙。今日，也趁着喜事来奉访。"季苇萧问了二位的下处，说道："即日来答拜。"辛先生和金先生道："这位令亲鲍老爹，前日听说，尊府是南京的，却几时回南京去？"季苇萧道："也就在这一两日间。"那两位先生道："这等，我们不能同行了。我们同在这个俗地方，人不知道敬重，将来也要到南京去。"说了一会话，四人作别去了。鲍廷玺问道："姑爷，你带书子到南京，与那一位朋友？"季苇萧道："他也是我们安庆人，也姓季，叫作季恬逸，和我同姓不宗，前日同我一路出来的。我如今在这里，不得回去。他是没用的人，寄个字叫他回家。"鲍廷玺道："姑爷，你这字可曾写下？"季苇萧道："不曾写下。我今晚写了，姑爷明日来取这字和盘缠，后日起身去吧。"鲍廷玺应诺去了。当晚季苇萧写了字，封下五钱银子，等鲍廷玺次日来拿。

次日早晨，一个人坐了轿子来拜，传进帖子上写"年家眷同学弟宗姬顿首拜"。季苇萧迎了出去，见那人方巾阔服，古貌古心。进来坐下，季苇萧动问："仙乡尊字？"那人道："贱字穆庵，敝处湖广。一向在京，同谢茂秦先生馆于赵王家里。因返舍走走，在这里路过，闻知大名，特来进谒。有一个小照行乐，求大笔一题。将来还要带到南京去，遍请诸名公题咏。"季苇萧道："先生大名如雷灌耳。小弟献丑，真是弄斧班门了。"说罢吃了茶，打恭上轿而去。

恰好鲍廷玺走来，取了书子和盘缠，谢了季苇萧。季苇萧向他说："姑老爷到南京，千万寻到状元境，劝我那朋友季恬逸回去。南京这地方，是可以饿的死人的，万不可久住。"说毕，送了出来。

鲍廷玺拿着这几钱银子，搭了船，回到南京。进了家门，把这些苦处告诉太太一遍，又被太太臭骂了一顿。施御史又来催他兑房价。他没银子兑，只得把房子退还施家。这二十两押议的银了，做了干罚。没处存身，太太只得在内桥娘家胡姓借了一间房子，搬进去住着。

住了几日，鲍廷玺拿着书子寻到状元境，寻着了季恬逸。季恬逸接书看了，请他吃了一壶茶，说道："有劳鲍老爹，这些话我都知道了。"鲍廷玺别过自去了。这季恬逸因缺少盘缠，没处寻寓所住，每日里拿着八个钱，买四个吊桶底作两顿吃，晚里在刻字店一个案板上睡觉。这日见了书子，知道季苇萧不来，越发慌了。又没有盘缠回安庆去，终日吃了饼，坐在刻字店里出神。

那一日早上，连饼也没的吃，只见外面走进一个人来，头戴方巾，身穿元色直裰，走了进来，和他拱一拱手。季恬逸拉他在板凳上坐下。那人道："先生尊姓?"季恬逸道："贱姓季。"那人道："请问先生，这里可有选文章的名士吗?"季恬逸道："多得很! 卫体善、随岑庵、马纯上、蘧耽夫、匡超人，我都认的。还有前日同我在这里的季苇萧，这都是大名。你要那一个?"那人道："不拘那一位。我小弟有二三百银子，要选一部文章。烦先生替我寻一位来，我同他好合选。"季恬逸道："你先生尊姓贵处? 也说与我，我好去寻人。"那人道："我复姓诸葛，盱眙县人。说起来，人也还知道的。先生竟去寻一位来便了。

季恬逸清他坐在那里，自己走上街来。心里想道："这些人虽常来在这里，却是散在各处。这一会没头没脑往哪里去捉? 可惜季苇萧又不在这里。"又想道："不必管他! 我如今只望着水西门一路大街走，遇着那个就捉了来，且混他些东西吃吃再处。"主意已定，一直走到水西门口，只见一个人，押着一担行李进城。他举眼看时，认得是安庆的萧金铉。他喜出望外道："好了!"上前一把拉着，说道："金兄，你几时来的?"萧金铉道："原来是恬兄! 你可同苇萧在一处?"季恬逸道："苇萧久已到扬州去了。我如今在一个地方。你来得恰好，如今有一桩大生意做成你，你却不可忘了我!"萧金铉道："什么大生意?"季恬逸道：

"你不要管，你只同着我走，包你有几天快活日子过！"萧金铉听了，同他一齐来到状元境刻字店。

　　只见那姓诸葛的，正在那里探头探脑地望。季恬逸高声道："诸葛先生，我替你约了一位大名士来！"那人走了出来，迎进刻字店里，作了揖，把萧金铉的行李，寄放在刻字店内。三人同到茶馆里，叙礼坐下，彼此各道姓名。那人道："不弟复姓诸葛名佑，字天申。"萧金铉道："小弟姓萧名鼎，字金铉。"季恬逸就把方才诸葛天申有几百银子，要选文章的话说了。诸葛天申道："这选事，小弟自己也略知一二。因到大邦，必要请一位大名下的先生，以附骥尾。今得见萧先生，如鱼得水了！"萧金铉道："只恐小弟菲材，不堪胜任。"季恬逸道："两位都不必谦，彼此久仰，今日一见如故。诸葛先生且做个东，请萧先生吃个下马饭，把这话细细商议。"诸葛天申道："这话有理。客边只好假馆坐坐。当下，三人会了茶钱一同出来，到三山街一个大酒楼上。萧金铉首席，季恬逸对坐，诸葛天申主位。堂官上来问菜，季恬逸点了一卖肘子、一卖板鸭、一卖醉白鱼。先把鱼和板鸭拿来吃酒，留着肘子，再做三分银子汤，带饭上来。堂官送上酒来，斟了吃酒。季恬逸道："先生这件事，我们先要寻一个僻静些的去处，又要宽大些。选定了文章，好把刻字匠叫齐，在寓处来看着他刻。"萧金铉道："要僻地方，只有南门外报恩寺里好，又不吵闹，房子又宽，房钱又不十分贵。我们而今吃了饭，竟到那里寻寓所。"当下吃完几壶酒，堂官拿上肘子、汤和饭来。季恬逸尽力吃了一饱。下楼会账，又走到刻字店托他看了行李。

　　三人一路走出了南门。那南门热闹轰轰，真是车如游龙，马如流水！三人挤了半日，才挤了出来。望着报恩寺走了进去。季恬逸道："我们就在这门口寻下处罢。"萧金铉道："不好，还要再向里面些去，方才僻静。"当下又走了许多路，走过老退居，到一个和尚家，敲门进去。小和尚开了门，问做什么事。说是来寻下处的。小和尚引了进去。当家的老和尚出来见，头戴玄色缎僧帽，身穿茧绸僧衣，手里拿着数珠，铺眉蒙眼地走了出来。打个问讯，请诸位坐下，问了姓名、地方。三人说要寻一个寓所。和尚道："小房甚多，都是各位现任老爷常来做寓的。三位施主请自看，听凭拣那一处。"三人走进里面，看了三间房子。又出来同和尚坐着，请教每月房钱多少。和尚一口价定要三两一月，讲了半天，一厘也不肯让。诸葛天申已是出二两四了，和尚只是不点头。一会又骂小和尚："不扫地！明日下浮桥施御史老爷来这里摆酒，看见成什么模样！"萧金铉见他可厌，向季恬逸说道："下处是好，只是买东西远些。"老和尚呆着脸道："在小房住的客，若是买办和厨子是一个人做，就住不得了。须要厨子是一个人，在厨下收拾着，买办又是一个人，侍候着买东西，才赶得来。"萧金铉笑道："将来我们在这里住，岂但买办、厨子是用两个人，还要牵一头秃驴与那买东西的人，骑着来往，更走得快！"把那和尚骂的白瞪着眼。三人便起身道："我们且告辞，再来商议罢。"和尚送出来。

又走了二里路，到一个僧官家敲门。僧官迎了出来，一脸都是笑。请三位厅上坐，便煨出新鲜茶来，摆上九个茶盘，上好的蜜橙糕、核桃酥，奉过来与三位吃。三位讲到租寓处的话，僧官笑道："这个何妨！听凭三位老爷喜欢那里，就请了行李来。"三人请问房钱。僧官说："这个何必计较？三位老爷来住，请也请不至。随便见惠些许香资，僧人哪里好争论？"萧金铉见他出语不俗。便道："在老师父这里打搅，每月送银二金，休嫌轻意！"僧官连忙应承了。当下，两位就坐在僧官家，季恬逸进城去发行李。僧官叫道人打扫房、铺设床铺、桌椅、家伙，又换了茶来陪二位谈。

到晚，行李发了来，僧官告别进去了。萧金铉叫诸葛天申先秤出二两银子来，用封袋封了，贴了签子送与僧官。僧官又出来谢过。三人点起灯来，打点夜宵。诸葛天申称出钱把银子，托季恬逸出去买酒菜。季恬逸出去了一会，带着一个走堂的，捧着四壶酒、四个碟子来：一碟香肠、一碟盐水虾、一碟水鸡腿、一碟海蜇，摆在桌上。诸葛天申是乡里人，认不得香肠。说道："这是什么东西？好像猪鸟。"萧金铉道："你只吃罢了，不要问他。"诸葛天申吃着，说道："这就是腊肉！"萧金铉道："你又来了！腊肉有个皮长在一转的？这是猪肚内的小肠！"诸葛天申又不认的海蜇，说道："这进脆的是什么东西？倒好吃。再买些进脆的来吃吃。"萧、季二位又吃了一回。当晚吃完了酒，打点各自歇息。季恬逸没有行李，萧金铉匀出一条褥子来，给他在脚头盖着睡。

次日清早，僧官走进来说道："昨日三位老爷驾到，贫僧今日备个腐饭，屈三位坐坐。就在我们寺里各处玩玩。"三人说了"不当"。僧官邀请到那边楼底下坐着，办出四大盘来吃早饭。吃过，同三位出来闲步，说道："我们就到三藏禅林里玩玩吧。"当下走进三藏禅林。头一进是极高的大殿，殿上金字匾额："天下第一祖庭"。一直走过两间房子，又曲曲折折的阶级栏杆，走上一个楼去。只道是没有地方了，僧官又把楼背后开了两扇门，叫三人进去看，哪知还有一片平地在极高的所在，四处都望着。内中又有参天的大木，几万竿竹子，那风吹的到处嗖嗖地响。中间便是唐玄奘法师的衣钵塔。玩了一会，僧官又邀到家里，晚上九个盘子吃酒。吃酒中间，僧官说道："贫僧到了僧官任，还不曾请客。后日家里摆酒唱戏，请三位老爷看戏，不要出份子。"三位道："我们一定奉贺。"当夜吃完了酒。

　　到第三日，僧官家请的客，从应天府尹的衙门人，到县衙门的人，约有五六十。客还未到，厨子、看茶的，老早的来了，戏子也发了箱来了。僧官正在三人房里闲谈，忽见道人走来说："师公，那人又来了！"只因这一番，有分教：平地风波，天女下维摩之室；空堂宴集，鸡群来皎鹤之翔。不知后事如何，且听下回分解。

第二十九回　诸葛佑僧寮遇友　杜慎卿江郡纳姬

话说僧官正在萧金铉三人房里闲坐，道人慌忙来报："那个人又来了！"僧官就别了三位，同道人出去，问道人："可又是龙三那奴才？"道人道："怎么不是！他这一回来的把戏更出奇！老爷你自去看。"僧官走到楼底下，看茶的正在门口扇着炉子。僧官走进去，只见椅上坐着一个人，一副乌黑的脸，两只黄眼睛珠，一嘴胡子，头戴一顶纸剪的凤冠，身穿蓝布女褂、白布单裙，脚底下大脚花鞋，坐在那里。两个轿夫站在天井里要钱。那人见了僧官笑容可掬，说道："老爷，你今日喜事，我所以绝早就来替你当家。你且把轿钱替我打发去着。"僧官愁着眉道："龙老三，你又来做什么？这是个什么样子！"慌忙把轿钱打发了去。又道："龙老三，你还不把那些衣服脱了！人看着怪模怪样！"龙三道："老爷你好没良心！你做官到任，除了不打金凤冠与我戴，不做大红补服与我穿。我做太太的人，自己戴了一个纸凤冠，不怕人笑也罢了，你还叫我去掉了是怎的？"僧官道："龙老三，玩是玩，笑是笑。虽则我今日不曾请你，你要上门怪我，也只该好好走来，为什么妆这个样子？"龙三道："老爷你又说错了。'夫妻无隔宿之仇'，我怪你怎的？"僧官道："我如今自己认不是罢了！是我不曾清你，得罪了你。你好好脱了这些衣服，坐着吃酒，不要妆疯做痴，惹人家笑话？"龙三道："这果然是我不是！我做太太的人，只该坐在房里，替你装围碟、剥果子，当家料理。那有个坐在厅上的，惹的人说你家没内外？"说着就往房里走。僧官拉不住，竟走到房里去了。僧官跟到房里说道："龙老三！这喇伙的事，而今行不得！惹得上面官府知道了，大家都不便！"龙三道："老爷你放心。自古道：'清官难断家务事。'"僧官急得乱跳。他在房里坐的安安稳稳，吩咐小和尚："叫茶上拿茶来，与太太吃！"

僧官急得走进走出。恰走出房门，遇着萧金铉三位走来。僧官拦不住，三人走进房。季恬逸道："噫！哪里来的这位太太？"那太太站起来，说道："三位老爷请坐。"僧官急得话都说不出来，三个人忍不住地笑。道人飞跑进来说道："府里尤太爷到了。"僧官只得出去陪客。那姓尤、姓郭的两个书办进来作揖，坐下吃茶。听见隔壁房里有人说话，就要走进去。僧官又拦不住。二人走进房，见了这个人，吓了一跳，道："这是怎的！"止不住就要笑。当下四五个人一齐笑起来。僧官急得没法，说道："诸位太爷，他是个喇子。他屡次来骗我。"尤书办笑道："他姓什么？"僧官道："他叫作龙老三。"郭书办道："龙老三，今日是僧官老爷的喜事，你怎么到这里胡闹？快些把这衣服都脱了，到别处去！"老三道："太爷，这是我们私情事，不要际管！"尤书办道："这又胡说了！你不过是想骗他，也不是这个骗法！"萧金铉道："我们大家拿出几钱银子来，舍了这畜生去吧！免得在这里。闹得不成模样。"那龙三哪里肯去！

　　大家正讲着，道人又走进来说道："司里董太爷同一位金太爷已经进来了。"说着，董书办同金东崖走进房来。东崖认得龙三，一见就问道："你是龙三？你这狗头，在京里拐了我几十两银子走了，怎么今日又在这里妆这个模样！分明是骗人，其实可恶！"叫跟的小子："把他的凤冠抓掉了，衣服扯掉了，赶了出去！"龙三见是金东崖，方才慌了。自己去了凤冠，脱了衣服，说道："小的在这里伺候。"金东崖道："那个要你伺候！你不过是骗这里老爷。改日我劝他赏你些银子，做个小本钱倒可以。你若是这样胡闹，我即刻送到县里处你！"龙三见了这一番，才不敢闹，谢了金东崖，出去了。僧官才把众位拉到楼底下，从新作揖奉坐，向金东崖谢了又谢。

　　看茶的捧上茶来吃了。郭书办道："金太爷一向在府上，几时到江南来的？"金东崖道："我因近来赔累的事不成话说，所以决意返舍。到家，小儿侥幸进了一个学，不想反惹上一场是非。虽然真的假不得，却也丢了几两银子。在家无聊，因运司荀老先生，是京师旧交，特到扬州来望他一望。承他情荐在匣上，送了几百两银子。"董书办道："金太爷，你可知道荀大人的事？"金东崖道："不知道。荀大人怎的？"董书办道："荀大人因贪赃拿问了，就是这三四日的事。"金东崖道："原来如此！可见'旦夕祸福'！"郭书办道："尊寓而今在哪里？"董书办道："太爷已是买了房子，在利涉桥河房。"众人道："改日再来拜访。"金东崖又问了三位先生姓名，三位俱各说了。金东崖道："都是名下先生，小弟也注有些经书，容日请教。"

当下，陆陆续续到了几十位客。落后，来了三个戴方巾的和一个道士，走了进来，众人都不认得，内中一个戴方巾的道："那位是季恬逸先生？"季恬逸道："小弟便是。先生有何事见教？"那人袖子里拿出一封书子来，说道："季苇兄多致意。"季恬逸接着，拆开同萧金铉、诸葛天申看了，才晓得是辛东之、金寓刘、郭铁笔、来霞士。便道："请坐！"四人见这里有事，就要告辞。僧官拉着他道："四位远来，请也请不至，便桌坐坐。"断然不放了去，四人只得坐下。金东崖就问起荀大人的事来："可是真的？"郭铁笔道："是我们下船那日拿问的。"

当下唱戏、吃酒。吃到天色将晚，辛东之同金寓刘赶进城，在东花园庵里歇去。这座客都散了。郭铁笔同来道士在诸葛天申下处住了一夜。次日，来道士到神乐观寻他的师兄去了。郭铁笔在报恩寺门口租了一间房，开图书店。

季恬逸这三个人在寺门口聚升楼起了一个经摺，每日赊米买菜和酒吃，一日要吃四五钱银子。文章已经选定，叫了七八个刻字匠来刻，又赊了百十桶纸来，准备刷印。到四五个月后，诸葛天申那两百多两银子，所剩也有限了，每日仍旧在店里赊着吃。那日季恬逸和萧金铉在寺里闲走。季恬逸道："诸葛先生的钱也有限了，倒欠下这些债。将来这个书不知行与不行，这事怎处？"萧金铉道："这原是他情愿的事，又没有那个强他。他用完了银子，他自然家去再讨，管他怎的？"正说着，诸葛天申也走来了，两人不言语了。

三人同步了一会，一齐回寓。却迎着一乘轿子，两担行李。三个人跟着进寺里来。那轿揭开帘子，轿里坐着一个戴方巾的少年，诸葛天申依稀有些认得。那轿来得快，如飞的就过去了。诸葛天申道："这轿子里的人，我有些认得他。"因赶上几步，扯着他跟的人，问道："你们是哪里来的？"那人道："是天长杜十七老爷。"诸葛天申回来，同两人睃着那轿和行李，一直进到老退居隔壁那和尚家去了。诸葛天申向两人道："方才这进去的，是天长杜宗伯的令孙。我认得他，是我们那边的名士。不知他来做什么？我明日去会他。"次日，诸葛天申去拜，那里回不在家。

一直到三日，才见到杜公孙来回拜。三人迎了出去。那正是春暮夏初，天气渐暖。杜公孙穿着是莺背色的夹纱直裰，手摇诗扇，脚踏丝履，走了进来。三人近前一看，面如傅粉，眼若点漆，温恭尔雅，飘然有神仙之慨。这人是有子建之才，潘安之貌，江南数一数二的才子。进来与三人上相见，作揖让座。杜公孙问了两位的姓名、籍贯。自己又说道："小弟贱名倩，贱字慎卿。"说过，又向诸葛天申道："天申兄，还是去年考较时相会，又早半载有余了。"诸葛天申向二位道："去岁申学台在敝府，合考二十七州县诗赋，是杜十七先生的首卷。"杜慎卿笑道："这是一时应酬之作，何足挂齿！况且，那日小弟小恙进场，以药物自随，草草塞责而已。"萧金铉道："先生尊府，江南王谢风流，各郡无不钦仰。先生大才，又是尊府'白眉'，今日幸会，一切要求指教。"杜慎卿道："各位先生一时名宿，小弟正要请教，何得如此倒说。"

当下坐着，吃了一杯茶，一同进到房里。见满桌堆着都是选的刻本文章，红笔对的样，花里胡哨的。杜慎卿看了，放在一边。忽然翻出一首诗来，便是萧金铉前日在乌龙潭春游之作。杜慎卿看了，点一点头道："诗句是清新的。"便问道："这是萧先生大笔？"萧金铉道："是小弟拙作，要求先生指教。"杜慎卿道："如不见怪，小弟也有一句盲瞽之言：诗以气体为主，如尊作这两句：'桃花何苦红如此？杨柳忽然青可怜。'岂非加意做出来的？但上一句诗，只要添一个字，'问桃花何苦红如此'，便是《贺新凉》中间一句好词。如今先生把他做了诗，下面又强对了一句，便觉索然了。"几句话，把萧金铉说的透身冰冷。季恬逸道："先生如此谈诗，若与我家苇萧相见，一定相合。"杜慎卿道："苇萧是同宗吗？我也曾见过他的诗，才情是有些的。"坐了一会，杜慎卿辞别了去。

次日，杜慎卿写个说帖来，道："小寓牡丹盛开，薄治杯茗，屈三兄到寓一谈。"三人忙换了衣裳，到那里去。只见寓处先坐着一个人，三人进来同那人作揖让座。杜慎卿道："这位鲍朋友是我们自己人，他不僭诸位先生地坐。"季恬逸方才想起，是前日带信来的鲍老爹，因向二位先生道："这位老爹就是苇萧的姑岳。"因问："老爹在这里为什么？"鲍廷玺大笑道："季相公，你原来不晓得。我是杜府太老爷累代的门下。我父子两个受太老爷多少恩惠！如今十七老爷到了，我怎敢不来问安？"杜慎卿道："不必说这闲话，且叫人拿上酒来。"

当下鲍廷玺同小子抬桌子。杜慎卿道："我今日把这些俗品都捐了，只是江南鲥鱼、樱、笋下酒之物，与先生们挥麈清谈。"当下摆上来，果然是清清疏疏的几个盘子。买的是永宁坊上好的橘酒，斟上酒来。杜慎卿极大的酒量，不甚吃菜。当下举箸让众人吃菜，他只拣了几片笋和几个樱桃下酒。推杯换盏吃到午后。杜慎卿叫取点心来，便是猪油饺饵、鸭子肉包的烧卖、鹅油酥、软香糕，每样一盘拿上来。众人吃了，又是雨水煨的六安毛尖茶，每人一碗。杜慎卿自己只吃了一片软香糕和一碗茶，便叫收下去了，再斟上酒来。萧金铉道："今日对名花、聚良朋，不可无诗。我们即席分韵何如？"杜慎卿笑道："先生，这是而今诗社里的故套。小弟看来，觉得雅的这样俗，还是清谈为妙。"说着把眼看了鲍廷玺一眼。鲍廷玺笑道："还是门下效劳。"便走进房去，拿出一只笛子来，去

了锦套，坐在席上，呜呜咽咽，将笛子吹着。一个小小子走到鲍廷玺身边站着，拍着手，唱李太白《清平调》。真乃穿云裂石之声，引商刻羽之奏。三人停杯细听。杜慎卿又自饮了几杯。吃到月上时分，照耀得牡丹花色越发精神，又有一树大绣球，好像一堆白雪。三个人不觉地手舞足蹈起来，杜慎卿也颓然醉了。只见

老和尚慢慢走进来，手里拿着一个锦盒子，打开来，里面拿出一串祁门小炮燂，口里说道："贫僧来替老爷醒酒。"就在席上点着哔哔噗噗响起来。杜慎卿坐在椅子上大笑。和尚去了，那硝黄的烟气，还缭绕酒席左右。三人也醉了，站起来把脚不住，告辞要去。杜慎卿笑道："小弟醉了，恕不能奉送。鲍师父。你替我送三位老爷出去。你回来在我这里住。"鲍廷玺拿着烛台送了三位出来，关门进去。三人回到下处恍惚如在梦中。次日，卖纸的客人来要钱，这里没有，吵闹了一回。随即就是聚升楼来讨酒账，诸葛天申称了两把银子给他收着再算。

三人商议要回杜慎卿的席，算计寓处不能备办，只得拉他到聚升楼坐坐。又过了一两日，天气甚好。三人在寓处吃了早点心，走到杜慎卿那里去。走进门，只见一个大脚婆娘，同他家一个大小子，坐在一个板凳上说话。那小子见是三位，便站起来。季恬逸拉着他问道："这是什么人？"那小子道："做媒的沈大脚。"季恬逸道："他来做什么？"那小子道："有些别的事。"三人心里就明白，想是要他娶小，就不再问。走进去，只见杜慎卿正在廊下闲步。见三人来，请进坐下，小小子拿茶来吃了。诸葛天申道："今日天气甚好，我们来约先生寺外玩玩。"杜慎卿带着这小小子，同三人步出来，被他三人拉到聚升楼酒馆里。杜慎卿不能推辞，只得坐下。季恬逸见他不吃大荤，点了一卖板鸭、一卖鱼、一卖猪肚、一卖杂烩，拿上酒来。吃了两杯酒，众人奉他吃菜，杜慎卿勉强吃了一块板鸭，登时就呕吐起来。众人不好意思。因天气尚早，不大用酒，搬上饭来。杜慎卿拿茶来泡了一碗饭，吃了一会还吃不完，递与那小小子拿下去吃了，当下三人把那酒和饭都吃完了，下楼会账。

萧金铉道："慎卿兄，我们还到雨花台岗儿上走走。"杜慎卿道："这最有趣。"一同步上岗子，在各庙宇里，见方太、景诸公的祠，甚是巍峨。又走到山顶上，望着城内万家烟火，那长江如一条白练，琉璃塔金碧辉煌，照人眼目。杜慎卿到了亭子跟前太阳地里，看见自己的影子，徘徊了大半日。大家藉草就坐在地下。诸葛天申见远远的一座小碑，跑去看。看了回来坐下，说道："那碑上刻的是'夷十族处'。"杜慎卿道："列位先生，这夷十族的话是没有的。汉法最重，夷三族是父党、母党、妻党。这方正学所说的九族，乃是高、曾、祖考、子、孙、曾、元，只是一族，母党、妻党还不曾及，那里诛的到门生上？况且，永乐皇帝也不如此惨毒。本朝若不是永乐振作一番，信着建文软弱，久已弄成个齐、梁世界了！"萧金铉道："先生，据你说，方先生何如？"杜慎卿道："方先生迂而无当。天下多少大事，讲那皋门、雉门怎么？这人朝服斩于市，不为冤枉的。"坐了半日，日色已经西斜，只见两个挑粪桶的，挑了两担空桶歇在山上。这一个拍那一个肩头道："兄弟，今日的货已经卖完了，我和你到永宁泉吃一壶水。回来，再到雨花台看看落照。"杜慎卿笑道："真乃菜佣酒保都有六朝烟水气，一点也不差。"当下下了岗子回来。进了寺门，诸葛天申道："且到我们下处坐坐。"杜慎卿道："也好。"

一同来到下处。才进了门，只见季苇萧坐在里面。季恬逸一见了，欢喜道："苇兄，你来了！"季苇萧道："恬逸兄，我在刻字店里找问，知道你搬在这里。"便问："此三位先生尊姓？"季恬逸道："此位是盱眙诸葛天申先生。此位就是我同乡萧金铉先生，你难道不认得？"季苇萧道："先生是住在北门的？"萧金铉道："正是。"季苇萧道："此位先生？"季恬逸道："这位先生，说出来你更欢喜哩。他是天长杜宗伯公公孙杜十七先生，讳倩，字慎卿的。你可知道他吗？"季苇萧惊道："就是去岁宗师考取贵府二十七州县的，诗赋首卷杜先生？小弟渴想久了，今日才得见面！"倒身拜下去，杜慎卿陪他磕了头起来。众位多见过了礼。

正待坐下，只听得一个人笑着吆喝了进来，说道："各位老爷，今日吃酒过夜！"季苇萧举眼一看，原来就是他姑丈人。忙问道："姑老爷，你怎么也来在这里？"鲍廷玺道："这是我家十七老爷，我是他门下人，怎么不来！姑爷，你原来也是好相与？"萧金铉道："真是'眼前一笑皆知己，不是区区陌路人'。"一齐坐下。季苇萧道："小弟虽年少，浪游江湖，阅人多矣，从不曾见先生珠辉玉映，真乃天上仙班！今对着先生，小弟亦是神仙中人了。"杜慎卿道："小弟得会先生，也如成连先生刺船海上，令我移情。"只因这一番，有分教：风流高会，江南又见奇踪；卓荦英姿，海内都传雅韵。不知后事如何，且听下回分解。

第三十回　爱少俊访友神乐观
逞风流高会莫愁湖

话说杜慎卿同季苇萧相交起来，极其投合。当晚，季苇萧因在城里承恩寺作寓，看天黑，赶进城去了。鲍廷玺跟着杜慎卿回寓。杜慎卿买酒与他吃，就问他："这季苇兄为人何如？"鲍廷玺悉把他小时在向太爷手里考案首，后来就娶了向太爷家王总管的孙女，便是小的内侄女儿，今年又是盐运司荀大老爷照顾了他几百两银子，他又在扬州尤家招了女婿，从头至尾，说了一遍，杜慎卿听了，笑了一笑，记在肚里，就留他在寓处歇。夜里又告诉向太爷待他家这一番恩情，杜慎卿不胜叹息；又说到他娶了王太太的这些疙瘩事，杜慎卿大笑了一番。歇过了一夜。

次早，季苇萧同着王府里那一位宗先生来拜，进来作揖坐下。宗先生说起在京师赵王府里同王、李七子唱和，杜慎卿道："凤洲、于鳞，都是敝世叔。"又说到宗子相，杜慎卿道："宗考功便是先君同年。"那宗先生便说同宗考功是一家，还是弟兄辈。杜慎卿不答应。小厮捧出茶来吃了。宗先生别了去。留季苇萧在寓处谈谈。杜慎卿道："苇兄，小弟最厌的人，开口就是纱帽！方才这一位宗先生，说到敝年伯，他便说同他是弟兄。只怕而今敝年伯也不要这一个潦倒的兄弟。"说着，就捧上饭来。

正待吃饭，小厮来禀道："沈媒婆在外回老爷话。"慎卿道："你叫他进来何妨！"小厮出去领了沈大脚进来。杜慎卿叫端一张凳子，与他在底下坐着。沈大脚问："这位老爷？"杜慎卿道："这是安庆季老爷。"因问道："我托你的怎样了。"沈大脚道："正是。十七老爷把这件事托了我，我把一个南京城走了大半个。因老爷人物生得太齐整了。料想那将就些的姑娘配不上，不敢来说。如今亏我留神打听，打听得这位姑娘，在花牌楼住，家里开着机房，姓王。姑娘十二分的人才还多着半分，今年十七岁。不要说姑娘标致，这姑娘有个兄弟小他一岁，若是装扮起来，淮清桥有十班的小旦，也没有一个赛的过！他也会唱支把曲子，也会串个戏。这姑娘再没有说的，就请老爷去看。"杜慎卿道："既然如此，也罢。你叫他收拾，我明日去看。"沈大脚应诺去了。

季苇萧道："恭喜纳宠。"杜慎卿愁着眉道："先生，这也为嗣续大计，无可奈何。不然，我做这样的事怎的?"季苇萧道："才子佳人，正宜及时行乐。先生怎反如此说?"社慎卿道："苇兄这话，可谓不知我了。我太祖高皇帝云：'我若不是妇人生，天下妇人都杀尽！'妇人那有一个好的？小弟性情，是和妇人隔着三间屋就闻见他的臭气。"

季苇萧又要问，只见小厮手里拿着一个帖子，走了进来，说道："外面有个姓郭的芜湖人来拜。"杜慎卿道："我哪里认得这个姓郭的？"季苇萧接过帖子来看了，道："这就是寺门口图书店的郭铁笔。想他是刻了两方图书来拜先生，叫他进来坐坐。"杜慎卿叫大小厮请他进来。郭铁笔走进来作揖，道了许多仰慕的话，说道："尊府是一门三鼎甲，四代六尚书，门生、故吏，天下都散满了。督、抚、司、道在外头做，不计其数。管家们出去，做的是九品杂职官。季先生，我们自小听见说的：天长杜府老太太生这位太老爷，是天下第一个才子，转眼就是一个状元。"说罢，袖子里拿出一个锦盒子，里面盛着两方图书，上写着："台印"，双手递将过来。杜慎卿接了，又说了些闲话，起身送了出去。杜慎卿回来，向季苇萧道："他一见我，偏生有这些恶谈，却亏他访得的确。"季苇萧道："尊府之事，何人不知？"

当下收拾酒，留季苇萧坐。摆上酒来两人谈心。季苇萧道："先生生乎育山水之好吗？"杜慎卿道："小弟无济胜之具，就登山临水，也是勉强。"季苇萧道："丝竹之好有的？"杜慎卿道："偶一听之可也，听久了，也觉嘈嘈杂杂，聒耳得紧。"又吃了几杯酒，杜慎卿微醉上来，不觉长叹了一口气道："苇兄，自古及今，人都打不破的是个'情'字！"季苇萧道："人情无过男女。方才吾兄说非是所好。"杜慎卿笑道："长兄，难道人情只有男女吗？"朋友之情更胜于男女。你不看别的，只说'鄂君绣被'的故事。据小弟看来，千古只有一个汉哀帝要禅天下与董贤，这个独得情之正，便尧、舜揖让，也不过如此。可惜无人能解！"季苇萧道："是了，吾兄生平，可曾遇着一个知心情人吗？"杜慎卿道："假使天下有这样一个人，又与我同生同死，小弟也不得这样多愁善感。只为缘悭分浅，遇不着一个知己，所以对月伤怀，临风洒泪！"季苇萧道："要这一个，还当梨园中求之。"杜慎卿道："苇兄，你这话更外行了！比如要在梨园中求，便是爱女色的，要于青楼中求一个情种，岂不大错？这事要相遇于心腹之间，相感于形骸之外，方是天下第一等人。"又拍膝嗟叹道："天下终无此一人。老天就肯辜负我杜慎卿万斛愁肠，一身侠骨！"说着，掉下泪来。

季苇萧暗道："他已经着了魔了，待我且要他一要。"因说道："先生，你也不要说天下没有这个人。小弟曾遇见一个少年，不是梨园，也不是我辈，是一个黄冠。这人生得飘逸风流，确又是个男美，不是像个妇人。我最恼人称赞美男子，动不动说像个女人，这最可笑。如果要像女人，不如去看女人了。天下原另有一种男美，只是人不知道。"杜慎卿拍着案道："只一句话该圈了！你且说这人怎的？"季苇萧道："他如此妙品，有多少人想物色他的，他却轻易不肯同人一笑，却又爱才得紧。小弟因多了几岁年纪，在他面前自觉形秽，听以不敢痴心想着相与他。长兄你会会这个人，看是如何？"杜慎卿道："你几时去同他来？"季苇萧道："我若叫得他来，又不作为奇了！须是长兄自己去访着他。"杜慎卿道："他住在哪里？"季苇萧道："他在神乐观。"杜慎卿道："他姓什么？"季苇萧道："姓名此时还说不得。若泄漏了机关，传的他知道。躲开了，你还是会不着。如今我把他的姓名写了，包在一个纸包子里。外面封好交与你。你到了神乐观门口，才许拆开来看。看过就进去找，一找就找着的。"杜慎卿笑道："这也罢了。"当下，季苇萧走进房里，把房门关上了。写了半日，封得结结实实，封面上草个"敕令"二字，拿出来递与他。说道："我且别过罢。俟明日会遇了妙人，我再来贺你。"说罢去了。杜慎卿送了回来，向大小厮道："你明日早，去回一声沈大脚。明日不得闲到花牌楼去看那家女儿，要到后日才去。明早叫轿夫，我要到神乐观去看朋友。"吩咐已毕，当晚无事。

次早起来，洗脸，擦肥皂，换了一套新衣服，遍身多熏了香，将季苇萧写的纸包子放在袖里，坐轿子一直来到神乐观。将轿子落在门口，自己步进山门。袖里取出纸包来拆开一看，上写道："至北廊尽头，一家桂花道院，问扬州新来道友来霞士便是。"杜慎卿叫轿夫伺候着，自己曲曲折折走到里面。听得里面一派鼓乐之声，就在前面一个斗姆阁。那阁门大开，里面三间敞厅：中间坐着一个看陵的太监，穿着蟒袍；左边一路板凳上坐着十几个唱生、旦的戏子；右边一路板凳上坐着七八个少年的小道士，正在那里吹唱取乐。杜慎卿心里疑惑："莫不是来霞士也在这里面？"因把小道士一个个的都看过来，不见一个出色的。又回头来看看这些戏子，也平常。又自心里想道："来霞士他既是自己爱惜。他断不肯同了这般人在此。我还到桂花院里去问。"来到桂花道院，敲开了门，道人请在楼下坐着。杜慎卿道："我是来拜扬州新到来老爷的。"道人道："来爷在楼上。老爷请坐，我去请他下来。"

道人去了一会，只见楼上走下一个肥胖的道士来，头戴首冠，身穿沉香色直裰，一副油晃晃的黑脸，两道重眉，一个大鼻子，满腮胡须，约有五十多岁的光景。那道士下来作揖奉坐。"请问老爷尊姓贵处？"杜慎卿道："敝处天长，贱姓杜。"那道士道："我们桃源旗领的天长杜府的本钱，就是老爷尊府？"杜慎卿道："便是。"道士满脸堆下笑来，连忙足恭道："小道不知老爷到省，就该先来拜谒，如何反劳老爷降临？"忙叫道人快煨新鲜茶来，捧出果碟来。杜慎卿心里想："这自然是来霞士的师父。"因问道："有位来霞士，是令徒？令孙？"那道士道："小道就是来霞士。"杜慎卿吃了一惊，说道："哦！你就是来霞士！"自己心里忍不住，拿衣袖掩着口笑。道士不知道什么意思，摆上果碟来，殷勤奉茶，又在袖里摸出一卷诗来请教。慎卿没奈何，只得勉强看了一看，吃了两杯茶，起身辞别。道士定要拉着手，送出大门，问明了："老爷下处在报恩寺，小道明日要到尊寓，着实盘桓几日。"送到门外，看着上了轿子，方才进去了。杜慎卿上了轿，一路忍笑不住，心里想："季苇萧这狗头，如此胡说！"

　　回到下处，只见下处小厮说："有几位客在里面。"杜慎卿走进去，却是萧金铉同辛东之、金寓刘、金东崖来拜。辛东之送了一幅大字，金寓刘送了一副对子，金东崖把自己纂的《四书讲章》送来请教。作揖坐下，各人叙了来历，吃过茶，告别去了。杜慎卿鼻子里冷笑了一声，向大小厮说道："一个当书办的人，都跑了回来讲究《四书》，圣贤可是这样人讲的！"正说着，宗老爷家一个小厮拿着一封书子，送一幅行乐图来求题。杜慎卿只觉得可厌，也只得收下，写回书打发那小厮去了。次日便去看定了妾，下了插定，择三日内过门，便忙着搬河房里娶妾去了。

　　次日季苇萧来贺，杜慎卿出来会。他说道："昨晚如夫人进门，小弟不曾来闹房，今日贺迟有罪！"杜慎卿道："昨晚我也不曾备席，不曾奉请。"季苇萧笑道："前日你得见妙人吗？"杜慎卿道："你这狗头，该记着一顿肥打！但是你的事，还做得不俗，所以饶你。"季苇萧道："怎的该打？我原说是美男，原不是像个女人。你难道看的不是？"杜慎卿道："这就真正该打了！"正笑着，只见来道士同鲍廷玺一齐走进来贺喜，两人越发忍不住笑。杜慎卿摇手叫季苇萧不要笑了，四人作揖坐下，杜慎卿留着吃饭。

吃过了饭，杜慎卿说起那日在神乐观，看见斗姆阁一个太监，左边坐着戏子，右边坐着道士，在那里吹唱作乐。季苇萧道："这样快活的事，偏与这样人受用，好不可恨！"杜慎卿道："苇萧兄，我倒要做一件稀奇的事，和你商议。"季苇萧道："什么稀奇事？"杜慎卿问鲍廷玺道："你这门上和轿上，共有多少戏班子？"鲍廷玺道："一百三十多班。"杜慎卿道："我心里想做一个胜会：择一个日子，捡一个极大的地方，把这一百几十班做旦角的，都叫了来，一个人做一出戏。我和苇兄在旁边看着，记清了他们身段、模样，做个暗号。过几日评他个高下，出一个榜，把那色艺双绝的，取在前列，贴在通衢。但这些人，不好白传他，每人酬他五钱银子、荷包一对、诗扇一把。这玩法好吗？"季苇萧跳起来道："有这样妙事，何不早说！可不要把我乐死了！"鲍廷玺笑道："这些人让门下去传。他每人又得五钱银子，将来老爷们替他取了出来，写在榜上，他又出了名。门下不好说，那取在前面的，就是相与大老官，也多相与出几个钱来。他们听见这话，那一个不滚来做戏！"来道士拍着手道："妙！妙！道士也好见个识面，不知老爷们那日可许道士来看？"杜慎卿道："怎么不许？但凡朋友相知，都要请了到席。"季苇萧道："我们而今先商议是个什么地方。"鲍廷玺道："门下在水西门住，水西门外最熟。门下去借莫愁湖的湖亭，那里又宽敞，又凉快。"苇萧道："这些人，是鲍姑老爷去传，不消说了。我们也要出一个知单，定在甚日子？"道士道："而今是四月二十头，鲍老爹去传几日，及至传齐了也得十来天功夫。竟是五月初三罢。"

杜慎卿道："苇兄，取过一个红全帖来，我念着你写。"季苇萧取过帖来，拿笔在手。慎卿念道：

> 安庆季苇萧、天长杜慎卿择于五月初三日，莫愁湖湖亭大会。通省梨园子弟各班愿与者，书名画知，届期齐集湖亭，各演杂剧。每位代轿马五星，荷包、诗扇、汗巾三件。如果色艺双绝，另有表礼奖赏，风雨无阻。特此预传。

写毕，交与鲍廷玺收了。又叫小厮到店里，取了百十把扇子来。季苇萧、杜慎卿、来道士，每人分了几十把去写。便商量请这些客，季苇萧拿一张红纸铺在面前，开道："宗先生、辛先生、金东崖先生、金寓刘先生、萧金铉先生、诸葛先生、季先生、郭铁笔、僧官老爷、来道士老爷、鲍老爷。"连两位主人，共十三位。就用这两位名字，写起十一幅帖子来，料理了半日。

只见娘子的兄弟王留歌带了一个人，挑着一担东西：两只鸭、两只鸡、一只鹅、一方肉、八色点心、一瓶酒，来看姐姐。杜慎卿道："来得正好！"他向杜慎卿见礼。杜慎卿拉住了细看时，果然标致，他姐姐着实不如他。叫他进去见了姐姐就出来坐，吩咐把方才送来的鸡、鸭收拾出来吃酒。他见过姐姐，出来坐着，杜慎卿就把湖亭做会的话告诉了他。留歌道："有趣！那日我也串一出。"季苇萧道："岂但，今日就要请教一支曲子，我们听听。"王留歌笑了一笑。到晚，捧上酒来，吃了一会。鲍廷玺吹笛子，来道士打板，王留歌唱了一只"碧云天"——《长亭饯别》。音韵悠扬，足唱了三顿饭时候才完。众人吃得大醉，然后散了。

到初三那日，发了两班戏箱在莫愁湖。季、杜二位主人先到，众客也渐渐的来了。鲍廷玺领了六七十个唱旦的戏子，都是单上画了"知"字的，来叩见杜少爷。杜慎卿叫他们先吃了饭，都装扮起来，一个个都在亭子前走过，细看一番，然后登场做戏。众戏子应诺去了。

诸名士看这湖亭时，轩窗四起，一转都是湖水围绕，微微有点熏风，吹得波纹如澜。亭子外一条板桥，戏子装扮了进来，都从这桥上过。杜慎卿叫掩上了中门，让戏子走过桥来，一路从回廊内转去，进东边的格子，一直从亭子中间，走出西边的格子去，好细细看他们袅娜形容。

当下，戏子吃了饭，一个个装扮起来，都是簇新的包头，极新鲜的褶子。一个个过了桥来，打从亭子中间走去。杜慎卿同季苇萧二人，手内暗藏纸笔，做了记认。

少刻，摆上酒席，打动锣鼓，一个人上来做一出戏。也有做《请宴》的，也有做《窥醉》的，也有做《借茶》的，也有做《刺虎》的，纷纷不一。后来王留歌做了一出《思凡》。到晚上，点起几百盏明角灯来，高高下下，照耀如同白日。歌声缥缈，直入云霄。城里那些做衙门的、开行的、开字号店的有钱的

人，听见莫愁湖大会，都来雇了湖中打鱼的船，搭了凉篷，挂了灯，都撑到湖中左右来看，看到高兴的时候，一个个齐声喝彩。直闹到天明才散。那时城门已开。各自进城去了。

过了一日，水西门口挂出一张榜来，上写：第一名，芳林班小旦郑魁官；第二名，灵和班小旦葛来官；第三名，王留歌。其余共合六十多人都取在上面。鲍廷玺拉了郑魁官，到杜慎卿寓处来见，当面叩谢。杜慎卿又称了二两金子，托鲍廷玺到银匠店里打造一只金杯，上刻"艳夺樱桃"四个字，特为奖赏郑魁官。别的都把荷包、银子、汗巾、诗扇领了去。那些小旦取在前十名的，他相与的大老官来看了榜，都欣欣得意。也有拉了家去吃酒的，也有买了酒在酒店里吃酒庆贺的。这个吃了酒，那个又来吃，足吃了三四天的贺酒。

自此，传遍了水西门，闹动了淮清桥，这位杜十七老爷，名震江南。只因这一番，有分教：风流才子之外，更有奇人；花酒陶情之余，复多韵事。不知后事如何，且听下回分解。

第三十一回　天长县同访豪杰
赐书楼大醉高朋

话说杜慎卿做了这个大会，鲍廷玺看见他用了许多的银子，心里惊了惊，暗想："他这人慷慨，我何不取个便，问他借几百两银子，仍旧团起一个班子来做生意过日子？"主意已定，每日在河房里效劳。

杜慎卿着实不过意他。那日晚间，谈到密处，夜已深了，小厮们多不在眼前，杜慎卿问道："鲍师父，你毕竟家里日子怎么样过？还该寻个生意才好！"鲍廷玺见他问到这一句话，就双膝跪在地下。杜慎卿就吓了一跳，扶他起来说道："这是怎的？"鲍廷玺道："我在老爷门下，蒙老爷问到这一句话，真乃天高地厚之恩。但门下原是教班子弄行头出身，除了这事，不会做第二样。如今老爷照看门下，除非恳恩借出几百两银子，仍旧与门下做这戏行。门下寻了钱，少不得报效老爷。"杜慎卿道："这也容易。你请坐下，我同你商议。这教班子弄行头，不是数百金做得来的，至少也得千金。这里也无外人，我不瞒你说，我家虽有几千现银子，我却收着不敢动。为什么不敢动？我就在这一两年内要中。中了，那里没有使唤处？我却要留着做这一件事。而今你这弄班子的话，我转说出一个人来与你，也只当是我帮你一般，你却不可说是我说的。"鲍廷玺道："除了老爷那里还有这一个人？"杜慎卿道："莫慌，你听我说。我家共是七大房，这做礼部尚书的太老爷是我五房的；七房的太老爷是中过状元的。后来一位大老爷，做江西赣州府知府，这是我的伯父。赣州府的儿子，是我第二十五个兄弟。他名叫做仪，号叫作少卿，只小得我两岁，也是一个秀才。我那伯父是个清官，家里还是祖宗丢下的些田地。伯父去世之后，他不上一万两银子家私，他是个呆子，自己就像十几万的。纹银九七他都认不得。又最好做大老官，听见人向他说些苦，他就大捧出来给人家用。而今你在这里，帮我些时。到秋凉些，我送你些盘缠投奔他去，包你这千把银子手到擒来。"鲍廷玺道："到那时候，求老爷写个书子与门下去。"杜慎卿道:"不相干。这书断然写不得!他做大老官是要独做,自照顾人,并不要人帮着照顾。我若写了书子,他说我已经照顾了你。他就赌气不照顾你了。如今先去投奔一个人。"鲍廷玺道:"却又投那一个?"杜慎卿道:"他家当初有个奶公老管家,姓邵的,这人你也该认得。"鲍廷玺想起来,道:"是那年门下父亲在日,他家接过我的戏,去与老太太做生日。赣州府太老爷,门下也曾见过。"杜慎卿道:"这就是得狠了。如今这邵奶公已死。他家有个管家王胡子,是个坏不过的奴才,他偏生听信他。我这兄弟有个毛病,但凡说是见过他家太老爷的,就是一条狗,也是敬重的。你将来先去会了王胡子。这奴才好酒,你买些酒与他吃,叫他在主子跟前说,你是太老爷极欢喜的人。他就连三的给你银子用了。他不欢喜人叫他'老爷',你只叫他'少爷'。他又有个毛病,不喜欢人在他跟前说人做官,说人有钱。像你受向太老爷的恩惠这些话,总不要在他跟前说。总说天下只有他一个人是大老官,肯照顾人。他若是问你可认得我,你也说不认得。"一番话,说得鲍廷玺满心欢喜。在这里又效了两个月劳。

到七月尽间,天气凉爽起来,鲍廷玺问十七老爷借了几两银子,收拾衣服行李,过江往天长进发。第一日过江,歇了六合县。第二日起早走了几十里路,到了一个地方,叫作四号墩。鲍廷玺进去坐下,正待要水洗脸,只见门口落下一乘轿子来。轿子里走出一个老者来,头戴方巾,身穿白纱直裰,脚下大红绸鞋,一个通红的酒糟鼻,一部大白胡须,就如银丝一般。那老者走进店门,店主人慌忙接了行李,说道:"韦四太爷来了!请里面坐!"那韦四太爷走进堂屋,鲍廷玺立起身来施礼,那韦四太爷还了礼。鲍廷玺让韦四太爷上面坐,他坐在下面,问道:"老太爷上姓是韦,不敢拜问贵处是哪里?"韦四太爷道:"贱姓韦,敝处滁州乌衣镇。长兄尊姓贵处?今往哪里去的?"鲍廷玺道:"在下姓鲍,是南京人。今往天长杜状元府里去的,看杜少爷。"韦四太爷道:"是那一位?是慎卿?是少卿?"鲍廷玺道:"是少卿。"韦四太爷道:"他家兄弟虽有六七十个,只有这两个人招接四方宾客,其余的都闭了门在家,守着田园做举业。我所以一见就问这两个人。两个都是大江南北有名的。慎卿虽是雅人,我还嫌他尚带着些姑娘气。少卿是个豪杰。我也是到他家去的,和你长兄吃了饭一同走。"鲍廷玺道:"太爷和杜府是亲戚?"韦四太爷道:"我同他家做赣州府太老爷自小同学拜盟的，极相好的。"鲍廷玺听了更加敬重。当时同吃了饭，韦四太爷上轿。鲍廷玺又雇了一个驴子，骑上同行。到了天长县城门口，韦四太爷落下轿，说道："鲍兄，我和你一同走进府里去吧。"鲍廷玺道："请太爷上轿先行！在下还要会过他管家，再去见少爷。"韦四太爷道："也罢。"上了轿了，一直来到杜府。

门上人传了进去，杜少卿慌忙迎出来，请到厅上拜见，说道："老伯，相别半载，不曾到得镇上来请老伯和老伯母的安。老伯一向好？"韦四太爷道："托庇粗安。新秋在家无事，想着尊府的花园，桂花一定盛开了，所以特来看看世兄，要杯酒吃。"杜少卿道："奉过茶，请老伯到书房里去坐。"小厮捧过茶来，杜少卿吩咐："把韦四太爷行李请进来，送到书房里去。轿钱付与他，轿子打发回去罢。"请韦四太爷从厅后一个走巷内，曲曲折折走进去，才到一个花园。那花园一进朝东的三间。左边一个楼，便是殿元公的赐书楼。楼前一个大院落，一座牡丹台，一座芍药台，两树极大的桂花，正开的好。合面又是三间敞榭，横头朝南三间书房后，一个大荷花池，池上搭了一座桥。过去又是三间密屋，乃杜少卿自己读书之处。

当请韦四太爷坐在朝南的书房里。这两树桂花，就在窗隔外。韦四太爷坐下问道："娄翁尚在尊府？"杜少卿道："娄老伯近来多病，请在内书房住。方才吃药睡下，不能出来会老伯。"韦四太爷道："老人家既是有恙，世兄何不送他回去？"杜少卿道："小侄已经把他令郎、令孙，都接在此侍奉汤药，小侄也好早晚问候。"韦四太爷道："老人家在尊府三十多年，可也还有些蓄积，家里置些产业？"杜少卿道："自先君赴任赣州，把舍下田地房产的账目，都交付与娄老伯。每银钱出入，俱是娄老伯做主，先君并不曾问。娄老伯除每年修金四十两，其余并不沾一文。每收租时候，亲自到乡里佃户家，佃户备两样菜与老伯吃，老人家退去一样，才吃一样。凡他令郎、令孙来看，只许住得两天，就打发回去，盘缠之外，不许多有一文钱，临行还要搜他身上，恐怕管家们私自送他银子。只是收来的租稻利息，遇着舍下困穷的亲戚朋友，娄老伯便极力相助。先君知道也不问。有人欠先君银钱的，娄老伯见他还不起，娄老伯把借券尽行烧去了。到而今，他老人家两个儿子、四个孙子，家里仍然赤贫如洗，小侄所以过意不去。"韦四太爷叹道："真可谓古之君子了！"又问道："慎卿兄在家好吗？"杜少卿道："家兄自别后就往南京去了。"

正说着，家人王胡子手里拿着一个红手本，站在窗子外，不敢进来。杜少卿看见他，说道："王胡子，你有什么话说？手里拿的什么东西？"王胡子走进书房，把手本递上来，禀道："南京一个姓鲍的，他是领戏班出身。他这几年是在外路生意，才回来家。他过江来叩见少爷。"杜少卿道："他既是领班子的，你说我家里有客，不得见他。手本收下，叫他去吧。"王胡子说道："他说，受过先太老爷多少恩德，定要当面叩谢少爷。"杜少卿道："这人是先太老爷抬举过的吗?"王胡子道:"是。当年邵奶公传了他的班子过江来,太老爷着实喜欢这鲍廷玺,曾许着要照顾他的。"杜少卿道:"既如此说,你带了他进来。"韦四太爷道:"是南京来的,这位鲍兄,我才在路上遇见的。"

王胡子出去,领着鲍廷玺,蹑手蹑脚,一路走进来。看见花园宽阔,一望无际。走到书房门口一望,见杜少卿陪着客坐在那里,头戴方巾,身穿玉色夹纱直裰,脚下珠履,面皮微黄,两眉剑竖,好似画上关夫子眉毛。王胡子道:"这便是我家少卿。你过来见。"鲍廷玺进来跪下叩头。杜少卿扶住道:"你我故人,何必如此行礼!"起来作揖。作揖过了,又见了韦四太爷。杜少卿叫他坐在底下。鲍廷玺道:"门下蒙先老太爷的恩典,粉身碎骨难报。又因几年穷忙,在外做小生意,不得来叩见少爷。今日才来请少爷的安,求少爷恕门下的罪。"杜少卿道:"方才我家人王胡子说,我家太老爷极其喜欢你,要照顾你。你既到这里,且住下了,我自有道理。"

王胡子道:"席已齐了。禀少爷,在哪里坐?"韦四太爷道:"就在这里好。"杜少卿踌躇道:"还要请一个客来。"因叫那跟书房的小厮加爵:"去后门外,请张相公来罢。"加爵应诺去了。少刻,请了一个大眼睛、黄胡子的人来,头戴瓦楞帽,身穿大阔布衣服,扭扭捏捏做些假斯文像。进来作揖坐下,问了韦四太爷姓名。韦四太爷说了,便问:"长兄贵姓?"那人道:"晚生姓张,贱字俊民,久在杜少爷门下。晚生略知医道,连日蒙少爷相约,在府里看娄太爷。"因问:"娄太爷今日吃药如何?"杜少卿便叫加爵去问,问了回来道:"娄太爷吃了药,睡了一觉,醒了,这会觉得清爽些。"张俊民又问:"此位上姓?"杜少卿道:"是南京一位鲍朋友。"说罢,摆上席来,奉席坐下。韦四太爷首席,张俊民对坐,杜少卿主位,鲍廷玺坐在底下。斟上酒来,吃了一会。那肴馔,都是自己家里整治的,极其精洁。内中有陈过三年的火腿,半斤一个的竹蟹,都剥出来脍了蟹羹。众人吃着,韦四太爷问张俊民道:"你这道谊,自然着实高明的?"张俊民道:"'熟读王叔和,不如临症多。'不瞒太爷说,晚生在江湖上胡闹,不曾读过什么医书,却是看的症不少。近来,蒙少爷的教训,才晓得书是该念的。所以,我有一个小儿,而今且不教他学医,从先生读着书,做了文章,就拿来给杜少爷看。少爷往常赏个批语,晚生也拿了家去读熟了,学些文理。将来再过两年，叫小儿出去考个府、县考，骗两回粉汤、包子吃。将来挂招牌，就可以称'儒医'。"韦四太爷听他说这话，哈哈大笑了。

王胡子又拿一个帖子进来，禀道："北门汪盐商家明日酬生日，请县主老爷，请少爷去做陪客，说定要求少爷到席的。"杜少卿道："你回他：我家里有客，不得到席。这人也可笑得紧，你要做这热闹事，不会请县里暴发的举人、进士陪？我那得工夫替人家陪官。"王胡子应诺去了。

杜少卿向韦四太爷说："老伯酒量极高的，当日同先君一吃半夜，今日也要尽醉才好。"韦四太爷道："正是。世兄，我有一句话不好说。你这看馔是精极的了，只是这酒，是市买来的，身份有限。府上有一坛酒，今年该有八九年了，想是收着还在？"杜少卿道："小侄竟不知道。"韦四太爷道："你不知道。是你令先大人在江西到任的那一年，我送到船上，尊大人说：'我家里埋下一坛酒，等我做了官回来，同你老痛饮。'我所以记得。你家里去问。"张俊民笑说道："这话，少爷真正该不知道。"杜少卿走了进去。韦四太爷道："杜公子虽则年少，实算在我们这边的豪杰。"张俊民道："少爷为人好极，只是手太松些，不管什么人求着他，大捧的银与人用。"鲍廷玺道："便是门下，从不曾见过像杜少爷这大方举动的人。"

杜少卿走进去，问娘子可晓得这坛酒，娘子说不知道。遍问这些家人、婆娘，都说不知道。后来问到邵老丫，邵老丫想起来道："是有的。是老爷上任那年做了一坛酒，埋在那边第七进房子后一间小屋里，说是留着韦四太爷同吃的。这酒是二斗糯米做出来的二十斤酿，又对了二十斤烧酒，一点水也不掺。而今埋在地下，足足有九年零七月了。这酒醉得死人的，弄出来，少爷不要吃！"杜少卿道："我知道了。"就叫邵老丫拿钥匙开了酒房门，带了两个小厮进去，从地下取了出来，连坛抬到书房里，叫道："老伯，这酒寻出来了！"韦四太爷和那两个人都起身来看，说道："是了！"打开坛头，舀出一杯来，那酒和曲糊一般，堆在杯子里，闻着喷鼻香。韦四太爷道："有趣！这个不是别样吃法。世兄，你再叫人在街上买十斤酒来搀一搀，方可吃得。今日已是吃不成了，就放在这里。明日吃他一天，还是二位同享。"张俊民道："自然来奉陪。"鲍廷玺道："门下何等的人，也来吃太老爷遗下的好酒，这是门下的造化。"说罢，教加爵拿灯笼送张俊民回家去。鲍廷玺就在书房里陪着韦四太爷歇宿。杜少卿候着韦四太爷睡下，方才进去了。

次日，鲍廷玺清晨起来，走到王胡子房里去。加爵又和一个小厮在那里坐着。王胡子问加爵道："韦四太爷可曾起来？"加爵道："起来了，洗脸哩。"王胡子又问那小厮道："少爷可曾起来？"那小厮道："少爷起来多时了，在娄太爷房里看着弄药。"王胡子道："我家这位少爷也出奇！一个娄老爹，不过是太老爷的门客罢了。他既害了病，不过送他几两银子，打发他回去。为什么养在家里当作祖宗看待，还要一早一晚自己服侍？"那小厮道："王叔，你还说这话哩！娄太爷吃的粥和菜，我们煨了，他儿子、孙子看过还不算，少爷还要自己看过了，才送与娄太爷吃。人参铫子自放在奶奶房里，奶奶自己煨人参，药是不消说。一早一晚，少爷不得亲自送人参，就是奶奶亲自送人参与他吃。你要说这样话，只好惹少爷一顿骂。"说着，门上人走进来道："王叔，快进去说声：臧三爷来了，坐在厅上要会少爷。"王胡子叫那小厮道："你娄老爹房里去请少爷。我是不去问安！"鲍廷玺道："这也是少爷的厚道处。"

那小厮进去，请了少卿出来会臧三爷，作揖坐下。杜少卿道："三哥，好几日不见，你文会做的热闹？"臧三爷道："正是。我听见你门上说到远客，慎卿在南京乐而忘返了。"杜少卿道："是乌衣韦老伯在这里。我今日请他，你就在这里坐坐。我和你到书房里去吧。"臧三爷道："且坐着，我和你说话。县里王父母是我的老师。他在我跟前说了几次，仰慕你的大才，我几时同你去会会他。"杜少卿道："像这拜知县做老师的事，只好让三哥你们做。不要说先曾祖、先祖，就先君在日，这样知县不知见过多少。他果然仰慕我，他为什么不先来拜我，倒叫我拜他？况且倒运做秀才，见了本处知县，就要称他老师，王家这一宗灰堆里的进士，他拜我做老师，我还不要！我会他怎的？所以，北门汪家今日请我去陪他，我也不去。"臧三爷道："正是为此。昨日，汪家已向王老师说明，是请你做陪客，王老师才肯到他家来，特为要会你。你若不去，王老师也扫兴。况且你的客住在家里，今日不陪，明日也可陪。不然我就替你陪着客，你就到汪家走走。"杜少卿道："三哥，不要倒熟话。你这位贵老师，总不是什么尊贤爱才，不过想人拜门生，受些礼物。他想着我，叫他把梦做醒些！况我家今日请客，煨

的有七斤重的老鸭，寻出来的有九年半的陈酒，汪家没有这样好的东西吃。不许
多话！同我到书房里去顽。"拉着就走。

臧三爷道："站着！你乱怎的？这韦老先生不曾会过，也要写个帖子。"杜
少卿道："这倒使得。"叫小厮拿笔砚、帖子出来。臧三爷拿帖子，写了个"年
家眷同学晚生臧荼"。先叫小厮拿帖子到书房里，随即同杜少卿进来。韦四太爷
迎着房门，作揖坐下。那两人先在那里，一同坐下。韦四太爷问臧三爷："尊
字？"杜少卿道："臧三哥尊字蓼斋，是小侄这学里翘楚，同慎卿家兄也是同会

的好友。"韦四太爷道："久慕！久慕J"臧三爷道："久仰老先生，幸遇！"张俊民是彼此认得的。臧蓼斋又问："这位尊姓？"鲍廷玺道："在下姓鲍，方才从南京回来的。"臧三爷道："从南京来，可曾认得府上的慎卿先生？"鲍廷玺道："十七老爷，也是见过的。"当下吃了早饭，韦四太爷就叫把这坛酒拿出来，兑上十斤新酒，就叫烧许多红炭，堆在桂花树边，把酒坛顿在炭上。过一顿饭时渐渐热了。张俊民领着小厮，自己动手把六扇窗格尽行下了，把桌子抬到檐内。大家坐下。又备的一席新鲜菜。杜少卿叫小厮拿出一个金杯子来，又是四个玉杯，坛子里舀出酒来吃。韦四太爷捧着金杯，吃一杯，赞一杯，说道："好酒!"吃了半日。

王胡子领着四个小厮，抬到一个箱子来。杜少卿问是什么。王胡子道："这是少爷与奶奶、大相公新做的秋衣，一箱子才做完了，送进来与少爷查件数。裁缝工钱已打发去了。"杜少卿道："放在这里！等我吃完了酒查。"才把箱子放下，只见那裁缝进来。王胡子道："杨裁缝回少爷的话。"杜少卿道："他又说什么？"站起身来，只见那裁缝走到天井里，双膝跪下，磕下头去，放声大哭。杜少卿大惊道："杨司务，这是怎的?"杨裁缝道："小的这些时在少爷家做工，今早领了工钱去。不想才过了一会，小的母亲得了暴病死了。小的拿了工钱家去，不想到有这一变，把钱都还了柴米店里。而今母亲的棺材、衣服，一件也没有。没奈何，只得再来求少爷借几两银子与小的。小的慢慢做着工算。"杜少卿道："你要多少银子？"裁缝道："小户人家，怎敢望多？少爷若肯，多则六两，小则四两罢了。小的也要算着除工钱够还。"杜少卿惨然道："我哪里要你还？你虽是小本生意，这父母身上大事，你也不可草草，将来就是终身之恨。几两银子如何使得？至少也要买口十六两银子的棺材，衣服、杂费共需二十金。我这几日一个钱也没有。也罢，我这一箱衣服，也可当得二十多两银子。王胡子，你就拿去同杨司务当了，一总把与杨司务去用。"又道："杨司务，这事你却不可记在心里，只当忘记了的。你不是拿了我的银子去吃酒、赌钱，这母亲身上大事，人孰无母？这是我该帮你的。"杨裁缝同王胡子抬着箱子，哭哭啼啼去了。杜少卿入席坐下。

韦四太爷道："世兄，这事真是难得！"鲍廷玺吐着舌道："阿弥陀佛！天下哪有这样好人！"当下吃了一天酒。臧三爷酒量小，吃到下午就吐了，扶了回去。韦四太爷这几个直吃到三更，把一坛酒都吃完了，方才散。只因这一番，有分教：轻财好士，一乡多济友朋；月地花天，四海又闻豪杰。不知后事如何，且听下回分解。

图文珍藏版

第三十二回　杜少卿平居豪举　娄焕文临去遗言

话说众人吃酒散了，韦四太爷直睡到次日上午才起来，向杜少卿辞别要去。说道："我还打算到你令叔、令兄各家走走。昨日扰了世兄这一席酒，我心里快活极了！别人家料想也没这样有趣。我要去了，连这藏朋友也不能回拜，世兄替我致意他罢。"杜少卿又留住了一日。次日，雇了轿夫，拿了一只玉杯和赣州公的两件衣服，亲自送在韦四太爷房里，说道："先君拜盟的兄弟，只有老伯一位了，此后要求老伯常来走走。小侄也常到镇上请老伯安。这一个玉杯送老伯带去吃酒。这是先君的两件衣服，送与老伯穿着，如看见先君的一般。"韦四太爷欢喜受了。鲍廷玺陪着又吃了一壶酒，吃了饭。杜少卿拉着鲍廷玺，陪着送到城外，在轿前作了揖。韦四太爷去了。

两人回来，杜少卿就到娄太爷房里去问候。娄太爷说身子好些，要打发他孙子回去，只留着儿子在这里服侍。杜少卿应了。

心里想着没有钱用，叫王胡子来商议道："我圩里那一宗田，你替我卖给那人罢了。"王胡子道："那乡人他想要便宜。少爷要一千五百两银子，他只出一千三百两银子，所以小的不敢管。"杜少卿道："就是一千三百两银子也罢。"王胡子道："小的要禀明少爷才敢去。卖得贱了，又惹少爷骂小的。"杜少卿道："那个骂你！你快些去卖，我等着要银子用。"王胡子道："小的还有一句话要禀少爷：卖了银子，少爷要做两件正经事。若是几千几百的，自己的给人用，这产业卖了也可惜。"杜少卿道："你看见我自把银子给那个用的？你要赚钱罢了，说这许多鬼话。快些替我去！"王胡子道："小的禀过就是了。"出来悄悄向鲍廷玺道："好了，你的事有指望了。而今我到圩里去卖田，卖了田回来，替你定主意。"王胡子就去了几天，卖了一千几百两银子，拿稍袋装了来家，禀少爷道："他这银子，是九五兑九七色的，又是市平，比钱平小一钱三分半。他内里又扣了他那边中用二十三两四钱银子，画字去了二三十两，这都是我们本家要去的。而今这银子在这里，拿天平来，请少爷当面兑。"杜少卿道："那个耐烦和你算这些疙瘩帐？既拿来，又兑什么！收了进去就是了！"王胡子道："小的也要禀明。"

杜少卿收了这银子，随即叫了娄太爷的孙子到书房里，说着："你明日要回去？"他答应道："是。老爹叫我回去。"杜少卿道："我这里有一百两银子给你，你瞒着不要向你老爹说。你是寡妇母亲，你拿着银子，回家去做小生意养活着。

你老爹若是好了，你二叔回家去，我也送他一百两银子。"娄太爷的孙子欢喜接着，把银子藏在身边，谢了少爷。次日辞回家去，娄太爷叫只称三钱银子，与他做盘缠，打发去了。

杜少卿送了回来，一个乡里人在敞厅上站着。见他进来，跪下就与少爷磕头。杜少卿道："你是我们公祠堂里看祠堂的黄大？你来做什么？"黄大道："小的住的祠堂旁边一所屋，原是太老爷买与我的。而今年代多，房子倒了。小的该死，把坟山的死树搬了几棵回来，添补梁柱。不想被本家这几位老爷知道，就说小的偷了树，把小的打了一个臭死，叫十几个管家，到小的家来搬树，连不倒的房子多拉倒了。小的没处存身，如今来求少爷向本家老爷说声，公中弄出些银子来，把这房子收拾收拾，赏小的住。"杜少卿道："本家，向那个说？你这房子，既是我家太老爷买与你的，自然该是我修理。如今一总倒了，要多少银子重盖？"黄大道："要盖须得百金银子。如今只好修补，将就些住，也要四五十两银子。"杜少卿道："也罢，我没银子，且拿五十两银子与你去。你用完了，再来与我说。"拿出五十两银子递与黄大。黄大接着去了。

门上拿了两副帖子走进来，禀道："臧三爷明日请少爷吃酒。这一副帖子，说也请鲍师父去坐坐。"杜少卿道："你说，拜上三爷，我明日必来。"次日，同鲍廷玺到臧家。臧蓼斋办了一桌齐整菜，恭恭敬敬，奉坐请酒。席间说了些闲话。到席将终的时候，臧三爷斟了一杯酒，高高奉着，走过席来，作了一个揖，把酒递与杜少卿，便跪了下去，说道："老哥，我有一句话奉求。"杜少卿吓了一跳，慌忙把酒丢在桌上，跪下去拉着他，说道："三哥，你疯了？这是怎说？"臧蓼斋道："你吃我这杯酒，应允我的话，我才起来。"杜少卿道："我也不知道你说的是什么话，你起来说。"鲍廷玺也来帮着拉他起来。臧蓼斋道："你应允了？"杜少卿道："我有什么不应允？"臧蓼斋道："你吃了这杯酒。"杜少卿道："我就吃了这杯酒。"臧蓼斋道："候你干了。"站起来坐下。杜少卿道："你有甚话？说罢！"臧蓼斋道："目今宗师考庐州，下一棚就是我们。我前日替人管着买了一个秀才，宗师有人在这里揽这个事，我已把三百两银子兑与了他。后来他又说出来：'上面严紧，秀才不敢卖，倒是把考等第的开个名字来补了廪罢。'我就把我的名字开了去，今年这廪是我补。但是这买秀才的人家，要来退这三百两银子。我若没有还他，这件事就要破。身家性命关系，我所以和老哥商议，把你前日的田价，借三百与我打发了这件，我将来慢慢地还你。你方才已是依了。"杜少卿道："呸！我当你说什么话，原来是这个事！也要大惊小怪，磕头礼拜的。什么要紧？我明日就把银子送来与你。"鲍廷玺拍着手道："好爽快！好爽快！拿大杯来，再吃几杯！"当下拿大杯来吃酒。

杜少卿醉了，问道："臧三哥，我且问你：你定要这廪生做什么"臧蓼斋道："你哪里知道！廪生，一来中的多，中了就做官。就是不中，十几年贡了，朝廷试过，就是去做知县、推官，穿螺蛳结底的靴，坐堂，洒签，打人。像你这样大老官来打秋风，把你关在一间房里，给你一个月豆腐吃，蒸死了你。"杜少卿笑道："你这匪类，下流无耻极矣！"鲍廷玺又笑道："笑谈！笑谈！二位老爷都该罚一杯。"当夜席散。

次早，叫王胡子送了这一箱银子去。王胡子又讨了六两银子赏钱，回来在鲜鱼面店里吃面，遇着张俊民在那里吃，叫道："胡子老官，你过来，请这里坐！"王胡子过来坐下，拿上面来吃。张俊民道："我有一件事托你。"王胡子道："什么事？医好了娄老爹，要谢礼？"张俊民道："不相干。娄老爹的病是不得好的了。"王胡子道："还有多少时候？"张俊民道："大约不过一百天，这话也不必讲他。我有一件事托你。"王胡子道："你说罢了。"张俊民道："而今宗师将到，我家小儿要出来应考，怕学里人说是我冒籍，托你家少爷，向学里相公们讲讲。"王胡子摇手道："这事共总没中用。我家少爷，从不曾替学里相公讲两句话。他又不欢喜人家说要出来考。你去求他，他就劝你不考。"张俊民道："这是怎样？"王胡子道："而今倒有个方法：等我替你回少爷说，说你家的确是冒考不得的。但凤阳府的考棚，是我家先太老爷出钱盖的，少爷要送一个人去，谁敢不依？这样激着他，他就替你用力，连贴钱都是肯的。"张俊民道："胡子老官，这事在你作法便了。做成了，少不得'言身寸'。"王胡子道："我那个要你谢！你的儿子就是我的小侄。人家将来进了学，穿戴着簇新的方巾、蓝衫，替我老叔子多磕几个头就是了。"说罢，张俊民还了面钱，一齐出来。

王胡子回家，问小子们道："少爷在哪里？"小子们道："少爷在书房里。"他一直走进书房，见了杜少卿，禀道："银子已是小的送与臧三爷收了。着实感激少爷，说又替他免了一场是非，成全了功名。其实这样的事，别人也不肯做的。"杜少卿道："这是什么要紧的事，只管跑了来倒熟了！"胡子道："小的还有话禀少爷。像臧三爷的廪，是少爷替他补，公中看祠堂的房子，是少爷盖，眼见得学院不日来考，又要寻少爷修理考棚。我家太老爷拿几千银子盖了考棚，白白便益众人。少爷就送一个人去考，众人谁敢不依？"杜少卿道："童生自会去考的，要我送怎的？"王胡子道："假使小的有儿子，少爷送去考，也没有人敢说？"杜少卿道："这也何消说。这学里秀才，未见得好似奴才。"王胡子道："后门口张二爷，他那儿子读书，少爷何不叫他考一考？"杜少卿道："他可要考？"胡子道："他是个冒籍，不敢考。"杜少卿道："你和他说，叫他去考。若有廪生多话，你就向那廪生说，是我叫他去考的。"王胡子道："是了。"应诺了去。

这几日，娄太爷的病渐渐有些重起来了，杜少卿又换了医生来看。在家心里忧愁。

忽一日，臧三爷走来，立着说道："你晓得有个新闻？县里王公坏了，昨晚摘了印。新官押着他就要出衙门，县里人都说他是个混账官，不肯借房子给他住，在那里急得要死。"杜少卿道："而今怎样了？"臧蓼斋道："他昨晚还赖在衙门里。明日再不出，就要讨没脸面。那个借屋与他住？只好搬在孤老院！"杜少卿道："这话果然吗？"叫小厮叫王胡子来。向王胡子道："你快到县前向工房说，叫他进去禀王老爷，说王老爷没有住处，请来我家花园里住。他要房子甚急，你去！"王胡子连忙去了。臧蓼斋道："你从前会也不肯会他，今日为什么自己借房子与他住？况且，他这事有拖累，将来百姓要闹他，不要把你花园都拆了？"杜少卿道："先君有大功德在于乡里，人人知道。就是我家藏了强盗，也是没有人来拆我家的房子。这个，老哥放心！至于这王公，他既知道仰慕我，就是一点造化了。我前日若去拜他，便是奉承本县知县。而今他官已坏了，又没有房子住，我就该照应他。他听见这话，一定就来。你在我这里候他来，同他谈谈。"

说着，门上人进来禀道："张二爷来了。"只见张俊民走进来，跪下磕头。杜少卿道："你又怎的？"张俊民道："就是小儿要考的事，蒙少爷的恩典。"杜少卿道："我已说过了。"张俊民道："各位廪生先生听见少爷吩咐，都没得说，只要门下捐一百二十两银子修学宫。门下哪里捐得起？故此，又来求少爷商议。"杜少卿道："只要一百二十两，此外可还再要？"张俊民道："不要了。"杜少卿道："这容易，我替你出。你就写一个愿捐修学宫求入籍的呈子来。臧三哥，你替他送到这里去，银子在我这里来取。"臧三爷道："今日有事，明日我和你去吧。"

张俊民谢过去了。正迎着王胡子飞跑来道："王老爷来拜，已到门下轿了。"杜少卿和臧蓼斋迎了出去。那王知县纱帽便服，进来作揖再拜，说道："久仰先生，不得一面。今弟在困厄之中，蒙先生慨然以尊斋相借，令弟感愧无地，所以先来谢过。再细细请教。恰好臧年兄也在此。"杜少卿道："老父台，些小之事，不足介意！荒斋原是空闲，竟请搬过来便了。"臧蓼斋道："门生正要同敝友来侯老师，不想反劳老师先施。"王知县道："不敢！不敢！"打恭上轿而去。

杜少卿留下臧蓼斋，取出一百二十两银子来递与他，叫他明日去做张家这件事。臧蓼斋带着银子去了。

次日，王知县搬进来住。

又次日，张俊民备了一席酒送在杜府，请臧三爷同鲍师父陪。王胡子私向鲍廷玺道："你的话也该发动了。我在这里算着，那话已有个完的意思，若再遇个人来求些去，你就没账了。你今晚开口。"当下客到齐了，把席摆到厅旁书房里，四人上席。张俊民先捧着一杯酒谢过了杜少卿，又斟酒作揖谢了臧三爷，入席坐下。席间谈这许多事故。鲍廷玺道："门下在这里大半年了，看见少爷用银子像淌水，连裁缝都是大捧拿了去。只有门下是七八个月的养在府里，白浑些酒肉吃吃，一个大钱也不见面。我想，这样干蓲片也做不来，不如揩揩眼泪，别处去哭罢。门下明日告辞。"杜少卿道："鲍师父，你也不曾向我说过，我晓得你什么心事？你有话说不是？"鲍廷玺忙斟一杯酒递过来，说道："门下父子两个，都是教戏班子过日，不幸父亲死了。门下消折了本钱，不能替父亲争口气，家里有个老母亲又不能养活。门下是该死的人，除非少爷赏我个本钱，才可以回家养活母亲。"杜少卿道："你一个梨园中的人，却有思念父亲，孝敬母亲的念，这就可敬得很了。我怎么不帮你？"鲍廷玺站起来道："难得少爷的恩典。"杜少卿

道："坐着，你要多少银子？"鲍廷玺看见王胡子站在底下，把眼望着王胡子。王胡子走上来道："鲍师父，你这银子要用的多哩，连叫班子、买行头，怕不要五六百两。少爷这里没有，只好将就弄几十两银子给你，过江舞起几个猴子来，你再跳。"杜少卿道："几十两银子不济事，我竟给你一百两银子，你拿过去教班子。用完了你再来和我说话。"鲍廷玺跪下来谢。杜少卿拉住道："不然我还要多给你些银子，因我这娄太爷病重，要料理他的光景。我好打发你回去。"当晚，臧、张二人都赞杜少卿的慷慨。吃罢散了。

　　自此之后，娄太爷的病一日重一日。那日，杜少卿坐在他跟前，娄太爷说道："大相公，我从前挨着，只望病好。而今看这光景，病是不得好了，你要送我回家去。"杜少卿道："我一日不曾尽得老伯的情，怎么说要回家？"娄太爷道："你又呆了！我是有子有孙的人，一生出门在外，今日自然要死在家里。难道说你不留我？"杜少卿垂泪道："这样说，我就不留了。老伯的寿器，是我备下的，如今用不着，是不好带去了，另拿几十两银子合具寿器。衣服、被褥是做停当的，与老伯带去。"娄太爷道："这棺木、衣服，我受你的。你不要又拿银子给我家儿子、孙子。我这在三日内就要回去，坐不起来了，只好用床抬了去。你明日早上，到令先尊太老爷神主前祝告，说娄太爷告辞回去了。我在你家三十年，是你令先尊一个知心的朋友。令先尊去后，大相公如此侍奉我，我还有什么话？你的品行、文章，是当今第一人。你生的个小儿子，尤其不同，将来好好教训他成个正经人物。但是你不会当家，不会相与朋友，这家业是断然保不住的了。像你做这样慷慨仗义的事，我心里喜欢；只是也要看，来说话的是个什么样人。像你这样做法，都是被人骗了去，没人报答你的。虽说施恩不望报，却也不可这般贤否不明。你相与这臧三爷、张俊民，都是没良心的人。近来又添一个鲍廷玺，他做戏的，有什么好人？你也要照顾他？若管家王胡子，就更坏了！银钱也是小事。我死之后，你父子两人，事事学你令先尊的德行。德行若好，就没饭吃也不妨。你平生最相好的，是你家慎卿相公。慎卿虽有才情，也不是什么厚道人。你只学你令先尊，将来断不吃苦。你眼里又没有官长，又没有本家，这本地方也难住。南京是个大邦，你的才情，到那里去，或者还遇着个知己，做出些事业来。这剩下的家私，是靠不住的了！大相公，你听信我言，我死也瞑目！"杜少卿流泪道："老伯的好话，我都知道了。"

　　忙出来吩咐，雇了两班脚子，抬娄太爷过南京到陶红镇。又拿出百十两银子来，付与娄太爷的儿子回去办后事。第三日，送娄太爷起身。只因这一番，有分教：京师池馆，又看俊杰来游；江北家乡，不见英贤豪举。毕竟后事如何，且听下回分解。

第三十三回 杜少卿夫妇游山
迟衡山朋友议礼

话说杜少卿自从送了娄太爷回家之后，自此就没有人劝他，越发放着胆子用银子。前项已完，叫王胡子又去卖了一分田来。二千多银子，随手乱用。又将一百两银子把鲍廷玺打发过江去了。王知县事体已清，退还了房子告辞回去。

杜少卿在家又住了半年多，银子用得差不多了，思量把自己住的房子并与本家，要到南京去住。和娘子商议，娘子依了。人劝着他，总不肯听，足足闹了半年，房子归并妥了。除还债赎当，还落了有千把多银子。和娘子说道："我先到南京会过卢家表侄，寻定了房子，再来接你。"当下收拾了行李，带着王胡子，同小厮加爵过江。王胡子在路，见不是事，拐了二十两银子走了。杜少卿付之一笑，只带了加爵过江。

到了仓巷里外祖卢家，表侄卢华士出来迎请表叔进去，到厅上见礼。杜少卿又到楼上，拜了外祖、外祖母的神主。见了卢华士的母亲，叫小厮拿出火腿、茶叶土仪来送过。卢华士请在书房里摆饭。请出一位先生来，是华士今年请的业师。那先生出来见礼，杜少卿让先生首席坐下。杜少卿请问："先生贵姓？"那先生道："贱姓迟，名均，字衡山。请问先生贵姓？"卢华士道："这是学生天长杜家表叔。"迟先生道："是少卿？先生是海内英豪，千秋快士！只道闻名不能见面，何图今日邂逅高贤！"站起来重新见礼。杜少卿看那先生，细瘦，通眉，长爪，双眸炯炯，知他不是庸流，便也一见如故。吃过了饭，说起要寻房子来住的话。迟衡山喜出望外，说道："先生何不竟寻几间河房住？"杜少卿道："这也极好。我和你借此先去看看秦淮。"迟先生叫华士在家好好坐着，便同少卿步了出来。

走到状元境，只见书店里贴了多少新封面，内有一个写道："《历科程墨持运》。处州马纯上、嘉兴蘧驮夫同选。"杜少卿道："这蘧驮夫，是南昌蘧太守之孙,是我敝世兄。既在此,我何不进去会会他?"便同迟先生进去。蘧驳夫出来叙了世谊,彼此道了些相慕的话。马纯上出来叙礼,问:"先生贵姓?"蘧驳夫道:"此乃天长殿元公孙杜少卿先生,这位是句容迟衡山先生,皆江南名坛领袖,小弟辈恨相见之晚。"吃过了茶,迟衡山道:"少卿兄要寻居停,此时不能久谈,要相别了。"同走出来,只见柜台上伏着一个人,在那里看诗,指着书上道:"这一首诗就是我的。"四个人走过来,看见他旁边放着一把白纸诗扇。蘧耽夫打开一看,款上写着"兰江先生"。蘧驳夫笑道:"是景兰江。"景兰江抬起头来看见二人,作揖问姓名。杜少卿拉着迟衡山道:"我每日去寻房子,再来会这些人。"

当下走过秦淮桥。迟衡山路熟,找着房牙子一路看了几处河房,多不中意,一直看到东水关。这年是乡试年,河房最贵。这房子每月要八两银子的租钱。杜少卿道:"这也罢了,先租了住着再买他的。"南京的风俗是:"要付一个进房,一个押月。当下房牙子同房主人跟到仓巷卢家写定租约,付了十六两银子。卢家摆酒,留迟衡山同杜少卿坐。坐到夜深,迟衡山也在这里宿了。

次早,才洗脸,只听得一人在门外喊了进来:"杜少卿先生在哪里?"杜少卿正要出去看,那人已走进来,说道:"且不要通姓名,且等我猜一猜看!"定了一会神,走上前一把拉着少卿道:"你便是杜少卿!"杜少卿笑道:"我便是杜少卿。这位是迟衡山先生,这是舍表侄。先生你贵姓?"那人道:"少卿天下豪士,英气逼人,小弟一见丧胆,不似迟先生老成尊重,所以我认得不错。小弟便是季苇萧。"迟衡山道:"是定梨园榜的季先生?久仰!久仰!"季苇萧坐下,向杜少卿道:"令兄已是北行了。"杜少卿惊道:"几时去的?"季苇萧道:"才去了三四日,小弟送到龙江关。他加了贡,进京乡试去了。少卿兄挥金如土,为什么躲在家里用,不拿来这里,我们大家玩玩?"杜少卿道:"我如今来了。现看定了河房,到这里来居住。"季苇萧拍手道:"妙!妙!我也寻两间河房,同你做邻居,把贱内也接来,同老嫂做伴。这买河房的钱,就出在你!"杜少卿道:"这个自然。"须臾,卢家摆出饭来,留季苇萧同吃。吃饭中间,谈及哄慎卿看道士的这一件事,众人大笑,把饭都喷了出来。

才吃完了饭,便是马纯上、蘧耽夫、景兰江来拜。会着谈了一会,送出去。

才进来，又是萧金铉、诸葛天申、季恬逸来拜，季苇萧也出来同坐。谈了一会，季苇萧同三人一路去了。杜少卿写家书，打发人到天长接家眷去了。

次日清晨，正要回拜季苇萧这几个人，又是郭铁笔同来道士来拜。杜少卿迎了进来，看见道士的模样，想起昨日的话，又忍不住笑。道士足恭了一回，拿出一卷诗来。郭铁笔也送了两方图书。杜少卿都收了。吃过茶，告别去了。杜少卿方才出去回拜这些人。一连在卢家住了七八天，同迟衡山谈些礼乐之事，甚是相合。

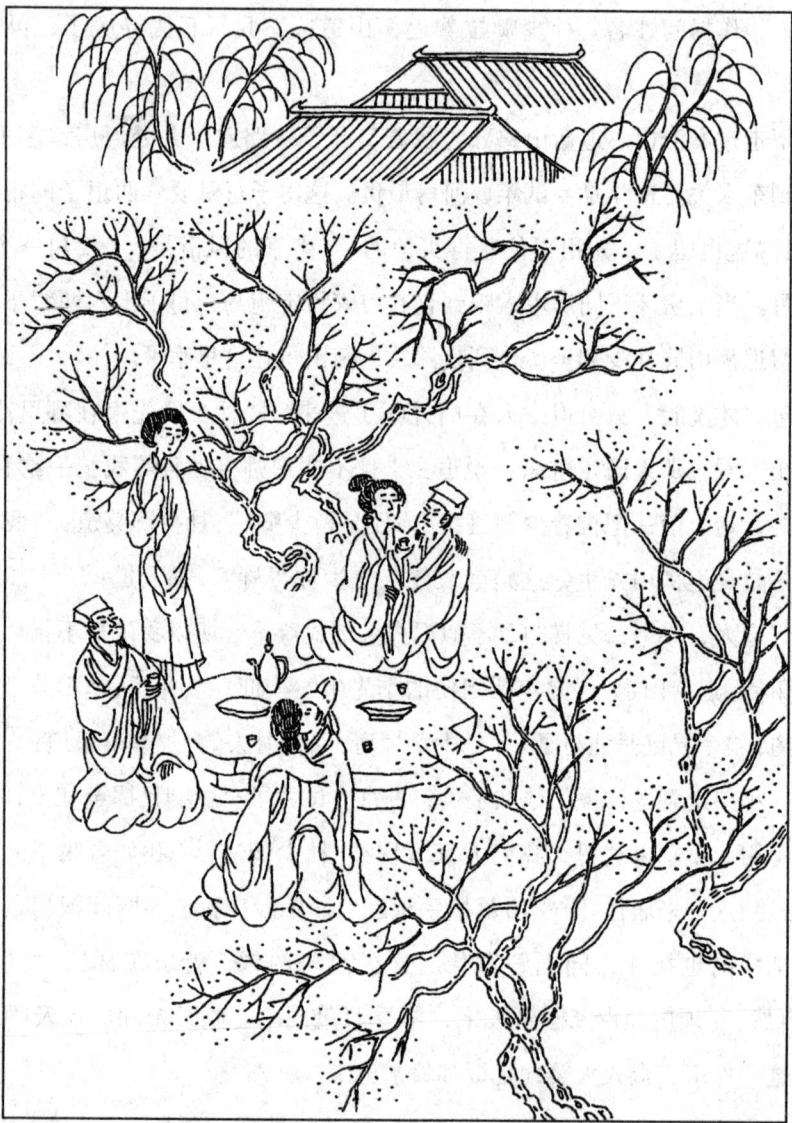

家眷到了，共是四只船，拢了河房。杜少卿辞别卢家，搬了行李去。次日众人来贺。这时，三月初旬，河房渐好，也有箫管之声。杜少卿备酒请这些人，共是四席。那日，季苇萧、马纯上、蘧𫘤夫、季恬逸、迟衡山、卢华士、景兰江、诸葛天申、萧金铉、郭铁笔、来霞士都在席。金东崖是河房邻居，拜往过了，也请了来。本日茶厨先到，鲍廷玺打发新教的三元班小戏子来磕头，见了杜少爷、杜娘子，赏了许多果子去了。随即，房主人家荐了一个卖花堂客，叫作姚奶奶来见，杜娘子留他坐着。到上昼时分，客已到齐，将河房窗子打开了。众客散坐，或凭栏看水，或啜茗闲谈，或据案观书，或箕踞自适，各随其便。只见门外一顶轿子，鲍廷玺跟着，是送了他家王太太来问安。王太太下轿进去了，姚奶奶看见他，就忍笑不住，向杜娘子道："这是我们南京有名的王太太。他怎肯也到这里来？"王太太见杜娘子着实小心，不敢抗礼。杜娘子也留他坐下。杜少卿进来，姚奶奶、王太太又叩见了少爷。鲍廷玺在河房见了众客，口内打诨说笑。闹了一会，席面已齐，杜少卿出来奉席坐下。吃了半夜酒，各自散讫。鲍廷玺自己打着灯笼，照王太太坐了轿子，也回去了。

又过了几日，娘子因初到南京，要到外面去看看景致。杜少卿道："这个使得。"当下叫了几乘轿子，约姚奶奶做陪客，两三个家人、婆娘都坐了轿子跟着。厨子挑了酒席，借清凉山一个姚园。这姚园是个极大的园子，进去一座篱门；篱门内，是鹅卵石砌成的路，一路朱红栏杆，两边绿柳掩映；过去三间厅，便是他卖酒的所在。那日把酒桌子都搬了。过厅便是一路山径，上到山顶便是一个八角亭子。席摆在亭子上。娘子和姚奶奶一班人上了亭子观看景致。一边是清凉山，高高下下的竹树。一边是灵隐观，绿树丛中露出红墙来，十分好看。坐了一会，杜少卿也坐轿子来了。轿里带了一只赤金杯子，摆在桌上，斟起酒来拿在手内，趁着这春光融融，和气习习，凭在栏杆上流连痛饮。这日杜少卿大醉了，竟携着娘子的手出了园门，一手拿着金杯，大笑着，在清凉山岗子上走了一里多路。背后三四个妇女嘻嘻笑笑跟着，两边看的人，目眩神摇不敢仰视。杜少卿夫妇两个上了轿子去了。姚奶奶和这几个妇女，采了许多桃花插在轿子上，也跟上去了。

杜少卿回到河房，天色已晚。只见卢华士还在那里坐着，说道："北门桥庄表伯，听见表叔来了，急于要会。明日请表叔在家坐，一时不要出门，庄表伯来拜。"杜少卿道："绍光先生是我所师事之人。我因他不耐同这一班词客相聚，所以前日不曾约他。我正要去看他，怎反劳他到来看我？贤侄你作速回去打发人致意，我明日先到他家去。"华士应诺去了。杜少卿送了出去。

才关了门，又听得打的门响。小厮开门出去，同了一人进来，禀道："娄大相公来了。"杜少卿举眼一看，见娄焕文的孙子穿着一身孝，哭拜在地。说道："我家老爹去世了，特来报知。"杜少卿道："几时去世的？"娄大相公道："前月二十六日。"杜少卿大哭了一场，吩咐连夜制备祭礼。次日清晨，坐了轿子，往陶红镇去了。季苇萧打听得姚园的事，绝早走来访问，知道已往陶红，怅怅而返。

杜少卿到了陶红，在娄太爷柩前大哭了几次，拿银子做了几天佛事，超度娄太爷生天。娄家把许多亲戚请来陪。杜少卿一连住了四五日，哭了又哭。陶红一镇上的人，人人叹息，说："天长杜府厚道。"又有人说："这老人家为人，必定十分好，所以杜府才如此尊重、报答他。为人须像这个老人家，方为不愧。"杜少卿又拿了几十两银子，交与他儿子、孙子，买地安葬娄太爷。娄家一门男男女女都出来拜谢。杜少卿又在柩前恸哭了一场，方才回来。

到家，娘子向他说道："自你去的第二日，巡抚一个差官同天长县的一个门斗，拿了一角文书来寻。我回他不在家。他住在饭店里，日日来问，不知为甚事？"杜少卿道："这又奇了！"正疑惑间小厮来说道："那差官和门斗在河房里要见。"杜少卿走出去，同那差官见礼坐下。差官道了恭喜，门斗送上一角文书来。那文书是拆开过的。杜少卿拿出来看，只见上写道：

> 巡抚部院李，为举荐贤才事：钦奉圣旨，采访天下儒修。本部院访得天长县儒学生员杜仪，品行端醇，文章典雅。为此饬知该县儒学教官，即敦请该生，即日束装赴院，以便考验，申奏朝廷，引见擢用。毋违！速速！

杜少卿看了道："李大人是先祖的门生，原是我的世叔，所以荐举我。我怎么敢当？但大人如此厚意，我即刻料理起身，到辕门去谢。"留差官吃了酒饭，送他几两银子作盘程。门斗也给了他二两银子，打发先去了。在家收拾，没有盘缠，把那一只金杯，当了三十两银子，带一个小厮，上船往安庆去了。

到了安庆，不想李大人因事公出。过了几日才回来。杜少卿投了手本，那里开门请进去，请到书房里。李大人出来，杜少卿拜见，请过大人的安。李大人请他坐下。李大人道："自老师去世之后，我常念诸位世兄。久闻世兄才品过人，所以朝廷仿古征辟大典，我学生要借光，万勿推辞！"杜少卿道："小侄菲才寡学，大人误采虚名，恐其有玷荐牍。"李大人道："不必太谦。我便向府县取结。"杜少卿道："大人垂爱，小侄岂不知！但小侄麋鹿之性，草野惯了，近又多病，还求大人另访。"李大人道："世家子弟，怎说得不肯做官？我访的不差，是要荐的！"杜少卿就不敢再说了。李大人留着住了一夜，拿出许多诗文来请教。

次日辞别出来。他这番盘程带少了，又多住了几天，在辕门上又被人要了多少喜钱去，叫了一只船回南京，船钱三两银子也欠着。一路又遇了逆风，走了四五天才走到芜湖。到了芜湖，那船真走不动了。船家要钱买米煮饭，杜少卿叫小厮寻一寻，只剩了五个钱。杜少卿算计要拿衣服去当。

心里闷，且到岸上去走走。见是吉祥寺，因在茶桌上坐着，吃了一开茶。又肚里饿了，吃了三个烧饼，到要六个钱，还走不出茶馆门。只见一个道士在面前走过去，杜少卿不曾认得清。那道士回头一看，忙走近前道："杜少爷，你怎么在这里？"杜少卿笑道："原来是来霞兄。你且坐下吃茶。"来霞士道："少老爷，你为什么独自在此？"杜少卿道："你几时来的？"来霞士道："我自叨扰之后，因这芜湖县张老父台写书子接我来做诗，所以在这里。我就寓在识舟亭，甚有景致，可以望江。少老爷到我下处去坐坐。"杜少卿道："我也是安庆去看一个朋友，回来从这里过，阻了风。而今和你到尊寓玩玩去。"来霞士会了茶钱，两人同进识舟亭。

庙里道士走了出来问："哪里来的尊客？"来道士道："是天长杜状元府里杜少老爷。"道士听了，着实恭敬，请坐拜茶。杜少卿看见墙上贴着一个斗方，一首《识舟亭怀古》的诗，上写"霞士道兄教正"，下写"燕里韦阐思玄稿。"杜少卿道："这是滁州乌衣镇韦四太爷的诗。他几时在这里的？"道士道："韦四太爷现在楼上。"杜少卿向来霞士道："这样，我就同你上楼去。"便一同上楼来。

道士先喊道："韦四太爷，天长杜少老爷来了！"韦四太爷答应道："是那个？"
要走下楼来看。杜少卿上来道："老伯！小侄在此。"韦四太爷两手抹着胡子，
哈哈大笑，说道："我当是谁？原来是少卿！你怎么走到这荒江地面来？且请坐
下，待我烹起茶来，叙叙阔怀。你到底从那里来？"杜少卿就把李大人的话告诉
几句，又道："小侄这回盘缠带少了，今日只剩的五个钱，方才还吃的是来老爷
的茶，船钱、饭钱都无。"韦四太爷大笑道："好！好！今日大老官毕了！但你
是个豪杰，这样的事何必焦心？且在我下处坐着吃酒。我因有教的一个学生住在
芜湖，他前日进了学，我来贺他，他谢了我二十四两银子。你在我这里吃了酒，
看风转了，我拿十两银子给你去。"杜少卿坐下，同韦四太爷、来霞士三人吃酒。

直吃到下午，看着江里的船在楼窗外过去，船上的定风旗渐渐转动。韦四太
爷道："好了！风云转了！"大家靠着窗子看那江里。看了一回，太阳落了下去，
返照照着几千根桅杆半截通红。杜少卿道："天色已晴，东北风息了，小侄告辞
老伯下船去。"韦四太爷拿出十两银子，递与杜少卿，同来霞士送到船上。来霞

士又托他致意南京的诸位朋友。说罢别过，两人上岸去了。

杜少卿在船歇宿。是夜五鼓，果然起了微微西南风。船家扯起篷来乘着顺风，只走了半天就到白河口。杜少卿付了船钱，搬行李上岸，坐轿来家。娘子接着。他就告诉娘子，前日路上没有盘程的这一番笑话，娘子听了也笑。

次日，便到北门桥去拜庄绍光先生。那里回说："浙江巡抚徐大人请了游西湖去了，还有些日子才得来家。"杜少卿便到仓巷卢家去会迟衡山。卢家留着吃饭。迟衡山闲话说起："而今读书的朋友，只不过讲个举业，若会做两句诗赋，就算雅极的了。放着经史上礼、乐、兵、农的事，全然不问！我本朝太祖定了天下，大功不差似汤、武，却全然不曾制作礼乐。少卿兄，你此番征辟了去，替朝廷做些正经事，方不愧我辈所学。"杜少卿道："这征辟的事，小弟已是辞了。正为走出去，做不出什么事业，徒惹高人一笑，所以，宁可不出去的好。"迟衡山又在房里拿出一个手卷来，说道："这一件事，须是与先生商量。"杜少卿道："什么事？"迟衡山道："我们这南京，古今第一个贤人是吴泰伯，却并不曾有个专祠。那文昌殿、关帝庙，到处都有。小弟意思要约些朋友，各捐几何，盖一所泰伯祠。春秋两仲，用古礼古乐致祭，借此大家习学礼乐，成就出些人才，也可以助一助政教。但建造这祠须数千金，我裱了个手卷在此，愿捐的写在上面。少卿兄你愿出多少？"杜少卿大喜道："这是该的！"接过手卷，放开写道："天长杜仪捐银三百两。"迟衡山道："也不少了。我把历年做馆的修金节省出来，也捐二百两。"就写在上面。又叫："华士你也勉力出五十两。"也就写在卷子上。

迟衡山卷起收了，又坐着闲谈。只见杜家一个小厮走来禀道："天长有个差人在河房里，要见少爷，请少爷回去。"杜少卿辞了迟衡山回来。只因这一番，有分教：一时贤士，同辞爵禄之縻；两省名流，重修礼乐之事。不知后事如何，且听下回分解。

第三十四回 议礼乐名流访友 备弓旌天子招贤

话说杜少卿别了迟衡山出来，问小厮道："那差人他说什么？"小厮道："他说，少爷的文书已经到了。李大老爷吩咐县里邓老爷，请少爷到京里去做官。邓老爷现住在承恩寺。差人说，请少爷在家里，邓老爷自己上门来请。"杜少卿道："既如此说，我不走前门家去了，你快叫一只船，我从河房栏杆上上去。"当下，小厮在下浮桥雇了一只凉篷，杜少卿坐了来家。忙取一件旧衣服、一项旧帽子，穿戴起来，拿手帕包了头，睡在床上。叫小厮："你向那差人说，我得了暴病，请邓老爷不用来。我病好了，慢慢来谢邓老爷。"小厮打发差人去了。娘子笑道："朝廷叫你去做官，你为什么妆病不去？"杜少卿道："你好呆！放着南京这样好玩的所在。留着我在家，春天秋天同你出去看花吃酒，好不快活！为什么要送我到京里去？假使连你也带往京里，京里又冷，你身子又弱，一阵风，吹得冻死了也不好。还是不去得妥当。"

小厮进来说："邓老爷来了，坐在河房里，定要会少爷。"杜少卿叫两个小厮搀扶着，做个十分有病的模样，路也走不全，出来拜谢知县，拜在地下就不得起来。知县慌忙扶了起来，坐下就道："朝廷大典，李大人专要借光。不想先生病得狼狈至此。不知几时可以勉强就道？"杜少卿道："治晚不幸大病，生死难保，这事断不能了！总求老父台代我恳辞。"袖子里取出一张呈子来，递与知县。知县看这般光景，不好久坐，说道："弟且别了先生，恐怕劳神。这事，弟也只得备文书，详复上去，看大人意思何如。"杜少卿道："极蒙抬爱，恕治晚不能躬送了。"

知县作别上轿而去，随即备了文书说："杜生委系患病，不能就道。"申详了李大人。恰好李大人也调了福建巡抚，这事就罢了。杜少卿听见李大人已去，心里欢喜道："好了！我做秀才，有了这一场结局，将来乡试也不应，科、岁也不考，逍遥自在，做些自己的事罢！"

杜少卿因托病辞了知县，在家有许多时不曾出来。这日，鼓楼街薛乡绅家请酒，杜少卿辞了不到，迟衡山先到了。那日在座的客是马纯上、蘧耽夫、季苇萧。都在那里坐定，又到了两位客：一个是扬州萧柏泉，名树滋；一个是采石余爱，字和声。是两个少年名士。这两人面如傅粉，唇若涂朱，举止风流，芳兰竟体。这两个名士独有两个绰号：一个叫"余美人"，一个叫"萧姑娘"。两位会了众人，作揖坐下。薛乡绅道："今日奉邀诸位先生小坐。淮清桥有一个姓钱的朋友，我约他来陪诸位玩玩。他偏生的今日有事，不得到。"季苇萧道："老伯，可是那做正生的钱麻子？"薛乡绅道："是。"迟衡山道："老先生同士大夫宴会，那梨园中人，也可以许他一席同坐的吗？"薛乡绅道："此风也久了。弟今日请的有高老先生，那高老先生最喜此人谈吐，所以约他。"迟衡山道："是那位高老先生？"季苇萧道："是六合的现任翰林院侍读。"

说着，门上人进来禀道："高大老爷到了。"薛乡绅迎了出去。高老先生纱帽蟒衣进来，与众人作揖，首席坐下。认得季苇萧，说道："季年兄，前日枉顾，有失迎迓。承惠佳作，尚不曾捧读。"便问："这两位少年先生尊姓？"余美人、萧姑娘各道了姓名。又问马、蘧二人。马纯上道："书坊里选《历科程墨持运》的，便是晚生两个。"余美人道："这位蘧先生是南昌太守公孙。先父曾在南昌做府学。蘧先生和晚生也是世弟兄。"问完了，才问到迟先生。迟衡山道："贱姓迟，字衡山。"季苇萧道："迟先生有制礼作乐之才，乃是南邦名宿。"高老先生听罢，不言语了。吃过了三遍茶，换去大衣服，请在书房里坐。这高老先生虽是一个前辈，却全不做身份，最好玩耍，同众位说说笑笑，并无顾忌。才进书房，就问道："钱朋友怎么不见？"薛乡绅道："他今日回了，不得来。"高老先生道："没趣！没趣！今日满座欠雅矣！"

薛乡绅摆上两席，奉席坐下。席间，谈到浙江这许多名士，以及西湖上的风景，娄氏弟兄两个许多结交宾客的故事。余美人道："这些事我还不爱。我只爱耽夫家的双红姐，说着还齿颊生香。"季苇萧道："怪不得，你是个美人，所以就爱美人了。"萧柏泉道："小弟生平，最喜修补纱帽。可惜鲁编修公不曾会着，听见他那言论丰采，到底是个正经人。若会着，我少不得着实请教他。可惜已去世了！"蘧骏夫道："我娄家表叔那番豪举，而今再不可得了。"季苇萧道："骏兄，这是什么话？我们天长杜氏弟兄，只怕更胜于令表叔的豪举！"迟衡山道："两位中是少卿更好。"高老先生道："诸位才说的，可就是赣州太守的乃郎？"迟衡山道："正是。老先生也相与？"高老先生道："我们天长、六合是接壤之地，我怎么不知道？诸公莫怪学生说，这少卿，是他杜家第一个败类！他家祖上几十代行医，广积阴德，家里也挣了许多田产。到了他家殿元公，发达了去，虽做了几十年官，却不会寻一个钱来家。到他父亲，还有本事中个进士，做一任太守，已经是个呆子了。做官的时候，全不晓得敬重上司，只是一味希图着百姓说好，又逐日讲那些'敦孝弟，劝农桑'的呆话。这些话，是教养题目文章里的词藻，他竟拿着当了真，惹的上司不喜欢，把个官弄掉了。他这儿子就更胡说，混穿混吃，和尚、道士、工匠、花子都拉着相与，却不肯相与一个正经人。不到十年内，把六七万银子弄得精光。天长县站不住，搬在南京城里，日日携着乃眷，上酒馆吃酒。手里拿着一个铜盏子，就像讨饭的一般。不想他家，竟出了这样子弟！学生在家里，往常教子侄们读书，就以他为戒。每人读书的桌子上写一纸条贴着，上面写道：'不可学天长杜仪。'"迟衡山听罢，红了脸道："近日朝廷征辟他，他都不就。"高老先生冷笑道："先生你这话又错了。他果然肚里通，就该中了去！"又笑道："征辟难道算得正途出身吗？"萧柏泉道："老先生说的是。"向众人道："我们后生晚辈，都该以老先生之言为法。"当下又吃了一会酒，话了些闲话。席散，高老先生坐轿先去了。

众位一路走，迟衡山道："方才，高老先生这些话，分明是骂少卿，不想倒替少卿添了许多身份。众位先生，少卿是自古及今难得的一个奇人！"马二先生道："方才这些话，也有几句说的是。"季苇萧道："总不必管他！他河房里有趣，我们几个人明日一齐到他家，叫他买酒给我们吃。"余和声道："我们两个人也去拜他。"当下约定了。

次日，杜少卿才起来，坐在河房里，邻居金东崖拿了自己做的一本《四书讲章》来请教，摆桌子在河房里看。看了十几条，落后，金东崖指着一条问道："先生，你说这'羊枣'是什么？羊枣，即羊肾也。俗语说：'只顾羊卵子，不顾羊性命。'所以曾子不吃。"杜少卿笑道："古人解经，也有穿凿的。先生这话就太不伦了。"正说着，迟衡山、马纯上、蘧䮖夫、萧柏泉、季苇萧、余和声，一齐走了进来，作揖坐下。杜少卿道："小弟许久不曾出门，有疏诸位先生的教。今何幸群贤毕至！"便问："二位先生贵姓？"余、萧二人各道了姓名。杜少卿道："兰江怎的不见？"蘧䮖夫道："他又在三山街开了个头巾店做生意。"小厮奉出茶来。季苇萧道："不是吃茶的事，我们今日要酒。"杜少卿道："这个自然，且闲谈着。"

迟衡山道："前日承见赐《诗说》，极其佩服。但吾兄说《诗》大旨，可好

请教一二?"萧柏泉道:"先生说的可单是拟题?"马二先生道:"想是在《永乐大全》上说下来的。"迟衡山道:"我们且听少卿说。"杜少卿道:"朱文公解经,自立一说,也是要后人与诸儒参看。而今丢了诸儒,只依朱注,这是后人固陋,与朱子不相干。小弟遍览诸儒之说,也有一二私见请教。即如《凯风》一篇,说七子之母想再嫁,我心里不安。古人二十而嫁,养到第七个儿子,又长大了。那母亲也该有五十多岁,哪有想嫁之理!所谓'不安其室'者,不过因衣服、饮食不称心,在家吵闹,七子所以自认不是。这话前人不曾说过。"迟衡山点头道:"有理。"杜少卿道:"《女曰鸡鸣》一篇,先生们说他怎么样好?"马二先生道:"这是《郑风》,只是说他'不淫'。还有什么别的说?"迟衡山道:"便是,也还不能得其深味。"杜少卿道:"非也。但凡士君子,横了一个做官的念头在心里,便先要骄傲妻子。妻子想做夫人,想不到手,便事事不遂心,吵闹起来。你看这夫妇两个,绝无一点心想到功名富贵上去,弹琴饮酒,知命乐天。这便是三代以上修身齐家之君子。这个,前人也不曾说过。"蘧𬴂夫道:"这一说果然妙了!"杜少卿道:"据小弟看来,《溱洧》之诗,也只是夫妇同游,并非淫乱。"季苇萧道:"怪道前日老哥同老嫂在姚园大乐!这就是你弹琴饮酒、采兰赠芍的风流了。"众人一齐大笑。迟衡山道:"少卿妙论,令我闻之如饮醍醐。"余和声道:"那边醍醐来了。"众人看时,见是小厮捧出酒来。

当下摆齐酒肴,八位坐下小饮。季苇萧多吃了几杯,醉了。说道:"少卿兄,你真是绝世风流!据我说,镇日同一个三十多岁的老嫂子看花饮酒,也觉得扫兴。据你的才名,又住在这样的好地方,何不娶一个标致如君?又有才情的,才子佳人,及时行乐!"杜少卿道:"苇兄,岂不闻晏子云:'今虽老而丑,我固及见其姣且好也?'况且,娶妾的事,小弟觉得最伤天埋。天下不过是这些人,一个人占了几个妇人,天下必有几个无妻之客。小弟为朝廷立法:人生须四十无子,方许娶一妾;此妾如不生子,便遣别嫁。是这等样,天下无妻子的人,或者也少几个,也是培补元气之一端。"萧柏泉道:"先生说得好一篇风流经济!"迟衡山叹息道:"宰相若肯如此用心,天下可立致太平!"当下吃完了酒,众人欢笑,一同辞别去了。

过了几日,迟衡山独自走来,杜少卿会着。迟衡山道:"那泰伯祠的事已有个规模了。将来行的礼乐，我打了一个底稿在此，来和你商议，替我斟酌起来。"杜少卿接过底稿看了，道："这事还须寻一个人斟酌。"迟衡山道："你说寻那个？"杜少卿道："庄绍光先生。"迟衡山道："他前日浙江回来了。"杜少卿道："我正要去，我和你而今同去看他。"

当下两人坐了一只凉篷船，到了北门桥。上了岸，见一所朝南的门面房子，迟衡山道："这便是他家了。"两人走进大门。门上的人进去禀了主人，那主人走了出来。这人姓庄名尚志，字绍光，是南京累代的读书人家。这庄绍光十一二岁就会做一篇七千字的赋，天下皆闻。此时，已将及四十岁，名满一时，他却闭户著书，不肯妄交一人。这日听见是这两个人来，方才出来相会。只见头戴方巾，身穿宝蓝夹纱直裰，三绺髭须，黄白面皮，出来恭恭敬敬同二位作揖坐下。庄绍光道："少卿兄，相别数载，却喜卜居秦淮，为三山二水生色。前日又多了皖江这一番缠绕，你却也辞的爽快。"杜少卿道："前番正要来相会，恰遇故友之丧，只得去了几时。回来时，先生已浙江去了。"庄绍光道："衡山兄常在家里，怎么也不常会？"迟衡山道："小弟为泰伯祠的事，奔走了许多日子，今已略有规模，把所订要行的礼乐送来请教。"袖里拿出一个本子来递了过去。庄绍光接过，从头细细看了，说道："这千秋大事，小弟自当赞助效劳。但今有一事又要出门几时，多则三月，少则两月便回。那时我们细细考订。"

迟衡山道："又要到哪里去？"庄绍光道："就是浙抚徐穆轩先生，今升少宗伯。他把贱名荐了，奉旨要见，只得去走一遭。"迟衡山道："这是不得就回来的。"庄绍光道："先生放心。小弟就回来的，不得误了泰伯祠的大祭。"杜少卿道："这祭祀的事，少了先生不可，专候早回。"迟衡山叫将邸抄借出来看。小厮取了出来，两人同看。上写道：

礼部侍郎徐，为荐举贤才事：奉圣旨，庄尚志着来京引见。钦此。

两人看了，说道："我们且别，候入都之日，再来奉送。"庄绍光道："相晤不远，不劳相送。"说罢出来，两人去了。

庄绍光晚间置酒，与娘子作别。娘子道："你往常不肯出去，今日怎的闻命就行?"庄绍光道:"我们与山林隐逸不同。既然奉旨召我,君臣之礼是傲不得的。你但放心,我就回来,断不为老莱子之妻所笑。"次日,应天府的地方官,都到门来催追。庄绍光悄悄叫了一乘小轿,带了一个小厮,脚子挑了一担行李,从后门老早就出汉西门去了。

庄绍光从水路过了黄河,雇了一辆车,晓行夜宿,一路来到山东地方。过兖州府四十里,地名叫作辛家驿,住了车子吃茶。这日天色未晚,催着车夫还要赶几十里地。庄家说道:"不瞒老爷说,近来,咱们地方上响马甚多,凡过往的客人须要迟行早住。老爷虽然不比有本钱的客商,但是也要小心些。"庄绍光听了这话,便叫车夫:"竟住下吧。"小厮拣了一间房,把行李打开,铺在炕上,拿茶来吃着。

只听得门外骡铃乱响,来了一起银鞘,有百十个牲口。内中一个解官,武员打扮;又有同伴的一个人,五尺以上身材,六十外岁年纪,花白胡须,头戴一顶毡笠子,身穿箭衣,腰插弹弓一张,脚下黄牛皮靴。两人下了牲口,拿着鞭子一齐走进店来,吩咐店家道:"我们是四川解饷进京的。今日天色将晚,住一宿,明日早行。你们须要小心伺候。"店家连忙答应。那解官督率着脚夫将银鞘搬入店内,牲口赶到槽上,挂了鞭子同那人进来,向庄绍光施礼坐下。庄绍光道:"尊驾是四川解饷来的?此位想是贵友。不敢拜问尊姓大名?"解官道:"在下姓孙,叨任守备之职。敝友姓萧字昊轩,成都府人。"因问庄绍光进京贵干。庄绍光道了姓名,并赴召进京的缘故。萧昊轩道:"久闻南京有位庄绍光先生,是当今大名士。不想今日无意中相遇。"极道其倾倒之意。庄绍光见萧昊轩气宇轩昂,不同流俗,也就着实亲近。

因说道:"国家承平日久,近来的地方官办事,件件都是虚应故事。像这盗贼横行,全不肯讲究一个弭盗安民的良法。听见前路响马甚多,我们须要小心防备。"萧昊轩笑道:"这事先生放心!小弟生平有一薄技:百步之内用弹子击物,百发百中。响马来时,只消小弟一张弹弓,叫他来得去不得,人人送命,一个不留!"孙解官道:"先生若不信敝友手段,可以当面请教一二。"庄绍光道:"争要请教,不知可好惊动?"萧昊轩道:"这有何妨!正要献丑。"遂将弹弓拿了,走出天井来,向腰间锦袋中取出两个弹丸,拿在手里。庄绍光同孙解官一齐步出天井来看。只见他把弹弓举起，向着空阔处先打一丸弹子，抛在空中，续将一丸弹子打去，恰好与那一丸弹子相遇，在半空里打得粉碎。庄绍光看了，赞叹不已，连那店主人看了，都吓一跳。萧昊轩收了弹弓，进来坐下。谈了一会，各自吃了夜饭住下。

国学经典文库

中国二十大名著

儒林外史

图文珍藏版

　　次早，天色未明，孙解官便起来催促骡夫、脚子搬运银鞘，打发房钱上路。庄绍光也起来洗了脸，叫小厮拴束行李，会了账一同前行。一群人众，行了有十多里路。那时天色未明，晓星犹在，只见前面林子里黑影中，有人走动。那些赶鞘的骡夫一齐叫道："不好了！前面有贼！"把那百十个骡子都赶到道旁坡子下去。萧昊轩听得，急忙把弹弓拿在手里，孙解官也拔出腰刀拿在马上。只听得一支响箭飞了出来，响箭过处，就有无数骑马的从林子里奔出来。萧昊轩大喝一声，扯满弓一弹子打去，不想呱啦一声，那条弓弦迸为两段。那响马贼数十人，齐声打了一个呼哨，飞奔前来。解官吓得拨回马头便跑。那些骡夫、脚子，一个个趴伏在地，尽着响马贼赶着百十个牲口，驮了银鞘往小路上去了。庄绍光坐在车里，半日也说不出话来，也不晓得车外边这半会做的是些什么勾当。

萧昊轩因弓弦断了，使不得力量，拨马往原路上跑。跑到一个小店门口，敲开了门。店家看见，知道是遇了贼，因问："老爷昨晚住在那个店里?"萧昊轩说了。店家道："他原是贼头赵大一路做线的。老爷的弓弦，必是他昨晚弄坏了。"萧昊轩省悟，悔之无及。一时人急智生，把自己头发拔下一绺，登时把弓弦续好。飞马回来，遇着孙解官，说贼人已投向东小路而去了。那时天色已明，萧昊轩策马飞奔，赶了不多路，望见贼众拥护着银鞘，慌忙地前走。他便加鞭赶上，手执弹弓，好像暴雨打荷叶的一般，打的那些贼人，一个个抱头鼠窜，丢了银鞘，如飞的逃命去了。他依旧把银鞘同解官慢慢地赶回大路，会着庄绍光，述其备细。庄绍光又赞叹了一会。

同走了半天，庄绍光行李轻便，遂辞了萧、孙二人，独自一辆车子先走。走了几天，将到卢沟桥，只见对面一个人骑了骡子来，遇着车子，问："车里这位客官尊姓?"车夫道："姓庄。"那人跳下骡子，说道："莫不是南京来的庄征君吗?"庄绍光正要下车，那人拜倒在地。只因这一番，有分教：朝廷有道，修大礼以尊贤；儒者爱身，遇高官而不受。毕竟后事如何，且听下回分解。

第三十五回　圣天子求贤问道　庄征君辞爵还家

话说庄征君看见那人跳下骡子，拜在地下，慌忙跳下车来跪下，扶住那人。说道："足下是谁？我一向不曾认得。"那人拜罢起来，说道："前面三里之遥，便是一个村店。老先生请上了车，我也奉陪了回去，到店里谈一谈。"庄征君道："最好。"上了车子，那人也上了骡子，一同来到店里，彼此见过了礼坐下。那人道："我在京师里，算着征辟的旨意到南京去，这时候该是先生来的日子了，所以出了彰仪门，遇着骡、轿、车子，一路问来，果然问着。今幸得接大教。"庄征君道："先生尊姓大名？贵乡何处？"那人道："小弟姓卢名德，字信侯，湖广人氏。因小弟立了一个志向，要把本朝名人的文集都寻遍了，藏在家里。二十年了，也寻的不差什么的了。只是国初四大家，只有高青邱是被了祸的，文集人家是没有，只有京师一个人家收着。小弟走到京师，用重价买到手。正要回家去，却听得朝廷征辟了先生。我想前辈已去之人，小弟尚要访他文集，况先生是当代一位名贤，岂可当面错过？因在京候了许久，一路问得出来。"庄征君道："小弟坚卧白门，原无心于仕途。但蒙皇上特恩，不得不来一走。却喜邂逅中得见先生，真是快事！但是我两人才得相逢，就要分手，何以为情！今夜就在这店里，权住一宵，和你连床谈谈。"又谈到名人文集上，庄征君向卢信侯道："像先生如此读书好古，岂不是个极讲求学问的！但国家禁令所在，也不可不知避忌。青邱文字，虽其中并无毁谤朝廷的言语，既然太祖恶其为人，且现在又是禁书，先生就不看他的著作也罢。小弟的愚见，读书一事，要由博而返之约，总以心得为主。先生如回贵府，便道枉驾过舍，还有些拙著慢慢地请教。"卢信侯应允了。次早分别，卢信侯先到南京等候。

庄征君进了彰仪门，寓在护国寺。徐侍郎即刻打发家人来候，便亲自来拜。庄征君会着。徐侍郎道："先生路途辛苦？"庄征君道："山野鄙性，不习车马之劳。兼之'蒲柳之姿，望秋先零'，长途不觉委顿。所以不曾便来晋谒，反劳大人先施。"徐侍郎道："先生速为料理，恐三五日内就要召见。"这时是嘉靖三十五年十月初一日。

过了三日，徐侍郎将内阁抄出圣旨送来。上写道："十月初二日，内阁奉上谕：

> 朕承祖宗鸿业，寤寐求贤，以资治道。朕闻师臣者王，古今通义也。今礼部侍郎徐基所荐之庄尚志，着于初六日入朝引见，以光大典。钦此。"

到了初六日五鼓，羽林卫士摆列在午门外，卤簿全副设了，用

> 庄尚志着于十一日便殿朝见，特赐禁中乘马。钦此。

到了十一那日，徐侍郎送了庄征君到了午门。徐侍郎别过，在朝房候着。庄征君独自走进午门去。只见两个太监，牵着一匹御用的马，请庄征君上去骑着。两个太监跪着坠镫。候庄征君坐稳了，两个太监笼着缰绳，那扯手都是赭黄颜色，慢慢地走过了乾清门。到了宣政殿的门外，庄征君下了马。那殿门口又有两个太监，传旨出来，宣庄尚志进殿。

庄征君屏息进去。天子便服坐在宝座。庄征君上前朝拜了。天子道："朕在位三十五年，幸托天地祖宗，海宇升平，边疆无事。只是百姓未尽温饱，士大夫亦未见能行礼乐。这教养之事，何者为先？所以特将先生起自田间，望先生悉心为朕筹划，不必有所隐讳。"庄征君正要奏对，不想头顶心里一点疼痛，着实难忍，只得躬身奏道："臣蒙皇上清问，一时不能条奏，容臣细思，再为启奏。"天子道："既如此，也罢。行生务须为朕加意，只要事事可行，宜于古而不戾于今罢了。"说罢，起驾回宫。庄征君出了勤政殿，太监又笼了马来，一直送出午门。徐侍郎接着，同出朝门。徐侍郎别过去了。

庄征君到了下处，除下头巾，见里面有一个蝎子。庄征君笑道："臧仓小人，

原来就是此物！看来我道不行了！"次日起来，焚香盥手，自己揲了一个蓍，筮得"天山遁"。庄征君道："是了。"便把教养的事，细细做了十策，又写了一道"恳求恩赐还山"的本，从通政司送了进去。

自此以后，九卿六部的官，无一个不来拜望请教。庄征君会的不耐烦，只得各衙门去回拜。大学士太保公向徐侍郎道："南京来的庄年兄，皇上颇有大用之意。老先生何不邀他来学生这里走走？我欲收之门墙，以为桃李。"侍郎不好唐突，把这话婉婉向庄征君说了。庄征君道："世无孔子，不当在弟子之列。况太保公屡主礼闱，翰苑门生不知多少，何取晚生这一个野人？这就不敢领教了。"侍郎就把这话回了太保，太保不悦。

又过了几天，天子坐便殿，问太保道："庄尚志所上的十策，朕细看，学问渊深。这人可用为辅弼吗？"太保奏道："庄尚志果系出群之才，蒙皇上旷典殊恩，朝野胥悦。但不由进士出身，骤跻卿贰，我朝祖宗无比法度，且开天下以幸进之心。伏候圣裁。"天子叹息了一回，随教大学士传旨：

> 庄尚志允令还山，赐内帑银五百两。将南京元武湖赐予庄尚志著书
> 立说，鼓吹休明。

传出圣旨来，庄征君又到午门谢了恩。辞别徐侍郎，收拾行李回南。满朝官员都来饯送，庄征君都辞了。依旧叫了一辆车，出彰仪门来。

那日天气寒冷，多走了几里路，投不着宿头，只得走小路，到一个人家去借宿。那人家住着一间草房，里面点着一盏灯，一个六七十岁的老人家站在门首。庄征君上前和他作揖道："老爹，我是行路的，错过了宿头，要借老爹这里住一夜，明早拜纳房金。"那老爹道："客官，你行路的人，谁家顶着房子走？借住不妨。只是我家只得一间屋，夫妻两口住着，都有七十多岁。不幸今早又把个老妻死了，没钱买棺材现停在屋里。客官却在哪里住？况你又有车子，如何拿得进来？"庄征君道："不妨，我只需一席之地，将就过一夜。车子叫他在门外罢了。"那老爹道："这等，只有同我一床睡。"庄征君道："也好。"

当下走进屋里，见那老妇人尸首，直僵僵停着，旁边一张土炕。庄征君铺下

行李。叫小厮同车夫睡在车上，让那老爹睡在炕里边。庄征君在炕外睡下，翻来覆去睡不着。到二更半后，只见那死尸渐渐动起来。庄征君吓了一跳，定睛细看，只见那手也动起来了，竟有一个坐起来的意思。庄征君道："这人活了!"忙去推那老爹。推了一会，总不得醒。庄征君道："年高人怎的这样好睡!"便坐起来，看那老爹时，见他口里只有出的气，没有进的气，已是死了。回头看那老妇人，已站起来了，直着腿，白瞪着眼。原来不是活。是走了尸。庄征君慌了，跑出门来，叫起车夫，把车拦了门，不放他出去。庄征君独自在门外徘徊，心里懊悔道："'吉凶悔吝生乎动'，我若坐在家里，不出来走这一番，今日也不得受这一场虚惊。"又想道："生死亦是常事，我到底义理不深，故此害怕。"定了神，坐在车子上，一直等到天色大亮。那走的尸也倒了，一间屋里，只横着两个尸首。

庄征君感伤道："这两个老人家，就穷苦到这个地步！我虽则在此一宿，我不殡葬他，谁人殡葬？"因叫小厮、车夫前去寻了一个市井。庄征君拿几十两银子来，买了棺木，市上雇了些人抬到这里，把两人殓了。又寻了一块地，也是左近人家的，庄征君拿出银子去买。买了，看着掩埋了这两个老人家。掩埋已毕，庄征君买了些牲醴、纸钱，又做了一篇文。庄征君洒泪祭奠了。一市上的人都来罗拜在地下，谢庄征君。

庄征君别了台儿庄，叫了一只马溜子船。船上颇可看书。不日来到扬州，在钞关住了一日，要换江船回南京。次早才上了江船，只见岸上有二十多乘齐整轿子歇在岸上，都是两淮总商来候庄征君，投进帖子来。庄征君因船中窄小，先请了十位上船来。内中几位本家，也有称叔公的，有称尊兄的，有称老叔的，作揖奉坐。那在座第二位的就萧柏泉。众盐商都说是："皇上要重用台翁，台翁不肯做官，真乃好品行！"萧柏泉道："晚生知道老先生的意思。老先生抱负大才，要从正途出身，不屑这征辟。今日同来，留待下科抡元。皇上既然知道，将来鼎甲可望。"庄征君笑道："征辟大典，怎么说不屑？若说抡元，来科一定是长兄。小弟坚卧烟霞，静听好音。"萧柏泉道："在此还见见院、道吗？"庄征君道："弟归心甚急，就要开船。"说罢，这十位作别上去了，又做两次会了那十几位。庄征君甚不耐烦。随即是盐院来拜，盐道来拜，分司来拜，扬州府来拜，江都县来拜，把庄征君闹得急了。送了各官上去，叫作速开船。当晚总商凑齐六百银子到船上送盘缠，那船已是去的远了，赶不着，银子拿了回去。

庄征君遇着顺风，到了燕子矶，自己欢喜道："我今日复见江上佳丽了！"叫了一只凉篷船载了行李，一路荡到汉西门。叫人挑着行李，步行到家，拜了祖先，与娘子相见。笑道："我说多则三个月，少则两个月便回来，今日如何？我不说谎吗？"娘子也笑了。当晚备酒洗尘。

次早起来，才洗了脸，小厮进来禀道："六合高大老爷来拜。"庄征君出去会。才会了回来，又是布政司来拜，应天府来拜，驿道来拜，上、江二县来拜，本城乡绅来拜，哄庄征君穿了靴又脱，脱了靴又穿。庄征君恼了，向娘子道："我好没来由！朝廷既把元武湖赐了我，我为什么住在这里和这些人缠？我们迅速搬到湖上去受用。"当下商议料理，和娘子连夜搬到元武湖去住。

这湖是极宽阔的地方，和西湖也差不多大。左边台城望见鸡鸣寺。那湖中菱、藕、莲、芡，每年出几千石。湖内七十二只打渔船，南京满城每早卖的，都是这湖鱼。湖中间五座大洲：四座洲贮了图籍；中间洲上，一所大花园赐予庄征君住，有几十间房子。园里合抱的老树，梅花、桃、李、芭蕉、桂、菊，四时不断的花；又有一园的竹子，有数万竿。园内轩窗四启，看着湖光山色，真如仙境。门口系了一只船，要往那边，在湖里渡了过去。若把这船收过，那边飞也飞不过来。庄征君就住在花园。

一日，同娘子凭栏看水。笑说道："你看这些湖光山色，都是我们的了！我们日日可以游玩。不像杜少卿，要把尊壶带了清凉山去看花。"闲着无事，又斟酌一樽酒，把杜少卿做的《诗说》，叫娘子坐在旁边，念与他听。念到有趣处吃一大杯，彼此大笑。庄征君在湖中着实自在。

忽一日，有人在那边岸上叫船。这里放船去渡了过来，庄征君迎了出去。那人进来拜见，便是卢信侯。庄征君大喜道："途间一别，渴想到今。今日怎的到这里？"卢信侯道："昨日在尊府，今日我方到这里。你原来在这里做神仙，令我羡杀！"庄征君道："此间与人世绝远，虽非武陵，亦差不多。你且在此住些时，只怕再来就要迷路了。"当下备酒同饮。

吃到三更时分，小厮走进来慌忙说道："中山王府里发了几百兵，有千把枝火把，把七十二只渔船都拿了，渡过兵来，把花园团团围住。"庄征君大惊。又有一个小厮进来道："有一位总兵大老爷进厅上来了。"庄征君走了出来。那总兵见庄征君施礼。庄征君道："不知舍下有什么事？"那总兵道："与尊府不相干。"便附耳低言道："因卢信侯家藏《高青邱文集》乃是禁书，被人告发。京里说，这人有武勇，所以发兵来拿他。今日尾着他在大老爷这里，所以来要这个人，不要使他知觉走了。"庄征君道："总爷，找我罢了。我明日叫他自己投监，走了都在我。"那总兵听见这话，道："大老爷说了，有什么说。我便告辞。"庄征君送他出门。总兵号令一声，那些兵一齐渡过河去了。卢信侯已听见这事。道："我是硬汉，难道肯走了带累先生？我明日自投监去。"庄征君笑道："你只去权坐几天。不到一个月，包你出来逍遥自在。"卢信侯投监去了。庄征君悄悄写了十几封书子，打发人进京去，遍托朝里大老，从部里发出文书来，把卢信侯放了，反把那出首的人问了罪。卢信侯谢了庄征君，又留在花园住下。

过两日，又有两个人在那边叫渡船渡过湖来。庄征君迎出去，是迟衡山、杜少卿。庄征君欢喜道："有趣！'正欲清谈闻客至'。"邀在湖亭上去坐。迟衡山说，要所订祭泰伯祠的礼乐。庄征君留二位吃了一天的酒，将泰伯柯所行的礼乐，商订的端端正正，交与迟衡山拿去了。

转眼过了年。到二月半间，迟衡山约同马纯上、蘧驮夫、季苇萧、萧金铉、金东崖，在杜少卿河房里，商议祭泰伯祠之事。众人道："却是寻那一位做个主祭？"迟衡山道："这所祭的是个大圣人，须得是个圣贤之徒来主祭，方为不愧。如今必须寻这一个人。"众人道："是那一位？"迟衡山叠着指头，说出这个人来。只因这一番，有分教：千流万派，同归黄河之源；玉振金声，尽入黄钟之管。毕竟此人是谁，且听下回分解。

第三十六回　常熟县真儒降生
　　　　　　泰伯祠名贤主祭

　　话说应天苏州府常熟县有个乡村，叫作麟绂镇，镇上有二百多人家，都是务农为业。只有一位姓虞，在成化年间读书进了学，做了三十年的老秀才，只在这镇上教书。这镇离城十五里。虞秀才除应考之外，从不到城里去走一遭，后来直活到八十多岁，就去世了。他儿子不曾进过学，也是教书为业。到了中年尚无子嗣。夫妇两个到文昌帝君面前去求，梦见文昌亲手递一纸条与他，上写着《易经》一句："君子以果行育德。"当下就有了娠，到十个月满足，生下这位虞博士来。太翁去谢了文昌，就把这新生的儿子，取名育德，字果行。

　　这虞博士三岁上就丧了母亲。太翁在人家教书，就戴在馆里，六岁上替他开了蒙。虞博士长到十岁，镇上有一位姓祁的祁太公，包了虞太翁家去教儿子的书，宾主甚是相得。教了四年，虞太翁得病去世了，临危把虞博士托与祁太公。此时虞博士年方十四岁。祁太公道："虞小相公比人家一切的孩子不同，如今先生去世，我就请他做先生，教儿子的书。"当下写了自己祁连的名帖，到书房里来拜，就带着九岁的儿子，来拜虞博士做先生。虞博士自此总在祁家教书。

　　常熟是极出人文的地方。此时有一位云晴川先生，古文诗词天下第一。虞博士到了十七八岁，就随着他学诗文。祁太公道："虞相公，你是个寒士，单学这些诗文无益，须要学两件寻饭吃本事。我少年时，也知道地理，也知道算命，也知道选择，我而今都教了你，留着以为救急之用。"虞博士尽心听受了。祁太公又道："你还该去买两本考卷来读一读，将来出去应考，进个学，馆也好坐些。"虞博士听信了祁太公，果然买些考卷看了。到二十四岁上出去应考，就进了学。次年，二十里外杨家村一个姓杨的，包了去教书，每年三十两银子。正月里到馆，到十二月仍旧回祁家来过年。

　　又过了两年，祁太公说："尊翁在日，当初替你定下的黄府上的亲事，而今也该娶了。”当时就把当年余下十几两银子馆金，又借了明年的十几两银子的馆金，合起来就娶了亲。夫妇两个仍旧借住在祁家。满月之后就去到馆。又做了两年，积攒了二三十两银子的馆金，在祁家旁边，寻了四间屋，搬进去住，只雇了一个小小厮。虞博士到馆去了，这小小厮每早到三里路外镇市上，买些柴米油盐小菜之类，回家与娘子度日。娘子生儿育女，身子又多病，馆钱不能买医药，每日只吃三顿白粥。后来，身子也渐渐好起来。虞博士到三十二岁上，这年没有了馆。娘子道：“今年怎样？”虞博士道：“不妨。我自从出来坐馆，每年大约有三十两银子。假使那年正月里，说定只得二十几两，我心里焦不足，到了那四五月的时候，少不得又添两个学生，或是来看文章，有几两银子补足了这个数。假使那年正月，多讲得几两银子，我心里欢喜道：‘好了，今年多些。’偏家里遇着事情出来，把这几两银子用完了。可见有个一定，不必管他。”

过了些时，果然祁太公来说，远村上有一个姓郑的人家，请他去看葬坟。虞博士带了罗盘去，用心用意地替他看了地。葬过了坟，那郑家谢了他十二两银子。虞博士叫了一只小船回来。那时正是三月半天气，两边岸上有些桃花、柳树，又吹着微微的顺风，虞博士心里舒畅。又走到一个僻静的所在，一船鱼鹰在河里捉鱼。虞博士伏着船窗子看，忽见那边岸上一个人，跳下河里来。虞博士吓了一跳，忙叫船家把那人救了起来。救上了船，那人淋淋漓漓一身的水，幸得天气尚暖，虞博士叫他脱了湿衣，叫船家借一件干衣裳与他换了。请进船来坐着，问他因甚寻这短见。那人道：“小人就是这里庄农人家，替人家做着几块田，收些稻都被田主斛的去了。父亲得病死在家里，竟不能有钱买口棺木。我想，我这样人还活在世上做什么？不如寻个死路！”虞博士道：“这是你的孝心，但也不是寻死的事。我这里有十二两银子，也是人送我的，不能一总给你，我还要留着做几个月盘缠。我而今送你四两银子，你拿去和邻居、亲戚们说说，自然大家相帮。你去殡葬了你父亲就罢了。”当下在行李里拿出银子，称了四两，递与那人。那人接着银子，拜谢道：“恩人尊姓大名？”虞博士道：“我姓虞，在麟绂村住。你作速料理你的事去，不必只管讲话了。”那人拜谢去了。

虞博士回家，这年下半年又有了馆。到冬底，生了个儿子。因这些事都在祁太公家做的，因取名叫作“感祁”。一连又做了五六年的馆。虞博士四十一岁这年乡试，祁太公来送他，说道："虞相公，你今年想是要高中。"虞博士道："这也怎见得？"祁太公道："你做的事有许多阴德。"虞博士道："老伯，哪里见得我有甚阴德？"祁太公道："就如你替人葬坟，真心实意。我又听见人说，你在路上救了那葬父亲的人。这都是阴德。"虞博士笑道："阴骘就像耳朵里响，只是自己晓得，别人不晓得。而今这事老伯已是知道了，哪里还是阴德？"祁太公道："到底是阴德，你今年要中。"当下来南京乡试过回家，虞博士受了些风寒就病起来。放榜那日，报录人到了镇上，祁太公便同了来，说道："虞相公，你中了！"虞博士病中听见，和娘子商议，拿几件衣服当了，托祁太公打发报录的人。过几日病好了，到京去填写亲供回来，亲友、东家都送些贺礼。料理去上京会试，不曾中进士。

恰好常熟有一位大老康大人放了山东巡抚，便约了虞博士一同出京。住在衙门里，代做些诗文，甚是相得。衙门里同事有一位姓尤名滋，字资深，见虞博士文章、品行，就愿拜为弟子，和虞博士一房同住，朝夕请教。

那时正值天子求贤，康大人也要想荐一个人。尤资深道："而今朝廷大典，门生意思要求康大人荐了老师去。"虞博士笑道："这征辟之事，我也不敢当。况大人要荐人，但凭大人的主意。我们若去求他，这就不是品行了。"尤资深道："老师就是不愿，等他荐到皇上面前去，老师或是见皇上，或是不见皇上，辞了官爵回来，更见得老师的高处。"虞博士道："你这话又说错了。我又求他荐我，荐我到皇上面前，我又辞了官不做。这便求他荐不是真心，辞官又不是真心。这叫作什么？"说罢哈哈大笑。在山东过了两年多，看看又进京会试，又不曾中。就上船回江南来，依旧教馆。

又过了三年，虞博士五十岁了，借了杨家一个姓严的管家跟着，再进京去会试。这科就中了进士，殿试在二甲。朝廷要将他选做翰林。哪知这些进士，也有五十岁的，也有六十岁的，履历上多写的不是实在年纪，只有他写的是实在年庚：五十岁。天子看见，说道："这虞育德年纪老了，着他去做一个闲官罢！"当下就补了南京的国子监博士。虞博士欢喜道："南京好地方，有山有水，又和我乡相近。我此番去，把妻儿老小接在一处，团圞着，强如做个穷翰林。"当下就去辞别了房师、座师，和同乡这几位大老。翰林院侍读有位王先生托道："老先生到南京去，国子监有位贵门人，姓武名书，字正字，这人事母至孝，极有才情。老先生到彼，照顾照顾他。"虞博士应诺了。收拾行李来南京到任，打发门斗到常熟接家眷。此时公子虞感祁已经十八岁了，跟随母亲一同到南京。

虞博士去参见了国子监祭酒李大人，回来升堂坐公座。监里的门生纷纷来拜见。虞博士看见帖子上有一个武书。虞博士出去会着，问道："那一位是武年兄讳书的？"只见人丛里走出一个矮小人，走过来答道："门生便是武书。"虞博士道："在京师久仰年兄克敦孝行，又有大才。"从新同他见了礼，请众位坐下。武书道："老师文章山斗，门生辈今日得沾化雨，实为侥幸。"虞博士道："弟初到此间，凡事俱望指教。年兄在监几年了？"武书道："不瞒老师说，门生少孤，侍奉母亲在乡下住。只身一人，又无弟兄，衣服、饮食都是门生自己整理。所有先母在日，并不能读书应考。及不幸先母见背，一切丧葬大事，都亏了天长杜少卿先生相助。门生便随着少卿学诗。"

虞博士道："杜少卿先生，向日弟曾在尤资深案头见过他的诗集，果是奇才。少卿就在这里吗？"武书道："他现住在利涉桥河房里。"虞博士道："还有一位庄绍光先生，天子赐他元武湖的，他在湖中住着吗？"武书道："他就住在湖里。他却轻易不会人。"虞博士道："我明日就去求见他。"

武书道："门生并不会作八股文章。因是后来穷之无奈，求个馆也没得做，没奈何，只得寻两篇念念，也学做两篇，随便去考，就进了学。后来这几位宗师，不知怎的，看见门生这个名字，就要取做一等第一，补了廪。门生那文章，其实不好。屡次考诗赋，总是一等第一。前次一位宗师，合考八学，门生又是八学的一等第一，所以送进监里来。门生觉得自己时文到底不在行。"虞博士道："我也不耐烦做时文。"武书道："所以门生不拿时文来请教。平日考的诗赋，还有所做的《古文易解》，以及各样的杂说，写齐了来请教老师。"虞博士道："足见年兄才名，令人心服。若有诗赋、古文更好了，容日细细捧读。令堂可曾旌表过了吗？"武书道："先母是合例的。门生因家寒，一切衙门使费无出，所以迟至今日。门生实是有罪！"虞博士道："这个如何迟得？"便叫人取了笔砚来，说道："年兄，你便写起一张呈子节略来。"即传书办到面前，吩咐道："这武相公老太太节孝的事，你作速办妥了，以便备文申详。上房使用，都是我这里出。"

书办应诺下去。武书叩谢老师。众人多替武书谢了，辞别出去。虞博士送了回来。

次日，便往元武湖去拜庄征君，庄征君不曾会。虞博士便到河房去拜杜少卿，杜少卿会着。说起当初杜府殿元公在常熟过，曾收虞博士的祖父为门生。殿元乃少卿曾祖，所以少卿称虞博士为世叔。彼此谈了些往事。虞博士又说起，仰慕庄征君，今日无缘，不曾会着。杜少卿道："他不知道。小侄和他说去。"虞博士告别去了。

次日，杜少卿走到元武湖，寻着了庄征君，问道："昨日虞博士来拜，先生怎么不会他？"庄征君笑道："我因谢绝了这些冠盖，他虽是小官，也懒和他相见。"杜少卿道："这人大是不同，不但无学博气，尤其无进士气。他襟怀冲淡，上而伯夷、柳下惠，下而陶靖节一流人物。你会见他便知。"庄征君听了，便去回拜，两人一见如故。虞博士爱庄征君的恬适，庄征君爱虞博士的浑雅。两人结为性命之交。

又过了半年，虞博士要替公子毕姻。这公子所聘就是祁太公的孙女，本是虞博士的弟子，后来连为亲家，以报祁太公相爱之意。祁府送了女儿到署完姻，又赔了一个丫头来。自此孺人才得有使女听用。喜事已毕，虞博士把这使女就配了姓严的管家。管家拿进十两银子来交使女的身价。虞博士道："你也要备些床帐、衣服。这十两银子就算我与你的，你拿去备办罢。"严管家磕头谢了下去。

转眼新春二月。虞博士去年到任后，自己亲手栽的一树红梅花，今已开了几枝。虞博士欢喜，叫家人备了一席酒，请了杜少卿来，在梅花下坐，说道："少卿，春光已见几分，不知十里江梅如何光景？几时我和你携樽去探望一回。"杜少卿道："小侄正有此意，要约老叔同庄绍光兄，作竟日之游。"说着，又走进两个人来。这两人就在国子监门口住，一个姓储，叫作储信；一个姓伊，叫作伊昭。是积年相与学博的。虞博士见二人走了进来，同他见礼让座。那二人不僭杜少卿地坐。坐下，摆上酒来，吃了两杯。储信道："荒春头上，老师该做个生日，收他几分礼过春天。"伊昭道："禀明过老师，门生就出单去传。"虞博士道："我生日是八月，此时如何做得？"伊照道："这个不妨。二月做了，八月可以又做。"虞博士道："岂有此理！这就是笑话了！二位且请吃酒。"杜少卿也笑了。

虞博士道："少卿，有一句话和你商议。前日中山王府里说，他家有个烈女，托我做一篇碑文，折了个杯缎表礼银八十两在此。我转托了你。你把这银子拿去，作看花买酒之资。"杜少卿道："这文难道老叔不会作？为甚转托我？"虞博士笑道："我哪里如你的才情！你拿去做做。"因在袖里拿出一个节略来，递与杜少卿，叫家人把那两封银子交与杜老爷家人带去。家人拿了银子出来，又禀道："汤相公来了。"虞博士道："请到这里来坐。"家人把银子递与杜家小厮，便进去了。虞博士道："这来的是我一个表侄。我到南京的时候，把几间房子托他住着，他所以来看看我。"

说着汤相公走了进来，作揖坐下。说了一会闲话，便说道："表叔那房子，我因这半年没有钱用，是我拆卖了。"虞博士道："怪不得你。今年没有生意，家里也要吃用，没奈何卖了，又老远的路来告诉我做嗄？"汤相公道："我拆了房子，就没处住，所以来同表叔商量，借些银子，去当几间屋住。"虞博士又点头道："是了，你卖了就没处住。我这里恰好还有三四两银子，明日与你拿去，典几间屋住也好。"汤相公就不言语了。

杜少卿吃完了酒，告别了去。那两人还坐着，虞博士进来陪他。伊昭问道："老师与杜少卿是什么的相与？"虞博士道："他是我们世交，是个极有才情的。"伊昭道："门斗也不好说。南京人都知道，他本来是个有钱的人，而今弄穷了，在南京躲着，专好扯谎骗钱。他最没有品行！"虞博士道："他有什么没品行？"伊昭道："他时常同乃眷上酒馆吃酒，所以人都笑他。"虞博士道："这正是他风流文雅处，俗人怎么得知！"储信道："这也罢了。倒是老师下次有什么有钱的诗文，不要寻他做。他是个不应考的人，做出来的东西，好也有限，恐怕坏了老师的名。我们这监里，有多少考的起来的朋友，老师托他们做，又不要钱，又好。"虞博士正色道："这倒不然。他的才名，是人人知道的，做出来的诗文，人无有不服。每常人在我这里托他作诗，我还沾他的光。就如今这银子是一百两，我还留下二十两给我表侄。"两人不言语了，辞别出去。

次早，应天府送下一个监生来，犯了赌博，来讨收管。门斗和衙役把那监生看守在门房里，进来禀过，问："老爷，将他锁在哪里？"虞博士道："你且请他进来。"那监生姓端，是个乡里人，走进来，两眼垂泪，双膝跪下，诉说这些冤枉的事。虞博士道："我知道了。"当下把他留在书房里。每日同他一桌吃饭，又拿出行李与他睡觉。次日，到府尹面前，替他辩明白了这些冤枉的事，将那监生释放。那监生叩谢，说道："门生虽粉身碎骨，也难报老师的恩。"虞博士道："这有什么要紧？你既然冤枉，我原该替你辩白。"那监生道："辩白固然是老师的大恩，只是门生初来收管时，心中疑惑：不知老师怎样处置，门斗怎样要钱，把门生关到什么地方受罪？怎想老师把门生待作上客！门生不是来收管，竟是来享了两日的福。这个恩典，叫门生怎么感激的尽！"虞博士道："你打了这些日

子的官事，作速回家看看罢，不必多讲闲话。"那监生辞别去了。

又过了几日，门上传进一副大红连名全帖，上写道："晚生迟均、马静、季
萑、蓬来旬，门生武书、余爨，世侄杜仪同顿首拜。"虞博士看了道："这是什
么缘故？"慌忙出去会这些人。只因这一番，有分教：先圣祠内，共观大礼之兴；
国子监中，同仰斯文之主。毕竟这几个人来做什么，且听下回分解。

第三十七回　祭先圣南京修礼
送孝子西蜀寻亲

话说虞博士出来会了这几个人，大家见礼坐下。迟衡山道："晚生们今日特来，泰伯祠大祭，商议主祭之人。公中说，祭的是大圣人，必要个贤者主祭，方为不愧。所以，特来公请老先生。"虞博士道："先生这个议论，我怎么敢当？只是礼乐大事，自然也愿观光。请问定在几时？"迟衡山道："四月初一日。先一日，请就老先生到来祠中斋戒一宿，以便行礼。"虞博士应诺了，拿茶与众位吃。

吃过，众人辞了出来，一齐到杜少卿河房里坐下。迟衡山道："我们司事的人只怕还不足。"杜少卿道："恰好敝县来了一个敝友。"便请出臧荼与众位相见，一齐作了揖。迟衡山道："将来大祭也要借先生的光。"臧蓼斋道："愿观盛典。"说罢，作别去了。

到三月二十九日，迟衡山约齐杜仪、马静、季萑、金东崖、卢华士、辛东之、蘧来旬、余夔、卢德、虞感祁、诸葛佑、景本蕙、郭铁笔、萧鼎、储信、伊昭、季恬逸、金寓刘、宗姬、武书、臧荼，一齐出了南门。随即庄尚志也到了。众人看那泰伯祠时：几十层高坡上去，一座大门，左边是省牲之所；大门过去，一个大天井；又几十层高坡上去，三座门；进去一座丹墀，左右两廊，奉着从祀历代先贤神位；中间是五间大殿，殿上泰伯神位，面前供桌、香炉、烛台；殿后又一个丹墀，五间大楼，左右两旁，一边三间书房。众人进了大门，见高悬着金字一匾"泰伯之祠"，从二门进东角门走，循着东廊一路走过大殿，抬头看楼上，悬着金字一匾"习礼楼"三个大字。

众人在东边书房内坐了一会。迟衡山同马静、武书、蘧来旬开了楼门，同上楼去，将乐器搬下楼来，堂上的摆在堂上，堂下的摆在堂下。堂上安了祝版，香案旁树了麾，堂下树了庭燎，二门旁摆了盥盆、盥帨。金次福、鲍廷玺两人，领了一班司球的、司琴的、司瑟的、司管的、司鼗鼓的、司祝的、司敔的、司笙的、司镛的、司箫的、司编钟的、司编磬的和六六三十六个佾舞的孩子，进来见了众人。迟衡山把篇、翟交与这些孩子。下午时分，虞博士到了。庄绍光、迟衡山、马纯上、杜少卿迎了进来。吃过了茶，换了公服，四位迎到省牲所去省了牲。众人都在两边书房里斋宿。

次日五鼓，把祠门大开了，众人起来，堂上堂下、门里门外、两廊都点了灯烛，庭燎也点起来。迟衡山先请主祭的博士虞老先生，亚献的征君庄老先生。请到三献的，众人推让，说道："不是迟先生，就是杜先生。"迟衡山道："我两人要做引赞。马先生系浙江人，请马纯上先生三献。"马二先生再三不敢当。众人扶住了马二先生，同二位老先生一处。迟衡山、杜少卿先引这三位老先生出去，到省牲所拱立。迟衡山、杜少卿回来，请金东崖先生大赞；请武书先生司麾；请臧荼先生司祝；请季萑先生、辛东之先生、余夔先生司尊；请蘧来旬先生、卢德先生、虞感祁先生司玉；请诸葛佑先生、景本蕙先生、郭铁笔先生司帛；请萧鼎先生、储信先生、伊昭先生司稷；请季恬逸先生、金寓刘先生、宗姬先生司馔。请完，命卢华士跟着大赞金东崖先生，将诸位一齐请出二门外。

当下祭鼓发了三通，金次福、鲍廷玺两人，领着一班司球的、司琴的、司瑟的、司管的、司鼗鼓的、司祝的、司敔的、司笙的、司镛的、司箫的、司编钟的、司编磬的和六六三十六个佾舞的孩子，都立在堂上堂下。

金东崖先进来到堂上，卢华士跟着。金东崖站定，赞道："执事者，各司其事！"这些司乐的，都将乐器拿在手里。金东崖赞："排班。"司麾的武书，引着司尊的季萑、辛东之、余夔，司玉的蘧来旬、卢德、虞感祁，司帛的诸葛佑、景本蕙、郭铁笔，入了位，立在丹墀东边；引司祝的臧荼上殿，立在祝版跟前；引司稷的萧鼎、储信、伊昭，司馔的季恬逸、金寓刘、宗姬，入了位，立在丹墀西边。武书捧了麾，也立在西边众人下。金东崖赞："奏乐。"堂上堂下乐声俱起。金东崖赞："迎神。"迟均、杜仪各捧香烛，向门外躬身迎接。金东崖赞："乐止。"堂上堂下一齐止了。

金东崖赞："分献者就位。"迟均、杜仪出去引庄征君、马纯上进来，立在丹墀里拜位左边。金东崖赞："主祭者就位。"迟均、杜仪出去引虞博士上来，立在丹墀里拜位中间。迟均、杜仪一左一右，立在丹墀里香案旁。迟均赞："盥洗。"同杜仪引主祭者盥洗了上来。迟均赞："主祭者诣香案前。"香案上一个沉香筒，里边插着许多红旗。杜仪抽一枝红旗在手，上有"奏乐"二字。虞博士走上香案前。迟均赞道："跪。升香。灌地。拜，兴；拜，兴；拜，兴；拜，兴。复位。"杜仪又抽出一枝旗来："乐止。"金东崖赞："奏迎神之乐。"金次福领着堂上的乐工奏起乐来，奏了一会，乐止。

金东崖赞："行初献礼。"卢华士在殿里抱出一个牌子来，上写"初献"二字。迟均、杜仪引着主祭的虞博士，武书持麾在迟均前走。三人从丹墀东边走，引司尊的季萑、司玉的蘧来旬、司帛的诸葛佑一路同走，引着主祭的从上面走；走过西边，引司稷的萧鼎、司馔的季恬逸，引着主祭的从西边下来，在香案前转过东边上去。进到大殿，迟均、杜仪立于香案左右。季萑捧着尊、蘧来旬捧着玉、诸葛佑捧着帛立在左边，萧鼎捧着稷、季恬逸捧着馔立在右边。迟均赞："就位。跪。"虞博士跪于香案前。迟均赞："献酒。"季萑跪着递与虞博士献上去。迟均赞："献玉。"蘧来旬跪着递与虞博士献上去。迟均赞："献帛。"诸葛佑跪着递与虞博士献上去。迟均赞："献稷。"萧鼎跪着递与虞博士献上去。迟均赞："献馔。"季恬逸跪着递与虞博士献上去。献毕，执事者退了下来。迟均赞："拜，兴；拜，兴；拜，兴；拜，兴。"金东崖赞："一奏至德之章，舞至德之容。"堂上乐细细奏了起来。那三十六个孩子手持龠、翟，齐上来舞。乐舞已毕。金东崖赞："阶下与祭者皆跪。读祝文。"臧荼跪在祝版前，将祝文读了。金东崖赞："退班。"迟均赞："平身。复位。"武书、迟均、杜仪、季萑、蘧来旬、诸葛佑、萧鼎、季恬逸引着主祭的虞博士，从西边一路走了下来。虞博士复归主位，执事的都复了原位。

金东崖赞："行亚献礼。"卢华士又走进殿里去，抱出一个牌子来，上写"亚献"二字。迟均、杜仪引着亚献的庄征君到香案前。迟均赞："盥洗。"同杜仪引着庄征君盥洗了回来。武书持麾在迟均前走。三人从丹墀东边走，引司尊的辛东之、司玉的卢德、司帛的景本蕙一路同走，引着亚献的从上面走；走过西边，引司稷的储信、司馔的金寓刘、引着亚献的又从西边下来，在香案前转过东边上去。进到大殿，迟均，杜仪立于香案左右。辛东之捧着尊、卢德捧着玉、景本蕙捧着帛立在左边，储信捧着稷、金寓刘捧着馔立在右边。迟均赞："就位。跪。"庄征君跪于香案前。迟均赞："献酒。"辛东之跪着递与庄征君献上去。迟均赞："献玉。"卢德跪着递与庄征君献上去。迟均赞："献帛。"景本蕙跪着递与庄征君献上去。迟均赞："献稷。"储信跪着递与庄征君献上去。迟均赞道："献馔。"金寓刘跪着递与庄征君献上去。各献毕，执事者退了下来。迟均赞："拜，兴；拜，兴；拜，兴；拜，兴。"金东崖赞："二奏至德之章，舞至德之容。"堂上乐细细奏了起来。那三十六个孩子手持篇、翟，齐上来舞。乐舞已毕。

金东崖赞：“退班。”迟均赞：“平身。复位。”武书、迟均、杜仪、辛东之、卢德、景本蕙、储信、金寓刘引着亚献的庄征君，从西边一路走了下来。庄征君复归了亚献位，执事的都复了原位。

金东崖赞：“行终献礼。”卢华士又走进殿里去，抱出一个牌子，上写“终献”二字。迟均、杜仪引着终献的马二先生到香案前。迟均赞：“盥洗。”同杜仪引着马二先生盥洗了回来。武书持麾在迟均前走。三人从丹墀东边走，引司尊的余夔、司玉的虞感祁、司帛的郭铁笔一路同走，引着终献的从上面走；走过西边，引司稷的伊昭、司馔的宗姬、引着终献的又从西边下来，在香案前转过东边上去。进到大殿，迟均、杜仪立于香案左右。余夔捧着尊、虞感祁捧着玉、郭铁笔捧着帛，立在左边，伊昭捧着稷、宗姬捧着馔，立在右边。迟均赞：“就位。跪。”马二先生跪于香案前。迟均赞：“献酒。”余夔跪着递与马二先生献上去。迟均赞：“献玉。”虞感祁跪着递与马二先生献上去。迟均赞：“献帛。”郭铁笔跪着递与马二先生献上去。迟均赞：“献稷。”伊昭跪着递与马二先生献上去。迟均赞：“献馔。”宗姬跪着递与马二先生献上去。献毕，执事者退了下来。迟均赞：“拜，兴；拜，兴；拜，兴；拜，兴。”金东崖赞：“三奏至德之章，舞至德之容。”堂上乐细细奏了起来。那三十六个孩子手持籥、翟，齐上来舞。乐舞已毕。金东崖赞：“退班。”迟均赞：“平身。复位。”武书、迟均、杜仪、余夔、虞感祁、郭铁笔、伊昭、宗姬引着终献的马二先生，从西边一路走了下来。马二先生复归了终献位，执事的都复了原位。

金东崖赞：“行侑食之礼。”迟均、杜仪又从主祭位上引虞博士从东边上来，香案前跪下。金东崖赞：“奏乐。”堂上堂下乐声一齐大作。乐止。迟均赞：“拜，兴；拜，兴；拜，兴；拜，兴。平身。”金东崖赞：“退班。”迟均、杜仪引虞博士从西边走下去，复了主祭的位。迟均、杜仪也复了引赞的位。金东崖赞：“撤馔。”杜仪抽出一枝红旗来，上有“金奏”二字，当下乐声又一齐大作起来。迟均、杜仪从主位上引了虞博士，奏着乐，从东边走上殿去，香案前跪下。迟均赞：“拜，兴；拜，兴；拜，兴；拜，兴。平身。”金东崖赞：“退班。”迟均、杜仪引虞博士从西边走下去，复了主祭的位。迟均、杜仪也复了引赞的位。杜仪又抽出一枝红旗来：“止乐。”金东崖赞：“饮福受胙。”迟均、杜仪引主祭的虞博士、亚献的庄征君、终献的马二先生，都跪在香案前，饮了福酒，受了胙肉。金东崖赞："退班。"三人退下去了。金东崖赞："焚帛。"司帛的诸葛佑、景本蕙、郭铁笔一齐焚了帛。金东崖赞："礼毕。"众人撤去了祭器、乐器，换去了公服，齐往后面楼下来。金次福、鲍廷玺带着堂上堂下的乐工和佾舞的三十六个孩子，都到后面两边书房里来。

这一回大祭，主祭的虞博士，亚献的庄征君，终献的马二先生，共三位；大赞的金东崖，副赞的卢华士，司祝的臧荼，共三位；引赞的迟均、杜仪，共两位；司麾的武书一位；司尊的季萑、辛东之、余夔，共三位；司玉的蘧来旬、卢德、虞感祁，共三位；司帛的诸葛佑、景本蕙、郭铁笔，共三位；司稷的萧鼎、储信、伊昭，共三位；司馔的季恬逸、金寓刘、宗姬，共三位；金次福、鲍廷玺二人领着司球的一人、司琴的一人、司瑟的一人、司管的一人、司鼗鼓的一人、司祝的一人、司敔的一人、司笙的一人、司镛的一人，司箫的一人、司编钟的、司编磬的二人；和佾舞的孩子，共是三十六人。通共七十六人。当下厨役开剥了一条牛、四副羊，和祭品的肴馔菜蔬都整治起来，共备了十六席。楼底下摆了八席，二十四位同坐。两边书房摆了八席，款待众人。

吃了半日的酒，虞博士上轿先进城去。这里众位也有坐轿的，也有走的。见两边百姓扶老携幼，挨挤着来看，欢声雷动。马二先生笑问："你们这是为什么事？"众人都道："我们生长在南京，也有活了七八十岁的，从不曾看见这样的礼体，听见这样的吹打！老年人都说，这位主祭的老爷是一位神圣临凡，所以都争着出来看。"众人都欢喜，一齐进城去了。

又过了几日，季萑、萧鼎、辛东之、金寓刘来辞了虞博士回扬州去了。马纯上同蘧𬴊夫到河房里来辞杜少卿，要回浙江。二人走进河房，见杜少卿，臧荼又和一个人坐在那里。蘧𬴊夫一见，就吓了一跳，心里想道："这人便是在我娄表叔家弄假人头的张铁臂！他如何也在此？"彼此作了揖。张铁臂见蘧𬴊夫，也不好意思，脸上出神。吃了茶，说了一会辞别的话，马纯上、蘧𬴊夫辞了出来。杜少卿送出大门。蘧𬴊夫问道："这姓张的，世兄因如何和他相与？"杜少卿道："他叫作张俊民。他在敝县天长住。"蘧𬴊夫笑着把他本来叫作张铁臂，在浙江做的这些事，略说了几句，说道："这人是相与不得的，少卿须要留神。"杜少卿道："我知道了。"两人别过自去。杜少卿回河房来，问张俊民道："俊老，你当初曾叫作张铁臂吗？"张铁臂红了脸道："是小时有这个名字。"别的事含糊说不出来。杜少卿也不再问了。张铁臂见人看破了相，也存身不住，过几日，拉着臧蓼斋回天长去了。萧金铉三个人，欠了店账和酒饭钱，不得回去，来寻杜少卿耽带。杜少卿替他三人赔了几两银子。三人也各回家去了。宗先生要回湖广去，拿行乐来求杜少卿题。杜少卿当面题罢，送别了去。

恰好遇着武书走了来，杜少卿道："正字兄，许久不见，这些时在哪里？"武书道："前日监里六堂合考，小弟又是一等第一。"杜少卿道："这也有趣得紧！"武书道："倒不说有趣，内中弄出一件奇事来。"杜少卿道："什么奇事？"武书道："这一回，朝廷奉旨要甄别在监读书的人，所以六堂合考。那日上头吩咐下来，解怀脱脚，认真搜检，就和乡试场一样。考的是两篇'四书'，一篇经文，有个习《春秋》的朋友，竟带了一篇刻的经文进去。他带了也罢，上去告出恭，就把这经文夹在卷子里，送上堂去。天幸遇着虞老师值场，大人里面也有人同虞老师巡视。虞老师揭卷子，看见这文章，忙拿了藏在靴筒里。巡视的人问：'是什么东西？'虞老师说：'不相干。'等那人出恭回来，悄悄递与他：'你拿去写。但是你方才上堂，不该夹在卷子里拿上来。幸得是我看见，若是别人看见，怎了？'那人吓了个臭死。发案考在二等，走来谢虞老师。虞老师推不认得，说：'并没有这句话。你想是昨日错认了，并不是我。'那日，小弟恰好在那里谢考，亲眼看见。那人去了，我问虞老师：'这事老师怎的不肯认？难道他还是不该来谢的？'虞老师道：'读书人全要养其廉耻，他没奈何来谢我。我若再认这话，他就无容身之地了。'小弟却认不得这位朋友，彼时问他姓名，虞老师也不肯说。先生，你说这一件事奇事可是难得？"杜少卿道："这也是老人家常有的事。"

武书道："还有一件事更可笑得紧！他家世兄陪嫁来的一个丫头，他就配了姓严的管家了。那奴才看见衙门清淡没有钱寻，前日就辞了要去。虞老师从前并不曾要他一个钱，白白把丫头配了他。他而今要领丫头出去，要是别人，就要问他要、丫头身价，不知要多少。虞老师听了这话说道：'你两口子出去也好。只是出去，房钱、饭钱都没有。'又给了他十两银子打发出去，随即把他荐在一个知县衙门里做长随。你说好笑不好笑？"杜少卿道："这些做奴才的，有什么良心。但老人家两次赏他银子，并不是有心要人说好，所以难得。"当下留武书吃饭。

武书辞了出去，才走到利涉桥，遇见一个人，头戴方巾，身穿旧布直裰，腰系丝绦，脚下芒鞋，身上捎着行李，花白胡须，憔悴枯槁。那人丢下行李，向武书作揖。武书惊道："郭先生！自江宁镇一别，又是三年，一向在哪里奔走？"那人道："一言难尽！"武书道："请在茶馆里坐。"当下两人到茶馆里坐下。那人道："我一向因寻父亲，走遍天下。从前有人说是在江南。所以我到江南，这番是三次了。而今听见人说，不在江南，已到四川山里，削发为僧去了，我如今就要到四川去。"武书道："可怜！可怜！但先生此去，万里程途，非同容易。我想，西安府里有一个知县，姓尤，是我们国子监虞老先生的同年，如今托虞老师写一封书了去，是先生顺路。倘若盘缠缺少，也可以帮助些许。"那人道："我草野之人，我哪里去见那国子监的官府？"武书道："不妨。这里过去几步，就是杜少卿家。先生同我到少卿家坐着，我去讨这一封书。"那人道："杜少卿？可是那天长不应征辟的豪杰吗？"武书道："正是。"那人道："这人我倒要会他。"便会了茶钱，同出了茶馆，一齐来到杜少卿家。

杜少卿出来相见作揖，问："这位先生尊姓？"武书道："这位先生姓郭名力，字铁山，二十年走遍天下寻访父亲，有名的郭孝子。"杜少卿听了这话，重新见礼，奉郭孝子上坐。便问："太老先生如何数十年不知消息？"郭孝子不好说。武书附耳低言说："曾在江西做官，降过宁王，所以逃窜在外。"杜少卿听罢骇然。因见这般举动，心里敬他。说罢，留下行李。"先生权在我家住一宿明日再行。"郭孝子道："少卿先生豪杰，天下共闻，我也不做客套，竟住一宵罢。"杜少卿进去和娘子说，替郭孝子浆洗衣服，治办酒肴款待他，出来陪着郭孝子。武书说起要问虞博士要书子的话来，杜少卿道："这个容易。郭先生在我这里坐着，我和正字去要书子去。"只因这一番，有分教：用劳用力，不辞虎窟之中；远水远山，又入蚕丛之境。毕竟后事如何，且听下回分解。

第三十八回　郭孝子深山遇虎　甘露僧狭路逢仇

　　话说杜少卿留郭孝子在河房里吃酒饭，自己同武书到虞博士署内，说如此这样一个人，求老师一封书子去到西安。虞博士细细听了，说道："这书我怎么不写？但也不是只写书子的事，他这万里长途，自然盘费也难。我这里拿拾两银子，少卿你去送与他，不必说是我的。"慌忙写了书子，和银子拿出来，交与杜少卿。杜少卿接了，同武书拿到河房里。杜少卿自己寻衣服，当了四两银子，武书也到家去当了二两银子来，又苦留郭孝子住了一日。庄征君听得有这个人，也写了一封书子、四两银子送来与杜少卿。第三日，杜少卿备早饭与郭孝子吃，武书也来陪着。吃罢，替他拴束了行李，拿着这二十两银子和两封书子，递与郭孝子。郭孝子不肯受。杜少卿道："这银子是我们江南这几个人的，并非盗跖之物，先生如何不受？"郭孝子方才受了。吃饱了饭，作辞出门。杜少卿同武书送到汉西门外，方才回去。

　　郭孝子晓行夜宿，一路来到陕西。那尤公是同官县知县，只得迂道往同官去会他。这尤公名扶徕，字瑞亭，也是南京的一位老名士，去年才到同官县。一到任之时，就做了一件好事。是广东一个人充发到陕西边上来。带着妻子是军妻。不想这人半路死了，妻子在路上哭哭啼啼。人和他说话，彼此都不明白，只得把他领到县堂上来，尤公看那妇人，是要回故乡的意思，心里不忍。便取了俸金五十两，差一个老年的差人，自己取一块白绫，苦苦切切做了一篇文，亲笔写了自己的名字尤扶徕，用了一颗同官县的印，吩咐差人："你领了这妇人，拿我这一幅绫子，遇州遇县，送与他地方官看，求都要用一个印信。你直到他本地方讨了回信来见我。"差人应诺了。那妇人叩谢，领着去了。将近一年，差人回来说："一路各位老爷看见老爷的文章，一个个都悲伤这妇人，也有十两的，也有八两的、六两的。这妇人到家，也有二百多银子。小的送他到广东家里，他家亲戚、本家有百十人，都望空谢了老爷的恩典，又都磕小的的头，叫小的是'菩萨'。这个，小的都是沾老爷的恩。"尤公欢喜，又赏了他几两银子，打发差人出去了。

门上传进帖来，便是郭孝子拿着虞博士的书子进来拜。尤公拆开书子，看了这些话，着实钦敬。当下，请进来行礼坐下，即刻摆出饭来。正谈着，门上传进来："请老爷下乡相验。"尤公道："先生，这公事我就要去的，后日才得回来。但要屈留先生三日，等我回来有几句话请教。况先生此去往成都，我有个故人在成都，也要带封书子去，先生万不可推辞。"郭孝子道："老先生如此说，怎好推辞？只是贱性山野，不能在衙门里住。贵治若有什么庵堂，送我去住两天吧。"尤公道："庵虽有，也窄。我这里有个海月禅林，那和尚是个善知识，送先生到那里去住罢。"便吩咐衙役："把郭老爷的行李搬着，送在海月禅林，你拜上和尚，说是我送来的。"衙役应诺伺候。郭孝子别了。尤公直送到大门外，方才进去。

郭孝子同衙役到海月禅林客堂里，知客进去说了。老和尚出来打了问讯，请坐奉茶。那衙役自回去了。郭孝子问老和尚："可是一向在这里方丈的吗？"老和尚道："贫僧当年住在南京太平府芜湖县甘露庵里的，后在京师报国寺做方丈。因厌京师热闹，所以到这里居住。尊姓是郭，如今却往成都，是做什么事？"郭孝子见老和尚清癯面貌，颜色慈悲，说道："这话不好对别人说，在老和尚面前不妨讲的。"就把要寻父亲这些话，苦说了一番。老和尚流泪叹息，就留在方丈里住，备出晚斋来。郭孝子将路上买的两个梨送与。老和尚收下，谢了郭孝子。便叫火工道人，抬两只缸在丹墀里，一口缸内放着一个梨，每缸挑上几担水，拿杠子把梨捣碎了，击云板传齐了二百多僧众，一人吃了一碗水。郭孝子见了，点头叹息。

那第三日，尤公回来，又备了一席酒请郭孝子。吃过酒，拿出五十两银子、一封书来，说道："先生，我本该留你住些时，因你这寻父亲大事，不敢相留。这五十两银子，权为盘费。先生到成都，拿我这封书子，去寻萧昊轩先生。这是一位古道人。他家离成都二十里住，地名叫作东山。先生去寻着他，凡事可以商议。"郭孝子见尤公的意思十分恳切，不好再辞，只得谢过，收了银子和书子，辞了出来。到海月禅林辞别老和尚要走。老和尚合掌道："居士到成都寻着了尊大人，是必寄个信与贫僧，免的贫僧悬望。"郭孝子应诺。老和尚送出禅林，方才回去。

郭孝子自揣着行李，又走了几天。这路多是崎岖鸟道，郭孝子走一步怕一步。那日走到一个地方，天色将晚，望不着一个村落。那郭孝子走了一会，遇着一个人。郭孝子作揖问道："请问老爹，这里到宿店所在，还有多少路？"那人道："还有十几里。客人，你要着急些走。夜晚路上有虎，须要小心。"郭孝子听了，急急往前奔着走。天色全黑，却喜山坳里推出一轮月亮来，那正是十四五的月色，升到天上，便十分明亮。郭孝子乘月色走，走进一个树林中，只见劈面起来一阵狂风，把那树上落叶，吹得奇嗖嗖地响，风过处，跳出一只老虎来。郭孝子叫声："不好了！"一跤跌倒在地。老虎把孝子抓了，坐在屁股底下。坐了一会，见郭孝子闭着眼，只道是已经死了。便丢了郭孝子，去地下挖了一个坑，把郭孝子提了放在坑里，把爪子拨了许多落叶盖住了他。那老虎便去了。

郭孝子在坑里偷眼看老虎走过几里，到那山顶上，还把两只通红的眼睛转过身来望，看见这里不动，方才一直去了。郭孝子从坑里扒了上来，自心里想道："这业障虽然去了，必定是还要回来吃我，如何了得？"一时没有主意。见一棵大树在眼前，郭孝子扒上树去，又心里焦他再来咆哮震动，"我可不要吓了下来"。心生一计，将裹脚解了下来，自己缚在树上。

等到三更尽后，月色分外光明，只见老虎前走，后面又带了一个东西来。那东西浑身雪白，头上一只角，两只眼就像两盏大红灯笼，直着身子走来。郭孝子认不得是个什么东西。只见那东西走近跟前，便坐下了。老虎忙到坑里去寻人。见没有了人，老虎慌做一堆儿。那东西大怒，伸过爪来一掌就把虎头打掉了，老虎死在地下。那东西抖擞身上的毛，发起威来，回头一望，望见月亮地下照着树枝头上有个人，就狠命地往树枝上一扑。扑冒失了，跌了下来，又尽力往上一扑，离郭孝子只得一尺远。郭孝子道："我今番却休了！"不想那树上一根枯干，恰好对着那东西的肚皮上。后来的这一扑，力太猛了，这枯干戳进肚皮，有一尺多深浅。那东西急了，这枯干越摇越戳得深进去。那东西使尽力气，急了半夜，挂在树上死了。

到天明时候，有几个猎户，手里拿着鸟枪、叉棍来，看见这两个东西吓了一跳。郭孝子在树上叫喊，众猎户接了孝子下来。问他姓名，郭孝子道："我是过路的人，天可怜见，得保全了性命。我要赶路去了。这两件东西，你们拿到地方去请赏罢。"众猎户拿出些干粮来，和獐子、鹿肉，让郭孝子吃了一饱。众猎户替郭孝子拿了行李，送了五六里路。众猎户辞别回去。

郭孝子自己背了行李，又走了几天路程，在山坳里一个小庵里借住。那庵里和尚问明来历，就拿出素饭来，同郭孝子在窗子跟前坐着吃。正吃着中间，只见一片红光，就如失了火的一般。郭孝子慌忙丢了饭碗，道："不好！火起了！"老和尚笑道："居士请坐，不要慌！这是我雪道兄到了。"吃完了饭，收过碗盏，去推开窗子指与郭孝子道："居士，你看吗！"郭孝子举眼一看，只见前面山，蹲着一个异兽，头上一只角，只有一只眼睛，却生在耳后。那异兽名为"罴九"，任你坚冰冻厚几尺，一声响亮，叫他登时粉碎。和尚道："这便是雪道兄了。"当夜纷纷扬扬落下一场大雪来。那雪下了一夜一天，积了有三尺多厚。郭孝子走不得，又住了一日。

到第三日，雪晴，郭孝子辞别了老和尚又行。找着山路，一步一滑，两边都是涧沟，那冰冻的支棱着，就和刀剑一般。郭孝子定的慢，天又晚了，雪光中照着，远远望见树林里一件红东西挂着。半里路前，只见一个人走，走到那东西面前，一跤跌下涧去。郭孝子就立住了脚，心里疑惑道："怎的这人看见这红东西，就跌下涧去？"定睛细看，只见那红东西底下钻出一个人，把那人行李拿了，又钻了下去。郭孝子心里猜着了几分，便急走上前去看。只见那树上吊的是个女人，披散了头发，身上穿了一件红衫子，嘴跟前，一片大红猩猩毡做个舌头拖着。脚底下埋着一个缸，缸里头坐着一个人。那人见郭孝子走到跟前，从缸里跳上来。因见郭孝子生的雄伟，不敢下手，便叉手向前道："客人，你自走你的路罢了，管我怎的？"郭孝子道："你这些做法我已知道了。你不要恼，我可以帮衬你！这妆吊死鬼的，是你什么人？"那人道："是小人的浑家。"郭孝子道："你且将他解下来。你家在哪里住？我到你家去和你说。"那人把浑家脑后一个转珠绳子解了，放了下来。那妇人把头发绾起来，嘴跟前拴的假舌头去掉了，颈子上有一块拴绳子的铁也拿下来，把红衫子也脱了。那人指着路旁，有两间草屋，道："这就是我家了。"

当下夫妻二人跟着郭孝子，走到他家，请郭孝子坐着，烹出一壶茶。郭孝子道："你不过短路营生，为什么做这许多恶事？吓杀了人的性命，这个却伤天理。我虽是苦人，看见你夫妻两人到这个田地，越发可怜的狠了！我有十两银子在此，把与你夫妻两人，你做个小生意度日，下次不要做这事了。你姓什么？"那人听了这话，向郭孝子磕头，说道："谢客人的周济。小人姓木名耐。夫妻两个，原也是好人家儿女。近来因是冻饿不过，所以才做这样的事。而今多谢客人与我本钱，从此就改过了。请问恩人尊姓？"郭孝子道："我姓郭，湖广人，而今到成都府去的。"说着，他妻子也出来拜谢，收拾饭留郭孝子。郭孝子吃着饭，向他说道："你既有胆子短路，你自然还有些武艺。只怕你武艺不高，将来做不得大事。我有些刀法、拳法传授与你。"那木耐欢喜，一连留郭孝子住了两日。郭孝子把这刀和拳细细指教他，他就拜了郭孝子做师父。第三日郭孝子坚意要行。他备了些干粮、烧肉装在行李里，替郭孝子背着行李，直送到三十里外，方才告辞回去。

郭孝子接着行李，又走了几天。那日天气甚冷，迎着西北风，那山路冻得像白蜡一般，又硬又滑。郭孝子走到天晚，只听得山洞里大吼一声，又跳出一只老虎来。郭孝子道："我今番命真绝了！"一跤跌在地下，不省人事。原来老虎吃人，要等人怕的，今见郭孝子直僵僵在地下，竟不敢吃他，把嘴合着他脸上来闻。一茎胡子戳在郭孝子鼻孔里去，戳出一个大喷嚏来。那老虎倒吓了一跳，连忙转身，几跳跳过前面一座山头，跌在一个涧沟里，那涧极深，被那棱撑像刀剑的冰凌横拦着，竟冻死了。郭孝子扒起来，老虎已是不见，说道："惭愧！我又经了这一番！"背着行李再走。

走到成都府，找着父亲在四十里外一个庵里做和尚。访知的了，走到庵里去敲门。老和尚开门，见是儿子，就吓了一跳。郭孝子见是父亲，跪在地下恸哭。老和尚道："施主请起来！我是没有儿子的，你想是认错了。"郭孝子道："儿子万里程途，寻到父亲跟前来，父亲怎么不认我？"老和尚道："我方才说过，贫僧是没有儿子的。施主你有父亲，你自己去寻，怎的望着贫僧哭？"郭孝子道："父亲，虽则几十年不见，难道儿子就认不得了？"跪着不肯起来。老和尚道："我贫僧自小出家，哪里来的这个儿子？"郭孝子放声大哭道："父亲不认儿子，儿子到底是要认父亲的。"三番五次，缠得老和尚急了，说道："你是何处光棍！敢来闹我们！快出去！我要关山门！"郭孝子跪在地下恸哭，不肯出去。和尚道："你再不出去，我就拿刀来杀了你！"郭孝子伏在地下哭道："父亲就杀了儿子，儿子也是不出去的！"老和尚大怒，双手把郭孝子拉起来，提着郭孝子的领子，一路推搡出门。便关了门进去，再也叫不应。郭孝子在门外哭了一场，又哭一场，又不敢敲门。见天色将晚，自己想道："罢！罢！父亲料想不肯认我了！"抬头看了这庵，叫作竹山庵。只得在半里路外，租了一间房屋住下。

次早，在庵门口看见一个道人出来，买通了这道人，日日搬柴运米，养活父亲。不到半年之上，身边这些银子用完了。思量要到东山去寻萧昊轩，又恐怕寻不着，耽搁了父亲的饭食。只得左近人家佣工，替人家挑土、打柴，每日寻几分银子，养活父亲。

遇着有个邻居往陕西去，他就把这寻父亲的话，细细写了一封书，带与海月禅林的老和尚。老和尚看了书，又欢喜又钦敬他。不多几日，禅林里来了一个挂单的和尚。那和尚便是响马贼头赵大，披着头发，两只怪眼，凶相未改。老和尚慈悲，容他住下。不想这恶和尚在禅林吃酒、行凶、打人，无所不为。首座领着一班和尚来禀老和尚道："这人留在禅林里，是必要坏了清规。求老和尚赶他出去。"老和尚教他去，他不肯去。后来首座叫知客向他说："老和尚叫你去，你不去！老和尚说，你若再不去，就依照禅林规矩，抬到后面院子里，一把火就把你烧了！"恶和尚听了，怀恨在心。也不辞老和尚，次日收拾衣单去了。

老和尚又住了半年，思量要到峨眉山走走，顺便去成都会会郭孝子。辞了众人，挑着行李衣钵，风餐露宿，一路来到四川。离成都有百十里多路，那日下店早。老和尚出去看看山景，走到那一个茶棚内吃茶。那棚里先坐着一个和尚。老和尚忘记，认不得他了。那和尚却认得老和尚，便上前打个问讯道："和尚，这里茶不好。前边不多几步，就是小庵，何不请到小庵里去吃杯茶？"老和尚欢喜道："最好。"那和尚领着老和尚，曲曲折折，走了七八里路，才到一个庵里。那庵一进三间，前边一尊迦蓝菩萨。后一进三间殿，并没有菩萨，中间放着一个榻床。那和尚同老和尚走进庵门才说道："老和尚！你认得我吗？"老和尚方才想起，是禅林里赶出去的恶和尚，吃了一惊，说道："是方才偶然忘记，而今认得了。"恶和尚竟自己走到床上坐下，睁开眼道："你今日既到我这里，不怕你飞上天去！我这里有个葫芦，你拿了，在半里路外山冈上一个老妇人开的酒店里，替我打一葫芦酒来。你快去！"老和尚不敢违拗，捧着葫芦出去找到山冈子上，果然有个老妇人在那里卖酒。老和尚把这葫芦递与他。

那妇人接了葫芦，上上下下把老和尚一看，止不住眼里流下泪来，便要拿葫芦去打酒。老和尚吓了一跳，便打个问讯道："老菩萨，你怎见了贫僧，就这般悲恸起来？这是什么缘故？"那妇人含着泪说道："我方才看见老师父是个慈悲面貌，不该遭这一难！"老和尚惊道："贫僧是遭的什么难？"那老妇人道："老师父，你可是在半里路外那庵里来的？"老和尚道："贫僧便是。你怎么知道？"老妇人道："我认得他这葫芦。他但凡要吃人的脑子，就拿这葫芦来打我店里药酒。老师父，你这一打了酒去，没有活的命了！"老和尚听了，魂飞天外，慌了道："这怎么处？我如今走了罢！"老妇人道："你怎么走得？这四十里内，都是他旧日的响马党羽。他庵里走了一人，一声梆子响，即刻有人捆翻了你，送在庵里去。"老和尚哭着跪在地下："求老菩萨救命！"老妇人道："我怎能救你？我若说破了，我的性命也难保，但看见你老师父慈悲，死得可怜，我指一条路给你去寻一个人。"老和尚道："老菩萨，你指我去寻那个人？"老妇人慢慢说出这一个人来。只因这一番，有分教：热心救难，又出惊天动地之人；仗剑立功，无非报国忠臣之事。毕竟这老妇人说出什么人来，且听下回分解。

第三十九回　萧云仙救难明月岭
　　平少保奏凯青枫城

　　话说老和尚听了老妇人这一番话，跪在地下哀告。老妇人道："我怎能救你？只好指你一条路，去寻一个人。"老和尚道："老菩萨却叫贫僧去寻一个什么人？求指点了我去。"老妇人道："离此处有一里多路，有个小小山冈，叫作明月岭。你从我这屋后山路过去，还可以近得几步。你到那岭上，有一个少年在那里打弹子。你却不要问他，只双膝跪在他面前，等他问你，你再把这些话向他说。只有这一个人，还可以救你。你速去求他，却也还拿不稳。设若这个人还不能救你，我今日说破这个话，连我的性命只好休了！"

　　老和尚听了，战战兢兢，将葫芦里打满了酒，谢了老妇人，在屋后攀藤附葛上去。果然走不到一里多路，一个小小山冈。山冈上一个少年在那里打弹子。山洞里嵌着一块雪白的石头，不过铜钱大。那少年觑的较近，弹子过处，一下下都打了一个准。老和尚近前看那少年时，头戴武巾，身穿藕色战袍，白净面皮，生得十分美貌。那少年弹子正打得酣边，老和尚走来，双膝跪在他面前。那少年正要问时，山坳里飞起一阵麻雀。那少年道："等我打了这个雀儿看。"手起弹子落，把麻雀打死了一个坠下去。那少年看见老和尚含着眼泪跪在跟前，说道："老师父，你快请起来！你的来意我知道了。我在此学弹子，正为此事。但才学到九分，还有一分未到，恐怕还有意外之失，所以不敢动手。今日既遇着你来，我也说不得了，想是他毕命之期。老师父你不必在此耽误。你快将葫芦酒拿到庵里去，脸上万不可做出慌张之相，更不可做出悲伤之像来。你到那里，他叫你怎么样你就怎么样，一毫不可违拗他。我自来救你。"

　　老和尚没奈何，只得捧着酒葫芦，照依旧路，来到庵里。进了第二层，只见恶和尚坐在中间床上，手里已是拿着一把明晃晃的钢刀，问老和尚道："你怎么这时才来？"老和尚道："贫僧认不得路，走错了，慢慢找了回来。"恶和尚道：

"这也罢了，你跪下罢！"老和尚双膝跪下。恶和尚道："跪上些来！"老和尚见他拿着刀，不敢上去。恶和尚道："你不上来，我劈面就砍来！"老和尚只得膝行上去。恶和尚道："你褪了帽子罢！"老和尚含着眼泪，自己除了帽子，恶和尚把老和尚的光头捏一捏，把葫芦药酒倒出来吃了一口，左手拿着酒，右手执着风快的刀，在老和尚头上试一试，比个中心。老和尚此时尚未等他劈下来，那魂灵已在顶门里冒去了。恶和尚比定中心，知道是脑子的所在，一劈出了，恰好脑浆迸出，赶热好吃。

当下比定了中心，手持钢刀，向老和尚头顶心里劈将下来。不想刀口未曾落老和尚头上，只听得门外飕的一声，一个弹子飞了进来，飞到恶和尚左眼上。恶和尚大惊，丢了刀，放下酒，将只手捺着左眼飞跑出来，到了外一层。迦蓝菩萨头上坐着一个人。恶和尚抬起头来，又是一个弹子，把眼打瞎。恶和尚跌倒了。那少年跳了下来，进里面一层。老和尚已是吓倒在地。那少年道："老师父，快起来走！"老和尚道："我吓软了，其实走不动了。"那少年道："起来！我背着你走。"便把老和尚扯起来，驮在身上，急急出了庵门，一口气跑了四十里。那少年把老和尚放下，说道："好了，老师父脱了这场大难，自此前途吉庆无虞。"老和尚方才还了魂，跪在地下拜谢，问："恩人尊姓大名？"那少年道："我也不过要除这一害，并非有意救你。你得了命，你速去罢，问我的姓名怎的？"老和尚又问，总不肯说。老和尚只得向前膜拜了九拜，说道："且辞别了恩人，不死当以厚报。"拜毕，起来上路去了。

那少年精力已倦，寻路旁一个店内坐下。只见店里先坐着一个人，面前放着一个盒子。那少年看那人时，头戴孝巾，身穿白布衣服，脚下芒鞋，形容悲戚，眼下许多泪痕，便和他拱一拱手，对面坐下。那人笑道："清平世界，荡荡乾坤，把弹子打瞎人的眼睛，却来这店里坐的安稳。"那少年道："老先生从哪里来？怎么知道这件事的？"那人道："我方才原是笑话。剪除恶人，救拔善类，这是最难得的事。你长兄尊姓大名？"那少年道："我姓萧名采，字云仙。舍下就在这成都府二十里外东山住。"那人惊道："成都二十里外东山，有一位萧昊轩先生，可是尊府？"萧云仙惊道："这便是家父。老先生怎么知道？"那人道："原来就是尊翁。"便把自己姓名说下，并因甚来四川，"在同官县会见县令尤公，曾有一书与尊大人。我因寻亲念切，不曾绕路到尊府。长兄你方才救的这老和尚，我却也认得他。不想邂逅相逢。看长兄如此英雄，便是吴轩先生令郎，可敬！可敬！"萧云仙道："老先生既寻着太老先生，如何不同在一处？如今独自又往哪里去？"郭孝子见问这话，哭起来道："不幸先君去世了。这盒子里，便是先君的骸骨。我本是湖广人，而今把先君骸骨，背到故乡去归葬。"萧云仙垂泪道："可怜！可怜！但晚生幸遇着老先生，不知可以拜请老先生同晚生到舍下去会一会家君吗？"郭孝子道："本该造府恭谒，奈我背着先君的骸骨不便，且我归葬心急。致意尊大人，将来有便，再来奉谒罢。"因在行李内取出尤公的书子来，递与萧云仙。又拿出百十个钱来，叫店家买了三角酒，割了二斤肉，和些蔬菜之类，叫店主人整治起来，同萧云仙吃着。

便向他道："长兄，我和你一见如故，这是人生最难得的事。况我从陕西来，就有书子投奔的是尊大人，这个就更比初交的不同了。长兄，像你这样的事，是而今世上人不肯做的，真是难得！但我也有一句话要劝你，可以说得吗？"萧云仙道："晚生年少，正要求老先生指教，有话怎么不要说？"郭孝子道："这冒险捐躯，都是侠客的勾当。而今比不得春秋、战国时，这样的事就可以成名。而今是四海一家的时候，任你荆轲、聂政，也只好叫作乱民。像长兄有这样品貌才艺，又有这般义气肝胆，正该出来替朝廷效力。将来到疆场，一刀一枪，博得个封妻荫子，也不枉了一个青史留名。不瞒长兄说，我自幼空自学了一身武艺，遭天伦之惨，奔波辛苦，数十余年。而今老了，眼见得不中用了。长兄年力鼎盛，万不可蹉跎自误！你须牢记老拙今日之言。"萧云仙道："晚生得蒙先生指教，如拨云见日，感谢不尽！"又说了些闲话。次早，打发了店钱，直送郭孝子到二十里路外岔路口，彼此洒泪分别。

萧云仙回到家中，问了父亲的安。将尤公书子呈上看过。萧昊轩道："老友与我相别二十年。不通音问。他今做官适意，可喜！可喜！"又道："郭孝子武艺精能，少年与我齐名，可惜而今和我都老了。他今求的他太翁骸骨归葬，也算了过一生心事。"萧云仙在家侍奉父亲。

过了半年，松潘卫边外生番与内地民人互市，因买卖不公，彼此吵闹起来。那番子性野，不知王法，就持了刀杖器械，大打一仗。弓兵前来护救，都被他杀伤了，又将青枫城一座强占了去。巡抚将事由飞奏到京。朝廷着了本章大怒。奉旨："差少保平治前往督师，务必犁庭扫穴，以章天讨。"平少保得了圣旨，星飞出京，到了松潘驻扎。

萧昊轩听了此事，唤了萧云仙到面前，吩咐道："我听得平少保出师，现驻松潘，征剿生番。少保与我有旧，你今前往投军，说出我的名姓。少保若肯留在帐下效力，你也可以借此报效朝廷，正是男子汉发奋有为之时。"萧云仙道："父亲年老，儿子不敢远离膝下。"萧昊轩道："你这话就不是了。我虽年老，现在并无病痛，饭也吃得，觉也睡得，何必要你追随左右。你若是借口不肯前去，便是贪图安逸，在家恋着妻子，乃是不孝之子。从此，你便不许再见我的面了！"几句话，说的萧云仙闭口无言。只得辞了父亲，拴束行李前去投军。一路程途，不必细说。

这一日，离松潘卫还有一站多路，因出店太早，走了十多里天尚未亮。萧云仙背着行李正走得好，忽听得背后有脚步响。他便跳开一步，回转头来，只见一个人手持短棍，正待上前来打他，早被他飞起一脚踢倒在地。萧云仙夺了他手中短棍，劈头就要打。那人在地下喊道："看我师父面上，饶恕我罢！"萧云仙住了手，问道："你师父是谁？"那时天色已明，看那人时，三十多岁光景，身穿短袄，脚下八搭麻鞋，面上微有髭须。那人道："小人姓木名耐，是郭孝子的徒弟。"萧云仙一把拉起来，问其备细。木耐将曾经短路，遇郭孝子及他收为徒弟的一番话说了一遍。萧云仙道："你师父我也认得，你今番待往哪里去？"木耐道："我听得平少保征番，现在松潘招军，意思要到那里去投军。因途间缺少盘缠，适才得罪长兄，休怪！"萧云仙道："既然如此，我也是投军去的，便和你同行何如？"木耐大喜，情愿认作萧云仙的亲随伴当。一路来到松潘，在中军处，递了投充的呈词。少保传令，细细盘问来历。知道是萧浩的儿子，收在帐下，赏给千总职衔，军前效力。木耐赏战粮一分，听候调遣。

过了几日，各路粮饷俱已调齐。少保升帐传下将令，叫各弁在辕门听候。萧云仙早到，只见先有两位都督在辕门上。萧云仙请了安，立在旁边。听那一位都督道："前日总镇马大老爷出兵，竟被青枫城的番子用计，挖了陷坑，连人和马都跌在陷坑里。马大老爷受了重伤，过了两天伤发身死。现今尸首并不曾找着。

马大老爷是司礼监老公公的侄儿。现今内里传出信来，务必要找寻尸首。若是寻不着，将来不知是个怎么样的处分。这事怎了？"这一位都督道："听见青枫城一带，几十里是无水草的，要等冬天积下大雪，到春融之时，那山上雪水化了淌下来，人和牲口才有水吃。我们到那里出兵，只消几天没有水吃，就活活的要渴死了，还能打什么仗！"萧云仙听了，上前禀道："两位太爷不必费心。这青枫城是有水草的，不但有，而且水草最为肥饶。"两都督道："萧千总，你曾去过不曾？"萧云仙道："卑弁不曾去过。"两位都督道："可又来！你不曾去过怎么得知道？"萧云仙道："卑弁在史书上看过，说这地方水草肥饶。"两都督变了脸道："那书本子上的话如何信得！"萧云仙不敢言语。少刻，云板响处，辕门铙鼓喧闹。少保升帐，传下号令：教两都督率领本部兵马，作中军策应，叫萧云仙带领步兵五百名在前，先锋开路。本师督领后队调遣。将令已下，各将分头前去。

萧云仙携了木耐，带领五百步兵急忙前来。望见前面一座高山，十分险峻，那山头上，隐隐有旗帜在那里把守。这山名唤椅儿山，是青枫城的门户。萧云仙吩咐木耐道："你带领二百人，从小路扒过山去，在他总路门口等着。只听得山头炮响，你们便喊杀回来助战，不可有误！"木耐应诺去了。萧云仙又叫一百兵丁，埋伏在山坳里，只听山头炮响，一齐呐喊起来，报称大兵已到，赶上前来助战。分派已定，萧云仙带着二百人，大踏步杀上山来。那山上几百番子藏在土洞里，看见有人杀上来，一齐蜂拥得出来打仗。那萧云仙腰插弹弓，手拿腰刀，奋勇争先，手起刀落，先杀了几个番子。那番子见势头勇猛，正要逃走，二百人卷地齐来，犹如暴风疾雨。忽然一声炮响，山坳里伏兵大声喊叫："大兵到了！"飞奔上山。番子正在魂惊胆落，又见山后那两百人摇旗呐喊，飞杀上来，只道大军已经得了青枫城，乱纷纷各自逃命。那里禁得萧云仙的弹子打来，打得鼻塌嘴歪，无处躲避。萧云仙将五百人合在一处，喊声大震，把那几百个番子，犹如砍瓜切菜，尽数都砍死了。旗帜器械，得了无数。

萧云仙叫众人暂歇一歇，即鼓勇前进。只见一路都是深林密箐。走了半天，林子尽处一条大河，远远望见青枫城在数里之外。萧云仙见无船只可渡，忙叫五百人旋即砍伐林竹，编成筏子。顷刻办就，一齐渡过河来。萧云仙道："我们大兵尚在后面，攻打他的城池，不是五百人做得来的。第一不可使番贼知道我们的虚实。"叫木耐率领兵众，将夺得旗帜改造做云梯。带二百兵，每人身藏枯竹一束，到他城西僻静地方，爬上城去，将他堆贮粮草处所，放起火来，"我们便好攻打他的东门。"这里分拨已定。

且说两位都督率领中军到了椅儿山下，又不知道萧云仙可曾过去。两位议道："像这等险恶所在，他们必有埋伏。我们尽力放些大炮，放的他们不敢出来，也就可以报捷了。"正说着，一骑马飞奔追来，少保传下军令，叫两位都督急忙前去策应，恐怕萧云仙少年轻进，以致失事。两都督得了将令，不敢不进，号令军中疾驰到带子河。见有现成筏子，都渡过去，望见青枫城里火光烛天。那萧云仙正在东门外施放炮火，攻打城中。番子见城中火起，不战自乱。这时城外中军已到，与前军先锋合为一处，将一座青枫城，围的铁桶般相似。那番酋开了北门，舍命一顿混战，只剩了十数骑，溃围逃命去了。少保都督后队已到。城里败残的百姓，各人头顶香花，跪迎少保进城。少保传令：救火安民，秋毫不许惊动。随即写了本章，遣官到京里报捷。

这里萧云仙迎接，叩见了少保。少保大喜，赏了他一腔羊、一坛酒，夸奖了一番。过了十余日，旨意回头：着平治来京，两都督回任候升，萧采实授千总。那善后事宜，少保便交与萧云仙办理。萧云仙送了少保进京，回到城中，看见兵灾之后，城垣倒塌，仓库毁坏，便细细做了一套文书，禀明少保。那少保便将修城一事批了下来，责成萧云仙用心经理，候城工完竣之后，另行保题议叙。只因这一番，有分教：甘棠有荫，空留后人之思；飞将难封，徒博数奇之叹。不知萧云仙怎样修城，且听下回分解。

第四十回 萧云仙广武山赏雪 沈琼枝利涉桥卖文

话说萧云仙奉着将令监督筑城，足足住了三四年，那城方才筑的成功。周围十里，六座城门，城里又盖了五个衙署。出榜招集流民进来居住，城外就叫百姓开垦田地。萧云仙想道："像这旱地，百姓一遇荒年就不能收粮食了，须是兴起些水利来。"因动支钱粮，雇齐民夫，萧云仙亲自指点百姓，在田旁开出许多沟渠来。沟间有洫，洫间有遂，开得高高低低，仿佛江南的光景。

到了成功的时候，萧云仙骑着马，带着木耐在各处犒劳百姓们。每到一处，萧云仙杀牛宰马，传下号令，把那一方百姓都传齐了。萧云仙建一坛场，立起先农的牌位来，摆设了牛羊祭礼。萧云仙纱帽补服，自己站在前面率领众百姓，叫木耐在旁赞礼，升香、奠酒、三献、八拜。拜过，又率领众百姓，望着北阙山呼舞蹈，叩谢皇恩。便叫百姓都团团坐下，萧云仙坐在中间，拔剑割肉，大碗斟酒，欢呼笑乐，痛饮一天。吃完了酒，萧云仙向众百姓道："我和你们众百姓，在此痛饮一天，也是缘法。而今上赖皇恩，下托你们众百姓的力，开垦了这许多田地，也是我姓萧的在这里一番。我如今亲自手种一棵柳树，你们众百姓每人也种一棵，或杂些桃花、杏花，亦可记着今日之事。"众百姓欢声如雷，一个个都在大路上栽了桃、柳。萧云仙同木耐，今日在这一方，明日又在那一方，一连吃了几十日酒，共栽丁几万棵柳树。

众百姓感激萧云仙的恩德，在城门外公同起盖了一所先农祠，中间供着先农神位，旁边供了萧云仙的长生禄位牌。又寻一个会画的，在墙上画了一个马，画萧云仙纱帽补服，骑在马上；前面画木耐的像，手里拿着一枝红旗，引着马，做劝农的光景。百姓家男男女女，到朔望的日子，往这庙里来，焚香点烛跪拜，非止一日。

到次年春天，杨柳发了青，桃花、杏花都渐渐开了，萧云仙骑着马，带着木耐出来游玩。见那绿树荫中，百姓家中的小孩子，三五成群地牵着牛，也有倒骑在牛上的，也有横睡在牛背上的，在田旁沟里饮了水，从屋角边慢慢转了过来。萧云仙心里欢喜，向木耐道："你看这般光景，百姓们的日子有的过了。只是这班小孩子，一个个好模好样，也还觉得聪俊，怎得有个先生教他识字便好。"木耐道："老爷，你不知道吗？前日这先农祠，住着一个先生，是江南人，而今想是还在这里。老爷何不去和他商议？"萧云仙道："这更凑巧了。"便打马到祠内会那先生。进去同那先生作揖坐下。萧云仙道："闻得先生贵处是江南，因甚到这边外地方？请问先生贵姓？"那先生道："贱姓沈，敝处常州。因向年有个亲戚在青枫做生意，所以来看他。不想遭了兵乱，流落在这里，五六年不得回去。近日闻得朝里萧老先生在这里筑城、开水利，所以到这里来看看。老先生尊姓？贵衙门是哪里的？"萧云仙道："小弟便是萧云仙，在此开水利的。"那先生起身，从新行礼，道："老先生便是当今的班定远，晚生不胜敬服！"萧云仙道："先生既在这城里，我就是主人。请到我公廨里去住。"便叫两个百姓来，搬了沈先生的行李，叫木耐牵着马，萧云仙携了沈先生的手，同到公廨里来，备酒饭款待沈先生。说起要请他教书的话，先生应允了。萧云仙又道："只得先生一位，教不来。"便将带来驻防的二三千多兵内，拣那认得字多的兵，选了十个，托沈先生每日指授他些书理。开了十个学堂。把百姓家略聪明的孩子，都养在学堂里读书。读到两年多，沈先生就教他做些破题、破承、起讲。但凡做的来，萧云仙就和他分庭抗礼，以示优待。这些人也知道读书是体面事了。

萧云仙见城工已竣，报上文书去，把这文书就叫木耐赍去。木耐见了少保，少保问他些情节，赏他一个外委把总做了去。少保据着萧云仙的详文，咨明兵部。工部核算：

　　萧采承办青枫城城工一案，该抚题销本内：砖、灰、工匠，共开销银一万九千三百六十两一钱二分一厘五毫。查该地水草附近，烧造砖灰甚便，新集流民充当工役者甚多，不便听其任意浮开。应请核减银七千五百二十五两有零，在于该员名下着追。查该员系四川成都府人，应行文该地方官，勒限严比归款可也。奉旨依议。

萧云仙看了邸抄，接了上司行来的公文，只得打点收拾行李回成都府。

比及到家，他父亲已卧病在床，不能起来。萧云仙到床面前，请了父亲的安，诉说军前这些始末缘由。说过，又磕下头去，伏着不肯起来。萧昊轩道："这些事你都不曾做错，为什么不起来？"萧云仙才把因修城工，被工部核减追赔一案说了，又道："儿子不能挣得一丝半粟孝敬父亲，倒要破费了父亲的产业，实在不可自比于人，心里愧恨之极！"萧昊轩道："这是朝廷功令，又不是你不肖花销掉了，何必气恼？我的产业攒凑拢来，大约还有七千金。你一总呈出归公便了。"萧云仙哭着应诺了。看见父亲病重，他衣不解带，伏伺十余日。眼见得是不济事，萧云仙哭着问："父亲可有什么遗言？"萧昊轩道："你这话又呆气了。我在一日，是我的事。我死后，就都是你的事了。总之，为人以忠孝为本，其余都是末事。"说毕，瞑目而逝。萧云仙呼天抢地，尽哀尽礼，治办丧事十分尽心。却自己叹息道："人说塞翁失马，未知是福是祸。前日要不为追赔，断断也不能回家，父亲送终的事，也再不能自己亲自办。可见这番回家，也不叫作不幸。"

丧葬已毕，家产都已赔完了，还少三百多两银子。地方官仍旧紧追。适逢知府因盗案的事降调去了。新任知府却是平少保做巡抚时提拔的，到任后，知道萧云仙是少保的人，替他虚出了一个完清的结状，叫他先到平少保那里去，再想法来赔补。

少保见了萧云仙，慰劳了一番，替他出了一角咨文，送部引见。兵部司官说道："萧采办理城工一案，无例题补。应请仍于本千总班次，论俸推升守备。俟其得缺之日，带领引见。"

萧云仙又候了五六个月，部里才推升了他应天府江淮卫的守备，带领引见。奉旨："着往新任。"萧云仙领了札付出京，走东路来南京。过了朱龙桥，到了广武卫地方，晚间住在店里。正是严冬时分，约有二更尽鼓，店家吆喝道："客人们起来！木总爷来查夜！"众人都披了衣服坐在铺上。只见四五个兵，打着灯笼，照着那总爷进来，逐名查了。萧云仙看见那总爷原来就是木耐。木耐见了萧云仙，喜出望外，叩请了安，忙将萧云仙请进衙署，住了一宿。

次日，萧云仙便要起行，木耐留住道：“老爷且宽住一日，这天色，想是要下雪了。今日且到广武山阮公祠游玩游玩，卑弁尽个地主之谊。”萧云仙应允了。木耐叫备两匹马，同萧云仙骑着，又叫一个兵，备了几样肴馔和一尊酒，一径来到广武山阮公祠内。道士接进去，请到后面楼上坐下。道士不敢来陪，随即送上茶来。木耐随手开了六扇窗格，正对着广武山侧面。看那山上，树木凋败，又被北风吹的凛凛冽冽的光景，天上便飘下雪花来。萧云仙看了，向着木耐说道：“我两人当日在青枫城的时候，这样的雪不知经过了多少，那时倒也不见得苦楚。如今见了这几点雪，倒觉得寒冷得紧。”木耐道：“想起那两位都督大老爷，此时貂裘向火，不知怎么样快活哩。”说着，吃完了酒，萧云仙起来闲步。楼右边一个小阁子，墙上嵌着许多名人题咏，萧云仙都看完了，内中一首，题目写着《广武山怀古》，读去却是一首七言古风。萧云仙读了又读，读过几遍，不觉凄然泪下。木耐在旁，不解其意。萧云仙又看了后面一行，写着“白门武书正字氏稿”，看罢记在心里。当下收拾回到衙署，又住了一夜。次日天晴，萧云仙辞别木耐要行。木耐亲自送过大柳驿，方才回去。

萧云仙从浦口过江，进了京城，验了札付，到了任，查点了运丁，看验了船只，同前任的官交代清楚。那日，便问运丁道：“你们可晓的这里有一个姓武名书号正字的，是个什么人？”旗丁道：“小的却不知道。老爷问他，却为什么？”萧云仙道：“我在广武卫，看见他的诗，急于要会他。”旗丁道：“既是作诗的人，小的向国子监一问便知了。”萧云仙道：“你快些去问。”旗丁次日来回复道：“国子监问过来了。门上说，监里有个武相公叫作武书，是个上斋的监生，就在花牌楼住。”萧云仙道：“快叫人伺候！不打执事，我就去拜他。”

当下一直来到花牌楼，一个坐东朝西的门楼，投进帖去。武书出来会了。萧云仙道：“小弟是一个武夫，新到贵处，仰慕贤人君子。前日在广武山壁上，奉读老先生怀古佳作，所以特来拜谒。”武书道：“小弟那诗，也是一时有感之作，不想有污尊目。”当下捧出茶来吃了。武书道：“老先生自广武而来，想必自京师部选的了？”萧云仙道：“不瞒老先生，说起来话长。小弟自从青枫城出征之后，因修理城工多用了帑项，方才赔偿清了。照千总推升的例，选在这江淮卫。却喜得会见老先生，凡事要求指教，改日还有事奉商。”武书道：“当得领教。”

萧云仙说罢，起身去了。

武书送出大门，看见监里斋夫飞跑了来，说道："大堂虞老爷立候相公说话。"武书走去见虞博士。虞博士道："年兄，令堂旌表的事，部里为报在后面，驳了三回，如今才准了。牌坊银子在司里，年兄可作速领去。"武书谢了出来。

次日，带了帖子去回拜萧守备。萧云仙迎入川堂，作揖奉坐。武书道："昨日枉驾后，多慢！拙作过蒙称许，心切不安。还有些拙刻带在这边，还求指教。"因在袖内拿出一卷诗来。萧云仙接着，看了数首，赞叹不已。遂请到书房里坐了，摆上饭来。吃过，萧云仙拿出一个卷子，递与武书道："这是小弟半生事迹，专求老先生大笔，或作一篇文，或作几首诗，以垂不朽。"武书接过来，放在桌上，打开看时，前面写着"西征小纪"四个字。中间三幅图：第一幅是《椅儿山破敌》，第二幅是《青枫取城》，第三幅是《春郊劝农》。每幅下面，都有逐细的纪略。武书看完了，叹惜道："飞将军数奇，古今来大概如此。老先生这样功劳，至今还屈在卑位。这作诗的事，小弟自是领教。但老先生这一番汗马的功劳，限于资格，料是不能载入史册的了。须得几位大手笔撰述一番，各家文集里传留下去，也不埋没了这半生忠悃。"萧云仙道："这个也不敢当。但得老先生大笔，小弟也可借以不朽了。"武书道："这个不然。卷子我且带了回去。这边有几位大名家，素昔最喜赞扬忠孝的。若是见了老先生这一番事业，料想乐于题咏的。容小弟将此卷传了去看看。"萧云仙道："老先生的相知，何不竟指小弟先去拜谒？"武书道："这也使得。"萧云仙拿了一张红帖子，要武书开名字去拜。武书便开出：虞博士果行、迟均衡山、庄征君绍光、杜仪少卿。俱写了住处，递与萧云仙。带了卷子，告辞去了。

萧云仙次日拜了各位，各位都回拜了。随奉粮道文书，押运赴淮。萧云仙上船，到了扬州，在钞关上挤马头。正挤得热闹，只见后面挤上一只船来。船头上站着一个人，叫道："萧老先生！怎么在这里？"萧云仙回头一看，说道："啊呀！原来是沈先生！你几时回来的？"忙叫拢了船。那沈先生跳上船来。萧云仙道："向在青枫城一别，至今数年。是几时回南来的？"沈先生道："自蒙老先生青目，教了两年书，积下些修金。回到家乡，将小女许嫁扬州宋府上，此时送他上门去。"萧云仙道："令爱恭喜！少贺。"因叫跟随的人封了一两银子，送过来做贺礼。说道："我今番押运北上，不敢停泊。将来回到敝署，再请先生相会罢。"作别开船去了。

这先生领着他女儿琼枝，岸上叫了一乘小轿子抬着女儿，自己押了行李，到了缺口门，落在大丰旗下店里。那里伙计接着，通报了宋盐商。那盐商宋为富打发家人来吩咐道："老爷叫把新娘就抬到府里去。沈老爷留在下店里住着，叫账房置酒款待。"沈先生听了这话，向女儿琼枝道："我们只说到了这里，权且住下，等他择吉过门。怎么这等大模大样？看来这等光景，竟不是把你当作正室了。这头亲事，还是就得就不得？女儿你也须自己主张。"沈琼枝道："爹爹，你请放心！我家又不曾写立文书，得他身价，为什么肯去伏低做小？他既如此排场，爹爹若是和他吵闹起来，倒反被外人议论。我而今一乘轿子抬到他家里去，看他怎模样看待我。"沈先生只得依着女儿的言语，看着他装饰起来。头上戴了冠子，身上穿了大红外盖，拜辞了父亲，上了轿。

那家人跟着轿子，一直来到河下，进了大门。几个小老妈抱着小官，在大墙门口，同看门的管家说笑话。看见轿子进来，问道："可是沈新娘来了？请下了轿，走水巷里进去。"沈琼枝听见，也不言语，下了轿，一直走到大厅上坐下。说道："请你家老爷出来！我常州姓沈的，不是什么低三下四的人家。他既要娶我，怎的不张灯结彩，择吉过门，把我悄悄地抬了来，当作娶妾的一般光景？我且不问他要别的，只叫他把我父亲亲笔写的婚书，拿出来与我看，我就没得说了！"老妈同家人都吓了一跳，甚觉诧异，慌忙走到后边，报与老爷知道。

那宋为富正在药房里看着药匠弄人参，听了这一篇话，红着脸道："我们总商人家，一年至少也娶七八个妾，都像这般淘气起来，这日子还过得？他走了来，不怕他飞到那里去！"踌躇一会，叫过一个丫鬟来，吩咐道："你去前面向那新娘说：'老爷今日不在，新娘权且进房去。有什么话，等老爷来家再说。'"

丫鬟来说了。沈琼枝心里想着："坐在这里也不是事，不如且随他进去。"便跟着丫头，走到厅背后左边，一个小圭门里进去，三间楠木厅，一个大院落，堆满了太湖石的山子。沿着那山石走到左边一条小巷。串入一个花园内，竹树交加，亭台轩敞，一个极宽的金鱼池，池子旁边都是朱红栏杆，夹着一带走廊。走到廊尽头处，一个小小月洞，四扇金漆门。走将进去，便是三间屋，一间做房，铺设的齐齐整整，独自一个院落。妈子送了茶来。沈琼枝吃着，心里暗说道："这样极幽的所在，料想彼人也不会赏鉴，且让我在此消遣几天。"那丫鬟回去，回复宋为富道："新娘人物倒生得标致，只是样子觉得惫懒，不是个好惹的。"

过了一宿，宋为富叫管家到下店里，吩咐账房中兑出五百两银子送与沈老爷，"叫他且回府，着姑娘在这里，想没得话说。"

沈先生听了这话，说道："不好了！他分明拿我女儿做妾，这还了得！"一径走到江都县，喊了一状。那知县看了呈子，说道："沈大年既是常州贡生，也是衣冠中人物，怎么肯把女儿与人做妾？盐商豪横，一至于此！"将呈词收了。宋家晓得这事，慌忙叫小司客具了一个诉呈，打通了关节。次日，呈子批出来，批道："沈大年既系将女琼枝许配宋为富为正室，何至自行私送上门，显系做妾可知。架词混渎，不准。"那诉呈上批道："已批示沈大年词内矣。"沈大年又补了一张呈子。知县大怒，说他是个刁健讼棍。一张批，两个差人，押解他回常州去了。

沈琼枝在宋家过了几天，不见消息，想道："彼人一定是安排了我父亲，再来和我歪缠。不如走离了他家，再作道理。"将他那房里所有动用的金银器皿、珍珠首饰打了一个包袱，穿了七条裙子，扮作小老妈的模样，买通了那丫鬟，五更时分，从后门走了。清晨，出了钞关门上船。那船是有家眷的。沈琼枝上了船，自心里想道："我若回常州父母家去，恐惹故乡人家耻笑。"细想："南京是个好地方，有多少名人在那里。我又会做两句诗，何不到南京去卖诗过日子？或者遇着些缘法出来，也不可知。"立定主意，到仪征换了江船，一直往南京来。只因这一番，有分教：卖诗女士，反为逋逃之流；科举儒生，且作风流之客。毕竟后事如何，且听下回分解。

第四十一回　庄濯江话旧秦淮河　沈琼枝押解江都县

话说南京城里，每年四月半后，秦淮景致渐渐好了。那外江的船，都下掉了楼子，换上凉篷，撑了进来。船舱中间，放一张小方金漆桌子，桌上摆着宜兴砂壶，极细的成窑、宣窑的杯子，烹的上好的雨水毛尖茶。那游船的，备了酒和肴馔及果碟到这河里来游；就是走路的人也买几个钱的毛尖茶，在船上煨了吃，慢慢而行。到天色晚了，每船两盏明角灯，一来一往，映着河里，上下明亮。自文德桥至利涉桥、东水关，夜夜笙歌不绝。又有哪些游人买了水老鼠花在河内放，那水花直站在河里，放出来就和一树梨花一般。每夜直到四更时才歇。

国子监的武书是四月尽间生辰，他家中穷，请不起客。杜少卿备了一席果碟，沽几斤酒，叫了一只小凉篷船，和武书在河里游游。清早请了武书来，在河房里吃了饭，开了水门，同下了船。杜少卿道："正字兄，我和你先到淡冷处走走。"叫船家一路荡到进香河，又荡了回来，慢慢吃酒。吃到下午时候，两人都微微醉了。荡到利涉桥，上岸走走，见马头上贴着一个招牌，上写道："毗陵女士沈琼枝，精工顾绣，写扇作诗。寓王府塘手帕巷内。赐顾者幸认'毗陵沈'招牌便是。"武书看了，大笑道："杜先生，你看南京城里，偏有许多奇事！这些地方都是开私门的女人住。这女人眼见的也是私门了，却挂起一个招牌来，岂不可笑！"杜少卿道："这样的事，我们管他怎的？且到船上去煨茶吃。"

便同下了船，不吃酒了，煨起上好的茶来，二人吃着闲谈。过了一回，回头看见一轮明月升上来，照得满船雪亮。船就一直荡上去，到了月牙池，见许多游船在那里放花炮。内有一只大船，挂着四盏明角灯，铺着凉簟子，在船上中间摆了一席。上面坐着两个客；下面主位上坐着一位，头戴方巾，身穿白纱直裰，脚下凉鞋，黄瘦面庞，清清疏疏三绺白须；横头坐着一个少年，白净面皮，微微几根胡子，眼张失落在船上两边看女人。这小船走近大船跟前，杜少卿同武书认得那两个客，一个是卢信侯，一个是庄绍光，却认不得那两个人。庄绍光看见二人，立起身来道："少卿兄，你请过来坐！"杜少卿同武书上了大船。主人和二位见礼，便问："尊姓？"庄绍光道："此位是天长杜少卿兄。此位是武正字兄。"那主人道："天长杜先生，当初有一位做赣州太守的，可是贵本家？"杜少卿惊道："这便是先君。"那主人道："我四十年前与尊大人终日相聚。叙祖亲，尊翁还是我的表兄。"杜少卿道："莫不是庄濯江表叔吗？"那主人道："岂敢！我便是。"杜少卿道："小侄当年年幼，不曾会过，今幸会见表叔。失敬了！"从新同庄濯江叙了礼。武书问庄绍光道："这位老先生可是老先生贵族？"庄征君笑道："这还是舍侄，却是先君受业的弟子。我也和他相别了四十年。近日才从淮扬来。"武书又问："此位？"庄濯江道："这便是小儿。"也过来见了礼，齐坐下。

庄濯江叫重新拿上新鲜酒来，奉与诸位吃。庄濯江就问："少卿兄几时来的？寓在哪里？"庄绍光道："他已经在南京住了八九年了。尊居现在这河房里。"庄濯江惊道："尊府大家，园亭花木甲于江北，为什么肯搬在这里？"庄绍光便把少卿豪举，而今黄金已随手而尽，略说了几句。庄濯江不胜叹息，说道："还记得十七八年前，我在湖广，乌衣韦四先生寄了一封书子与我，说他酒量越发大了，二十年来，竟不得一回恸醉，只有在天长赐书楼，吃了一坛九年的陈酒，醉了一夜，心里畅快得紧，所以三千里外寄信告诉我。我彼时不知府上是那一位做主人，今日说起来想必是少卿兄无疑了。"武书道："除了他，谁人肯做这一个雅东？"杜少卿道："韦老伯也是表叔相好的？"庄濯江道："这是我髫年的相与了。尊大人少时，无人不敬仰，是当代第一位贤公子。我至今想起形容笑貌，还如在目前。"卢信侯又同武书谈到泰伯祠大祭的事。庄濯江拍膝嗟叹道："这样盛典，可惜来迟了，不得躬逢其盛。我将来也要怎的寻一件大事，屈诸位先生大家会一会，我就有趣了。"

当下四五人谈心话旧，一直饮到半夜。在杜少卿河房前，见那河里灯火阑珊，笙歌渐歇，耳边忽听得玉箫一声。众人道："我们各自分手吧。"武书也上了岸去。庄濯江虽年老，事庄绍光极是有礼。当下，杜少卿在河房前过，上去回家。庄濯江在船上，一路送庄绍光到北门桥，还自己同上岸，家人打灯笼，同卢信侯送到庄绍光家，方才回去。庄绍光留卢信侯住了一夜，次日，依旧同往湖园去了。

庄濯江次日写了"庄洁率子非熊"的帖子，来拜杜少卿。杜少卿到莲花桥来回拜，留着谈了一日。

杜少卿又在后湖会着庄绍光。庄绍光道："我这舍侄，亦非等闲之人。他四十年前，在泗州同人合本开典当。那合本的人穷了，他就把他自己经营的两万金和典当，拱手让了那人。自己一肩行李，跨一个疲驴，出了泗州城。这十数年来，往来楚越，转徙经营，又自致数万金，才置了产业，南京来住。平日极是好友敦伦，替他尊人治丧，不曾要同胞兄弟出过一个钱，俱是他一人独任。多少老朋友死了无所归的，他就殡葬他。又极遵先君当年的教训，最是敬重文人，流连古迹。现今拿着三四千银子，在鸡鸣山修曹武惠王庙。等他修成了，少卿也约衡山兄来，替他做一个大祭。"杜少卿听了，心里欢喜。说罢，辞别去了。

转眼长夏已过，又是新秋，清风戒寒，那秦淮河另是一番景致。满城的人都叫了船，请了大和尚在船上悬挂佛像，铺设经坛，从西水关起一路施食到进香河。十里之内，降真香烧的有如烟雾溟蒙，那鼓钹梵呗之声不绝于耳。到晚，做得极精致的莲花灯点起来，浮在水面上。又有极大的法船，依照佛家中元地狱赦罪之说，超度这些孤魂升天。把一个南京秦淮河，变作西域天竺国。到七月二十九日，清凉山地藏胜会。人都说，地藏菩萨一年到头都把眼闭着，只有这一夜才睁开眼，若见满城都摆的香花灯烛，他就只当是一年到头都是如此，就欢喜这些人好善，就肯保佑人。所以这一夜，南京人各家门户，都搭起两张桌子来，两枝通宵风烛，一座香斗，从大中桥到清凉山，一条街有七八里路，点得像一条银龙。一夜的亮，香烟不绝，大风也吹不熄。倾城士女都出来烧香看会。

沈琼枝住在王府塘房子里，也同房主人娘子去烧香回来。沈琼枝自从来到南京，挂了招牌，也有来求诗的，也有来买斗方的，也有来托刺绣的。那些好事的恶少，都一传两、两传三的来物色，非止一日。这一日烧香回来，人见他是下路打扮，跟了他后面走的就有百十人。庄非熊却也顺路跟在后面，看见他走到王府塘那边去了。庄非熊心里有些疑惑，次日来到杜少卿家，说："这沈琼枝在王府塘，有恶少们去说混话，他就要怒骂起来。此人来路甚奇，少卿兄何不去看看？"杜少卿道："我也听见这话。此时多失意之人，安知其不因避难而来此地？我正要去问他。”当下，便留庄非熊在河房看新月。又请了两个客来，一个是迟衡山，一个是武书。庄非熊见了，说些闲话，又讲起王府塘沈琼枝卖诗文的事。杜少卿道："无论他是怎样，果真能做诗文，这也就难得了。"迟衡山道："南京城里是何等地方？四方的名士还数不清，还那个去求妇女们的诗文？这个明明借此勾引人。他能做不能做，不必管他！"武书道："这个却奇。一个少年妇女，独自在外，又无同伴，靠卖诗文过日子，恐怕世上断无此理，只恐其中有什么情由。他既然会作诗，我们便邀了他来做做看。"说着，吃了晚饭，那新月已从河底下斜挂一钩，渐渐地照过桥来。杜少卿道："正字兄，方才所说，今日已迟了。明日在舍间早饭后同去走走。"武书应诺，同迟衡山、庄非熊都别去了。

次日，武正字来到杜少卿家。早饭后，同到王府塘来。只见前面一间低矮房屋，门首围着一二十人在那里吵闹。杜少卿同武书上前一看，里边便是一个十八九岁妇人，梳着下路绺髻，穿着一件宝蓝纱大领披风，在里面叽叽喳喳地嚷。杜少卿同武书听了一听，才晓得是人来买绣香囊，地方上几个喇子，想来拿图头，却无实迹，倒被他骂了一场。两人听得明白，方才进去。那些人看见两位进去，也就渐渐散了。

沈琼枝看见两人气概不同，连忙接着，拜了万福。坐定，彼此谈了几句闲话。武书道："这杜少卿先生是此间诗坛祭酒。昨日因有人说起佳作可观，所以来请教。"沈琼枝道："我在南京半年多，凡到我这里来的，不是把我当作倚门之娼，就是疑我为江湖之盗。两样人皆不足与言。今见二位先生，既无狎玩我的意思，又无疑猜我的心肠。我平日听见家父说：'南京名士甚多，只有杜少卿先生是个豪杰。'这句话不错了。但不知先生是客居在此，还是和夫人也同在南京？"杜少卿道："拙荆也同寄居在河房内。"沈琼枝道："既如此，我就到府拜谒夫人，好将心事细说。"

杜少卿应诺，同武书先别了出来。武书对杜少卿说道："我看这个女人实有些奇。若说他是个邪货，他却不带淫气；若是说他是人家遣出来的婢妾，他却又不带贱气。看他虽是个女流，倒有许多豪侠的光景。他那般轻倩的装饰，虽则觉得柔媚，只一双手指，却像讲究勾、搬、冲的。论此时的风气，也未必有车中女子同那红线一流人。却怕是负气斗狠，逃了出来的。等他来时，盘问盘问他，看我的眼力如何。"说着，已回到杜少卿家门首，看见姚奶奶背着花笼儿来卖花。杜少卿道："姚奶奶，你来得正好。我家今日有个稀奇的客到，你就在这里看看。"让武正字到河房里坐着，同姚奶奶进去和娘子说了。

少刻，沈琼枝坐了轿子，到门首下了进来。杜少卿迎进内室，娘子接着，见过礼，坐下奉茶。沈琼枝上首，杜娘子主位，姚奶奶在下面陪着，杜少卿坐在窗隔前。彼此叙了寒暄。杜娘子问道："沈姑娘，看你如此青年，独自一个在客边，可有个同伴的？家里可还有尊人在堂？可曾许字过人家？"沈琼枝道："家父历年在外坐馆。先母已经去世。我自小学了些手工针黹，因来到这南京大邦去处借此糊口。适承杜先生相顾，相约到府，又承夫人一见如故，算是天涯知己了。"姚奶奶道："沈姑娘出奇的针黹。昨日我在对门葛来官家，看见他相公娘买了一幅绣的'观音送子'，说是买的姑娘的，真个画儿也没有那画得好！"沈琼枝道："胡乱做做罢了，见笑得紧。"须臾，姚奶奶走出房门外去。沈琼枝在杜娘子面前双膝跪下。娘子大惊，扶了起来。沈琼枝便把盐商骗他做妾，他拐了东西逃走的话说了一遍，"而今只怕他不能忘情，还要追踪而来。夫人可能救我？"杜少卿道："盐商富贵奢华，多少士大夫见了就销魂夺魄。你一个弱女子，视如土芥，这就可敬的极了！但他必要追踪，你这祸事不远，却也无甚大害。"

正说着，小厮进来请少卿："武爷有话要说。"杜少卿走到河房里，只见两个人垂着手，站在隔子门口，像是两个差人。少卿吓了一跳，问道："你们是哪里来的？怎么直到这里边来？"武书接应道："是我叫进来的。奇怪！如今县里据着江都县缉捕的文书在这里拿人，说他是宋盐商家逃出来的一个妾。我的眼色如何？"少卿道："此刻却在我家。我家与他拿了去，就像是我家指使的，传到扬州去，又像我家藏留他。他逃走不逃走都不要紧，这个倒有些不妥帖。"武正字道："小弟先叫差人进来，正为此事。此刻少卿兄莫若先赏差人些微银子，叫他仍旧到王府塘去。等他自己回去，再做道理拿他。"少卿依着武书，赏了差人四钱银子，差人不敢违拗，去了。

少卿复身进去，将这一番话，向沈琼枝说了。娘子同姚奶奶倒吃了一惊。沈琼枝起身道："这个不妨，差人在哪里？我便同他一路去。"少卿道："差人我已叫他去了。你且用了便饭。武先生还有一首诗奉赠，等他写完。"当下叫娘子和姚奶奶陪着吃了饭，自己走到河房里，检了自己刻的一本诗集，等着武正字写完了诗，又称了四两银子，封作程仪，叫小厮交与娘子，送与沈琼枝收了。

沈琼枝告辞出门，上了轿，一直回到手帕巷。那两个差人已在门口，拦住说道："还是原轿子抬了走？还是下来同我们走？进去是不必的了！"沈琼枝道："你们是都堂衙门的？是巡按衙门的？我又不犯法，又不打钦案的官司，哪里有个拦门不许进去的理？你们这般大惊小怪，只好吓那乡里人！"说着下了轿，慢慢地走了进去。两个差人倒有些让他。沈琼枝把诗同银子收在一个首饰匣里，出来叫："轿夫，你抬我到县里去。"轿夫正要添钱。差人忙说道："千差万差，来人不差。我们清早起，就在杜相公家伺候了半日，留你脸面，等你轿子回来。你就是女人，难道是茶也不吃的？"沈琼枝见差人想钱，也只不理，添了二十四个轿钱，一直就抬到县里来。

差人没奈何，走到宅门上回禀道："拿的那个沈氏到了。"知县听说，便叫带到三堂回话。带了进来，知县看他容貌不差，问道："既是女流，为什么不守闺范，私自逃出？又偷窃了宋家的银两，潜踪在本县地方做什么？"沈琼枝道："宋为富强占良人为妾，我父亲和他涉了讼。他买嘱知县，将我父亲断输了。这是我不共戴天之仇！况且我虽然不才，也颇知文墨，怎么肯把一个张耳之妻去事外黄佣奴？故此逃了出来。这是真的。"知县道："你这些事，自有江都县问你，我也不管。你既会文墨，可能当面作诗一首？"沈琼枝道："请随意命一个题，原可以求教的。"知县指着堂下的槐树，说道："就以此为题。"沈琼枝不慌不忙，吟出一首七言八句来，又快又好。知县看了赏鉴，随叫两个原差到他下处取了行李来，当堂查点。翻到他头面盒子里，一包碎散银子，一个封袋上写着"程仪"、一本书、一个诗卷。知县看了，知道他也和本地名士唱和。签了一张批，备了一角关文，吩咐原差道："你们押沈琼枝到江都县，一路须要小心，不许多事，领了回批来缴。"那知县与江都县同年相好，就密密的写了一封书装入关文内，托他开释此女，断还伊父，另行择婿。此是后事不题。

当下，沈琼枝同两个差人出了县门，雇轿子抬到汉西门外，上了仪征的船。差人的行李放在船头上，锁伏板下安歇。沈琼枝搭在中舱，正坐下，凉篷小船上又荡了两个堂客来搭船，一同进到官舱。沈琼枝看那两个妇人时，一个二十六七的光景，一个十七八岁，乔素打扮，做张做致的。跟着一个汉子，酒糟的一副面孔，一顶破毡帽坎齐眉毛，挑过一担行李来，也送到中舱里。两妇人同沈琼枝一块坐下，问道："姑娘是哪里去的？"沈琼枝道："我是扬州，和二位想也同路。"中年的妇人道："我们不到扬州，仪征就上岸了。"

过了一会，船家来称船钱。两个差人啐了一口，拿出批来道："你看！这是什么东西？我们办公事的人，不问你要贴钱就够了，还来问我们要钱！"船家不敢言语，向别人称完了，开船到了燕子矶。一夜西南风，清早到了黄泥滩。差人问沈琼枝要钱。沈琼枝道："我昨日听得明白，你们办公事不用船钱的。"差人道："沈姑娘，你也太拿老了！叫我们管山吃山，管水吃水，都像你这一毛不拔，我们喝西北风？"沈琼枝听了，说道："我便不给你钱，你敢怎么样！"走出船舱，跳上岸去，两只小脚就是飞的一般竟要自己走了去。两个差人，慌忙搬了行李，赶着扯他，被他一个四门斗里，打了一个仰八叉。扒起来，同那个差人吵成一片。吵的船家同那戴破毡帽的汉子做好做歹，雇了一乘轿子。两个差人跟着去了。

那汉子带着两个妇人过了头道闸，一直到丰家巷来，觌面迎着王义安，叫道："细姑娘同顺姑娘来了，李老四也亲自送了来。南京水西门近来生意如何？"李老四道："近来被淮清桥那些开三嘴行的挤坏了，所以来投奔老爹。"王义安道："这样甚好。我这里正少两个姑娘。"当下带着两个婊子，回到家里。一进门来，上面三间草房，都用芦席隔着，后面就是厨房。厨房里一个人在那里洗手，看见这两个婊子进来，欢喜的要不得。只因这一番，有分教：烟花窟里，惟凭行势夸官；笔墨丛中，偏去眠花醉柳，毕竟后事如何，且听下回分解。

第四十二回　公子妓院说科场
家人苗疆报信息

　　话说两个婊子才进房门，王义安向洗手的那个人道："六老爷你请过来，看看这两位新姑娘。"两个婊子抬头看那人时，头戴一顶破头巾，身穿一件油透的元色绸直裰，脚底下穿了一双旧尖头靴，一副大黑麻脸，两只的溜骨碌的眼睛。洗起手来，自己把两个袖子，只管往上勒，又不像文，又不像武。那六老爷从厨房里走出来，两个婊子上前叫声："六老爷！"歪着头，扭着屁股，一只手扯着衣服衿，在六老爷跟前行个礼。那六老爷双手拉着道："好！我的乖乖姐姐！你一到这里，就认得汤六老爷，就是你的造化了！"王义安道："六老爷说的是。姑娘们到这里，全靠六老爷照顾。请六老爷坐。拿茶来敬六老爷。"汤六老爷坐在一张板凳上，把两个姑娘拉着，一边一个同在板凳上坐着，自己扯开裤脚子，拿出那一双黑油油的肥腿来，搭在细姑娘腿上，把细姑娘雪白的手，拿过来摸他的黑腿。吃过了茶，拿出一袋子槟榔来，放在嘴里乱嚼。嚼的滓滓渣渣淌出来，满胡子，满嘴唇，左边一擦，右边一偎，都偎擦在两个姑娘脸巴子上。姑娘们拿出汗巾子来揩，他又夺过去擦胳肢窝。王义安才接过茶杯，站着问道："大老爷这些时，边上可有信来？"汤六老爷道："怎么没有？前日还打发人来，在南京做了二十首大红缎子绣龙的旗，一首大黄缎子地坐纛。说是这一个月就要进京。到九月霜降祭旗，万岁爷做大将军，我家大老爷做副将军。两人并排在一个毡条上站着磕头。磕过了头，就做总督。"

　　正说着，捞毛地叫了王义安出去，悄悄说了一会话。王义安进来道："六老爷在上，方才有个外京客，要来会会细姑娘。看见六老爷在这里不敢进来。"六老爷道："这何妨！请他进来不是，我就同他吃酒。"当下王义安领了那人进来，一个少年生意人。那嫖客进来坐下，王义安就叫他称出几钱银子来，买了一盘子驴肉、一盘子煎鱼、十来筛酒。因汤六老爷是教门人，买了二三十个鸡蛋，煮了出来。点上一个灯挂。六老爷首席，那嫖客对坐。六老爷叫细姑娘同那嫖客一板凳坐，细姑娘撒娇撒痴，定要同六老爷坐。四人坐定，斟上酒来，六老爷要猜拳，输家吃酒赢家唱。六老爷赢了一拳，自己哑着喉咙，唱了一个《寄生草》，便是细姑娘和那嫖客猜。细姑娘赢了。六老爷叫斟上酒，听细姑娘唱。细姑娘别转脸笑，不肯唱。六老爷拿筷子在桌上催着敲。细姑娘只是笑，不肯唱。六老爷道："我这脸是帘子做的，要卷上去就卷上去，要放下来就放下来。我要细姑娘唱一个，偏要你唱！"王义安又走进来帮着催促，细姑娘只得唱了几句。唱完，王义安道："王老爷来了。"那巡街的王把总进来，见是汤六老爷才不言语。婊子磕了头，一同入席吃酒，又添了五六筛。直到四更时分，大老爷府里小狗子拿着"都督府"的灯笼，说："府里请六爷。"六老爷同王老爷方才去了。嫖客进了房，端水的来要水钱，捞毛的来要花钱。又闹了一会，婊子又通头、洗脸、刷屁股。比及上床，已鸡叫了。

次日，六老爷绝早来说，要在这里摆酒，替两位公子饯行，往南京恭喜去。王义安听见汤大老爷府里两位公子来，喜从天降。忙问："六老爷，是即刻就来，是晚上才来？"六老爷在腰里摸出一封低银子，称称五钱六分重，递与王义安，叫去备一个七簋两点的席，"若是办不来，再到我这里找。"王义安道："不敢！不敢！只要六老爷别的事上，多挑他姐儿们几回就是了。这一席酒，我们效六老爷的劳。何况又是请府里大爷、二爷的。"六老爷道："我的乖乖，这就是在行的话了。只要你这姐儿们有福，若和大爷、二爷相厚起来，他府里差什么？黄的是金，白的是银，圆的是珍珠，放光的是宝！我们大爷、二爷，你只要找得着性情，就是捞毛的，烧火的，他也大把的银子挝出来赏你们。"李四在旁听了，也着实高兴。吩咐已毕，六老爷去了。这里七手八脚整治酒席。

到下午时分，六老爷同大爷、二爷来。头戴恩荫巾，一个穿大红洒线直裰，一个穿耦合洒线直裰，脚下粉底皂靴，带着四个小厮，大青天白日，提着两对灯笼，一对上写着"都督府"，一对写着"南京乡试"。大爷、二爷进来，上面坐下。两个婊子双双磕了头。六老爷站在旁边。大爷道："六哥，现成板凳，你坐着不是！"六老爷道："正是。要禀过大爷、二爷：两个姑娘要赏他一个坐？"二爷道："怎么不坐？叫他坐了！"两个婊子轻轻试试，扭头折颈，坐在一条板凳上，拿汗巾子掩着嘴笑。大爷问：“两个姑娘今年尊庚？”六老爷代答道：“一位十七岁，一位十九岁。”王义安捧上茶来，两个婊子亲手接了两杯茶，拿汗巾揩干了杯子上一转的水渍，走上去，奉与大爷、二爷。大爷、二爷接茶在手，吃着。六老爷问道：“大爷、二爷几时恭喜起身？”大爷道：“只在明日就要走。现今主考已是将到京了，我们怎还不去？”六老爷和大爷说着话，二爷趁空把细姑娘拉在一条板凳上坐着，同他蹑手蹑脚亲热了一回。少刻就排上酒来，叫的教门厨子，备的教门席，都是些燕窝、鸭子、鸡、鱼。六老爷自己捧着酒奉大爷、二爷上坐，六老爷下陪，两个婊子打横。那菜一碗一碗地捧上来。六老爷逼手逼脚地坐在底下，吃了一会酒。

六老爷问道：“大爷、二爷这一到京，就要进场了？初八日五更鼓，先点太平府，点到我们扬州府，怕不要晚？”大爷道：“那里就点太平府！贡院前先放三个炮，把栅栏子开了；又放三个炮，把大门开了；又放三个炮，把龙门开了。共放九个大炮。”二爷道：“他这个炮，还没有我们老人家辕门的炮大。”大爷道：“略小些，也差不多。放过了炮，至公堂上摆出香案来。应天府尹大人戴着幞头，穿着蟒袍，行过了礼，立起身来，把两把遮阳遮着脸。布政司书办跪请三界伏魔大帝关圣帝君进场来镇压，请周将军进场来巡场。放开遮阳，大人又行过了礼。布政司书办跪请七曲文昌开化梓潼帝君进场来主试，请魁星老爷进场来放光。”六老爷吓得吐舌道：“原来要请这些神道菩萨进来！可见是件大事！”顺姑娘道：“他里头有这些菩萨坐着，亏大爷、二爷好大胆，还敢进去！若是我们，就杀了也不敢进去。”六老爷正色道：“我们大爷、二爷，也是天上的文曲星，怎比得你姑娘们！”大爷道：“请过了文昌，大人朝上又打三恭，书办就跪请各举子的功德父母。”六老爷道：“怎的叫作功德父母？”二爷道：“功德父母，是人家中过进士做过官的祖宗，方才请了进来。若是那考老了的秀才和那百姓，请他进来做什么呢？”大爷道：“每号门前还有一首红旗，底下还有一首黑旗。那红旗底下是给下场的人的恩鬼墩着，黑旗底下是给下场的人的怨鬼墩着。到这时候，大人上了公座坐了。书办点道：‘恩鬼进，怨鬼进。’两边齐烧纸钱。只见一阵阴风飒飒地响，滚了进来，跟着烧的纸钱滚到红旗、黑旗底下去了。”顺姑娘道：“阿弥陀佛！可见人要做好人，到这时候就见出分晓来了。”六老爷道：

"像我们大老爷，在边上积了多少功德，活了多少人命，那恩鬼也不知是多少哩！一面红旗哪里墩得下？"大爷道："幸亏六哥不进场。若是六哥要进场，生生地就要给怨鬼拉了去！"六老爷道："这是怎的？"大爷道："像前科我宜兴严世兄，是个饱学秀才，在场里做完七篇文章、高声朗诵，忽然一阵微微的风，把蜡烛头吹的乱摇，掀开帘子伸进一个头来。严世兄定睛一看，就是他相与的一个婊子。严世兄道：'你已经死了，怎么来在这里？'那婊子望着他嘻嘻地笑。严世兄急了，把号板一拍，那砚台就翻过来，连黑墨都倒在卷子上，把卷子黑了一大块。婊子就不见了。严世兄叹息道：'也是我命该如此！'可怜下着大雨就交了卷。冒着雨出来，在下处害了三天病。我去看他，他告诉我如此。我说：'你当初不知怎样作践了这人，他所以来寻你。'六哥，你生平作践了多少人？你说这大场进得进不得？"两个姑娘拍手笑道："六老爷好作践的是我们。他若进场，我两个人就是他的怨鬼。"吃了一会，六老爷哑着喉咙唱了一个小曲，大爷、二爷拍着腿也唱了一个，婊子唱是不消说。闹到三更鼓，打着灯笼回去了。

次日，叫了一只大船上南京。六老爷也送上船，回去了。大爷、二爷在船上，闲谈着进场的热闹处。二爷道："今年该是个什么表题？"大爷道："我猜没有别的，去年老人家在贵州，征服了一洞苗子，一定是这个表题。"二爷道："这表题要在贵州出。"大爷道："如此，只得求贤、免钱粮两个题，其余没有了。"一路说着，就到了南京。管家尤胡子接着，把行李搬到钓鱼巷住下。大爷、二爷走进了门，转过二层厅后，一个旁门进去，却是三间倒坐的河厅，收拾的倒也清爽。两人坐定，看见河对面一带河房，也有朱红的栏杆，也有绿油的窗隔，也有斑竹的帘子，里面都下着各处的秀才，在那里哼哼唧唧地念文章。大爷、二爷才住下，便催着尤胡子，去买两顶新方巾；考蓝、铜铫、号顶、门帘、火炉、烛台、烛剪、卷袋，每样两件；赶着到鹫峰寺写卷头、交卷；又料理场食：月饼、蜜橙糕、莲米、圆眼肉、人参、炒米、酱瓜、生姜、板鸭。大爷又和二爷说："把贵州带来的阿魏带些进去，恐怕在里头写错了字着急。"足足料理了一天，才得停妥。大爷、二爷又自己细细一件件的查点，说道："功名事大，不可草草。"

到初八早上，把这两顶旧头巾叫两个小子戴在头上，抱着篮子到贡院前伺候。一路打从淮清桥过，那赶抢摊的摆着红红绿绿的封面，都是萧金铉、诸葛天申、季恬逸、匡超人、马纯上、蓬訧夫选的时文。一直等到晚，仪征学的秀才点完了才点他们。进了头门，那两个小厮到底不得进去。大爷、二爷自己抱着篮子，背着行李。看见两边芦柴堆火光一直亮到天上。大爷、二爷坐在地下，解怀脱脚。听见里面高声喊道："仔细搜检！"大爷、二爷跟了这些人进去，到二门口接卷，进龙门归号。初十日出来，累倒了，每人吃了一只鸭子，眠了一天。三场已毕。

到十六日，叫小厮拿了一个"都督府"的溜子，溜了一班戏子来谢神。少刻看茶的到了。他是教门，自己有办席的厨子，不用外雇。戏班子发了箱来，跟着一个拿灯笼的拿着十几个灯笼，写着"三元班"。随后一个人，后面带着一个二汉，手里拿着一个拜匣。到了寓处门首向管家说了，传将进去。大爷打开一看，原来是个手本，写着："门下鲍廷玺谨具喜烛双辉，梨园一部，叩贺。"大爷知道他是个领班子的，叫了进来。鲍廷玺见过了大爷、二爷，说道："门下在这里领了一个小班，专伺候诸位老爷。昨日听见两位老爷要戏，故此特来伺候。"大爷见他为人有趣，留他一同坐着吃饭。过了一回戏子来了。就在那河厅上面供了文昌帝君、关夫子的纸马，两人磕过头，祭献已毕。大爷、二爷、鲍廷玺共三人坐了一席。锣鼓响处，开场唱了四出尝汤戏。天色已晚，点起十几副明角灯来照耀得满堂雪亮。足足唱到三更鼓，整本已完。鲍廷玺道："门下这几个小孩子跑的马，倒也还看得，叫他跑一出马替两位老爷醒酒。"那小戏子一个个戴了貂裘，簪了雉羽，穿极新鲜的靠子，跑上场来串了一个五花八门。大爷、二爷看了，大喜。鲍廷玺道："两位老爷若不见弃，这孩子里面拣两个留在这里伺候。"大爷道："他们这样小孩子，晓得伺候什么东西！有别的好玩的去处带我去走走。"鲍廷玺道："这个容易。老爷，这对河就是葛来官家。他也是我挂名的徒弟。那年天长杜十七老爷在这里湖亭大会，都是考过，榜上有名的。老爷明日到水袜巷，看着外科周先生的招牌，对门一个黑墙篱里就是他家了。"二爷道："他家可有内眷？我也一同去走走。"鲍廷玺道："现放着偌大的十二楼，二老爷为什么不去玩耍，倒要到他家去？少不得都是门下来奉陪。"说毕戏已完了。鲍廷玺辞别去了。

次日，大爷备了八把点铜壶、两瓶山羊血、四端苗锦、六篓贡茶，叫人挑着一直
来到葛来官家。敲开了门，一个大脚三带了进去。前面一进两破三的厅，上头左边
一个门，一条小巷子进去，河房倒在帖后。那葛来官身穿着夹纱的玉色长衫子，手
里拿着燕翎扇，一双十指尖尖的手，凭在栏杆上乘凉，看见大爷进来，说道："请坐！
老爷是哪里来的？"大爷道："昨日鲍师父说，来官你家最好看水。今日特来望望
你。还有几色菲人事，你权且收下。"家人挑了进来。来官看了，笑逐颜开，说道：
"怎么领老爷这些东西？"忙叫大脚三收了进去，"你向相公娘说，摆酒出来。"大爷
道："我是教门，不用大荤。"来官道："有新买的极大的扬州螃蟹，不知老爷用不
用？"大爷道："这是我们本地的东西，我是最欢喜。我家伯伯大老爷在高要带了家
信来，想的要不得，也不得一只吃吃。"来官道："太老爷是朝里出仕的？"大爷道：
"我家太老爷，做着贵州的都督府。我是回来下场的。"说着摆上酒来。对着那河
里烟雾迷离，两岸人家都点上了灯火，行船的人往来不绝。这葛来官吃了几杯酒，
红红的脸，在灯烛影里，擎着那纤纤玉手，只管劝汤大爷吃酒。大爷道："我酒是够
了，倒用杯茶罢。"葛来官叫那大脚三把螃蟹壳同果碟都收了去，揩了桌子，拿出一
把紫砂壶，烹了一壶梅片茶。两人正吃到好处，忽听见门外嚷成一片。葛来官走出
大门，只见那外科周先生，红着脸，腆着肚子，在那里嚷大脚三，说他倒了他家一门
口的螃蟹壳子，葛来官才待上前和他讲说，被他劈面一顿臭骂道："你家住的是'海
市蜃楼'，合该把螃蟹壳倒在你门口，为什么送到我家来？难道你上头两只眼睛也
撑大了？"彼此吵闹，还是汤家的管家劝了进去。刚才坐下，那尤胡子慌忙跑了进
来，道："小的那里不找寻，大爷却在这里！"大爷道："你为甚事这样慌张？"尤胡子
道："二爷同那个姓鲍的，走到东花园鹭峰寺旁边一个人家吃茶，被几个喇子吡着，
把衣服都剥掉了。那姓鲍的吓得老早走了。二爷关在他家，不得出来，急得要死。
那间壁一个卖花的姚奶奶，说是他家姑老太，把住了门，哪里溜得脱？"大爷听了，慌
叫在寓处取了灯笼来，照着走到鹭峰寺间壁。那里几个喇子说："我们好些时没有
大红日子过了，不打他的蘸水，还打那个！"汤大爷雄赳赳的分开众人，推开姚奶奶，
一拳打掉了门。那二爷看见他哥来，两步做一步，溜出来了。那些喇子还待要拦住
他，看见大爷雄赳赳的，又打着"都督府"的灯笼，也就不敢惹他，各自都散了。两
人回到下处。

过了二十多天,贡院前蓝单取进墨浆去,知道就要揭晓。过了两日,放出榜来,弟兄两个都没中,坐在下处,足足气了七八天。领出落卷来,汤由三本,汤实三本,都三篇不曾看完。两个人伙着大骂帘官、主考不通。正骂的兴头,贵州衙门的家人到了,递上家信来。两人拆开来看。只因这一番,有分教:桂林杏苑,空成魂梦之游;虎斗龙争,又见战征之事。毕竟后事如何,且听下回分解。

第四十三回 野羊塘将军大战 歌舞地酋长劫营

话说汤大爷、汤二爷领得落卷来,正在寓处看了气恼,只见家人从贵州镇远府来,递上家信。两人拆开同看,上写道:

> 生苗近日颇有蠢动之意,尔等于发榜后,无论中与不中,且来镇署要紧!

大爷看过,向二爷道:"老人家叫我们到衙门里去。我们且回仪征,收拾收拾,再打算长行。"当下唤尤胡子叫了船,算还了房钱。大爷、二爷坐了轿,小厮们押着行李,出汉西门上船。葛来官听见,买了两只板鸭,几样茶食,到船上送行。大爷又悄悄送了他一个荷包装着四两银子,相别去了。当晚开船。次日到家,大爷、二爷先上岸回家。才洗了脸坐下吃茶,门上人进来说:"六爷来了。"只见六老爷后面带着一个人,走了进来。一见面就说道:"听见我们老爷出兵征剿苗子,把苗子平定了,明年朝廷必定开科,大爷、二爷一齐中了,我们老爷封了侯,那一品的荫袭,料想大爷、二爷也不稀罕,就求大爷赏了我。等我戴了纱帽,给细姑娘看看,也好叫他怕我三分!"大爷道:"六哥,你挣一顶纱帽,单单去吓细姑娘,又不如去把纱帽赏与王义安了。"二爷道:"你们只管说话,这个人是那里来的?"那人上来磕头请安,怀里拿出一封书子,递上来。六老爷道:"他姓臧,名唤臧岐,天长县人。这书是杜少卿哥寄来的,说臧岐为人甚妥帖,荐来给大爷、二爷使唤。"二爷把信拆开,同大爷看,前头写着些请老伯安好的话,后而说到"臧岐一向在贵州做长随,贵州的山僻小路他都认得。其人颇可以供使令"等语。大爷看过,向二爷说道:"杜世兄我们也许久不会他了。即是他荐来的人,留下使唤便了。"臧四磕头谢了下去。

门上人进来禀:"王汉策老爷到了,在厅上要会。"大爷道:"老二,我同六哥吃饭。你去会会他罢。"二爷出去会客。大爷叫摆饭同六老爷吃。吃着,二爷送了客回来。大爷问道:"他来说什么?"二爷道:"他说他东家万雪斋有两船盐,也就在这两日开江,托我们在路上照应照应。"二爷也一同吃饭。吃完了饭,六老爷道:"我今日且去着,明日再来送行。"又道:"二爷若是得空,还到细姑娘那里瞧瞧他去。我先去叫他那里等着。"大爷道:"六哥,你就是个讨债鬼,缠死了人!今日还那得工夫,去看那骚婊子!"六老爷笑着去了。

次日,行里写了一只大江船。尤胡子、臧四同几个小厮,搬行李上船,门枪旗牌,十分热闹。六老爷送到黄泥滩,说了几句分别的话,才叫一个小船荡了回去。这里放炮开船,一直往上江进发。这日将到大姑塘,风色大作。大爷吩咐急急收了口子、湾了船。那江里白头浪茫茫一片,就如煎盐叠雪的一般。只见两只大盐船被风横扫了,抵在岸边。便有两百只小拨船,岸上来了两百个凶神也似的人,齐声叫道:"盐船搁了浅了,我们快帮他去起拨!"那些人驾了小船跳到盐船上,不由分说,把他舱里的子儿盐,一包一包的尽兴搬到小船上。那两百只小船都装满了,一个人一把桨,如飞的棹起来,都穿入那小港中,无影无踪地去了。那船上管船的舵工、押船的朝奉,面面相觑,束手无策。望见这边船上打着"贵州总镇都督府"的旗号,知道是汤大爷的船,都过来跪下哀求道:"小的们是万老爷家两号盐船,被这些强盗生生打劫了,是二位老爷眼见的。求老爷做主搭救!"大爷同二爷道:"我们同你家老爷虽是乡亲,但这失贼的事,该地方官管。你们须是到地方官衙门递呈纸去。"朝奉们无法,只得依言具了呈纸,到彭泽县去告。

那知县接了呈词,即刻升堂,将舵工、朝奉、水手一干人等都叫进二堂,问道:"你们盐船为何不开行?停泊在本县地方上是何缘故?那些抢盐的姓甚名谁?平日认得不认得?"舵工道:"小的们的船,被风扫到岸边,那港里有两百只小船,几百个凶神,硬把小的船上盐包都搬了去了。"知县听了大怒道:"本县法令严明,地方清肃,哪里有这等事!分明是你这奴才,揽载了商人的盐斤,在路伙着押船的家人任意嫖赌花俏,沿途偷卖了。借此为由,希图抵赖。你到了本县案下,还不实说吗?"不由分说,撒下一把签来。两边如狼如虎的公人把舵工施翻,二十毛板,打得皮开肉绽。又指着押船的朝奉道:"你一定是知情伙赖,快快向我实说!"说着,那手又去摩着签筒。可怜这朝奉是花月丛中长大的,近年有了几茎胡子,主人才差他出来押船，细皮嫩肉，何曾见过这样官刑！今番见了，屁滚尿流，凭着官叫他说什么就是什么，哪里还敢顶一句！当下磕头如捣蒜，只求饶命。知县又把水手们嚷骂一番，要将一干人寄监，明日再审。朝奉慌了，急急叫一个水手，托池到汤大爷船上，求他说人情。汤大爷叫臧岐拿了帖子，上来拜上知县，说："万家的家人原是自不小心，失去的盐斤也还有限。老爷已经责处过管船的，叫他下次小心，宽恕他们罢。"知县听了这话，叫臧岐原帖拜上二泣少爷，说："晓得，遵命了。"又坐堂，叫齐一干人等在面前，说道："本该将你们解回江都县，照数追赔，这是本县开恩，恕你初犯。"扯个淡，一齐赶了出来。朝奉带着舵工到汤少爷船上磕头，谢了说情的恩，捻着鼻子回船去了。

次日，风定开船，又行了几程，大爷、二爷由水登陆。到了镇远府，打发尤胡子先往衙门通报。大爷、二爷随后进署。这日正陪着客，请的就是镇远府太守。这太守姓雷名骧，字康锡，进士出身，年纪六十多岁，是个老科目，大兴县人，由部郎升了出来，在镇远有五六年，苗情最为熟习。雷太守在汤镇台西厅上吃过了饭，拿上茶来吃着。谈到苗子的事，雷太守道："我们这里生苗、熟苗两种。那熟苗是最怕王法的，从来也不敢多事，只有生苗容易会闹起来。那大石崖、金狗洞一带的苗子，尤其可恶。前日长官司田德禀了上来说：'生员冯君瑞，被金狗洞苗子别庄燕捉去，不告放还。若是要他放还，须送池五百两银子，做赎身的身价。'大老爷，你议议，这件事该怎么一个办法？"汤镇台道："冯君瑞是我内地生员，关系朝廷体统，他如何敢拿了去，要起赎身的价银来？目无王法已极！此事并没有第二议，唯有带兵马到他洞里，把逆苗尽行剿灭了，捉回冯君瑞，交与地方官，究出起衅情由，再行治罪。舍此还有别的什么办法？"雷太守道："大老爷此议，原是正办。但是何苦为了冯君瑞一个人，兴师动众？愚见，不如檄委田土司，到洞里宣谕苗酋，叫他好好送出冯君瑞，这事也就可以罢了。"汤镇台道："太老爷，你这话就差了。譬如田土司到洞里去，那逆苗又把他留下，要一千两银子取赎。甚而太老爷亲自去宣谕，他又把太老爷留下，要一万两银子取赎，这事将如何办法？况且，朝廷每年费百十万钱粮，养活这些兵丁、将备，所司何事？既然怕兴师动众，不如不养活这些闲人了！"几句就同雷太守说戗了。雷太守道："也罢，我们将此事叙一个简明的禀帖，禀明上台，看上台如何批下来，我们遵照办理就是了。"当下，雷太守道了多谢，辞别回署去了。这里放炮封门。汤镇台进来，两个乃郎请安叩见了。臧四也磕了头。问了些家乡的话，各自安息。

过了几日，总督把禀帖批下来：

仰该镇带领兵马，剿灭逆苗，以彰法纪。余如禀，速行缴。"

这汤镇台接了批禀，即刻差人，把府里兵房书办叫了来，关在书房里。那书办吓了一跳，不知什么缘故。到晚，将三更时分，汤镇台到书房里来会那书办，手下人都叫回避了。汤镇台拿出五十两一锭大银放在桌上，说道："先生，你请收下。我约你来，不为别的，只为买你一个字。"那书办吓得战抖抖的，说道："大老爷有何吩咐处，只管叫书办怎么样办，书办死也不敢受大老爷的赏。"汤镇台道："不是这样说。我也不肯连累你。明日上头有行文到府里叫我出兵时，府里知会过来，你只将'带领兵马'四个字，写作'多带兵马'。我这元宝送为笔资，并无别件奉托。"书办应允了，收了银子。放了他回去。又过了几天，府里会过来，催汤镇台出兵，那文书上有"多带兵马"字样。那本标三营、分防二协，都受他调遣。各路粮饷俱已齐备。

看看已是除夕。清江、铜仁两协参将、守备禀道："晦日用兵，兵法所忌。"汤镇台道："且不要管他。'运用之妙，在于一心'。苗子们今日过年，正好出其不意，攻其无备。"传下号令：遣清江参将带领本协人马，从小石崖穿到鼓楼坡，以断其后路；遣铜仁守备带领本协人马，从石屏山直抵九曲冈，以遏其前锋。汤镇台自领本标人马，在野羊塘作中军大队。调拨已定，往前进发。汤镇台道："逆苗巢穴正在野羊塘，我们若从大路去惊动了他，他踞了碉楼，以逸待劳，我们倒难以克期取胜。"因问臧岐道："你认得可还有小路穿到他后面？"臧岐道："小的认得。从香炉崖扒过山去，走铁溪里抄到后面，可近十八里。只是溪水寒冷，现在有冰，难走。"汤镇台道："这个不妨。"号令中军马兵穿了油靴，步兵穿了鹞子鞋，一齐打从这条路上前进。

且说那苗酋，正在洞里聚集众苗子，男男女女饮酒作乐过年。冯君瑞本是一个奸棍，又得了苗女为妻。翁婿两个，罗列着许多苗婆，穿得花红柳绿，鸣锣击鼓，演唱苗戏。忽然一个小卒飞跑了来，报道："不好了！大皇帝发兵来剿，已经到了九曲冈了。"那苗酋吓得魂不附体，忙调两百苗兵，带了标枪，前去抵敌。只见又是一个小卒,没命地奔来,报道:"鼓楼坡来了大众的兵马,不计其数。"苗酋同冯君瑞正慌张着急,忽听得一声炮响,后边山头上,火把齐明,喊杀连天,从空而下。那苗酋领着苗兵舍命混战,怎当得汤总镇的兵马,长枪大戟,直杀到野羊塘。苗兵死伤过半。苗酋同冯君瑞觅条小路,逃往别的苗洞里去了。

那里前军铜仁守备、后军清江参将,都会合在野羊塘。搜了巢穴,将败残的苗子尽行杀了,苗婆留在军中执炊爨之役。汤总镇号令三军,就在野羊塘扎下营盘。参将、守备都在账房里来贺捷。汤总镇道:"二位将军且不要放心。我看贼苗虽败,他已逃往别洞,必然求了救兵,今夜来劫我们的营盘。不可不预为防备。"因问臧歧道:"此处通那一洞最近?"臧歧道:"此处到竖眼洞不足三十里。"汤总镇道:"我有道理。"向参将、守备道:"二位将军,你领了本部人马,伏于石柱桥左右,这是苗贼回去必由之总路。你等他回之时,听炮响为号,伏兵齐起,上前掩杀。"两将听令去了。汤总镇叫把收留的苗婆内中,拣会唱歌的,都梳好了椎髻,穿好了苗锦,赤着脚,到中军帐房里歌舞作乐。却把兵马将士,都埋伏在山坳里。

果然,五更天气,苗酋率领着竖眼洞的苗兵,带了苗刀,拿了标枪,悄悄渡过石柱桥。望见野羊塘中军帐里,灯烛辉煌,正在歌舞,一齐呐声喊,扑进账房。不想扑了一个空,那些苗婆之外,并不见有一个人。知道是中了计,急急往外跑。那山坳里伏兵齐发,喊声连天。苗酋拼命地领着苗兵投石柱桥来,不妨一声炮响,桥下伏兵齐出,几处凑拢,赶杀前来。还亏得苗子的脚底板厚,不怕尖岩荆棘,就如惊猿脱兔,漫山越岭的逃散了。

汤总镇得了大胜,检点这三营、两协人马,无大损伤,唱着凯歌,回镇远府。雷太守接着,道了恭喜,问起苗酋别庄燕以及冯君瑞的下落。汤镇台道:"我们连赢了他几仗,他们穷蹙逃命,料想这两个已经自戕沟壑了。"雷太守道:"大势看来,自是如此。但是上头问下来,这一句话却难以登答,明明像个饰词了。"当下汤镇台不能言语。回到衙门,两个少爷接着,请了安。却为这件事,心里十分踌躇,一夜也不曾睡着。次日,将出兵得胜的情节报了上去。总督那里又批下来,同雷太守的所见竟是一样,专问别庄燕、冯君瑞两名要犯,"务须克期拿获解院,以凭题奏"等语。汤镇台着了慌,一时无法。

只见臧歧在旁跪下禀道:"生苗洞里路径小的都认得。求老爷差小的前去,打探得别庄燕现在何处,便好设法擒捉他了。"汤镇台大喜,赏了他五十两银子,叫他前去细细打探。臧岐领了主命,去了八九日,回来禀道:"小的直去到竖眼洞,探得别庄燕因借兵劫营输了一仗,洞里苗头和他恼了。而今又投到白虫洞那里去。小的又寻到那里打探,闻得冯君瑞也在那里,别庄燕只剩了家口十几个人,手下的兵马,全然没有了,又听见他们设了一计,说我们这镇远府里,正月十八日铁溪里的神道出现,满城人家,家家都要关门躲避。他们打算到这一日,扮作鬼怪,到老爷府里来打劫报仇。老爷须是防范他为妙。"汤镇台听了,道:"我知道了。"又赏了臧岐羊、酒,叫他歇息去。

果然镇远有个风俗:说正月十八日,铁溪里龙神嫁妹子。那妹子生的丑陋,怕人看见,差了多少的虾兵蟹将,护卫着他嫁。人家都要关了门,不许出来张看。若是偷着张看,被他瞧见了,就有疾风暴雨,平地水深三尺,把人民要淹死无数。此风相传已久。

到了十七日,汤镇台将亲随兵丁叫到面前,问道:"你们那一个认得冯君瑞?"内中有一个高挑子,出来跪禀道:"小的认得。"汤镇台道:"好。"便叫他穿上一件长白布直裰,戴上一顶纸糊的极高的黑帽子,搽上一脸的石灰,妆做地方鬼模样。又叫家丁妆了一班牛头马面、魔王夜叉,极狰狞的怪物。吩咐高挑子道:"你明日看见冯君瑞,即便捉住。重重有赏!"布置停当,传令管北门的,天未明就开了城门。那别庄燕同冯君瑞假扮作一班赛会的,各把短刀藏在身边,半夜来到北门。看见城门已开,即奔到总兵衙门马号的墙外。十几个人各将兵器拿在手里,扒过墙来,望里边,月色微明,照着一个大空院子。正不知从哪里进去,忽然见墙头上伏着一个怪物,手里拿着一个糖锣子,当当地敲了两下,那一堵墙就像地动一般,滑喇的凭空倒了下来。几十条火把齐明,跳出几十个恶鬼,手执钢叉、留客住一拥上前。这别庄燕同冯君瑞着了这一吓,两只脚好像被钉钉住了的。地方鬼走上前,一钩镰枪勾住冯君瑞,喊道:"拿住冯君瑞了!"众人一齐下手,把十几个人都拿了,一个也不曾溜脱。拿到二堂,汤镇台点了数,次日解到府里。

雷太守听见拿了贼头和冯君瑞,亦甚是欢喜,即请出王命、尚方剑,将别庄燕同冯君瑞枭首示众,其余苗子都杀了,具了本,奏进京去。奉上谕:

汤奏办理金狗洞匪苗一案，率意轻进，靡费钱粮，着降三级调用，以为好事贪功者戒。钦此。

　　汤镇台接着抄报看过，叹了一口气。部文到了，新官到任。送了印，同两位公子商议，收拾打点回家。只因这一番，有分数：将军已去，怅大树之飘零；名士高谈，谋先人之窀穸。未知后事如何，且听下回分解。

第四十四回　汤总镇成功归故乡　余明经把酒问葬事

话说汤镇台同两位公子商议，收拾回家。雷太守送了代席四两银子，叫汤衙庖人备了酒席，请汤镇台到自己衙署饯行。起程之日，阖城官员都来送行。从水路过常德，渡洞庭湖，由长江一路回仪征。在路无事，问问两公子平日的学业，看看江上的风景。不到二十天，已到了纱帽洲，打发家人先回家料理迎接。

六老爷知道了，一直迎到黄泥滩，见面请了安。弟兄也相见了，说说家乡的事。汤镇台见他油嘴油舌，恼了，道："我出门三十多年，你长成人了，怎么学出这般一个下流气质！"后来见他开口说是"禀老爷"，汤镇台怒道："你这下流！胡说！我是你叔父，你怎么叔父不叫，称呼'老爷'？"讲到两个公子身上，他又叫"大爷""二爷"，汤镇台大怒道："你这匪类！更该死了！你的两个兄弟，你不教训照顾他，怎么叫'大爷'、'二爷'！"把六老爷骂的垂头丧气。

一路到了家里。汤镇台拜过了祖宗，安顿了行李。他那做高要县知县的乃兄，已是告老在家里。老弟兄相见，彼此欢喜，一连吃了几天的酒。

汤镇台也不到城里去，也不会官府，只在临河上构了几间别墅，左琴右书，在里面读书教子。过了三四个月，看见公子们做的会文，心里不大欢喜。说道："这个文章，如何得中！如今趁我来家，须要请个先生来教训他们才好。"每日踌躇这一件事。

那一日，门上人进来禀道："扬州萧二相公来拜。"汤镇台道："这是我萧世兄。我会着还认他不得哩。"连忙教请进来。萧柏泉进来见礼。镇台见他美如冠玉，衣冠儒雅，和他行礼奉坐。萧柏泉道："世叔恭喜回府，小侄就该来请安。因这些时，南京翰林侍讲高老先生告假回家，在扬州过，小侄陪了他几时，所以来迟。"汤镇台道："世兄恭喜入过学了？"萧柏泉道："蒙前任大宗师考补博士弟子员。这领青衿不为稀罕，却喜小侄的文章，前三天满城都传遍了。果然蒙大宗师赏鉴，可见甄拔的不差。"汤镇台见他说话伶俐,便留他在书房里吃饭,叫两个公子陪他。

到下午,镇台自己出来说,要请一位先生,替两个公子讲举业。萧柏泉道:"小侄近来有个看会文的先生,是五河县人,姓余名特,字有达,是一位明经先生,举业其实好的。今年在一个盐务人家做馆,他不甚得意。世叔若要请先生,只有这个先生好。世叔写一聘书,着一位世兄同小侄去会过余先生,就可以同来。每年馆谷也不过五六十金。"汤镇台听罢大喜,留萧柏泉住了两夜。写了聘书,即命大公子叫了一个草上飞,同萧柏泉到扬州去,往河下卖盐的吴家拜余先生。

萧柏泉叫他写个晚生帖子,将来进馆,再换门生帖。大爷说:"半师半友,只好写个'同学晚弟'。"萧柏泉拗不过,只得拿了帖子同到那里。门上传进帖去。请到书房里坐。只见那余先生头戴方巾,身穿旧宝蓝直裰,脚下朱履,白净面皮,三绺髭须,近视眼,约有五十多岁的光景,出来同二人作揖坐下。余有达道:"柏泉兄,前日往仪征去,几时回来的?"萧柏泉道:"便是到仪征去看敝世叔汤大人,留住了几天。这位就是汤世兄。"因在袖里拿出汤大爷名帖递过来。余先生接着看了,放在桌上,说道:"这个怎么敢当?"萧柏泉就把要请他做先生的话说了一遍,道:"今特来奉拜。如蒙台允,即送书金过来。"余有达笑道:"老先生大位,公子高才,我老拙无能,岂堪为一日之长!容斟酌再来奉复罢。"两人辞别去了。

次日,余有达到萧家来回拜,说道:"柏泉兄,昨日的事不能遵命。"萧柏泉道:"这是什么缘故?"余有达笑道:"他既然要拜我为师,怎么写'晚弟'的帖子拜我?可见就非求教之诚。这也罢了。小弟因有一个故人,在无为州做刺史,前日书来约我,我要到那里走走。他若帮衬我些许,强如坐一年馆。我也就在这数日内,要辞别了东家去。汤府这一席,柏泉兄竟转荐了别人罢。"萧柏泉不能相强,回复了汤大爷,另请别人去了。

不多几日,余有达果然辞了主人,收拾行李回五河。他家就在余家巷。进了家门,他同胞的兄弟出来接着。他这兄弟名持,字有重,也是五河县的饱学秀才。

此时五河县发了一个姓彭的人家,中了几个进士,选了两个翰林。五河县人眼界小,便阖县人同去奉承他。又有一家是徽州人,姓方,在五河开典当行盐,就冒了籍,要同本地人作姻亲。初时,这余家巷的余家,还和一个老乡绅的虞家,是世世为婚姻的。这两家不肯同方家做亲。后来,这两家出了几个没廉耻的不才的人,贪图方家赔赠,娶了他家女儿,彼此做起亲来。后来做得多了,方家不但没有分外的赔赠,反说这两家子仰慕他有钱,求着他做亲。所以,这两家不顾祖宗脸面的有两种人:一种是呆子,那呆子有八个字的行为:非方不亲,非彭不友;一种是乖子,那乖也有八个字的行为:非方不心,非彭不口。这话是说那些呆而无耻的人,假使五河县没有一个冒籍姓方的,他就可以不必亲;没有个中进士姓彭的,他就可以不必有友。这样的人,自己觉得势利透了心,其实呆串了皮。那些奸猾的,心里想着同方家做亲,方家又不同他做,他却不肯说出来,只是嘴里扯谎吓人,说:"彭老先生是我的老师。彭三先生把我邀在书房里,说了半天的知心话。"又说:"彭四先生在京里带书子来给我。"人听见他这些话,也就常时请他来吃杯酒,要他在席上说这些话,吓同席吃酒的人。其风俗恶赖如此。

这余有达、余有重弟兄两个,守着祖宗的家训,闭户读书,不讲这些隔壁帐的势利。余大先生各府、州、县作游,相与的州、县官也不少,但到本县来,总不敢说。因五河人有个牢不可破的见识,总说但凡是个举人、进士,就和知州、知县是一个人,不管什么情,都可以进去说,知州、知县就不能不依。假使有人说县官,或者敬那个人的品行,或者说那人是个名士,要来相与他,就一县人嘴都笑歪了。就像不曾中过举的人,要想拿帖子去拜知县,知县就可以叉着膊子叉出来。总是这般见识。余家弟兄两个,品行、文章是从古没有的。因他家不见本县知县来拜,又同方家不是亲,又同彭家不是友,所以亲友们虽不敢轻他,却也不知道敬重他。

那日,余有重接着哥哥进来,拜见了,备酒替哥哥接风,细说一年有余的话。吃过了酒,余大先生也不往房里去,在书房里老弟兄两个一床睡了。夜里,大先生向二先生说,要到无为州看朋友去。二先生道:"哥哥还在家里住些时。我要到府里科考,等我考了回来,哥哥再去吧。"余大先生:"你不知道,我这扬州的馆金已是用完了,要赶着到无为州去。弄几两银子回来过长夏。你科考去不妨,家里有你嫂子和弟媳当着家。我弟兄两个原是关着门过日子,要我在家怎的?"二先生道:"哥这番去,若是多抽丰得几十两银子,回来把父亲、母亲葬了。灵柩在家里这十几年,我们在家都不安。"大先生道:"我也是这般想,回来就要做这件事。"又过了几日,大先生往无为州去了。

又过了十多天,宗师牌到,按临凤阳。余二先生便束装往凤阳,租个下处住下。

这时是四月初八日。初九宗师行香,初十日挂牌收词状,十一日挂牌,考凤阳八属儒学生员,十五日发出生员复试案来,每学取三名复试。余二先生取在里面。十六日进去复了试。十七日发出案来,余二先生考在一等第二名。在凤阳,一直住到二十四,送了宗师起身,方才回五河去了。

大先生来到无为州。那州尊着实念旧,留着住了几日。说道:"先生,我到任未久,不能多送你些银子。而今有一件事,你说一个情罢。我准了你的,这人家,可以出得四百两银子,有三个人分,先生可以分得一百三十多两银子,权且拿回家去做了老伯、老伯母的大事。我将来再为情罢。"余大先生欢喜,谢了州尊,出去会了那人。那人姓风名影,是一件人命牵连的事。余大先生替他说过,州尊准了。出来兑了银子,辞别知州,收拾行李回家。

因走南京过,想起:"天长杜少卿住在南京利涉桥河房里,是我表弟,何不顺便去看看他?"便进城来到杜少卿家。杜少卿出来接着,一见表兄,心里欢喜。行礼坐下,说这十几年阔别的话。余大先生叹道:"老弟,你这些上好的基业,可惜弃了!你一个做大老官的人,而今卖文为活,怎么弄得惯!"杜少卿道:"我而今在这里有山川、朋友之乐,倒也住惯了。不瞒表兄说,我愚弟也无什么嗜好,夫妻们带着几个儿子,布衣蔬食,心里淡然。那从前的事,也追悔不来了。"说罢,奉茶与表兄吃。吃过,杜少卿自己走进去和娘子商量,要办酒替表兄接风。此时杜少卿穷了,办不起,思量方要拿东西去当。这日是五月初三,却好庄濯江家送了一担礼来,与少卿过节。小厮跟了礼,拿着拜匣,一同走了进来。那礼是一尾鲥鱼、两只烧鸭、一百个粽子、二斤洋糖;拜匣里四两银子。杜少卿写回帖叫了多谢,收了。那小厮去了。杜少卿和娘子说:"这主人做得成了。"当下又添了几样,娘子亲自整治酒肴。迟衡山、武正字住的近,杜少卿写说帖,请这两人来陪表兄。二位来到,叙了些彼此仰慕的话,在河房里一同吃酒。

吃酒中间,余大先生说起要寻地葬父母的话。迟衡山道:"先生,只要地下干暖,无风无蚁,得安先人,足矣!那些发富发贵的话,都听不得!"余大先生道:"正是。敝邑最重这一件事。人家因寻地艰难,每每耽误着先人不能就葬。小弟却不曾究心于此道。请问二位先生:这郭璞之说,是怎么个源流?"迟衡山叹道:"自家人墓地之官不设,族葬之法不行,士君子惑于龙穴、沙水之说,自心里要想发达,不知已堕于大逆不道。"余大先生惊道:"怎生便是大逆不道?"迟衡山道:"有一首诗,念与先生听:'气散风冲那可居,先生埋骨理何如?日中尚未逃兵解,世上人犹信《葬书》!'这是前人吊郭公墓的诗。小弟最恨而今术士托于郭璞之说,动辄便说:'这地可发鼎甲,可出状元。'请教先生,状元官号始于唐朝,郭璞晋人,何得知唐有此等官号,就先立一法,说是个什么样的地,就出这一件东西?这可笑得紧!若说古人封拜,都在地理上看得出来,试问淮阴葬母,行营高敞地,而淮阴王侯之贵,不免三族之诛,这地是凶是吉?更可笑这些俗人说,本朝孝陵,乃青田先生所择之地。青田命世大贤,敷布兵、农、礼、乐,日不暇给,何得有闲工夫做到这一件事?洪武即位之时,万年吉地,自有术士办理,与青田什么相干?"余大先生道:"先生,你这一番议论,真可谓之发蒙振聩。"

武正字道:"衡山先生之言一丝不错。前年我这城中有一件奇事,说与诸位先生听。"余大先生道:"愿闻,愿闻。"武正字道:"便是我这里下浮桥地方,施家巷里施御史家。"迟衡山道:"施御史家的事,我也略闻,不知其详。"武正字道:"施御史昆玉二位。施二先生说乃兄中了进士,他不曾中,都是太夫人的地葬的不好,只发大房,不发二房。因养了一个风水先生在家里,终日商议迁坟。施御史道:'已葬久了,恐怕迁不得。'哭着下拜求他。他断然要迁。那风水又拿话吓他,说:'若是不迁,二房不但不做官,还要瞎眼。'他越发慌了,托这风水到处寻地。家里养着一个风水,外面又相与了多少风水。这风水寻着一个地,叫那些风水来复。哪晓得风水的讲究,叫作父做子笑,子做父笑,再没有一个相同的。但寻着一块地,就被人复了说:'用不得'。家里住的风水急了,又献了一块地。便在那新地左边买通了一个亲戚来说,夜里梦见老太太凤冠霞帔,指着这地与他看,要葬在这里。因这一块地是老太太自己寻的,所以别的风水才复不掉,便把母亲硬迁来葬。到迁坟的那日,施御史弟兄两位跪在那里。才掘开坟看见了棺木,坟里便是一股热气直冲出来,冲到二先生眼上,登时就把两只眼瞎了。二先生越发信这风水竟是个现在的活神仙,能知过去,未来之事,后来重谢了他好几百两银子。"

余大先生道:"我们那边也极喜讲究的迁葬。少卿,这事行得行不得?"杜少卿道:"我还有一句直接的话:这事朝廷该立一个法子。但凡人家要迁葬,叫他到有司衙门递个呈纸,风水具了甘结:棺材上有几尺水、几斗几升蚁。等开了,说得不错就罢了；如说有水、有蚁，挖开了不是，即于挖的时候，带一个刽子手，一刀把这奴才的狗头斫下来。那要迁坟的，就依子孙谋杀祖父的律，立刻凌迟处死。此风或可少息了。"余有达、迟衡山、武正字三人一齐拍手道："说得畅快！说的畅快！拿大杯来吃酒！"

又吃了一会，余大先生谈到汤家请他做馆的一段话，说了一遍，笑道："武夫可见不过如此。"武正字道："武夫中竟有雅不过的！"因把萧云仙的事细细说了。对杜少卿道："少卿先生，你把那卷子，拿出来与余先生看。"杜少卿取了出来。余大先生打开，看了图和虞博士几个人的诗。看毕乘着酒兴，依韵各和了一首，三人极口称赞，当下吃了半夜酒。

一连住了三日。那一日有一个五河乡里卖鸭的人，拿了一封家信来，说是余二老爹带与余大老爹的。余大先生拆开一看，面如土色。只因这一番，有分教：弟兄相助，真耽式好之情；朋友交推，又见同声之谊。毕竟书子里说些什么，且听下回分解。

国学经典文库

中国二十大名著

儒林外史

图文珍藏版

第四十五回　敦友谊代兄受过
　　　　　　讲堪舆回家葬亲

　　话说余大先生把这家书拿来递与杜少卿看，上面写着大概的意思说："时下有一件事在这里办着，大哥千万不可来家。我听见大哥住在少卿表弟家，最好放心住着。等我把这件事料理清楚了来接大哥，那时大哥再回来。"余大先生道："这毕竟是件什么事？"杜少卿道："二表兄既不肯说，表兄此时也没处去问，且在我这里住着，自然知道。"余大先生写了一封回书说："到底是件什么事？兄弟可作速细细写来与我，我不着急就是了。若不肯给我知道，我倒反焦心。"

　　那人拿着回书回五河，送书子与二爷。二爷正在那里和县里差人说话，接了回书，打发乡里人去了。向那差人道："他那里来文说是要提要犯余持。我并不曾到过无为州，我为什么去？"差人道："你到过不曾到过，那个看见？我们办公事，只晓得照票子寻人。我们衙门里拿到了强盗、贼，穿着檀木靴还不肯招哩！那个肯说真话！"余二先生没法，只得同差人到县里。在堂上见了知县，跪着禀道："生员在家，并不曾到过无为州，太父师这所准的事，生员真个一毫不解。"知县道："你曾到过不曾到过，本县也不得知。现今无为州有关提在此，你说不曾到过，你且拿去自己看！"随在公案上，将一张朱印墨标的关文，叫值堂吏递下来看。余持接过一看，只见上写的是："无为州承审被参知州赃案里，有贡生余持过赃一款，是五河县人。"余持看了道："生员的话，太父师可以明白了。这关文上，要的是贡生余持，生员离出贡，还少十多年哩。"说罢，递上关文来，回身便要走了去。知县道："余生员，不必大忙。你才所说，却也明白。"随又叫礼房问："县里可另有个余持贡生？"礼房值日书办禀道："他余家就有贡生，却没有个余持。"余持又禀道："可见这关文是个捕风捉影的了。"起身又要走了去。知县道："余生员，你且下去，把这些情由，具一张清白呈子来。我这里替你回复去。"

　　余持应了下来。出衙门，同差人坐在一个茶馆里，吃了一壶茶，起身又要走。

差人扯住道："余二相，你往哪里走？大清早上，水米不沾牙，从你家走到这里，就是办皇差，也不能这般寡剌！难道此时，又同了你去不成？"余二先生道："你家老爷叫我出去写呈子。"差人道："你才在堂上说，你是生员。做生员的，一年帮人写到头，倒是自己的要去寻别人？对门这茶馆后头，就是你们生员们写状子的行家，你要写就进去写。"余二先生没法，只得同差人走到茶馆后面去。差人望着里边一人道："这余二相，要写个诉呈，你替他写完。他自己做稿子，你替他誊真，用个戳子。他不给你钱，少不得也是我当灾！昨日那件事，关在饭店里，我去一头来。"

余二先生和代书拱一拱手。只见桌旁板凳上，坐着一人，头戴破头巾，身穿破直裰，脚底下一双打板唱曲子的鞋，认得是县里吃荤饭的朋友唐三痰。唐三痰看见余二先生进来，道："余二哥你来了，请坐！"余二先生坐下道："唐三哥，你来这里的早。"唐三痰道："也不算早了。我绝早同方六房里六老爷吃了面，送六老爷出了城去，才在这里来。你这个事我知道。"因扯在旁边去，悄悄说道："二先生，你这件事，虽非钦件，将来少不得打到钦件里去。你令兄现在南京，谁人不知道？自古'地头文书铁箍桶'，总以当事为主。当事是彭府上说了就点到奉行的。你而今作速和彭三老爷去商议。他家一门都是龙睛虎眼的角色，只有三老还是个盛德人。你如今着了急去求他，他也还未必计较你平日不曾在他分上周旋处。他是大福大量的人，你可以放心去。不然，我就同你去。论起理来，这几位乡先生，你们平日原该联络，这都是你令兄太自傲处，及至弄出事来，却又没个靠傍。"余二先生道："极蒙关切。但方才县尊，已面许我回文，我且递上呈子去，等他替我回了文去，再为斟酌。"唐三痰道："也罢，我看着你写呈子。"当下，写了呈子，拿进县里去。知县叫书办据他呈子，备文书回无为州。书办来要了许多纸笔钱去，是不消说。

过了半个月，文书回头来，上写的清白。写着：

要犯余持，系五河贡生；身中，面白，微须，年约五十多岁。的于四月初八日，在无为州城隍庙寓所会风影会话，私和人命。遂于十一日进州衙关说。续于十六日州审录供之后，风影备有酒席，送至城隍庙。风影共出赃银四百两，三人均分，余持得赃一百三十三两有零。二十八日在州衙辞行，由南京回五河本籍。赃证确据，何得讳称并无其人？事关宪件，人命重情，烦贵县查照来文事理，星即差押该犯赴州，以凭审结。速望！

望速！

知县接了关文，又传余二先生来问。余二先生道："这更有的分辩了。生员再细细具呈上来，只求太父师做主。"说罢下来，到家做呈子。

他妻舅赵麟书说道："姐夫，这事不是这样说了。分明是大爷做的事。他左一回右一回雪片的文书来，姐夫为什么自己缠在身上？不如老老实实具个呈子，说大爷现在南京，叫他行文到南京去关。姐夫落得干净无事。我这里'娃子不哭奶不胀'，为什么把别人的棺材，拉在自己门口哭？"余二先生道："老舅，我弟兄们的事，我自有主意。你不要替我焦心。"赵麟书道："不是我也不说。你家大爷平日性情不好，得罪的人多。就如仁昌典方三房里、仁大典方六房里，都是我们五门四关厢里铮铮响的乡绅，县里王公同他们是一个人，你大爷偏要拿话得罪他。就是这两天，方二爷同彭乡绅五房里做了亲家。五爷是新科进士。我听见说，就是王公做媒，择的日子是出月初三日拜允。他们席间一定讲到这事，彭老五也不要明说出你令兄不好处，只消微露其意，王公就明白了。那时王公作恶起来，反说姐夫你藏匿着哥，就待不住了！还是依着我的话。"余二先生道："我且再递一张呈子。若那里催得紧，再说出来也不迟。"赵麟书道："再不，你去托托彭老五罢。"余二先生笑道："也且慢些。"赵麟书见说他不信，就回去了。

余二先生又具了呈子到县里。县里据他的呈子回文道：

案据贵州移关："要犯余持，系五河贡生，身中、面白，微须，年约五十多岁。的于四月初八日，在无办州城隍庙寓所会风影会话，私和人命。遂于十一日进州衙关说。续于十六日州审录供之后，风影备有酒席，送至城隍庙。风影共出赃银四百两，三人均分，余持得赃一百三十三两有零。二十八日在州衙辞行，由南京回五河本籍。赃证确据，何得讳称并无其人？事关宪件，人命重情……"等因到县。准此，本县随即拘传本生到案。据供：生员余持，身中、面麻，微须，年四十四岁，系廪膳生员，未曾出贡。本年四月初八日，学宪按临凤阳，初九月行香，初十目悬牌。十一日科试八学生员。该生余持进院赴考,十五日复试案发取录。余持次日进院复试,考居一等第二名。至二十四日送学宪起马,回籍肆业。安能一身在凤阳科试,又一身在无为州诈赃? 本县取具口供,随取本学册结对验,该生委系在凤阳科试,未曾到无为诈赃,不便解送。恐系外乡光棍,顶名冒姓,理合据实回明,另缉审结云云。

这文书回了去,那里再不来提了。

余二先生一块石头落了地,写信约哥回来。大先生回来,细细问了这些事,说:"全费了兄弟的心!"便问:"衙门使费,一总用了多少银子?"二先生道:"这个话哥还问他怎的? 哥带来的银子,料理下葬为是。"

又过了几日,弟兄二人商议,要去拜风水张云峰。恰好一个本家来请吃酒,两人拜了张云峰,便到那里赴席去。那里请的没有外人,就是请的他两个嫡堂兄弟,一个叫余敷,一个叫余殷。两人见大哥、二哥来,慌忙作揖,彼此坐下,问了些外路的事。余敷道:"今日王父母在彭老二家吃酒。"主人坐在底下道:"还不曾来哩。阴阳生才拿过帖子去。"余殷道:"彭老四点了主考了。听见前日辞朝的时候,他一句话回得不好,朝廷把他身子拍了一下。"余大先生笑道:"他也没有什么话说的不好。就是说的不好,皇上离着他也远,怎能自己拍他一下?"余殷红着脸道:"然而不然。他而今官大了,是翰林院大学士,又带着左春坊,每日就要站在朝廷大堂上暖阁子里议事。他回的话不好,朝廷怎的不拍他,难道怕得罪他吗?"主人坐在底下道:"大哥前日在南京来,听见说应天府尹进京了?"余大先生还不曾答应。余敷道:"这个事,也是彭老四奏的。朝廷那一天问:'应天府可该换人?'彭老四要荐他的同年汤奏,就说'该换'。他又不肯得罪府尹,唧唧地写个书子带来,叫府尹自己请陛见,所以进京去了。"余二先生道:"大僚更换的事,翰林院衙门是不管的。这话恐未必正确。"余殷道:"这是王父母前日在仁大典吃酒,席上亲口说的,怎的不确?"说罢,摆上酒来。九个盘子:一盘青菜花炒肉、一盘煎鲫鱼、一盘片粉拌鸡、一盘摊蛋、一盘葱炒虾、一盘瓜子、一盘人参果、一盘石榴米、一盘豆腐干。烫上滚热的封缸酒来。

吃了一会,主人走进去,拿出一个红布口袋,盛着几块土,红头绳子拴着,向余敷、余殷道："今日请两位贤弟来，就是要看看这山上土色，不知可用得？"余二先生道："山上是几时破土的？"主人道："是前日。"余敷正要打开拿出土来看，余殷夺过来道："等我看。"劈手就夺过来，拿出一块土来，放在面前，把头歪在右边看了一会，把头歪在左边又看了一会，拿手指头掐下一块土来，送在嘴里，歪着嘴乱嚼。嚼了半天，把一大块土就递与余敷，说道："四哥，你看这土好不好？"余敷把土接在手里，拿着在灯底下，翻过来把正面看了一会，翻过来又把反面看了一会，也掐了一块土送在嘴里，闭着嘴闭着眼，慢慢地嚼。嚼了半日睁开眼，又把那土拿在鼻子跟前，尽着闻。又闻了半天说道："这土果然不好。"主人慌了道："这地可葬得！"余殷道："这地葬不得！葬了你家就要穷了！"

余大先生道："我不在家这十几年，不想二位贤弟，就这般精于地理。"余敷道："不瞒大哥说，经过我愚弟兄两个看的地，一毫也没得辩驳的！"余大先生道："方才这土，是那山上的？"余二先生指着主人道："便是贤弟家四叔的坟，商议要迁葬。"余大先生屈指道："四叔葬过已经二十多年，家里也还平安，可以不必迁罢。"余殷道："大哥，这是哪里来的话！他那坟里一汪的水，一包的蚂蚁，做儿子的人，把个父亲放在水窝里、蚂蚁窝里，不迁起来，还成个人！"

余大先生道："如今寻的新地在哪里？"余殷道："昨日这地，不是我们寻的。我们替寻的一块地，在三尖峰。我把这形势说给大哥看。"因把这桌子的盘子撤去两个，拿指头蘸着封缸酒，在桌上画个圈子，指着道："大哥你看，这是三尖峰。那边来路远哩！从浦口山上发脉，一个墩，一个炮；一个墩，一个炮；一个墩，一个炮。弯弯曲曲，骨里骨碌，一路接着滚了来。滚到县里周家冈，龙身跌落过峡，又是一个墩，一个炮，骨骨碌碌几十个炮赶了来，结成一个穴情。这穴情叫作'荷花出水'。"

正说着，小厮捧上五碗面。主人请诸位用了醋，把这青菜炒肉，夹了许多堆在面碗头上，众人举起箸来吃。余殷吃的差不多，拣了两根面条，在桌上弯弯曲曲做了一个来龙，睁着眼道："我这地要出个状元。葬下去，中了一甲第二也算不得，就把我的两只眼睛剜掉了！"主人道："那地葬下去，自然要发。"余敷道："怎的不发？就要发！并不等三年五年！"余殷道："俟着就要发！你葬下去，才知道好哩！"余大先生道："前日我在南京，听见几位朋友说，葬地只要父母安，那子孙发达的话也是渺茫。"余敷道："然而不然。父母果然安，子孙怎的不发？"余殷道："然而不然。彭府上那一座坟，一个龙爪子，恰好落在他太爷左膀子上，所以前日彭老四，就有这一拍。难道不是一个龙爪子？大哥你若不信，明日我同你到他坟上去看，你才知道。"又吃了几杯，一齐起身道了扰。小厮打着灯笼送进余家巷去，各自归家歇息。

次日，大先生同二先生商议道："昨日那两个兄弟说的话，怎样一个道理？"二先生道："他们也只说的好听，究竟是无师之学。我们还是请张云峰商议为是。大先生道："这最有理。"次日，弟兄两个备了饭，请张云峰来。张云峰道："我往常时，诸事沾二位先生的光，二位先生因太老爷的大事托了我，怎不尽心？"大先生道："我弟兄是寒士，蒙云峰先生厚爱，凡事不恭，但望恕罪。"二先生道："我们只要把父母大事，做了归着，而今拜托云翁，并不必讲发富发贵，只要地下干暖，无风无蚁，我们愚弟兄就感激不尽了。"张云峰一一领命。

过了几日，寻了一块地，就在祖坟旁边。余大先生、余二先生同张云峰到山里去，亲自复了这地，托祖坟上山主，用二十两银子买了，托张云峰择日子。

日子还不曾择来，那日闲着无事，大先生买了二斤酒，办了六七个盘子，打算老弟兄两个自己谈谈。到了下晚时候，大街上虞四公子写个说帖来，写道：

> 今晚薄治园蔬，请二位表兄到荒斋一叙，勿却是荷。虞梁顿首。

余大先生看了，向那小厮道："我知道了。拜上你家老爷，我们就来。"打发出门。随即一个苏州人，在这里开糟坊的，打发人来请他弟兄两个到糟坊里去洗澡。大先生向二先生道："这凌朋友家请我们，又想是有酒吃。我们而今扰了凌风家，再到虞表弟家去。"

弟兄两个相携着来到凌家，一进了门，听得里面一片声吵嚷。却是凌家因在客边雇了两个乡里大脚婆娘，主子都同他偷上了。五河的风俗是：个个人都要同雇的大脚婆娘睡觉的。不怕正经敞厅里摆着酒，大家说起这件事，都要笑得眼睛没缝，欣欣得意，不以为羞耻的。凌家这两个婆娘，彼此疑惑。你疑惑我多得了主子的钱，我疑惑你多得了主子的钱，争风吃醋打吵起来。又大家搬楦头，说偷着店里的店官，店官也跟在里头打吵。把厨房里的碗儿、盏儿、碟儿打得粉碎，又伸开了大脚，把洗澡的盆、桶都翻了。余家两位先生酒也吃不成，澡也洗不成，倒反扯劝了半日。辞了主人出来。主人不好意思，千告罪，万告罪，说改日再请。

两位先生走出凌家门，便到虞家。虞家酒席已散，大门关了。余大先生笑道："二弟，我们仍旧回家吃自己的酒。"二先生笑着，同哥到了家里，叫拿出酒来吃。不想那二斤酒和六个盘子，已是娘娘们吃了，只剩了个空壶、空盘子在那里。大先生道："今日有三处酒吃，一处也吃不成。可见一饮一啄，莫非前定。"弟兄两个，笑着吃了些小菜晚饭，吃了几杯茶，彼此进房歇息。

睡到四更时分，门外一片声大喊，两弟兄一齐惊觉。看见窗外通红，知道是对门失火。慌忙披了衣裳出来，叫齐了邻居，把父母灵柩搬到街上。那火烧了两间房子，到天亮就救息了。灵柩在街上。五河风俗，说灵柩抬出门再要抬进来，就要穷人家。所以众亲友来看，都说乘此抬到山里，择个日子葬罢。大先生向二先生道："我两人葬父母，自然该正正经经的告了庙，备祭辞灵，遍请亲友会葬，岂可如此草率。依我的意思，仍旧将灵柩请进中堂择日出殡。"二先生道："这何消说，如果要穷死，尽是我弟兄两个当灾。"当下众人劝着总不听。唤齐了人，将灵柩请进中堂。候张云峰择了日子，出殡归葬，甚是尽礼。

那日，阖县送殡有许多的人，天长杜家也来了几个人。自此，传遍了五门四关厢一个大新闻，说："余家兄弟两个越发呆串了皮了，做出这样倒运的事！"只因这一番，有分教："风尘恶俗之中，亦藏俊彦；数米量柴之外，别有经纶。"毕竟后事如何，且听下回分解。

第四十六回　三山门贤人饯别
五河县势利熏心

话说余大先生葬了父母之后,和二先生商议,要到南京去谢谢杜少卿,又因银子用完了,顺便就可以寻馆。收拾行李,别了二先生,过江到杜少卿河房里。杜少卿问了这场官司,余大先生细细说了。杜少卿不胜叹息。

正在河房里闲话,外面传进来:"有仪征汤大老爷来拜!"余大先生问是那一位,杜少卿道:"便是请表兄做馆的了。不妨就会他一会。"正说着,汤镇台进来,叙礼坐下。汤镇台道:"少卿先生,前在虞老先生斋中得接光仪,不觉鄙吝顿消。随即登堂,不得相值,又悬我一日之思。此位老先生尊姓?"杜少卿道:"这便是家表兄余有达,老伯去岁曾要相约做馆的。"镇台大喜道:"今日无意中,又晤一位高贤,真为幸事!"重新作揖坐下。余大先生道:"老先生功在社稷,今日角巾私第,口不言功,真古名将风度!"汤镇台道:"这是事势相逼,不得不尔。至今想来,究竟还是意气用事,并不曾报效得朝廷,倒惹得同官心中不快活,却也悔之无及。"余大先生道:"这个,朝野自有定论,老先生也不必过谦了。"杜少卿道:"老伯此番来京贵干? 现寓何处?"汤镇台道:"家居无事,偶尔来京,借此会会诸位高贤。敝寓在承恩寺。弟就要去拜虞博士并庄征君贤竹林。"吃过茶辞别出来,余大先生同杜少卿送了上轿。余大先生暂寓杜少卿河房。

这汤镇台到国子监拜虞博士,那里留下帖,回了不在署。随往北门桥拜庄濯江,里面见了帖子,忙叫请会。这汤镇台下轿进到厅事,主人出来,叙礼坐下,道了几句彼此仰慕的话。汤镇台提起要往后湖拜庄征君。庄濯江道:"家叔此刻恰好在舍,何不竟请一会?"汤镇台道:"这更好的极了!"庄濯江吩咐家人请出庄征君来,同汤镇台拜见过,叙坐。又吃了一遍茶,庄征君道:"老先生此来,恰好虞老先生尚未荣行,又重九相近,我们何不相约,做一个登高会? 就此便奉饯虞老先生,又可畅聚一日。"庄濯江道:"甚好。定期便在舍间相聚便了。"汤镇台坐了一会,起身去了,说道:"数日内登高会再接教,可以为尽日之谈。"说罢,二位送了出来。汤镇台又去拜了迟衡山、武正字。庄家随即着家人送了五两银子到汤镇台寓所代席。

过了三日,管家持帖邀客,请各位早到。庄濯江在家等候,庄征君已先在那里。少刻,迟衡山、武正字、杜少卿都到了。庄濯江收拾了一个大敞榭,四面都插了菊花。此时正是九月初五,天气亢爽。各人都穿着裌衣,啜着闲谈。又谈了一会,汤镇台、萧守府、虞博士都到了。众人迎请进来,作揖坐下。汤镇台道:"我们俱系天涯海角之人,今幸得贤主人相邀一聚,也是三生之缘。又可惜虞老先生就要去了!此聚之后,不知快晤又在何时?"庄濯江道:"各位老先生当今山斗,今日惠顾茅斋,想五百里内贤人聚矣!"

坐定,家人捧上茶来。揭开来,似白水一般,香气芬馥,银针都浮在水面,吃过,又换了一巡真"天都",虽是隔年陈的,那香气尤烈。虞博士吃着茶,笑说道:"二位老先生当年在军中,想不见此物。"萧云仙道:"岂但军中,小弟在青枫城六年,得饮白水,已为厚幸,只觉强于马溺多矣!"汤镇台道:"果然青枫水草可支数年。"庄征君道:"萧老先生博雅,真不数北魏崔浩。"迟衡山道:"前代后代,亦时有变迁的。"杜少卿道:"宰相须用读书人,将帅亦须用读书人。若非萧老先生有识,安能立此大功?"武正字道:"我最可笑的,边庭上都督不知有水草,部里书办核算时偏生知道。这不知是司官的学问,还是书办的学问?若说是司官的学问,怪不得朝廷重文轻武。若说是书办的考核,可见这大部的则例,是移动不得的了。"说罢,一齐大笑起来。

戏子吹打已毕,奉席让座。戏子上来参堂。庄非熊起身道:"今日因各位老先生到舍,晚生把梨园榜上有名的十九名,都传了来,求各位老先生每人赏他一出戏。"虞博士问:"怎么叫作'梨园榜'?"余大先生把昔年杜慎卿这件风流事述了一遍,众人又大笑。汤镇台向杜少卿道:"令兄已是铨选部郎了?"杜少卿道:"正是。"武正字道:"慎卿先生此一番评骘,可云至公至明。只怕立朝之后,做主考房官,又要目迷五色,奈何?"众人又笑了。当日,吃了一天酒。做完了戏,到黄昏时分,众人散了。庄濯江寻妙手丹青,画了一幅《登高送别图》。在会诸人,都做了诗。又各家移樽到博士斋中饯别。

南京饯别虞博士的,也不下千余家。虞博士应酬烦了,凡要到船中送别的,都辞了不劳。那日，叫了一只小船在水西门起行，只有杜少卿送在船上。杜少卿拜别道："老叔已去，小侄从今无所依归矣！"虞博士也不胜凄然，邀到船里坐下，说道："少卿，我不瞒你说，我本赤贫之士，在南京来做了六七年博士，每年积几两俸金，只挣了三十担米的一块田。我此番去，或是部郎，或是州县，我多则做三年，少则做两年，再积些俸银，添得二十担米，每年养着我夫妻两个，不得饿死就罢了。子孙们的事，我也不去管他。现今小儿读书之余，我教他学个医，可以糊口。我要做这官怎的？你在南京，我时常寄书子来问候你。"说罢和杜少卿洒泪分手。杜少卿上了岸，看着虞博士的船开了去，望不见了方才回来。

余大先生在河房里，杜少卿把方才这些话告诉他。余大先生叹道："难进易退，真乃天怀淡定之君子。我们他日出身，皆当以此公为法。"彼此叹赏了一回。当晚，余二先生有家书来约大先生回去，说："表弟虞华轩家请的西席先生去了，要请大哥到家教儿子，目今就要进馆，请作速回去！"余大先生向杜少卿说了，辞别要去。次日束装渡江，杜少卿送过，自回家去。

余大先生渡江回家，二先生接着，拿帖子与乃兄看，上写：

愚表弟虞梁，敬请余大表兄先生在舍教训小儿。每年修金四十两。节礼在外。此订。

大先生看了。次日去回拜。虞华轩迎了出来，心里欢喜，作揖奉坐。小厮拿上茶来吃着。虞华轩道："小儿蠢夯，自幼失学。前数年，愚弟就想请表兄教他，因表兄出游在外。今恰好表兄在家，就是小儿有幸了。举人、进士，我和表兄两家车载斗量，也不是什么出奇东西。将来小儿在表兄门下，第一要学了表兄的品行，这就受益的多了！"余大先生道："愚兄老拙株守，两家至戚世交，只和老弟气味还投合得来。老弟的儿子就是我的儿子一般，我怎不尽心教导！若说中举人、进士，我这不曾中过的人，或者不在行。至于品行、文章，令郎自有家传，愚兄也只是行所无事。"说罢，彼此笑了。择了个吉日，请先生到馆。余大先生绝早到了。虞小公子出来拜见，甚是聪俊。拜过，虞华轩送至馆所。余大先生上了师位。

虞华轩辞别，到那边书房里去坐。才坐下，门上人同了一个客进来。这客是唐三瘷的哥,叫作唐二棒槌,是前科中的文举人,却与虞华轩是同案进的学。这日,因他家先生开馆,就踱了来要陪先生。虞华轩留他坐下吃了茶。唐二棒槌道:"今日恭喜令郎开馆。"虞华轩道:"正是。"唐二棒槌道:"这先生最好,只是坐性差些,又好弄这些杂学,荒了正务。论余大先生的举业,虽不是时下的恶习,他要学国初帖括的排场,却也不是中和之业。"虞华轩道:"小儿也还早哩。如今请余大表兄,不过叫学他些立品,不做那势利小人就罢了。"

又坐了一会,唐二棒槌道:"老华,我正有一件事,要来请教你这通古学的。"虞华轩道:"我通什么古学! 你拿这话来笑我。"唐二棒槌道:"不是笑话,真要请教你,就是我前科侥幸,我有一个嫡侄,他在凤阳府里住,也和我同榜中了,又是同榜,又是同门;他自从中了,不曾到县里来,而今来祭祖。他昨日来拜我,是'门年愚侄'的帖子。我如今回拜他,可该用'门年愚叔'?"虞华轩道:"怎么说?"唐二棒槌道:"你难道不曾听见? 我舍侄同我同榜同门,是出在一个房师房里中的了,他写'门年愚侄'的帖子拜我,我可该照样还他?"虞华轩道:"我难道不晓得同着一个房师叫作同门! 但你方才说的'门年愚侄'四个字,是鬼话是梦话!"唐二棒槌道:"怎的是梦话?"虞华轩仰天大笑道:"从古至今,也没有这样奇事。"唐二棒槌变着脸道:"老华,你莫怪我说。你虽世家大族,你家发的老先生们,离得远了,你又不曾中过。这些官场上来往的仪制,你想是未必知道。我舍侄他在京里,不知见过多少大老。他这帖子的样式,必有个来历,难道是混写的?"虞华轩道:"你长兄既说是该这样写,就这样写罢了,何必问我!"唐二棒槌道:"你不晓得,等余大先生出来吃饭,我问他。"

正说着,小厮来说:"姚五爷进来了。"两个人同站起来。姚五爷进来,作揖坐下。虞华轩道:"五表兄,你昨日吃过饭,怎便去了? 晚里还有个便酒等着,你也不来。"唐二棒槌道:"姚老五,昨日在这里吃中饭的吗? 我昨日午后遇着你,你现说在仁昌典方老六家吃了饭出来。怎的这样扯谎?"

小厮摆了饭,请余大先生来。余大先生首席,唐二棒槌对面,姚五爷上坐,主人下陪。吃过饭,虞华轩笑把方才写帖子话说与余大先生。余大先生气得两脸紫胀,颈子里的筋都耿出来,说道:"这话是那个说的? 请问人生世上,是祖父要紧,是科名要紧?"虞华轩道:"自然是祖父要紧了,这也何消说得。"余大先生道:"既知是祖父要紧,如何才中了个举人,便丢了天属之亲,叔侄们认起同年同门来? 这样得罪名教的话,我一世也不愿听! 二哥,你这位令侄,还亏他中个举,竟是一字不通的人! 若是我的侄儿,我先拿他在祠堂里祖宗神位前,先打几十板子才好!"唐二棒槌同姚五爷看见余大先生恼得像红虫,知道他的迂性呆气发了,讲些混话,支开了去。须臾,吃完了茶,余大先生进馆去了。姚五爷起身道:"我去走走再来。"唐二棒槌道:"你今日出去,该说在彭老二家吃了饭出来的了!"姚五爷笑道:"今日我在这里陪先生,人都知道的,不好说在别处。"笑着去了。

姚五爷去了一时,又走回来,说道:"老华,厅上有个客来拜你。说是在府里太尊衙门里出来的,在厅上坐着哩。你快出去会他!"虞华轩道:"我并没有这个相与,是哪里来的?"正疑惑间,门上传进帖子来:"年家眷同学教弟季萑顿首拜。"虞华轩出到厅上迎接。季苇萧进来,作揖坐下,拿出一封书子递过来,说道:"小弟在京师,因同敝东家来贵郡,令表兄杜慎卿先生托寄一书,专候先生。今日得见雅范,实为深幸。"虞华轩接过书子,拆开从头看了,说道:"先生与我敝府厉公祖是旧交?"季苇萧道:"厉公是敝年伯荀大人的门生,所以邀小弟在他幕中共事。"虞华轩道:"先生因甚公事下县来?"季苇萧道:"此处无外人,可以奉告。厉太尊因贵县当铺戥子太重,剥削小民,所以托弟下来查一查。如其果真,此弊要除。"虞华轩将椅子挪近季苇萧跟前,低言道:"这是太公祖极大的仁政。敝县别的当铺原也不敢如此,只有仁昌、仁大方家这两个典铺。他又是乡绅,又是盐典,又同府、县官相与的极好,所以无所不为。百姓敢怒而不敢言。如今要除这个弊,只要除这两家。况太公祖堂堂太守,何必要同这样人相与? 此说只可放在先生心里,却不可漏泄说是小弟说的。"季苇萧道:"这都领教了。"虞华轩又道:"蒙先生赐顾,本该备个小酌,奉屈一谈,一来恐怕亵尊,二来小地方耳目众多。明日备个菲酌,送到尊寓,万勿见却。"季萧萧道:"这也不敢当。"说罢,作别去了。

虞华轩走进书房来,姚五爷迎着问题:"可是太尊哪里来的?"虞华轩道:"怎么不是!"姚五爷摇着头笑道:"我不信!"唐二棒槌沉吟道:"老华,这倒也不错。果然是太尊里面的人? 太尊同你不密迩。同太尊密迩的是彭老三、方老六他们二位。我听见这人来,正在这里疑惑。他果然在太尊衙门里的人,他下县来,不先到他们家去,倒有个先来拜你老哥的? 这个话有些不像。恐怕是外方的什么光棍，打着太尊的旗号，到处来骗人的钱，你不要上他的当！"虞华轩道："也不见得这人不曾去拜他们。"姚五爷笑道："一定没有拜。若拜了他们，怎肯还来拜你？"虞华轩道："难道是太尊叫他来拜我的？是天长杜慎卿表兄，在京里写书子给他来的。这人是有名的季苇萧。"唐二棒槌摇手道："这话更不然！季苇萧是定梨园榜的名士。他既是名士，京里一定在翰林院衙门里走动。况且，天长杜慎老同彭老四是一个人，岂有个他出京来，带了杜慎老的书子来给你，不带彭老四的书子来给他家的？这人一定不是季苇萧。"虞华轩道："是不是罢了，只管讲他怎的！"便骂小厮："酒席为什么到此时还不停当！"一个小厮走来禀道："酒席已经停当了。"

一个小厮捐了被囊行李进来，说："乡里成老爹到了。"只见一人，方巾、蓝布直裰，薄底布鞋，花白胡须，酒糟脸，进来作揖坐下，道："好呀！今日恰好府上请先生，我撞着来吃喜酒。"虞华轩叫小厮拿水来，给成老爹洗脸，抖掉了身上、腿上那些黄泥，一同邀到厅上。

摆上酒来，余大先生首席，众位陪坐。天色已黑，虞府厅上，点起一对料丝灯来，还是虞华轩曾祖尚书公在武英殿御赐之物，今已六十余年，犹然簇新。余大先生道："自古说，'故家乔木'，果然不差。就如尊府这灯，我县里没有第二副。"成老爹道："大先生，'三十年河东，三十年河西'，就像三十年前，你二位府上何等气势！我是亲眼看见的。而今彭府上、方府上，都一年盛似一年。不说别的，府里太尊、县里王公都同他们是一个人，时时有内里幕宾相公，到他家来说要紧的话。百姓怎的不怕他！像这内里幕宾相公，再不肯到别人家去！"唐二棒槌道："这些时，可有幕宾相公来？"成老爹道："现有一个姓'吉'的吉相公下来访事，住在宝林寺僧官家。今日清早，就在仁昌典方老六家，方老六把彭老二也请了家去陪着。三个人进了书房门，讲了一天。不知太爷是作恶那一个，叫这吉相公下来访的？"唐二棒槌望着姚五爷冷笑道："何如？"

余大先生看见他说的这些话可厌，因问他道："老爹去年准给衣巾了？"成老爹道："正是。亏学台是彭老四的同年，求了他一封书子，所以准的。"余大先生笑道："像老爹这一副酒糟脸，学台看见，着实精神。怎的肯准？"成老爹道："我说我这脸是浮肿着的。"众人一齐笑了。又吃了一会酒，成老爹道："大先生，我和你是老了，没中用的了。英雄出于少年，怎得我这华轩世兄下科高中了，同我们这唐二老爷一齐会上进士，虽不能像彭老四做这样大位，或者像老三、老二候选个县官，也与祖宗争气，我们脸上，也有光辉。"余大先生看见这些话更可厌，因说道："我们不讲这些话，行令吃酒罢。"当下行了一个"快乐饮酒"的令。行了半夜，大家都吃醉了。成老爹扶到房里去睡。打灯笼送余大先生、唐二棒槌、姚五爷回去。

成老爹睡了一夜，半夜里又吐，吐了又屙屎。不等天亮，就叫书房里的一个小小厮来扫屎。就悄悄向那小小厮说，叫把管租的管家叫了两个进来。又鬼头鬼脑，不知说了些什么，便叫请出大爷来。只因这一番，有分教：乡僻地面，偏多慕势之风；学校宫前，竟行非礼之事。毕竟后事如何，且听下回分解。

第四十七回

虞秀才重修元武阁
方盐商大闹节孝祠

话说虞华轩也是一个非同小可之人。他自小七八岁上就是个神童。后来，经、史、子、集之书，无一样不曾熟读，无一样不讲究，无一样不通彻。到了二十多岁，学问成了，一切兵、农、礼、乐、工、虞、水、火之事，他提了头就知道尾；文章也是枚、马；诗赋也是李、杜。况且，他曾祖是尚书，祖是翰林，父是太守，真正是个大家。无奈他虽有这一肚子学问，五河人总不许他开口。

五河的风俗：说起那人有品行，他就歪着嘴笑。说起前几十年的世家大族，他就鼻子里笑。说那个人会作诗赋古文，他就眉毛都会笑。问五河县有什么山川风景？是有个彭乡绅。问五河县有什么出产稀奇之物？是有个彭乡绅。问五河县那个有品望？是奉承彭乡绅。问那个有德行？是奉承彭乡绅。问那个有才情？是专会奉承彭乡绅。却另外有一件事，人也还怕，是同徽州方家做亲家。还有一件事，人也还亲热，就是大捧的银子拿出来买田。

虞华轩生在这恶俗地方，又守着几亩田园，跑不到别处去，因此就激而为怒。他父亲太守公，是个清官，当初在任上时，过些清苦日子。虞华轩在家省吃俭用，积起几两银子。此时太守公告老在家，不管家务。虞华轩每年苦积下几两银子，便叫兴贩田地的人家来，说要买田、买房子，讲得差不多，又臭骂那些人一顿，不买，以此开心。一县的人，都说他有些痰气，到底贪图他几两银子，所以来亲热他。

这成老爹是个兴贩行的行头。那日，叫管家请出大爷来，书房里坐下，说道："而今我那左近有一分田，水旱无忧，每年收的六百石稻。他要两千两银子。前日方六房里要买他的，他已经打算卖给他，那些庄户不肯。"虞华轩道："庄户为什么不肯？"成老爹道："庄户因方府上田主子下乡，要庄户备香案迎接，欠了租又要打板子，所以不肯卖与他。"虞华轩道："不卖给他，要卖与我？我下乡是摆臭案的？我除了不打他，他还要打我？"成老爹道："不是这样说。说你大爷，宽宏大量，不像他们刻薄，而今所以来总成的。不知你的银子可现成？"虞华轩道："我的银子怎的不现成？叫小厮搬出来给老爹瞧！"当下叫小厮搬出三十锭大元宝来，望桌上一掀。那元宝在桌上乱滚，成老爹的眼就跟这元宝滚。虞华轩叫把银子收了去，向成老爹道："我这些银子不扯谎吗？你就下乡去说，说了来，我买他的。"成老爹道："我在这里还耽搁几天才得下去。"虞华轩道："老爹有什么公事？"成老爹道："明日要到王父母那里，领先姊母举节孝的牌坊银子，顺便交钱粮；后日是彭老二的小令爱整十岁，要到那里去拜寿；外后日是方六房里请我吃中饭，要扰过他才得下去。"虞华轩鼻子里"嘻"地笑了一声："罢了"。留成老爹吃了中饭，领牌坊银子、交钱粮去了。

虞华轩叫小厮把唐三痰请了来。这唐三痰因方家里平日请吃酒吃饭，只请他哥举人，不请他，他就专会打听，方家那一日请人，请的是那几个。他都打听在肚里，甚是的确。虞华轩晓得他这个毛病，那一日把他寻了来，向他说道："费你的心去打听打听，仁昌典方六房里，外后日可请的有成老爹。打听的确了来，外后日我就备饭请你。"唐三痰应诺，去打听了半天，回来说道："并无此说。外后日方六房里并不请人。"虞华轩道："妙！妙！你外后日清早就到我这里来吃一天。"送唐三痰去了，叫小厮悄悄在香蜡店托小官写了一个红单帖，上写着"十八日午间小饭候光"，下写"方矿顿首"。拿封袋装起来，贴了签，叫人送在成老爹睡觉的房里书案上。成老爹交了钱粮，晚里回来看见帖子，自心里欢喜道："我老头子老运亨通了！偶然扯个谎，就扯着了，又恰好是这一日！"欢喜着睡下。

到十八那日，唐三痰清早来了。虞华轩把成老爹请到厅上坐着。看见小厮一个个从门外进来，一个拎着酒，一个拿着鸡、鸭，一个拿着脚鱼和蹄子，一个拿着四包果子，一个捧着一大盘肉心烧卖，都往厨房里去。成老爹知道他今日备酒，也不问他。虞华轩问唐三痰道："修元武阁的事，你可曾向木匠、瓦匠说？"唐三痰道："说过了。工料费着哩！他那外面的围墙倒了，要重新砌，又要修一路台基，瓦工需两三个月。里头换梁柱、钉椽子，木工还不知要多少。但凡修理房子，瓦、木匠只打半工。他们只说三百，情不也要五百多银子，才修得起来？"成老爹道："元武阁是令先祖盖的，却是一县发科甲的风水。而今科甲发在彭府上，该是他家拿银子修了。你家是不相干了，还只管累你出银子？"虞华轩拱手道："也好。费老爹的心，向他家说说,帮我几两银子。我少不得也见老爹的情。"成老爹道:"这事我说去。他家虽然官员多、气魄大,但是我老头子说话,他也还信我一两句。"虞家小厮,又悄悄地从后门口叫了一个卖草的,把他四个钱,叫他从大门口转了进来。说道:"成老爹,我是方六老爷家来的。请老爹就过去,候着哩。"成老爹道:"拜上你老爷,我就来。"那卖草的去了。

成老爹辞了主人,一直来到仁昌典,门上人传了进去。主人方老六出来会着,作揖坐下。方老六问:"老爹几时上来的?"成老爹心里惊了一下,答应道:"前日才来的。"方老六又问:"寓在哪里?"成老爹更慌了,答应道:"在虞华老家。"小厮拿上茶来吃过。成老爹道:"今日好天气。"方老六道:"正是。"成老爹道:"这些时,常会王父母?"方老六道:"前日还会着的。"彼此又坐了一会,没有话说。又吃了一会茶,成老爹道:"太尊这些时,总不见下县来过。若还到县里来,少不得先到六老爷家。太尊同六老爷相与的好,比不得别人。其实说,太爷阖县也就敬的是六老爷一位,那有第二个乡绅抵得过六老爷?"方老六道:"新按察司到任,太尊只怕也就在这些时,要下县来。"成老爹道:"正是。"又坐了一会,又吃了一道茶,也不见一个客来,也不见摆席。成老爹疑惑,肚里又饿了,只得告辞一声,看他怎说。因起身道:"我别过六老爷罢。"方老六也站起来道:"还坐坐。"成老爹道:"不坐了。"即便辞别,送了出来。

成老爹走出大门,摸头不着,心里想道:"莫不是我太来早了?"又想道:"莫不他有甚事怪我?"又想道:"莫不是我错看了帖子?"猜疑不安。又心里想道:"虞华轩家有现成酒饭,且到他家去吃再处。"一直走回虞家。

虞华轩在书房里摆着桌子,同唐三痰、姚老五和自己两个本家,摆着五六碗滚热的肴馔,正吃在快活处,见成老爹进来,都站起身。虞华轩道:"成老爹偏背了我们,吃了方家的好东西来了,好快活!"便叫:"快拿一张椅子,与成老爹那边坐;泡上好消食的陈茶来,与成老爹吃。"小厮远远放一张椅子在上面,请成老爹坐了。那盖碗陈茶,左一碗,右一碗,送来与成老爹。成老爹越吃越饿,肚里说不出来的苦。看见他们大肥肉块、鸭子脚鱼,夹着往嘴里送,气得火在顶门里直冒。他们一直吃到晚,成老爹一直饿到晚。等他送了客,客都散了,悄悄走到管家房里,要了一碗炒米泡了吃。进房去睡下,在床上气了一夜。次日辞了虞华轩,要下乡回家去。虞华轩问："老爹几时来？"成老爹道："若是田的事妥，我就上来；若是田的事不妥，我只等家婶母入节孝祠的日子，我再上来。"说罢辞别去了。

一日，虞华轩在家无事，唐二棒槌走来说道："老华，前日那姓季的，果然是太尊府里出来的，住宝林寺僧官家。方老六、彭老二都会着。竟是真的！"虞华轩道："前日说不是也是你，今日说真的，也是你。是不是罢了，这是什么奇处！"唐二棒槌笑道："老华，我从不曾会过太尊。你少不得在府里回拜这位季兄去，携带我去见见太尊，可行得吗？"虞华轩道："这也使得。"

过了几日，雇了两乘轿子，一同来凤阳。到了衙里，投了帖子。虞华轩又带了一个帖子拜季苇萧。衙里接了帖子，回出来道："季相公扬州去了。太爷有请！"二位同进去，在书房里会。会过太尊出来，两位都寓在东头。太尊随发帖请饭。唐二棒槌向虞华轩道："太尊明日请我们，我们没有个坐在下处等他的人老远来邀的。明日我和你，到府门口龙兴寺坐着，好让他一邀我们就进去。"虞华轩笑道："也罢。"

次日中饭后，同到龙兴寺一个和尚家坐着，只听得隔壁一个和尚家，细吹细唱的有趣。唐二棒槌道："这吹唱得好听，我走过去看看。"看了一会回来，垂头丧气，向虞华轩抱怨道："我上了你的当！你当这吹打的是谁？就是我县里仁昌典方老六同厉太尊的公子，备了极齐整的席，一个人搂着一个戏子，在那里玩耍。他们这样相厚，我前日只该同了方老六来。若同了他来，此时已同公子坐在一处。如今同了你，虽见得太尊一面，到底是个皮里膜外的账，有什么意思！"虞华轩道："都是你说的，我又不曾强扯了你来！他如今现在这里，你跟了去不是！"唐二棒槌道："同行不疏伴，我还同你到衙里去吃酒。"说着，衙里有人出来邀，两人进衙去。太尊会着，说了许多仰慕的话。又问："县里节孝几时入祠？我好委官下来致祭。"两人答道："回去定了日子，少不得具请启来请太公祖。"吃完了饭，辞别出来。次日，又拿帖子辞了行，回县去了。

虞华轩到家第二日，余大先生来说："节孝入祠，的于出月初三。我们两家，有好几位叔祖母、伯母、叔母入祠。我们两家都该公备祭酌，自家合族人都送到祠里去。我两人出去传一传。"虞华轩道："这个何消说！寒舍是一位，尊府是两位。两家绅衿共有一百四五十人。我们会齐了一同到祠门口，都穿了公服迎接当事，也是大家的气象。"余大先生道:"我传我家的去,你传你家的去。"

虞华轩到本家去了一交,惹了一肚子的气回来,气的一夜也没有睡着。清晨,余大先生走来,气的两只眼白瞪着,问道:"表弟,你传的本家怎样?"虞华轩道:"正是。表兄传得怎样? 为何气的这样光景?"余大先生道:"再不要说起! 我去向寒家这些人说,他不来也罢了。都回我说,方家老太太入祠,他们都要去陪祭候送,还要扯了我也去。我说了他们,他们还要笑我说背时的话。你说可要气死了人!"虞华轩笑道:"寒家亦是如此,我气了一夜,明日我备了一个禁桌,自送我家叔祖母,不约他们了。"余大先生道:"我也只好如此。"相约定了。

到初三那日,虞华轩换了新衣帽,叫小厮挑着祭桌,到他本家八房里。进了门,只见冷冷清清。一个客也没有。八房里堂弟,是个穷秀才,头戴破头巾,身穿旧襕衫。出来作揖。虞华轩进去拜了叔祖母的神主,奉主升车。他家租了一个破亭子,两条扁担。四个乡里人歪抬着,也没有执事。亭子前四个吹手,滴滴打打地吹着,抬上街来。虞华轩同他堂弟跟着,一直送到祠门口歇下。远远望见,也是两个破亭子,并无吹手,余大先生、二先生弟兄两个跟着,抬来祠门口歇下。

四个人会着,彼此作了揖。看见祠门前尊经阁上,挂着灯,悬着彩子。摆着酒席。那阁盖的极高大,又在街中间,四面都望见。戏子一担担挑箱上去。抬亭子的人道:"方老爷的戏子来了!"又站了一会,听得西门三声铳响,抬亭子的人道:"方府老太太起身了!"须臾,街上锣响,一片鼓乐之声,两把黄伞,八把旗,四队踹街马,牌上的金字打着"礼部尚书""翰林学士""提督学院""状元及第",都是余、虞两家送的。执事过了,腰锣、马上吹、提炉,簇拥着老太太的神主亭子,边旁八个大脚婆娘扶着。方六老爷纱帽圆领,跟在亭子后。后边的客做两班:一班是乡绅,一班是秀才。乡绅是彭二老爷、彭三老爷、彭五老爷、彭七老爷,其余就是余、虞两家的举人、进士、贡生、监生,共有六七十位,都穿着纱帽圆领,恭恭敬敬跟着走。一班是余、虞两家的秀才,也有六七十位,穿着襕衫、头巾,慌慌张张在后边赶着走。乡绅末了一个是唐二棒槌,手里拿一个簿子在那里边记账。秀才末了一个是唐三痰,手里拿一个簿子在里边记账。那余、虞两家,到底是诗礼人家,也还厚道,走到祠前,看见本家的亭子在那里,竟有七八位走过来作一个揖。便大家簇拥着方老太太的亭子进祠去了。随后便是知县、学师、典史、把总,摆了执事来。吹打安位,便是知县祭、学师祭、典史祭、把总祭，乡绅祭、秀才祭、主人家自祭。祭完了，绅衿一哄而出，都到尊经阁上赴席去了。这里等人挤散了，才把亭子抬了进去，也安了位。虞家还有华轩备的一个祭桌，余家只有大先生备的一副三牲，也祭奠了。抬了祭桌出来，没处享福，算计借一个门斗家坐坐。

余大先生抬头看尊经阁上，绣衣朱履，觥筹交错。方六老爷行了一回礼，拘束狠了，宽去了纱帽圆领，换了方巾便服，在阁上廊沿间徘徊徘徊。便有一个卖花牙婆，姓权，大着一双脚，走上阁来，哈哈笑道："我来看老太太入祠！"方六老爷笑容可掬，同他站在一处，伏在栏杆上看执事。方六老爷拿手一宗一宗地指着，说与他听。权卖婆一手扶着栏杆，一手拉开裤腰捉虱子，捉着，一个一个往嘴里送。余大先生看见这般光景，看不上眼，说道："表弟，我们也不在这里坐着吃酒了。把祭桌抬到你家，我同舍弟一同到你家坐坐吧。还不看见这些惹气的事。"便叫挑了祭桌前走。他四五个人一路走着。在街上，余大先生道："表弟，我们县里，礼义廉耻，一总都灭绝了。也因学宫里，没有个好官。若是放在南京虞博士那里，这样的事如何行的去！"余二先生道："看虞博士那般举动，他也不要禁止人怎样，只是被了他的德化，那非礼之事，人自然不能行出来。"虞家弟兄几个同叹了一口气，一同到家，吃了酒，各自散。

此时元武阁已经动工，虞华轩每月去监工修理。那日晚上回来，成老爹坐在书房里。虞华轩同他作了揖，拿茶吃了，问道："前日节孝入祠，老爹为什么不到？"成老爹道："那日我要到的，身上有些病，不曾来的成。舍弟下乡去，说是热闹得很。方府的执事摆了半街，王公同彭府上的人都在那里送。尊经阁摆席唱戏，四乡八镇，几十里路的人都来看，说：'若要不是方府，怎做得这样大事！'你自然也在阁上骗我吃酒。"虞华轩道："老爹，你就不晓得，我那日要送我家八房的叔祖母？"成老爹冷笑道："你八房里本家，穷的有腿没裤子。你本家的人，那个肯到他那里去？连你这话也是哄我玩，你一定是送方老太太的。"虞华轩道："这事已过，不必细讲了。"

吃了晚饭，成老爹说："那分田的卖主和中人都上县来了，住在宝林寺里。你若要他这田，明日就可以成事。"虞华轩道："我要就是了。"成老爹道："还有一个说法：这分田全然是我来说的，我要在中间打五十两银子的'背公'，要在你这里除给我。我还要到那边要中用钱去。"虞华轩道:"这个何消说,老爹是一个元宝。"当下把租头、价银、戥银、银色、鸡、草、小租、酒水、画字、上业主,都讲清了。

成老爹把卖主、中人都约了来,大清早坐在虞家厅上。成老爹进来,请大爷出来成契。走到书房里,只见有许多木匠、瓦匠在那里领银子。虞华轩捧着多少五十两一锭的大银子散人,一个时辰就散掉了几百两。成老爹看着他散完了,叫他出去成田契。虞华轩睁着眼道:"那田贵了,我不要!"成老爹吓了一个痴。虞华轩道:"老爹,我当真不要了。"便吩咐小厮:"到厅上把那乡里的几个泥腿,替我赶掉了!"成老爹气的愁眉苦脸,只得自己走出去,回那几个乡里人去了。只因这一番,有分教:身离恶俗,门墙又见儒修;客到名邦,晋接不逢贤哲。毕竟后事如何,且听下回分解。

第四十八回 徽州府烈妇殉夫
泰伯祠遗贤感旧

话说余大先生在虞府坐馆，早去晚归，习以为常。那日早上起来，洗了脸，吃了茶，要进馆去。才走出大门，只见三骑马进来，下了马向余大先生道喜。大先生问："是何喜事？"报录人拿出条子来看，知道是选了徽州府学训导。余大先生欢喜，待了报录人酒饭，打发了钱去。随即虞华轩来贺喜，亲友们都来贺。余大先生出去拜客，忙了几天。料理到安庆领凭，领凭回来，带家小到任。大先生邀二先生一同到任所去。二先生道："哥寒毡一席，初到任的时候，只怕日用还不足。我在家里罢。"大先生道："我们老弟兄，相聚得一日是一日。从前我两个人，各处坐馆，动不动两年不得见面。而今老了，只要弟兄两个多聚几时，那有饭吃没饭吃，也且再商量。料想做官，自然好似坐馆。二弟，你同我去。"二先生应了，一同收拾行李，来徽州到任。

大先生本来极有文名，徽州人都知道。如今来做官，徽州人听见，个个欢喜。到任之后，会见大先生胸怀坦白，言语爽利，这些秀才们，本不来会的，也要来会会。人人自以为得名师。又会着二先生谈谈，谈的都是些有学问的话，众人越发钦敬。每日也有几个秀才来往。

那日，余大先生正坐在厅上，只见外面走进一个秀才来，头戴方巾，身穿旧宝蓝直裰，面皮深黑，花白胡须，约有六十多岁光景。那秀才自己手里拿着帖子，递与余大先生。余大先生看帖子上写着："门生王蕴。"那秀才递上帖子，拜了下去。余大先生回礼，说道："年兄莫不是尊字玉辉的吗？"王玉辉道："门生正是。"余大先生道："玉兄，二十年闻声相思，而今才得一见。我和你只论好弟兄，不必拘这些俗套。"遂请到书房里去坐，叫人请二老爷出来。二先生出来，同王玉辉会着，彼此又道了一番相慕之意，三人坐下。王玉辉道："门生在学里，也做了三十年的秀才，是个迂拙的人。往年就是本学老师，门生也不过是公堂一见而已。而今因大老师和世叔来，是两位大名下，所以，要时常来聆老师和世叔的教训。要求老师不认做大概学里门生，竟要把我做个受业弟子才好。"余大先生道："老哥，你我老友，何出此言！"

二先生道："一向知道吾兄清贫，如今在家可做馆？长年何以为生？"王玉辉道："不瞒世叔说，我生平立的有个志向：要纂三部书嘉惠来学。"余大先生道："是那三部？"王玉辉道："一部《礼书》，一部《字书》，一部《乡约书》。"二先生道："《礼书》是怎么样？"王玉辉道："礼书是将《三礼》分起类来，如事亲之礼、敬长之礼等类。将经文大书，下面采诸经、子、史的话印证，教子弟们自幼习学。"大先生道："这一部书，该颁于学宫，通行天下。请问《字书》是怎么样？"王玉辉道："《字书》是七年识字法。其书已成，就送来与老师细阅。"二先生道："字学不讲久矣！有此一书，为功不浅。请问《乡约书》怎样？"王玉辉道："《乡约书》不过是添些仪制，劝醒愚民的意思。门生因这三部书，终日手不停披，所以没的工夫做馆。"大先生道："几位公郎？"王玉辉道："只得一个小儿，倒有四个小女。大小女守节在家里；那几个小女，都出阁不上一年多。"说着，余大先生留他吃了饭，将门生帖子退了不受，说道："我们老弟兄，要时常屈你来谈谈，料不嫌我苜蓿风味怠慢你。"弟兄两个一同送出大门来。王先生慢慢回家。他家离城有十五里。王玉辉回到家里，向老妻和儿子说余老师这些相爱之意。

次日，余大先生坐轿子下乡，亲自来拜。留着在草堂上坐了一会，去了。又次日，二先生自己走来，领着一个门斗，挑着一石米走进来，会着王玉辉，作揖坐下。二先生道："这是家兄的禄米一石。"又手里拿出一封银子来道："这是家兄的俸银一两。送与长兄先生，权为数日薪水之资。"王玉辉接了这银子，口里说道："我小侄没有孝敬老师和世叔，怎反受起老师的惠来？"余二先生笑道："这个何足为奇！只是贵处这学署清苦，兼之家兄初到。虞博士在南京，几十两的拿着送与名士用，家兄也想学他。"王玉辉道："这是长者赐，不敢辞，只得拜受了。"备饭留二先生坐，拿出这三样书的稿子来，递与二先生看。二先生细细看了，不胜叹息。坐到下午时分，只见一个人走进来说道："王老爹，我家相公病得很。相公娘叫我来请老爹到那里去看看。请老爹就要去。"王玉辉向二先生道:"这是第三个小女家的人。因女婿有病,约我去看。"二先生道:"如此,我别过罢。尊作的稿子,带去与家兄看,看毕再送过来。"说罢起身。那门斗也吃了饭,挑着一担空箩,将书稿子丢在箩里挑着,跟进城去了。

王先生走了二十里,到了女婿家。看见女婿果然病重,医生在那里看,用着药总不见效。一连过了几天,女婿竟不在了。王玉辉恸哭了一场。见女儿哭的天愁地惨,候着丈夫入过殓,出来拜公婆,和父亲道:"父亲在上,我一个大姐姐死了丈夫,在家累着父亲养活。而今我又死了丈夫,难道又要父亲养活不成?父亲是寒士,也养活不来这许多女儿。"王玉辉道:"你如今要怎样?"三姑娘道:"我而今辞别公婆、父亲,也便寻一条死路,跟着丈夫一处去了!"公婆两个听见这句话,惊得泪如雨下,说道:"我儿,你气疯了!自古蝼蚁尚且贪生,你怎么讲出这样话来?你生是我家人,死是我家鬼。我做公婆的,怎的不养活你,要你父亲养活?快不要如此!"三姑娘道:"爹妈也老了,我做媳妇的,不能孝顺爹妈,反累爹妈,我心里不安。只是由着我到这条路上去吧。只是我死,还有几天工夫,要求父亲到家替母亲说了,请母亲到这里来,我当面别一别。这是要紧的。"王玉辉道:"亲家,我仔细想来,我这小女要殉节的真切,倒也由着他行罢。自古'心去意难留'。"因向女儿道:"我儿,你既如此,这是青史上留名的事,我难道反拦阻你?你竟是这样做罢。我今日就回家去,叫你母亲来和你作别。"

亲家再三不肯。王玉辉执意,一径来到家里,把这话向老孺人说了。老孺人道:"你怎的越老越呆了!一个女儿要死,你该劝他,怎么倒叫他死?这是什么话说!"王玉辉道:"这样的事你们是不晓得的。"老孺人听见,痛哭流涕,连忙叫了轿子,去劝女儿,到亲家家去了。王玉辉在家,依旧看书写字,候女儿的信息。老孺人劝女儿,哪里劝得转。一般每日梳洗,陪着母亲坐,只是茶饭全然不吃。母亲和婆婆,着实劝着,千方百计,总不肯吃。饿到六天上,不能起床。母亲看着,伤心惨目,痛入心脾,也就病倒了。抬了回来在家睡着。又过了三日,二更天气,几把火把,几个人来打门,报道:"三姑娘饿了八日,在今日午时去世了!"老孺人听见,哭死了过去,灌醒回来,大哭不止。王玉辉走到床面前说道:"你这老人家,真正是个呆子!

三女儿他而今已是成了仙了，你哭他怎的？他这死得好，只怕我将来，不能像他这一个好题目死哩！"因仰天大笑道："死得好！死得好！"大笑着走出房门去了。

次日，余大先生知道，大惊，不胜惨然。即备了香、楮、三牲，到灵前去拜奠。拜奠过，回衙门，立刻传书办备文书，请旌烈妇。二先生帮着赶造文书，连夜详了出去。二先生又备了礼来祭奠。三学的人听见老师如此隆重，也就纷纷来祭奠的，不计其数。过了两个月，上司批准下来，制主入祠，门首建坊。到了入祠那日，余大先生邀请知县，摆齐了执事，送烈女入祠。阖县绅衿都穿着公服，步行了送。当日入祠安了位，知县祭，本学祭，余大先生祭，阖县乡绅祭，通学朋友祭，两家亲戚祭，两家本族祭，祭了一天，在明伦堂摆席。通学人要请了王先生来上坐，说他生这样好女儿，为伦纪生色。王玉辉到了此时转觉心伤，辞了不肯来。众人在明伦堂吃了酒，散了。

次日，王玉辉到学署来谢余大先生。余大先生、二先生都会着，留着吃饭。王玉辉说起："在家日日看见老妻悲恸心下不忍，意思要到外面去做游几时。又想，要做游，除非到南京去。那里有极大的书坊，还可以逗着他们，刻这三部书。"余大先生道："老哥要往南京，可惜虞博士去了。若是虞博士在南京，见了此书赞扬一番，就有书坊抢的刻去了。"二先生道："先生要往南京，哥如今写一封书子去，与少卿表弟和绍光先生。这人言语是值钱的。"大先生欣然写了几封字，庄征君、杜少卿、迟衡山、武正字都有。

王玉辉老人家，不能走旱路，上船从严州西湖这一路走。一路看着水色山光，悲悼女儿，凄凄惶惶。一路来到苏州，正要换船，心里想起："我有一个老朋友，住在邓尉山里，他最爱我的书。我何不去看看他？"便把行李搬到山塘一个饭店里住下，搭船往邓尉山。那还是上昼时分，这船到晚才开。王玉辉问饭店的人道："这里有什么好玩的所在？"饭店里人道："这一上去，只得六七里路，便是虎丘，怎么不好玩！"王玉辉锁了房门，自己走出去。初时街道还窄，走到二三里路，渐渐阔了。路旁一个茶馆，王玉辉走进去坐下，吃了一碗茶。看见那些游船，有极大的，里边雕梁画栋，焚着香，摆着酒席，一路游到虎丘去。游船过了多少。又有几只堂客船，不挂帘子，都穿着极鲜艳的衣服，在船里坐着吃酒。王玉辉心里说道："这苏州风俗不好。一个妇人家不出闺门，岂有个叫了船在这河内游荡之理！"又看了一会，见船上一个少年穿白的妇人,他又想起女儿,心里哽咽,那热泪直滚出来。王玉辉忍着泪,出茶馆门,一直往虎丘那条路上去。只见一路卖的腐乳、席子、耍货,还有那四时的花卉,极其热闹;也有卖酒饭的,也有卖点心的。王玉辉老人家,足力不济,慢慢地走了许多时才到虎丘寺门口。循着阶级上去,转弯便是千人石,那里也摆着有茶桌子。王玉辉坐着吃了一碗茶,四面看看,其实华丽。那天色阴阴的像个要下雨的一般。王玉辉不能久坐,便起身来,走出寺门。走到半路,王玉辉饿了,坐在点心店里。那猪肉包子六个钱一个,王玉辉吃了,交钱出店门。

慢慢走回饭店,天已昏黑,船上人催着上船。王玉辉将行李拿到船上。幸亏雨不曾下的大,那船连夜的走。一直来到邓尉山,找着那朋友家里,只见一带矮矮的房子,门前垂柳掩映,两扇门关着,门上贴了白。王玉辉就吓了一跳,忙去敲门,只见那朋友的儿子,挂着一身的孝出来开门。见了王玉辉,说道:"老伯如何今日才来? 我父亲那日不想你? 直到临回首的时候,还念着老伯不曾得见一面,又恨不曾得见老伯的全书。"王玉辉听了,知道这个老朋友已死,那眼睛里,热泪纷纷滚了出来,说道:"你父亲几时去世的?"那孝子道:"还不曾尽七。"王玉辉道:"灵柩还在家哩?"那孝子道:"还在家里。"王玉辉道:"你引我到灵柩前去。"那孝子道:"老伯,且请洗了脸,吃了茶,再请老伯进来。"当下,就请王玉辉坐在堂屋里,拿水来洗了脸。王玉辉不肯等吃了茶,叫那孝子领到灵柩前。孝子引进中堂。只见中间奉着灵柩,面前香炉、烛台、遗像、魂幡。王玉辉恸哭了一场,倒身拜了四拜。那孝子谢了。王玉辉吃了茶,又将自己盘费,买了一副香纸牲礼,把自己的书一同摆在灵柩前祭奠,又恸哭了一场。住了一夜,次日要行。那孝子留他不住。又在老朋友灵柩前辞行,又大哭了一场,含泪上船。那孝子直送到船上,方才回去。

王玉辉到了苏州,又换了船,一路来到南京水西门上岸,进城寻了个下处,在牛公庵住下。次日,拿着书子,去寻了一日回来。哪知因虞博士选在浙江做官,杜少卿寻他去了,庄征君到故乡去修祖坟,迟衡山、武正字都到远处做官去了,一个也遇不着。王玉辉也不懊悔,听其自然,每日在牛公庵看书。过了一个多月,盘费用尽了,上街来闲走走,才走到巷口,遇着一个人作揖,叫声:"老伯怎的在这里?"王玉辉看那人,原来是同乡人,姓邓名义,字质夫。这邓质夫的父亲,是王玉辉同案进学,邓质夫进学,又是王玉辉作保结,故此称是老伯。玉王辉道:"老侄,几年不见,一向在哪里?"邓质夫道:"老伯寓在哪里?"王玉辉道:"我就在前面这牛公庵里,不远。"邓质夫道:"且同到老伯下处去。"

到了下处,邓质夫拜见了,说道:"小侄自别老伯,在扬州这四五年。近日,是东家托我来卖上江食盐,寓在朝天宫。一向纪念老伯,近况好吗?为什么也到南京来?"王玉辉请他坐下,说道:"贤侄,当初令堂老夫人守节,邻家失火,令堂对天祝告,反风灭火,天下皆闻。哪知我第三个小女,也有这一番节烈。"因悉把女儿殉女婿的事说了一遍。"我因老妻在家哭泣,心里不忍。府学余老师写了几封书子与我,来会这里几位朋友,不想一个也会不着。"邓质夫道:"是那几位?"王玉辉一一说了。邓质夫叹道:"小侄也恨得来迟了!当年,南京有虞博士在这里,名坛鼎盛,那泰伯祠大祭的事,天下皆闻。自从虞博士去了,这些贤人君子风流云散。小侄去年来,曾会着杜少卿先生,又因少卿先生在元武湖拜过庄征君,而今都不在家了。老伯这寓处不便,且搬到朝天宫小侄那里寓些时。"王玉辉应了,别过和尚,付了房钱,叫人挑行李,同邓质夫到朝天宫寓处住下。邓质夫晚间备了酒肴,请王玉辉吃着,又说起泰伯祠的话来。王玉辉道:"泰伯祠在哪里?我明日要去看看。"邓质夫道:"我明日同老伯去。"

次日,两人出南门。邓质夫带了几分银子,把与看门的。开了门,进到正殿,两人瞻拜了。走进后一层楼底下,迟衡山贴的祭祀仪注单和派的执事单,还在壁上。两人将袖子拂去尘灰看了,又走到楼上,见八张大柜,关锁着乐器、祭器,王玉辉也要看。看祠的人回:"钥匙在迟府上。"只得罢了。下来两廊走走,两边书房都看了。一直走到省牲所,依旧出了大门,别过看祠的。两人又到报恩寺玩玩,在琉璃塔下吃了一壶茶。出来,寺门口酒楼上吃饭。

王玉辉向邓质夫说:"久在客边,烦了,要回家去,只是没有盘缠。"邓质夫道:"老伯怎的这样说!我这里料理盘缠,送老伯回家去。"便备了饯行的酒,拿出十几两银子来,又雇了轿夫,送王先生回徽州去。又说道:"老伯,你虽去了,把这余先生的书,交与小侄。等各位先生回来,小侄送与他们,也见得老伯来走了一回。"王玉辉道:"这最好。"便把书子交与邓质夫,起身回去了。

王玉辉去了好些时,邓质夫打听得武正字已到家,把书子自己送去。正值武正字出门拜客,不曾会着,丢了书子去了,向他家人说:"这书是我朝天宫姓邓的送来的。其中缘由,还要当面会再说。"武正字回来看了书,正要到朝天宫去回拜,恰好高翰林家着人来请。只因这一番,有分教:宾朋高宴,又来奇异之人;患难相扶,更出武勇之辈。毕竟后事如何,且听下回分解。

第四十九回　翰林高谈龙虎榜　中书冒占凤凰池

话说武正字那日回家，正要回拜邓质夫，外面传进一副请帖，说翰林院高老爷家，请即日去陪客。武正字对来人说道："我去回拜了一个客，即刻就来。你先回复老爷去吧。"家人道："家老爷多拜上老爷，请的是浙江一位万老爷，是家老爷从前拜盟的弟兄，就是请老爷同迟老爷会会。此外就是家老爷亲家秦老爷。"武正字听见有迟衡山，也就勉强应允了。回拜了邓质夫，彼此不相值。午后，高府来邀了两次，武正字才去。高翰林接着，会过了。书房里走出施御史、秦中书来，也会过了。才吃着茶，迟衡山也到了。

高翰林又叫管家去催万老爷，因对施御史道："这万敝友，是浙江一个最有用的人，一笔的好字。二十年前，学生做秀才的时候，在扬州会着他。他那时也是个秀才，他的举动就有些不同。那时，盐务的诸公都不敢轻慢他。他比学生在那边更觉得得意些。自从学生进京后，彼此就疏失了。前日他从京师回来，说已由序班授了中书。将来就是秦亲家的同衙门了。"秦中书笑道："我的同事，为甚要亲翁做东道？明日乞到我家去。"说着，万中书已经到门，传了帖。高翰林拱手立在厅前滴水下，叫管家请轿，开了门。

万中书从门外下了轿，急趋上前，拜揖叙坐，说道："蒙老先生见召，实不敢当。小弟二十年别怀，也要借尊酒一叙。但不知老先生今日可还另有外客？"高翰林道："今日并无外客，就是侍御施老先生同敝亲家秦中翰，还有此处两位学中朋友，一位姓武，一位姓迟。现在西厅上坐着哩。"万中书便道："请会。"管家去请，四位客都过正厅来，会过。施御史道："高老先生相招奉陪老先生。"万中书道："小弟二十年前，在扬州得见高老先生。那时，高老先生还未曾高发，那一段非凡气魄，小弟便知道，后来必是朝廷的柱石。自高老先生发解之后，小弟奔走四方，却不曾到京师一晤。去年小弟到京，不料高老先生却又养望在家了。所以昨在扬州几个敝相知处有事，只得绕道来聚会一番。天幸又得接老先生同诸位先生的教。"秦中书道："老

先生贵班甚时补得着？出京来却是为何？"万中书道："中书的班次，进士是一途，监生是一途。学生是就的办事职衔，将来，终身都脱不得这两个字。要想加到翰林学士，料想是不能了。近来所以得缺甚难。"秦中书道："就了不做官，这就不如不就了。"万中书丢了这边，便向武正字、迟衡山道："二位先生高才久屈，将来定是大器晚成的。就是小弟这就职的事，原算不得，始终还要从科甲出身。"迟衡山道："弟辈碌碌，怎比老先生大才。"武正字道："高老先生原是老先生同盟，将来自是难兄难弟可知。"

说着，小厮来禀道："请诸位老爷西厅用饭。"高翰林道："先用了便饭，好慢慢地谈谈。"众人到西厅饭毕,高翰林叫管家开了花园门,请诸位老爷看看。众人从西厅右首一个月门内进去,另有一道长粉墙。墙角一个小门进去,便是一带走廊。从走廊转东首,下石子阶,便是一方兰圃。这时天气温和,兰花正放。前面石山、石屏都是人工堆就的。山上有小亭,可以容三四人。屏旁置磁墩两个,屏后有竹子百十竿。竹子后面,映着些矮矮的朱红栏杆,里边围着些未开的芍药。高翰林同万中书携着手,悄悄地讲话,直到亭子上去了。施御史同着秦中书,就随便在石屏下闲坐。迟衡山同武正字,信步从竹子里面走到芍药栏边。迟衡山对武书道:"园子倒也还洁净,只是少些树木。"武正字道:"这是前人说过的:亭沼譬如爵位,时来则有之;树木譬如名节,非素修弗能成。"说着,只见高翰林同万中书从亭子里走下来,说道:"去年在庄濯江家,看见武先生的《红芍药》诗,如今又是开芍药的时候了。"

当下主客六人,闲步了一回,重新到西厅上坐下。管家叫茶上点上一巡攒茶。迟衡山问万中书道:"老先生贵省有个敝友,他是处州人,不知老先生可曾会过?"万中书道:"处州最有名的,不过是马纯上先生。其余在学的朋友,也还认得几个。但不知令友是谁?"迟衡山道:"正是这马纯上先生。"万中书道:"马二哥是我同盟的弟兄,怎么不认得?他如今进京去了。他进了京,一定是就得手的。"武书忙问道:"他至今不曾中举,他为什么进京?"万中书道:"学道三年任满,保题了他的优行。这一进京,倒是个功名的捷径,所以晓得他就得手的。"

施御史在旁道:"这些异路功名,弄来弄去,始终有限。有操守的,到底要从科甲出身。"迟衡山道:"上年他来敝地,小弟看他着实在举业上讲究的,不想这些年,还是个秀才出身。可见这'举业'二字,原是个无凭的。"高翰林道:"迟先生,你这话就差了。我朝二百年来,只有这一桩事是丝毫不走的,摩元得元,摩魁得魁。那马纯上讲的举业,只算得些门面话,其实,此中的奥妙他全然不知。他就做三百年的秀才,考二百个案首,进了大场总是没用的。"武正字道:"难道大场里同学道是两样看法不成?"高翰林道:"怎么不是两样!凡学道考得起的,是大场里再也不中的。所以小弟未曾侥幸之先,只一心去揣摩大场,学道那里时常考个三等也罢了。"万中书道:"老先生的原作,敝省的人个个都揣摩烂了。"高翰林道:"老先生,'揣摩'二字,就是这举业的金针了。小弟乡试的那三篇拙作,没有一句话是杜撰,字字都是有来历的,所以才得侥幸。若是不知道揣摩,就是圣人,也是不中的。那马先生讲了半生,讲的都是些不中的举业。他要晓得'揣摩'二字,如今也不知做到什么官了！"万中书道："老先生的话，真是后辈的津梁。但这马二哥，却要算一位老学。小弟在扬州敝友家，见他著的《春秋》，倒也甚有条理。"

高翰林道："再也莫提起这话。敝处这里有一位庄先生，他是朝廷征召过的，而今在家闭门注《易》。前日有个朋友和他会席，听见他说：'马纯上知进而不知退，真是一条小小的亢龙。'无论那马先生不可比做亢龙，只把一个现活着的秀才，拿来解圣人的经，这也就可笑之极了！"武正字道："老先生，此话也不过是他偶然取笑。要说活着的人就引用不得，当初，文王、周公为什么就引用微子、箕子？后来，孔子为什么就引用颜子？那时，这些人也都是活的。"高翰林道："足见先生博学。小弟专经是《毛诗》，不是《周易》，所以未曾考核得清。"武正字道："提起《毛诗》两字，越发可笑了！近来这些做举业的，泥定了朱注，越讲越不明白。四五年前，天长杜少卿先生纂了一部《诗说》，引了些汉儒的说话，朋友们就都当作新闻。可见'学问'两个字，如今是不必讲的了！"迟衡山道："这都是一偏的话。依小弟看来：讲学问的只讲学问，不必问功名；讲功名的只讲功名，不必问学问。若是两样都要讲，弄到后来，一样也做不成。"

说着，管家来禀："请上席。"高翰林奉了万中书的首座，施侍御的二座，迟先生三座，武先生四座，秦亲家五座，自己坐了主位。三席酒就摆在西厅上面，酒肴十分齐整，却不曾有戏。席中，又谈了些京师里的朝政。说了一会，迟衡山向武正字道："自从虞老先生离了此地，我们的聚会，也渐渐地就少了。"少顷，转了席，又点起灯烛来。

吃了一巡，万中书起身辞去。秦中书拉着道："老先生一来是敝亲家的同盟，就是小弟的亲翁一般；二来又忝在同班，将来补选了，大概总在一处。明日千万到舍间一叙。小弟此刻回家就具过柬来。"又回头对众人道："明日一个客不添，一个客不减，还是我们照旧六个人。"迟衡山、武正字不曾则一声。施御史道："极好！但是小弟明日打点屈万老先生坐坐的，这个竟是后日罢。"万中书道："学生昨日才到这里，不料今日就扰高老先生。诸位老先生尊府，还不曾过来奉谒，哪里有个就来叨扰的？"高翰林道："这个何妨。敝亲家是贵同衙门，这个比别人不同。明日只求早光就是了。"万中书含糊应允了。诸人都辞了主人，散了回去。

当下秦中书回家，写了五副请帖，差长班送了去请万老爷、施老爷、迟相公、武相公、高老爷。又发了一张传戏的溜子，叫一班戏，次日清晨伺候。又发了一谕帖，谕门下总管,叫茶厨伺候,酒席要体面些。

　　次日,万中书起来,想道:"我若先去拜秦家,恐怕拉住了,那时不得去拜众人。他们必定就要怪,只说我捡有酒吃的人家跑。不如先拜了众人再去到秦家。"随即写了四副帖子,先拜施御史,御史出来会了,晓得就要到秦中书家吃酒,也不曾款留。随即去拜迟相公,迟衡山家回:"昨晚因修理学宫的事,连夜出城往句容去了。"只得又拜武相公,武正字家回:"相公昨日不曾回家。来家的时节,再来回拜罢。"

中国二十大名著

儒林外史

图文珍藏版

是日早饭时候,万中书到了秦中书家,只见门口有一箭阔的青墙,中间缩着三号,却是起花的大门楼。轿子冲着大门立定,只见大门里粉屏上,贴着红纸朱标的"内阁中书"的封条,两旁站着两行雁翅的管家,管家脊背后,便是执事上的帽架子,上首还贴着两张"为禁约事"的告示。

帖子传了进去,秦中书迎出来,开了中间屏门。万中书下了轿,拉着手,到厅上行礼、叙坐、拜茶。万中书道:"学生叨在班末,将来凡事还要求提携。今日有个贱名在此,只算先来拜谒。叨扰的事,容学生再来另谢。"秦中书道:"敝亲家道及老先生十分大才,将来小弟设若竟补了,老先生便是小弟的泰山了。"

万中书道:"令亲台此刻可曾来哩?"秦中书道:"他早间差人来说,今日一定到这里来。此刻也差不多了。"说着,高翰林、施御史两乘轿已经到门,下了轿,走进来了,叙了坐,吃了茶。高翰林道:"秦亲家,那迟年兄同武年兄,这时也该来了?"秦中书道:"已差人去邀了。"万中书道:"武先生或者还来,那迟先生是不来的了。"高翰林道:"老先生何以见得?"万中书道:"早间在他两家奉拜,武先生家回:'昨晚不曾回家。'迟先生因修学宫的事,往句容去了,所以晓得迟先生不来。"施御史道:"这两个人却也作怪。但凡我们请他,十回倒有九回不到。若说他当真有事,做秀才的,哪里有这许多事?若说他做身份,一个秀才的身份到哪里去?"秦中书道:"老先生同敝亲家在此,那二位来也好,不来也罢。"万中书道:"那二位先生的学问,想必也还是好的!"高翰林道:"哪里有什么学问?有了学问,倒不做老秀才了。只因上年,国子监里有一位虞博士,着实作兴这几个人,因而大家连属。而今也渐渐淡了。"

正说着,忽听见左边房子里面高声说道:"妙!妙!"众人都觉诧异。秦中书叫管家去书房后面,去看是什么人在喧嚷。管家来禀道:"是二老爷的相与凤四老爹。"秦中书道:"原来凤老四在后面,何不请他来谈谈?"管家从书房里去请了出来。只见一个四十岁的大汉,两眼圆睁,双眉直竖,一部极长的乌须,垂过了胸膛,头戴一顶力士巾,身穿一领元色缎紧袖袍,脚踹一双尖头靴,腰束一条丝鸾绦,肘上挂着小刀子,走到厅中间,做了一个总揖,便说道:"诸位老先生在此,小子在后面却不知,失陪得紧。"秦中书拉着坐了,便指着凤四老爹对万中书道:"这位凤长兄,是敝处这边一个极有义气的人。他的手底下实在有些讲究,而且一部《易筋经》记的烂熟。他若是趱一个劲,哪怕几千斤的石块,打落在他头上、身上,他会丝毫不觉得。这些时,舍弟留他在舍间,早晚请教,学他的技艺。"万中书道:"这个品貌,原是个奇人,不是那手无缚鸡之力的。"秦中书又向凤四老爹问道:"你方才在里边,连叫'妙!妙!'却是为何?"凤四老爹道:"这不是我,是你令弟。令弟才说人的力气到底是生来的,我就教他提了一段气,着人拿椎棒打,越打越不疼。他一时喜欢起来,在那里说'妙'。"万中书向秦中书道:"令弟老先生在府,何不也请出来会会?"秦中书叫管家去请。那秦二侉子,已从后门里骑了马,进小营看试箭法了。

小厮们来请到内厅用饭。饭毕,小厮们又从内厅左首开了门,请诸位老爷进去闲坐。万中书同着众客进来。原来是两个对厅,比正厅略小些,却收拾得也还精致。众人随便坐了。茶上捧进十二样的攒茶来,一个十一二岁的小厮又向炉内添上些香。万中书暗想道:"他们家的排场,毕竟不同,我到家何不竟做起来?只是门面不得这样大,现任的官府不能叫他来上门,也没有他这些手下人伺候。"

正想着,一个穿花衣的末脚,拿着一本戏目走上来,打了抢跪,说道:"请老爷先赏两出!"万中书让过了高翰林、施御史,就点了一出《请宴》,一出《饯别》,施御史又点了一出《五台》;高翰林又点了一出《追信》。末脚拿笏板在旁边写了,拿到戏房里去扮。当下秦中书又叫点了一巡清茶。管家来禀道:"请诸位老爷外边坐。"众人陪着万中书,从对厅上过来。到了二厅,看见做戏的场口已经铺设的齐楚,两边放了五把圈椅,上面都是大红盘金椅搭,依次坐下。长班带着全班的戏子,都穿了角色的衣裳,上来禀参了全场。打鼓板才立到沿口,轻轻地打了一下鼓板。只见那贴旦装了一个红娘,一扭一捏走上场来。长班又上来打了一个抢跪,禀了一声"赏坐",那吹手们才坐下去。

这红娘才唱了一声,只听得大门口忽然一棒锣声,又有红黑帽子吆喝了进来。众人都疑惑:《请宴》里面从没有这个做法的。只见管家跑进来,说不出话来。早有一个官员,头戴纱帽,身穿玉色缎袍,脚下粉底皂靴,走上厅来。后面跟着二十多个快手,当先两个走到上面,把万中书一手揪住,用一条铁链套在颈子里,就采了出去。那官员一言不发,也就出去了。众人吓得面面相觑。只因这一番,有分教:梨园子弟,从今笑煞乡绅;萍水英雄,一力担承患难。未知后面如何,且听下回分解。

第五十回　假官员当街出丑
真义气代友求名

话说那万中书在秦中书家厅上看戏，突被一个官员，带领捕役进来，将他锁了出去。吓得施御史、高翰林、秦中书面面相觑，摸头不着。那戏也就剪住了。众人定了一会，施御史向高翰林道："贵相知此事，老先生自然晓得个影子？"高翰林道："这件事情，小弟丝毫不知。但是刚才方县尊，也太可笑，何必妆这个模样？"秦中书又埋怨道："姻弟席上，被官府锁了客去，这人脸面却也不甚好看！"高翰林道："老亲家，你这话差了。我坐在家里，怎晓得他有甚事？况且，拿去的是他不是我，怕人怎的？"说着，管家又上来禀道："戏子们请老爷的示，还是伺候，还是回去？"秦中书道："客犯了事，我家人没有犯事，为甚的不唱？"大家又坐着看戏。

只见凤四老爹一个人坐在远远的，望着他们冷笑。秦中书瞥见，问道："凤四哥，难道这件事，你有些晓得？"凤四老爹道："我如何得晓得？"秦中书道："你不晓得，为什么笑？"凤四老爹道："我笑诸位老先生好笑。人已拿去，急他则甚？依我的愚见，倒该差一个能干人，到县里去打探打探，到底为的甚事。一来也晓得下落，二来也晓得可与诸位老爷有碍。"施御史忙应道："这话是的狠！"秦中书也连忙道："是的狠！是的狠！"当下差了一个人，叫他到县里打探。那管家去了。

这里四人坐下，戏子重新上来做了《请宴》，又做《钱别》。施御史指着对高翰林道："他才这两出戏，点的就不利市。才请宴就钱别，弄得宴还不算请，别倒钱过了！"说着，又唱了一出《五台》。

才要做《追信》，那打探的管家回来了，走到秦中书面前说："连县里也找不清。小的会着了刑房萧二老爹，才托人抄了他一张牌票来。"说着，递与秦中书看。众人起身都来看，是一张竹纸，抄得潦潦草草的。上写着：

台州府正堂祁，为海防重地等事。奉巡抚浙江都察院邹宪行，参革台州总兵苗而秀案内要犯一名万里（即万青云），系本府已革生员，身中，面黄，微须，年四十九岁，潜逃在外，现奉亲提。为此，除批差缉获外，合亟通行。凡在缉获地方，仰县即时添差拿获，解府详审。慎毋迟误！须至牌者。

又一行下写：

右牌仰该县官吏准此。

原来是差人拿了通缉的文凭，投到县里，这县尊是浙江人，见是本省巡抚亲提的人犯，所以带人亲自拿去的。其实，犯事的始末，连县尊也不明白。高翰林看了，说道："不但人拿的糊涂，连这牌票上的文法，也有些糊涂。此人说是个中书，怎么是个已革生员？就是已革生员，怎么拖到总兵的惨案里去？"秦中书望着凤四老爹道："你方才笑我们的，你如今可能知道吗？"凤四老爹道："他们这种人，会打听什么，等我替你去。"立起身来就走。秦中书道："你当真的去？"凤四老爹道："这个扯谎做什么！"说着，就去了。

凤四老爹一直到县门口，寻着两个马快头。那马头见了凤四老爹，跟着他，叫东就东，叫西就西。凤四老爹叫两个马快头，引带他去会浙江的差人。那马快头领着凤四老爹，一直到三官堂，会着浙江的人。凤四老爹问差人道："你们是台州府的差？"差人答道："我是府差。"凤四老爹道："这万相公到底为的甚事？"差人道："我们也不知。只是敝上人吩咐，说是个要紧的人犯，所以差了各省来缉。老爹有甚吩咐，我照顾就是了。"凤四老爹道："他如今现在在哪里？"差人道："方老爷才问了他一堂，连他自己也说不明白。如今寄在外监里，明日领了文书，只怕就要起身。老爹如今可是要看他？"凤四老爹道："他在外监里，我自己去看他。你们明日领了文书，千万等我到这里，你们再起身。"差人应允了。

凤四老爹同马快头走到监里，会着万中书。万中书向凤四老爹道："小弟此番，大概是奇冤极枉了。你回去替我致意高老先生同秦老先生，不知此后，可能再会了？"凤四老爹又细细问了他一番，只不得明白。因忖道："这场官司，须是我同到浙江去,才得明白。"也不对万中书说,竟别了出监,说:"明日再来奉看。"

一气回到秦中书家,只见那戏子都已散了,施御史也回去了。只有高翰林还在这里等信,看见凤四老爹回来,忙问道:"到底为甚事"?凤四老爹道:"真正奇得紧!不但官府不晓得,连浙江的差人也不晓得。不但差人不晓得,连他自己也不晓得。这样糊涂事,须我同他到浙江去,才得明白。"秦中书道:"这也就罢了。那个还管他这些闲事!"凤四老爹道:"我的意思,明日就要同他走走去。如果他这官司利害,我就帮他去审审,也是会过这一场。"高翰林也怕日后拖累,便撺掇凤四老爹同去。晚上送了十两银子到凤家来,说:"送凤四老爹路上做盘缠。"凤四老爹收了。

次日起来,直到三官堂会着差人。差人道:"老爹好早!"凤四老爹同差人转出湾,到县门口,来到刑房里,会着萧二老爹,催着他清稿,并送签了一张解批,又拨了四名长解皂差,听本官签点,批文用了印。官府坐在三堂上,叫值日的皂头,把万中书提了进来。台州府差,也跟到宅门口伺候。只见万中书头上还戴着纱帽,身上还穿着七品补服,方县尊猛想到:"他拿的是个已革的生员,怎么却是这样服色?"又对明了人名、年貌,丝毫不诬。因问道:"你到底是生员,是官?"万中书道:"我本是台州府学的生员。今岁在京,因书法端楷,保举中书职衔的。生员不曾革过。"方知县道:"授职的知照想未下来。因有了官司,抚台将你生员咨革了,也未可知。但你是个浙江人,本县也是浙江人,本县也不难为你。你的事,你自己好好去审就是了。"因又想道:"他回去了,地方官说他是个已革生员,就可以动刑了。我是个同省的人,难道这点照应没有?"随在签批上朱笔添了一行:

本犯万里,年貌与来文相符,现今头戴纱帽,身穿七品补服,供称本年在京保举中书职衔,相应原身锁解。该差毋许需索,亦毋得疏纵。

写完了,随签了一个长差赵升,又叫台州府差进去,吩咐道:"这人比不得盗贼,有你们两个,本县这里添一个也够了。你们路上,须要小心些。"三个差人接了批文,押着万中书出来。

凤四老爹接着,问府差道:"你是解差们?过清了?"指着县差问道:"你是解差?"府差道:"过清了。他是解差。"县门口看见锁了一个戴纱帽、穿补服的人出来，就围了有两百人看，越让越不开。凤四老爹道："赵头，你住在哪里？"赵升道："我就在转弯。"凤四老爹道："先到你家去。"一齐走到赵升家，小堂屋里坐下。凤四老爹叫赵升把万中书的锁开了。凤四老爹脱下外面一件长衣来，叫万中书脱下公服换了。又叫府差到万老爷寓处，叫了管家来。府差去了回来说："管家都未回寓处，想是逃走了。只有行李还在寓处，和尚却不肯发。"凤四老爹听了，又除了头上的帽子，叫万中书戴了。自己只包着网巾，穿着短衣。说道："这里地方小，都到我家去。"

万中书同三个差人跟着凤四老爹一直走到洪武街。进了大门，二层厅上立定，万中书纳头便拜。凤四老爹拉住道："此时不必行礼，先生且坐着。"便对差人道："你们三位，都是眼亮的，不必多话了。你们都在我这里住着。万老爹是我的相与，这场官司我是要同了去的。我却也不难为你。"赵升对来差道："二位可有的说？"来差道："凤四老爹吩咐，这有什么说？只求老爹作速些！"凤四老爹道："这个自然。"当下，把三个差人送到厅对面一间空房里，说道："此地权住两日。三位不妨就搬行李来。"三个差人把万中书交与凤四老爹，竟都放心，各自搬行李去了。

凤四老爹把万中书拉到左边一个书房里坐着，问道："万先生，你的这件事不妨实实地对我说，就有天大的事，我也可以帮衬你。说含糊话，那就罢了。"万中书道："我看老爹这个举动，自是个豪杰。真人面前，我也不说假话了。我这场官司，倒不输在台州府，反要输在江宁县。"凤四老爹道："江宁县方老爷待你甚好，这是为何？"万中书道："不瞒老爹说，我实在是个秀才，不是个中书。只因家下日计艰难，没奈何出来走走。要说是个秀才，只好喝风屙烟。说是个中书，那些商家同乡绅财主们，才肯有些照应。不想今日，被县尊把我这服色同官职写在批上。将来解回去，钦案都也不妨，倒是这假官的官司，吃不起了。"凤四老爹沉吟了一刻，道："万先生，你假如是个真官回去，这官司不知可得赢？"万中书道："我同苗总兵，系一面之交，又不曾有甚过赃犯法的事，量情不得大输。只要那里不晓得假官一节，也就罢了。"凤四老爹道："你且住着，我自有道理。"万中书住在书房里，三个差人也搬来住在厅对过空房里。凤四老爹一面叫家里人料理酒饭，一面自己走到秦中书家去。

秦中书听见凤四老爹来了，大衣也没有穿，就走了出来，问道："凤四哥，事体怎么样了?"凤四老爹道:"你还问哩! 闭门家里坐,祸从天上来。你还不晓得哩!"秦中书吓得慌慌张张的,忙问道:"怎的? 怎的?"凤四老爹道:"怎的不怎的,官司够你打半生!"秦中书越发吓得面如土色,要问都问不出来了。凤四老爹道:"你说他到底是个甚官?"秦中书道:"他说是个中书。"凤四老爹道:"他的中书,还在判官那里造册哩!"秦中书道:"难道他是个假的?"凤四老爹道:"假的何消说! 只是一场钦案官司,把一个假官从尊府拿去,那浙江巡抚本上,也不要特参,只消带上一笔,莫怪我说,老先生的事,只怕也就是滚水泼老鼠了。"

秦中书听了这些话,瞪着两只白眼,望着凤四老爹道:"凤四哥,你是极会办事的人。如今这件事,到底怎样好?"凤四老爹道:"没有怎样好的法。他的官司不输,你的身家不破。"秦中书道:"怎能叫他官司不输?"凤四老爹道:"假官就输,真官就不输。"秦中书道:"他已是假的,如何又得真?"凤四老爹道:"难道你也是假的?"秦中书道:"我是遵例保举来的。"凤四老爹道:"你保举得,他就保举不得?"秦中书道:"就是保举,也不得及。"凤四老爹道:"怎的不得及? 有了钱,就是官! 现放着一位施老爷,还怕商量不来?"秦中书道:"这就快些叫他办。"凤四老爹道:"他到如今办,他又不做假的了!"秦中书道:"依你怎么样?"凤四老爹道:"若要依我吗,不怕拖官司,竟自随他去。若要图干净,替他办一个。等他官司赢了来,得了缺。叫他一五一十算了来还你。就是九折三分钱也不妨。"秦中书听了这个话,叹了一口气道:"这都是好亲家拖累这一场,如今却也没法了! 凤四哥,银子我竟出,只是事要你办去。"凤四老爹道:"这就是水中捞月了。这件事,要高老先生去办!"秦中书道:"为甚的偏要他去?"凤四老爹道:"如今施御史老爷是高老爷的相好,要恳着他,作速照例写揭帖,揭到内阁,存了案,才有用哩。"秦中书道:"凤四哥,果真你是见事的人。"

随即写了一个帖子,请高亲家老爷来商议要话。少刻,高翰林到了。秦中书会着,就把凤四老爹的话说了一遍。高翰林连忙道:"这个我就去。"凤四老爹在旁道:"这是紧急事,秦老爷快把'所以然'交与高老爷去吧。"秦中书忙进去。一刻,叫管家捧出十二封银子,每封足纹一百两,交与高翰林道:"而今一半人情,一半礼物,这原是我垫出来的。我也晓得,阁里还有些使费,一总费亲家的心,奉托施老先生包办了罢。"高翰林居住不好意思,只得应允。拿了银子到施御史家,托施御史连夜打发人进京办去了。

　　凤四老爹回到家里，一气走进书房，只见万中书在椅子上坐着望哩。凤四老爹道："恭喜，如今是真的了！"随将此事说了备细。万中书不觉倒身下去，就磕了凤四老爹二三十个头。凤四老爹拉了又拉，方才起来。凤四老爹道："明日仍旧穿了公服，到这两家谢谢去。"万中书道："这是极该的。但只不好意思。"说着，差人走进来，请问凤四老爹几时起身。凤四老爹道："明日走不成，竟是后日罢。"次日起来，凤四老爹催着万中书去谢高、秦两家。两家收了帖，都回"不在家"，却就回来了。凤四老爹又叫万中书，亲自到承恩寺起了行李来，凤四老爹也收拾了行李，同着三个差人，竟送万中书回浙江台州，去审官司去了。只因这一番，有分教：儒生落魄，变成衣锦还乡；御史回心，唯恐一人负屈。未知后事如何，且听下回分解。

第五十一回　少妇骗人折风月　壮士高兴试官刑

话说凤四老爹替万中书办了一个真中书，才自己带了行李，同三个差人，送万中书到台州审官司去。这时正是四月初旬，天气温和。五个人都穿着单衣，出了汉西门来叫船，打点一直到浙江去。叫遍了，总没有一只杭州船，只得叫船先到苏州。到了苏州，凤四老爹打发清了船钱，才换了杭州船。这只船，比南京叫的却大着一半。凤四老爹道："我们也用不着这大船，只包他两个舱罢。"随即付埠头一两八钱银子，包了他一个中舱、一个前舱。五个人上了苏州船，守候了一日，船家才揽了一个收丝的客人搭在前舱。这客人约有二十多岁，生的也还清秀，却只得一担行李，倒着实沉重。到晚，船家解了缆放离了马头，用篙子撑了五里多路，一个小小的村落旁住了。那艄公对伙计说："你带好缆，放下二锚，照顾好了客人。我家去一头。"那台州差人笑着说道："你是讨顺风去了。"那艄公也就嘻嘻地笑着去了。

万中书同凤四老爹上岸，闲步了几步，望见那晚烟渐散，水光里月色渐明。徘徊了一会，复身上船来安歇，只见下水头，支支查查又摇了一只小船来帮着泊。这时船上水手倒也开铺去睡了，三个差人点起灯来打骨牌。只有万中书、凤四老爹同那个丝客人，在船里推了窗子凭船玩月。那小船靠拢了来，前头撑篙的，是一个四十多岁的瘦汉。后面火舱里，是一个十八九岁的妇人，在里边拿舵，一眼看见船这边三个男人看月，就掩身下舱里去了。隔了一会凤四老爹同万中书也都睡了，只有这丝客人略睡得迟些。

次日，日头未出的时候，艄公背了一个篙袋上了船，急急地开了。走了三十里，方才吃早饭。早饭吃过了，将下午，凤四老爹闲坐在舱里，对万中书说道："我看先生此番，虽然未必大伤筋骨，但是都院的官司，也够拖缠哩。依我的意思，审你的时节，不管问你甚情节，你只说家中住的一个游客凤鸣岐做的。等他来拿了我去，就有道理了。"正说着，只见那丝客人眼儿红红的，在前舱里哭。凤四老爹同众人忙问道："客人,怎的了?"那客人只不则声。凤四老爹猛然大悟,指着丝客人道："是了!你这客人,想是少年不老成,如今上了当了!"那客人不觉又羞地哭了起来。凤四老爹细细问了一遍,才晓得昨晚都睡静了,这客人还倚着船窗,顾盼那船上妇人。这妇人见那两个客人去了,才立出舱来望着丝客人笑。船本靠得紧,虽是隔船,离身甚近。丝客人轻轻捏了他一下,那妇人便笑嘻嘻从窗子爬了过来,就做了巫山一夕。这丝客人睡着了,他就把行李内四封银子二百两,尽行携了去了。早上开船,这客人情思还昏昏的。到了此刻,看见被囊开了,才晓得被人偷了去。真是哑子梦见妈,说不出来的苦。凤四老爹沉吟了一刻,叫过船家来,问道："昨日那只小船,你们可还认得?"水手道："认却认得。这话打不得官司告不得状,有甚方法?"凤四老爹道："认得就好了。他昨日得了钱,我们走这头,他必定去那头。你们替我把桅眠了,架上橹赶着摇回去,望见他的船远远地就泊了。弄得回来再酬你们的劳。"船家依言摇了回去。摇到黄昏时候,才到了昨日泊的地方,却不见那只小船。凤四老爹道："还摇了回去。"约略又摇了二里多路,只见一株老柳树下,系着那只小船,远望着却不见人。凤四老爹叫还泊近些,也泊在一株枯柳树下。

　　凤四老爹叫船家都睡了,不许则声,自己上岸闲步。步到这只小船面前,果然是昨日那船。那妇人同着瘦汉子,在中舱里说话哩。凤四老爹徘徊了一会,慢慢回船,只见这小船不多时,也移到这边来泊。泊了一会,那瘦汉不见了。这夜月色,比昨日更明,照见那妇人在船里边掠了鬓发,穿了一件白布长衫在外面,下身换了一条黑绸裙子,独自一个,在船舱里坐着赏月。凤四老爹低低问道："夜静了,你这小妮子,船上没有人,你也不怕吗?"那妇人答应道："你管我怎的? 我们一个人在船上,是过惯了的,怕甚的!"说着,就把眼睛斜觑了两觑。凤四老爹一脚跨过船来,便抱那妇人。那妇人假意推来推去,却不则声。凤四老爹把他一把抱起来,放在右腿膝上,那妇人也就不动,倒在凤四老爹怀里了。凤四老爹道："你船上没有人,今夜陪我宿一宵,也是前世有缘。"那妇人道："我们在船上住家,是从来不混账的。今晚没有人,遇着你这个冤家,叫我也没有法了。只在这边,我不到你船上去。"凤四老爹道："我行李内有东西,我不放心在你这边。"说着便将那妇人轻轻一提,提了过来。这时船上人都睡了,只是中舱里,点着一盏灯,铺着一副行李。凤四老爹把妇人放在被上,那妇人就连忙脱了衣裳钻在被里。那妇人不见凤四老爹解衣,耳朵里却听得轧轧的橹声。那妇人要抬起头来看，却被凤四老爹一腿压住，死也不得动，只得细细地听，是船在水里走哩。那妇人急了，忙问道："这船怎么走动了？"凤四老爹道："他行他的船，你睡你的觉，倒不快活？"那妇人越发急了，道："你放我回去吧！"凤四老爹道："呆妮子！你是骗钱，我是骗人。一样的骗，怎的就慌？"那妇人才晓得是上了当了。只得哀告道："你放了我，任凭甚东西，我都还你就是了。"凤四老爹道："放你去却不能！拿了东西来才能放你去。我却不难为你。"说着，那妇人起来，连裤子也没有了。万中书同丝客人，从舱里钻出来看了，忍不住的好笑。凤四老爹问明他家住址，同他汉子的姓名，叫船家在没人烟的地方住了。

到了次日天明，叫丝客人拿一个包袱，包了那妇人通身上下的衣裳，走回十多里路，找着他汉子。原来他汉子，见船也不见，老婆也不见，正在树底下着急哩。那丝客人有些认得，上前说了几句，拍着他肩头道："你如今赔了夫人又折兵，还是造化哩！"他汉子不敢答应。客人把包袱打开，拿出他老婆的衣裳、裤子、褶裤、鞋来。他汉子才慌了，跪下去，只是磕头。客人道："我不拿你。快把昨日四封银子拿了来，还你老婆。"那汉子慌忙上了船，在梢上一个夹剪舱底下，拿出一个大口袋来，说道："银子一厘也没有动，只求开恩，还我女人罢！"客人背着银子。那汉子拿着他老婆的衣裳，一直跟了走来，又不敢上船，听见他老婆在船上叫，才硬着胆子走上去。只见他老婆在中舱里，围在被里哩。他汉子走上前，把衣裳递与他。众人看着那妇人穿了衣服，起来又磕了两个头，同乌龟满面羞愧，下船去了。丝客人拿了一封银子五十两，来谢凤四老爹。凤四老爹沉吟了一刻，竟收了。随分做三分，拿着对三个差人道："你们这件事，原是个苦差，如今与你们算差钱吧。"差人谢了。

闲话休提。不日到了杭州，又换船直到台州，五个人一齐进了城。府差道："凤四老爹，家门口恐怕有风声。官府知道了，小人吃不起。"凤四老爹道："我有道理。"从城外叫了四乘小轿，放下帘子，叫三个差人同万中书坐着，自己倒在后面走，一齐到了万家来。进大门，是两号门面房子，二进是两改三造的小厅。万中书才入内去，就听见里面有哭声，一刻，又不哭了。顷刻，内里备了饭出来。吃了饭，凤四老爹道："你们此刻不要去。点灯后把承行的叫了来，我自有道理。"差人依着，点灯的时候，悄悄地去会台州府承行的赵勤。赵勤听见南京凤四老爹同了来，吃了一惊，说道："那是个仗义的豪杰，万相公怎的相与他的？这个就造化了！"当下即同差人到万家来,会着,彼此竟像老相与一般。凤四老爹道:"赵师父,只一桩托你:先着太爷录过供,供出来的人,你便拖了解。"赵书办应允了。

次日,万中书乘小轿子到了府前城隍庙里面,照旧穿了七品公服,戴了纱帽,着了靴,只是颈子里却系了链子。府差缴了牌票,祁太爷即时坐堂。解差赵升执着批,将万中书解上堂去。祁太爷看见纱帽圆领,先吃一惊;又看了批文,有"遵例保举中书"字样,又吃了一惊。抬头看那里,却直立着,未曾跪下。因问道:"你的中书,是甚时得的?"万中书道:"是本年正月内。"祁太爷道:"何以不见知照?"万中书道:"由阁咨部,由部咨本省巡抚,也须时日。想目下也该到了。"祁太爷道:"你这中书,早晚也是要革的了。"万中书道:"中书自去年进京,今年回到南京,并无犯法的事。请问太公祖:隔省差拿,其中端的是何缘故?"祁太爷道:"那苗镇台疏失了海防,被抚台参拿了。衙门内搜出你的诗笺,上面一派阿谀的话头,是你被他买嘱了做的。现有赃款,你还不知吗?"万中书道:"这就是冤枉之极了!中书在家的时节,并未会过苗镇台一面,如何有诗送他?"祁太爷道:"本府亲自看过,长篇累牍,后面还有你的名姓图书。现今抚院大人巡海,整驻本府,等着要题结这一案,你还能赖吗?"万中书道:"中书虽然忝列宫墙,诗却是不会做的。至于名号的图书,中书从来也没有,只有家中住的一个客,上年刻了大大小小几方送中书。中书就放在书房里,未曾收进去。就是作诗,也是他会做,恐其是他假名的,也未可知。还求太公祖详察。"祁太爷道:"这人叫什么?如今在哪里?"万中书道:"他姓凤,叫作凤鸣岐。现住在中书家里哩。"

祁太爷立即拈了一枝火签,差原差立拿凤鸣岐,当堂回话。差人去了一会,把凤四老爹拿来。祁太爷坐在二堂上,原差上去回了说:"凤鸣岐已经拿到。"祁太爷叫他上堂,问道:"你便是凤鸣岐吗?一向与苗总兵有相与吗?"凤四老爹道:"我并认不得他。"祁太爷道:"那万里做了送他的诗。今万里到案,招出是你做的,连姓名图书,也是你刻的。你为什么做这些犯法的事?"凤四老爹道:"不但我生平不会作诗,就是作诗送人,也算不得一件犯法的事。"祁太爷道:"这厮强辩!"叫取过大刑来。那堂上堂下的皂隶,大家吆喝一声,把夹棍向堂口一掼。两个人扳翻了凤四老爹,把他两只腿套在夹棍里。祁太爷道:"替我用力地夹!"那扯绳的皂隶,用力把绳一收,只听格嗒的一声,那夹棍迸为六段。祁太爷道:"这厮莫不是有邪术?"

随叫换了新夹棍，朱标一条封条，用了印，贴在夹棍上，重新再夹。那知道绳子尚未及扯，又是一声响，那夹棍又断了。一连换了三副夹棍，足足的迸做十八截，散了一地。凤四老爹只是笑，并无一句口供。祁太爷毛了，只得退了堂，将犯人寄监。亲自坐轿上公馆辕门，面禀了抚军。那抚军听了备细，知道凤鸣岐是有名的壮士，其中必有缘故。况且，苗总兵已死于狱中，抑且万里保举中书的知照已到院，此事也不关紧要。因而吩咐祁知府从宽办结。竟将万里、凤鸣岐都释放。抚院也就回杭州去了。这一场焰腾腾的官事，却被凤四老爹一瓢冷水泼息。

万中书开发了原差人等，官司完了，同凤四老爹回到家中，念不绝口地说道："老爹真是我的重生父母、再长爹娘，我将何以报你！"凤四老爹大笑道："我与先生既非旧交，向日又不曾受过你的恩惠，这不过是我一时偶然高兴。你若认真感激起我来，那倒是个鄙夫之见了。我今要往杭州去寻一个朋友，就在明日便行。"万中书再三挽留不住，只得凭着凤四老爹要走就走。

次日，凤四老爹果然别了万中书，不曾受他杯水之谢，取路往杭州去了。只因这一番，有分教：拔山扛鼎之义士，再显神通；深谋诡计之奸徒，急偿凤债。不知凤四老爹来寻什么人，且听下回分解。

第五十二回 比武艺公子伤身
毁厅堂英雄讨债

话说凤四老爹别过万中书，竟自取路到杭州。他有一个朋友叫作作陈正公，向日曾欠他几十两银子。心里想道："我何不找着他，向他要了做盘缠回去？"陈正公住在钱塘门外。他到钱塘门外来寻他，走了不多路，看见苏堤上柳荫树下，一丛人围着两个人在那里盘马。那马上的人远远望见凤四老爹，高声叫道："凤四哥！你从哪里来的？"凤四老爹近前一看，那人跳下马来，拉着手。凤四老爹道："原来是秦二老爷。你是几时来的？在这里做什么？"秦二侉子道："你就去了这些时。那老万的事，与你甚相干？吃了自己的清水白米饭，管别人的闲事，这不是发了呆？你而今来得好得很！我正在这里同胡八哥想你。"凤四老爹便问："此位尊姓？"秦二侉子代答道："这是此地胡尚书第八个公子胡八哥，为人极有趣，同我最相好。"胡老八知道是凤四老爹，说了些彼此久慕的话。秦二侉子道："而今凤四哥来了，我们不盘马了，回到下处去吃一杯罢。"凤四老爹道："我还要去寻一个朋友。"胡八公子道："贵友明日寻罢。今日难得相会，且到秦二哥寓处玩玩。"不由分说，把凤四老爹拉着，叫家人匀出一匹马，请凤四老爹骑着，到伍相国祠门口，下了马，一同进来。

秦二侉子就寓在后面楼下。凤四老爹进来施礼坐下。秦二侉子吩咐家人，快些办酒来，同饭一齐吃。因向胡八公子道："难得我们凤四哥来，便宜你明日看好武艺。我改日少不得同凤四哥来奉拜，是要重重的叨扰哩。"胡八公子道："这个自然。"

凤四老爹看了壁上一幅字，指着向二位道："这洪憨仙兄也和我相与。他初时也爱学几桩武艺，后来不知怎的，好弄玄虚，勾人烧丹炼汞。不知此人而今在不在了？"胡八公子道："说起来竟是一场笑话，三家兄几乎上了此人一个当。那年勾着处州的马纯上，怂恿家兄炼丹。银子都已经封好，还亏家兄的运气高。他然忽生起病来,病到几日上,就死了。不然,白白被他骗了去。"凤四老爹道:"三令兄可是讳缊的吗?"胡八公子道:"正是。家兄为人,与小弟的性格不同,惯喜相与一班不三不四的人,做诌诗,自称为'名士'。其实好酒好肉,也不曾吃过一斤,倒整千整百的被人骗了去,眼也不眨一眨。小弟生性喜欢养几匹马,他就嫌好道恶,说作踏了他的院子。我而今受不得,把老房子并与他,自己搬出来住,和他离门离户了。"秦二侉子道:"胡八哥的新居,干净得很哩。凤四哥,我同你扰他去时,你就知道了。"

说着,家人摆上酒来。三个人推杯换盏,吃到半酣,秦二侉子道:"凤四哥,你刚才说,要去寻朋友,是寻那一个?"凤四老爹道:"我有个朋友陈正公,是这里人,他该我几两银子,我要向他取讨。"胡八公子道:"可是一向住在竹竿巷,而今搬到钱塘门外的?"凤四老爹道:"正是。"胡八公子道:"他而今不在家,同了一个毛胡子,到南京卖丝去了。毛二胡子也是三家兄的旧门客。凤四哥,你不消去寻他。我叫家里人替你送一个信去,叫他回来时,来会你就是了。"当下吃过了饭,各自散了。胡老八告辞先去。秦二侉子就留凤四老爹在寓同住。

次日,拉了凤四老爹同去看胡老八。胡老八也回候了,又打发家人来说道:"明日请秦二老爷同凤四老爹,早些过去便饭。老爷说,相好间不具帖子。"

到第二日吃了早点心,秦二侉子便叫家人备了两匹马,同凤四老爹骑着,家人跟随,来到胡家。主人接着,在厅上坐下。秦二侉子道:"我们何不到书房里坐?"主人道:"且请用了茶。"吃过了茶,主人邀二位从走巷一直往后边去,只见满地的马粪。到了书房,二位进去,看见有几位客,都是胡老八平日相与的些驰马试剑的朋友,今日特来请教凤四老爹的武艺。彼此作揖坐下。胡老八道:"这几位朋友,都是我的相好,今日听见凤四哥到,特为要求教的。"凤四老爹道:"不敢!不敢!"又吃了一杯茶,大家起身,闲步一步。看那楼房三间,也不甚大。旁边游廊,廊上摆着许多的鞍架子,壁间靠着箭壶。一个月洞门过去,却是一个大院子,一个马棚。胡老八向秦二侉子道:"秦二哥,我前日新买了一匹马,身材倒也还好。你估一估,值个什么价?"随叫马夫,将那枣骝马牵过来。这些客一拥上前来看。那马十分跳跃,不提防,一个蹶子把一位少年客的腿踢了一下。那少年便痛得了不得,矬了身子,墩下去。胡八公子看了大怒,走上前,一脚就把那匹马腿踢断了。众人吃了一惊。秦二侉子道:"好本事!"便道:"好些时不见你,你的武艺越发学的精强了!"当下,先送了那位客回去。

这里摆酒上席，依次坐了。宾主七八个人，猜拳行令，大盘大碗吃了个尽兴。席完起身，秦二侉子道："凤四哥，你随便使一两件武艺，给众位老哥们看看。"众人一齐道："我等求教。"凤四老爹道："原要献丑。只是顽那一件？"因指着天井内花台子道："把这方砖，搬几块到这边来。"秦二侉子叫家人搬了八块，放在阶沿上。众人看凤四老爹，把右手袖子卷一卷。那八块方砖，齐齐整整叠做一垛在阶沿上，有四尺来高。那凤四老爹把手朝上一拍，只见那八块方砖，碎成十几块，一直到底。众人在旁，一齐赞叹。

秦二侉子道："我们凤四哥，练就了这一个手段！他那'经'上说：'握拳能碎虎脑，侧掌能断牛首。'这个还不算出奇哩。胡八哥，你过来，你方才踢马的腿劲，也算是头等了。你敢在凤四哥的肾囊上踢一下，我就服你是真名公。"众人都笑说："这个如何使得！"凤四老爹道："八先生，你果然要试一试，这倒不妨。若是踢伤了，只怪秦二老官，与你不相干。"众人一齐道："凤四老爹既说不妨，他必然有道理。"一个个都怂恿胡八公子踢。那胡八公子想了一想，看看凤四老爹又不是个金刚、巨无霸，怕他怎的？便说道："凤四哥，果然如此，我就得罪了！"凤四老爹把前襟提起，露出裤子来。他便使尽平生力气，飞起右脚，向他裆里一脚踢去。哪知这一脚，并不像踢到肉上，好像踢到一块生铁上，把五个脚指头几乎碰断，那一痛直痛到心里去。顷刻之间，那一只腿，提也提不起了。凤四老爹上前道："得罪！得罪！"众人看了，又好惊，又好笑。闹了一会，道谢告辞。主人一瘸一跛把客送了回来。那一只靴再也脱不下来，足足肿疼了七八日。

凤四老爹在秦二侉子的下处，逐日打拳、跑马，倒也不寂寞。一日正在那里试拳法，外边走进一个二十多岁的人，瘦小身材，来问："南京凤四老爹可在这里？"凤四老爹出来会着，认得是陈正公的侄儿陈虾子。问其来意，陈虾子道："前日胡府上有人送信，说四老爹你来了。家叔却在南京卖丝去了，我今要往南京去接他。你老人家有甚话，我替你带信去。"凤四老爹道："我要会令叔，也无甚话说。他向日挪我的五十两银子，得便叫他算还给我。我在此，还有些时耽搁，竟等他回来罢了。费心拜上令叔，我也不写信了。"

陈虾子应诺。回到家取了行李，搭船便到南京，找到江宁县前傅家丝行里，寻着了陈正公。那陈正公正同毛二胡子在一桌子上吃饭,见了侄子,叫他一同吃饭,问了些家务。陈虾子把凤四老爹要银子的话都说了,安顿行李在楼上住。

且说这毛二胡子,先年在杭城开了个绒线铺,原有两千银子的本钱。后来钻到胡三公子家做篾片,又赚了他两千银子,搬到嘉兴府,开了个小当铺。此人有个毛病:啬细非常,一文如命。近来又同陈正公合伙贩丝。陈正公也是一文如命的人,因此志同道合。南京丝行里,供给丝客人饮食最为丰盛。毛二胡子向陈正公道:"这行主人供给我们顿顿有肉。这不是行主人的肉,就是我们自己的肉,左右他要算了钱去。我们不如只吃他的素饭,荤菜我们自己买了吃,岂不便宜!"陈正公道:"正该如此。"到吃饭的时候,叫陈虾子到熟切担子上,买十四个钱的熏肠子,三个人同吃。那陈虾子到口不到肚,熬得清水滴滴。

一日,毛二胡子向陈正公道:"我昨日听得一个朋友说,这里胭脂巷有一位中书秦老爹,要上北京补官,攒凑盘程,一时不得应手,情愿七扣的短票,借一千两银子。我想这是极稳的主子,又三个月内必还。老哥买丝余下的那一项,凑起来还有二百多两,何不称出二百一十两借给他? 三个月就拿回三百两,这不比做丝的利钱还大些? 老哥如不见信,我另外写一张包管给你。他那中间人我都熟识,丝毫不得走作的。"陈正公依言借了出去。到三个月上,毛二胡子替他把这一笔银子讨回,银色又足,平子又好,陈正公满心欢喜。

又一日,毛二胡子向陈正公道:"我昨日会见一个朋友,是个卖人参的客人。他说,国公府里徐九老爷有个表兄陈四老爷,拿了他斤把人参。而今他要回苏州去,陈四老爷一时银子不凑手,就托他情愿对扣借一百两银子还他,限两个月拿二百两银子取回纸笔。也是一宗极稳的道路。"陈正公又拿出一百两银子,交与毛二胡子借出去。两个月讨回足足二百两,兑一兑还余了三钱,把个陈正公欢喜的要不得。

那陈虾子被毛二胡子一味朝死里算,弄得他酒也没得吃,肉也没得吃,恨如头醋。趁空向陈正公说道:"阿叔在这里卖丝,爽利该把银子交与行主人做丝。拣头水好丝买了,就当在典铺里。当出银子,又赶着买丝,买了又当着。当铺的利钱微薄,像这样套了去,一千两本钱,可以做得两千两的生意,难道倒不好? 为什么信毛二老爹的话放起债来? 放债到底是个不稳妥的事。像这样挂起来,几时才得回去?"陈正公道:"不妨。再过几日,收拾收拾也就可以回去了。"

那一日,毛二胡子接到家信,看完了,咂嘴弄唇,只管独自坐着踌躇。陈正公问道:"府上有何事?为甚出神?"毛二胡子道:"不相干,这事不好向你说的。"陈正公再三要问,毛二胡子道:"小儿寄信来说,我东头街上谈家当铺折了本,要倒与人。现在有半楼货,值得一千六百两,他而今事急了,只要一千两就出脱了。我想,我的小典里若把这货倒过来,倒是宗好生意。可惜而今运不动,掣不出本钱来。"陈正公道:"你何不同人合伙,倒了过来?"毛二胡子道:"我也想来。若是同人合伙,领了人的本钱,他只要一分八厘行息,我还有几厘的利钱。他若是要二分开外,我就是'羊肉不曾吃,空惹一身膻',倒不如不干这把刀儿了。"陈正公道:"呆子!你为甚不和我商量?我家里还有几两银子,借给你跳起来就是了。还怕你骗了我的?"毛二胡子道:"罢!罢!老哥,生意事拿不稳,设或将来亏折了不够还你,那时叫我拿什么脸来见你?"

陈正公见他如此至诚,一心一意要把银子借与他。说道:"老哥,我和你从长商议。我这银子你拿去倒了他家货来,我也不要你的大利钱,你只每月给我一个二分行息,多的利钱都是你的。将来陆续还我。纵然有些长短,我和你相好,难道还怪你不成?"毛二胡子道:"既承老哥美意,只是这里边,也要有一个人做个中见,写一张切切实实的借券交与你执着,才有个凭据,你才放心。哪有我两个人私相授受的呢?"陈正公道:"我知道老哥不是那样的人,并无甚不放心处。不但中人不必,连纸笔也不要,总以信行为主罢了。"当下陈正公瞒着陈虾子,把行筒中余剩下以及讨回来的银子凑了一千两,封得好好的,交与毛二胡子,道:"我已经带来的丝,等行主人代卖。这银子本打算回湖州再买一回丝,而今且交与老哥,先回去做那件事。我在此再等数日,也就回去了。"毛二胡子谢了,收起银子,次日上船,回嘉兴去了。

又过了几天,陈正公把卖丝的银收齐全了,辞了行主人,带着陈虾子搭船回家,顺便到嘉兴上岸,看看毛胡子。那毛胡子的小当铺开在西街上。一路问了去,只见小小门面三间,一层看墙。进了看墙门,院子上面三间厅房安着柜台,几个朝奉在里面做生意。陈正公问道:"这可是毛二爷的当铺?"柜里朝奉道:"尊驾贵姓?"陈正公道:"我叫做陈正公,从南京来。要会会毛二爷。"朝奉道:"且请里面坐。"后一层便是堆货的楼。陈正公进来,坐在楼底下,小朝奉送上一杯茶来。吃着,问道:"毛二哥在家吗?"朝奉道:"这铺子,原是毛二爷起头开的,而今已经倒与汪敝东了。"陈正公吃了一惊道："他前日可曾来？"朝奉道："这也不是他的店了,他还来做什么！"陈正公道："他而今哪里去了？"朝奉道："他的脚步散散的,知他是到南京去？北京去了？"陈正公听了这些话,驴唇不对马嘴,急了一身的臭汗。同陈虾子回到船上,赶到了家。

次日清早,有人来敲门。开门一看,是凤四老爹,激进客座,说了些久违想念的话,因说道："承假一项,久应奉还。无奈近日又被一个人负骗,竟无法可施。"凤四老爹问其缘故,陈正公细细说了一遍。凤四老爹道："这个不妨,我有道理。明日我同秦二老爷回南京,你先在嘉兴等着我。我包你讨回,一文也不少。何如？"陈正公道："若果如此,重重奉谢老爹。"凤四老爹道："要谢的话,不必再提。"别过,回到下处,把这些话告诉秦二侉子。二侉子道："四老爹的生意又上门了。这是你最喜做的事。"一面叫家人打发房钱,收拾行李,到断河头上了船。

将到嘉兴,秦二侉子道："我也跟你去瞧热闹。"同凤四老爹上岸,一直找到毛家当铺,只见陈正公正在他店里吵哩。凤四老爹两步做一步,闯进他看墙门,高声嚷道："姓毛的在家不在家？ 陈家的银子到底还不还？"那柜台里朝奉,正待出来答话,只见他两手扳着看墙门,把身子往后一挣,那垛看墙,就拉拉杂杂卸下半堵。秦二侉子正要进来看,几乎把头打了。那些朝奉和取当的看了,都目瞪口呆。凤四老爹转身走上厅来,背靠着他柜台外柱子,大叫道："你们要命的,快些走出去！"说着,把两手背剪着,把身子一扭,那条柱子就离地歪在半边,那一架厅檐就塌了半个,砖头瓦片软软的打下来,灰土飞在半天里。还亏朝奉们跑得快,不曾伤了性命。

那时,街上人听见里面倒的房子响,门口看的人都挤满了。毛二胡子见不是事,只得从里面走出来。凤四老爹一头的灰,越发精神抖抖,走进楼底下靠着他的庭柱。众人一齐上前软求。毛二胡子自认不是,情愿把这一笔账,本利清还,只求凤四老爹不要动手。凤四老爹大笑道："谅你有多大的个巢窝,不够我一顿饭时都拆成平地！"这时秦二侉子同陈正公都到楼下坐着。秦二侉子说道："这件事,原是毛兄的不是！ 你以为没有中人、借券,打不起官司、告不起状,就可以白骗他的。可知道,不怕该债的精穷,只怕讨债的英雄！你而今遇着凤四哥,还怕赖到哪里去？"那毛二胡子无计可施,只得将本和利一并兑还,才完了这件横事。

陈正公得了银子,送秦二侉子、凤四老爹二位上船。彼此洗了脸。拿出两封一百两银子,谢凤四老爹。凤四老爹笑道:"这不过是我一时高兴,哪里要你谢我!留下五十两,以清前账。这五十两你还拿回去。"陈正公谢了又谢,拿着银子辞别二位,另上小船去了。

凤四老爹同秦二侉子说说笑笑,不日到了南京,各自回家。过了两天,凤四老爹到胭脂巷候秦中书。他门上人回道:"老爷近来同一位太平府的陈四老爷,镇日在来宾楼张家闹,总也不回家。"后来凤四老爹会着,劝他不要做这些事。又恰好京里有人寄信来,说他补缺将近,秦中书也就收拾行装进京。那来宾楼只剩得一个陈四老爷。只因这一番,有分教:国公府内,同飞玩雪之觞;来宾楼中,忽讶深宵之梦。毕竟怎样一个来宾楼,且听下回分解。

第五十三回 国公府雪夜留宾
来宾楼灯花惊梦

话说南京这十二楼，前门在武定桥，后门在东花园，钞库街的南首就是长坂桥。自从太祖皇帝定天下，把那元朝功臣之后，都没入乐籍，有一个教坊司管着他们，也有衙役执事，一般也坐堂打人。只是那王孙公子们来，他却不敢和他起坐，只许垂手相见。每到春三二月天气，那些姊妹们，都匀脂抹粉，站在前门花柳之下，彼此邀伴玩耍。又有一个盒子会，邀集多人，治备极精巧的时样饮馔，都要一家赛过一家。哪有几分颜色的，也不肯胡乱接人。又有那一宗老帮闲，专到这些人家来，替他烧香，擦炉，安排花盆，揩抹桌椅，教琴棋书画。那些妓女们相与的孤老多了，却也要几个名士来往，觉得破破俗。

那来宾楼有个雏儿叫作聘娘。他公公在临春班做正旦，小时也是极有名头的。后来长了胡子，做不得生意，却娶了一个老婆，只望替他接接气。哪晓得又胖又黑，自从娶了他，鬼也不上门来。后来没奈何，立了一个儿子，替他讨了一个童养媳妇。长到十六岁，却出落得十分人才。自此，孤老就走破了门槛。

那聘娘虽是个门户人家，心里最喜欢相与官。他母舅金修义就是金次福的儿子，常时带两个大老官，到他家来走走。那日来对他说："明日有一个贵人，要到你这里来玩玩。他是国公府内徐九公子的表兄。这人姓陈，排行第四，人都叫他是陈四老爷。我昨日在国公府里做戏，那陈四老爷向我说，他着实闻你的名，要来看你。你将来相与了他，就可结交徐九公子。可不是好！"聘娘听了也着实欢喜。金修义吃完茶去了。

次日，金修义回复陈四老爷去。那陈四老爷是太平府人，寓在东水关董家河房。金修义到了寓处门口，两个长随穿着一身簇新的衣服，传了进去。陈四老爷出来，头戴方巾，身穿玉色缎直裰，里边衬着狐狸皮袄，脚下粉底皂靴，白净面皮，约有二十八九岁。见了金修义问道："你昨日可曾替我说信去？我几时好去走走？"修义道:"小的昨日去说了,他那里专候老爷降临。"陈四老爷道:"我就和你一路去吧。"说着,又进去换了一套新衣服,出来叫那两个长随,叫轿夫伺候。只见一个小小厮进来,拿着一封书。陈四老爷认得,他是徐九公子家的书童。接过书子拆开来看。上写着:

> 积雪初霁,瞻园红梅次第将放。望表兄文驾过我,围炉作竟日谈。万
> 勿推却。至嘱!至嘱!上木南表兄先生。徐咏顿首。

陈木南看了,向金修义道:"我此时要到国公府里去,你明日再来吧。"金修义去了。

陈木南随即上了轿,两个长随跟着,来到大功坊。轿子落在国公府门口,长随传了进去。半日,里边道:"有请!"陈木南下了轿,走进大门,过了银銮殿,从旁边进去。徐九公子立在瞻园门口,迎着叫声:"四哥,怎么穿这些衣服?"陈木南看徐九公子时,乌帽珥貂,身穿织金云缎夹衣,腰系丝绦,脚下朱履。两人拉着手。只见那园里,高高低低都是太湖石堆的玲珑山子,山子上的雪,还不曾融尽。徐九公子让陈木南沿着栏杆,曲曲折折来到亭子上。那亭子是园中最高处。望着那园中几百树梅花都微微含着红萼,徐九公子道:"近来,南京的天气暖的这样早,不消到十月尽,这梅花都已大放可观了。"陈木南道:"表弟府里不比外边。这亭子虽然如此轩敞,却不见一点寒气袭人。唐诗说的好,'无人知道外边寒',不到此地,哪知古人措辞之妙!"

说着,摆上酒来。都是银打的盆子,用架子架着,底下一层贮了烧酒,用火点着,焰腾腾的暖着那里边的肴馔,却无一点烟火气。两人吃着,徐九公子道:"近来的器皿,都要翻出新样,却不知古人是怎样的制度,想来倒不如而今精巧。"陈木南道:"可惜我来迟了一步。那一年,虞博士在国子监时,迟衡山请他到泰伯祠主祭,用的都是古礼古乐。那些祭品的器皿,都是访古购求的。我若那时在南京,一定也去与祭,也就可以见古人的制度了。"徐九公子道:"十几年来,我常在京,却不知道家乡有这几位贤人君子,竟不曾会他们一面,也是一件缺陷事。"

吃了一会,陈木南身上暖烘烘,十分烦躁,起来脱去了一件衣服,管家忙接了,

折好放在衣架上。徐九公子道："闻的向日，有一位天长杜先生在这莫愁湖大会梨园子弟，那时却也还有几个有名的角色。而今怎么这些做生、旦的，却要一个看得的也没有？难道此时，天也不生那等样的角色？"陈木南道："论起这件事，却也是杜先生作俑。自古妇人无贵贱，任凭他是青楼婢妾，到得收他做了侧室，后来生出儿子做了官，就可算的母以子贵。那些做戏的，凭他怎么样到底算是个贱役。自从杜先生一番品题之后，这些缙绅士大夫家筵席间，定要几个梨园中人杂坐衣冠队中，说长道短。这个成何体统？看起来，那杜先生也不得辞其过。"徐九公子道："也是那些暴发户人家。若是我家，他怎敢大胆？"

说了一会，陈木南又觉得身上烦热，忙脱去一件衣服，管家接了去。陈木南道："尊府虽比外面不同，怎么如此太暖？"徐九公子道："四哥，你不见亭子外面一丈之内雪所不到。这亭子，却是先国公在时造的，全是白铜铸成，内中烧了煤火，所以这般温暖。外边怎么有这样所在！"陈木南听了，才知道这个缘故。两人又饮一会，天气昏暗了，那几百树梅花上，都悬了羊角灯，磊磊落落点将起来，就如千点明珠高下照耀，越掩映着那梅花枝干横斜可爱。酒罢，捧上茶来吃了，陈木南告辞回寓。

过了一日，陈木南写了一个札子，叫长随拿到国公府，向徐九公子借了二百两银子。买了许多缎匹做了几套衣服，长随跟着，到聘娘家来做进见礼。到了来宾楼门口，一只小猴狮狗叫了两声，里边那个黑胖虔婆出来迎接。看见陈木南人物体面，慌忙说道："请姐夫到里边坐！陈木南走了进去，两间卧房，上面小小一个妆楼，安排着花、瓶、炉、几，十分清雅。聘娘先和一个人在那里下围棋，见了陈木南来，慌忙乱了局来陪，说道："不知老爷到来，多有得罪。"虔婆道："这就是太平陈四老爷，你常时念着他的诗，要会他。四老爷才从国公府里来的。"陈木南道："两套不堪的衣裳，妈妈休嫌轻慢！"虔婆道："说哪里话！姐夫请他请不至。"陈木南因问："这一位尊姓？"聘娘接过来道："这是北门桥邹泰来太爷，是我们南京的国手，就是我的师父。"陈木南道："久仰！"邹泰来道："这就是陈四老爷？一向知道是徐九老爷姑表弟兄，是一位贵人。今日也肯到这里来，真个是聘娘的福气了。"

聘娘道："老爷一定也是高手，何不同我师父下一盘？我自从跟着邹师父学了两年，还不曾得着他一着两着的窍哩！"虔婆道："姐夫且同邹师父下一盘，我下去备酒来。"陈木南道："怎好就请教的？"聘娘道："这个何妨。我们邹师父是极喜欢下的。"就把棋枰上棋子拣做两处,请他两人坐下。邹泰来道:"我和四老爷自然是对下。"陈木南道:"先生是国手,我如何下的过? 只好让几子请教罢!"聘娘坐在旁边,不由分说替他排了七个黑子。邹泰来道:"如何摆得这些! 真个是要我出丑了!"陈木南道:"我知先生是不空下的,而今下个彩罢。"取出一锭银子,交聘娘拿着。聘娘又在旁边,逼着邹泰来动着。邹泰来勉强下了几子。陈木南起首还不觉的,到了半盘四处受敌,待要吃他几子,又被他占了外势;待要不吃他的,自己又不得活。及至后来,虽然赢了他两子,确费尽了气力。邹泰来道:"四老爷下的高,和聘娘真是个对手。"聘娘道:"邹师父是从来不给人赢的,今日一般也输了。"陈木南道:"邹先生方才分明是让,我哪里下的过! 还要添两子,再请教一盘。"邹泰来因是有彩,又晓的他是屎棋,也不怕他恼,摆起九个子,足足赢了三十多着。陈木南肚里气得生疼,拉着他只管下了去。一直让到十三,共总还是下不过。因说道:"先生的棋实是高,还要让几个才好。"邹泰来道:"盘上再没有个摆法了,却是怎么样好?"聘娘道:"我们而今另有个玩法:邹师父,头一着不许你动,随便拈着丢在那里就算,这叫个'凭天降福'。"邹泰来笑道:"这成个什么款? 哪有这个道理?"陈木南又逼着他下。只得叫聘娘拿一个白子,混丢在盘上,接着下了去。这一盘,邹泰来却杀死四五块。陈木南正在暗欢喜,又被他生出一个劫来,打个不清。陈木南又要输了。聘娘手里抱了乌云覆雪的猫,望上一扑,那棋就乱了。两人大笑,站起身来,恰好虔婆来说:"酒席齐备。"

摆上酒来,聘娘高擎翠袖,将头一杯奉了陈四老爷,第二杯就要奉师父。师父不敢当,自己接了酒,彼此放在桌上。虔婆也走来,坐在横头。候四老爷干了头一杯,虔婆自己也奉一杯酒,说道:"四老爷是在国公府里吃过好酒好肴的,到我们门户人家,哪里吃得惯?"聘娘道:"你看侬妈也韶刀了! 难道四老爷家没有好的吃,定要到国公府里才吃着好的?"虔婆笑道:"姑娘说的是,又是我的不是了,且罚我一杯。"当下自己斟着,吃了一大杯。陈木南笑道:"酒菜也是一样。"虔婆道:"四老爷,想我老身,在南京也活了五十多岁,每日听见人说国公府里,我却不曾进去过。不知怎样像天宫一般哩! 我听见说,国公府里不点蜡烛。"邹泰来道:"这妈妈讲呆话! 国公府不点蜡烛,倒点油灯?"虔婆伸过一只手来道:"邹太爷,榧子儿你嗒嗒! 他府里'不点蜡烛,倒点油灯'! 他家那些娘娘们房里,一个人一个斗大的夜明珠挂在梁上，照的一屋都亮，所以不点蜡烛！四老爷，这话可是有的吗?"陈木南道："珠子虽然有，也未必拿了做蜡烛。我那表嫂是个和气不过的人。这事也容易，将来我带了聘娘，进去看看我那表嫂，你老人家就装一个跟随的人拿了衣服包，也就进去看看他的房子了。"虔婆合掌道："阿弥陀佛！眼见稀奇物，胜作一世人。我成日里烧香念佛，保佑得这一尊天贵星到我家来，带我到天宫里走走，老身来世也得人身，不变驴马。"邹泰来道："当初，太祖皇帝带了王妈妈、季巴巴到皇宫里去，他们认作古庙。你明日到国公府里去，只怕也要认作古庙哩！"一齐大笑。

虔婆又吃了两杯酒，醉了。涎着醉眼说道："他府里那些娘娘，不知怎样像画儿上画的美人！老爷若是把聘娘带了去，就比下来了。"聘娘瞅他一眼道："人生在世上，只要生的好，那在乎贵贱！难道做官的、有钱的女人，都是好看的？我旧年在石观音庵烧香，遇着国公府里十几乘轿子下来，一个个团头团脸的，也没有什么出奇！"虔婆道："又是我说的不是，姑娘说的是。再罚我一大杯！"当下，虔婆前后共吃了几大杯，吃的乜乜斜斜、东倒西歪。收了家伙，叫捞毛的打灯笼，送邹泰来家去。请四老爷进房歇息。

陈木南下楼来，进了房里，闻见喷鼻香。窗子前花梨桌上安着镜台，墙上悬着一幅陈眉公的画，壁桌上供着一尊玉观音，两边放着八张水磨楠木椅子；中间一张罗甸床，挂着大红绸帐子，床上被褥，足有三尺多高，枕头边放着熏笼，床面前一架几十个香橼结成一个流苏。房中间放着一个大铜火盆，烧着通红的炭，顿着铜铫，煨着雨水。聘娘用纤手在锡瓶内撮出银针茶来，安放在宜兴壶里，冲了水递与四老爷，和他并肩而坐。叫丫头出去取水来。聘娘拿大红汗巾，搭在四老爷磕膝上，问道："四老爷，你即同国公府里是亲戚，你几时才做官?"陈木南道："这话我不告诉别人，怎肯瞒你？我大表兄在京里，已是把我荐了。再过一年，我就可以得个知府的前程。你若有心于我，我将来和你妈说了，拿几百两银子赎了你，同到任上去。"聘娘听了他这话，拉着手，倒在他怀里，说道："这话是你今晚说的，灯光菩萨听着。你若是丢了我，再娶了别的妖精，我这观音菩萨最灵验，我只把他背过脸来朝了墙，叫你同别人睡，倠着枕头就头疼，爬起来就不头疼。我是好人家儿女，也不是贪图你做官，就是爱你的人物，你不要辜负了我这一点心！"丫头推开门，拿汤桶送水进来。聘娘慌忙站开，开了抽屉，拿出一包檀香屑倒在脚盆里，倒上水，请四老爷坐洗脚。

正洗着，只见又是一个丫头，打了灯笼，一班四五个少年姊妹，都戴着貂鼠暖耳，穿着银鼠、灰鼠衣服进来，嘻嘻笑笑，两边椅子坐下。说道："聘娘今日接了贵人，盒子会明日在你家做。分子是你一个人出！"聘娘道："这个自然。"姊妹们笑玩了一会，去了。

聘娘解衣上床。陈木南见他丰若有肌，柔若无骨，十分欢洽。朦胧睡去，忽又惊醒，见灯花炸了一下。回头看四老爷时，已经睡熟。听那更鼓时，三更半了。聘娘将手理一理被头，替四老爷盖好，也便合着睡去。

睡了一时，只听得门外锣响，聘娘心里疑惑："这三更半夜，那里有锣到我门上来？"看看锣声更近，房门外一个人道："请太太上任。"聘娘只得披绣袄，倒靸弓鞋，走出房门外。只见四个管家婆娘齐双双跪下，说道："陈四老爷已经升授杭州府正堂了，特着奴婢们来请太太到任，同享荣华。"聘娘听了，忙走到房里梳了头，穿了衣服。那婢子又送了凤冠霞帔，穿戴起来。出到厅前，一乘大轿。聘娘上了轿，抬出大门。只见前面锣、旗、伞、吹手、夜役，一队队摆着。又听的说："先要抬到国公府里去。"正走得兴头，路旁边走过一个黄脸秃头师姑来，一把从轿子里揪着聘娘，骂那些人道："这是我的徒弟。你们抬他到哪里去？"聘娘说道："我是杭州府的官太太。你这秃师姑，怎敢来揪我！"正要叫夜役锁他，举眼一看，那些人都不见了。急得大叫一声，一跤撞在四老爷怀里，醒了，原来是南柯一梦。只因这一番，有分教：风流公子，忽为闽峤之游；窈窕佳人，竟作禅关之客。毕竟后事如何，且听下回分解。

第五十四回 病佳人青楼算命
呆名士妓馆献诗

话说聘娘同四老爷睡着,梦见到杭州府的任,惊醒转来,窗子外已是天亮了。起来梳洗,陈木南也就起来。虔婆进房来问了姐夫的好。

吃过点心,恰好金修义来,闹着要吃陈四老爷的喜酒。陈木南道:"我今日就要到国公府里去,明日再来为你的情罢。"金修义走到房里,看见聘娘手挽着头发还不曾梳完,那乌云鬓髻,半截垂在地下,说道:"恭喜聘娘!接了这样一位贵人。你看看,恁般时候,尚不曾停当,可不是越发娇懒了!"因问陈四老爷:"明日什么时候才来?等我吹笛子,叫聘娘唱一支曲子与老爷听。他的李太白《清平三调》,是十六楼没有一个赛得过他的。"说着,聘娘又拿汗巾替四老爷拂了头巾,嘱咐道:"你今晚务必来,不要哄我老等着。"

陈木南应诺了,出了门,带着两个长随回到下处。思量没有钱用,又写一个札子,叫长随拿到国公府里,向徐九公子再借二百两银子凑着好用。长随去了半天回来,说道:"九老爷拜上爷:府里的三老爷方从京里到,选了福建漳州府正堂,就在这两日内,要起身上任去。九老爷也要同到福建任所料理事务。说银子等明日辞行自带来。"陈木南道:"既是三老爷到了,我去候他。"随坐了轿子,带着长随来到府里。传进去,管家出来回道:"三老爷、九老爷,都到沐府里赴席去了。四爷有话说,留下罢。"陈木南道:"我也无甚话,是来特候三老爷的。"陈木南回到寓处。

过了一日,三公子同九公子来河房里辞行,门口下了轿子。陈木南迎进河厅坐下。三公子道:"老弟,许久不见,风采一发偏觉。姑母去世,愚表兄远在都门,不曾亲自吊唁。几年来,学问更加渊博了。"陈木南道:"先母辞世三载有余。弟因想念九表弟文字相好,所以来到南京朝夕请教。今表兄荣任闽中,贤昆玉同去,愚表弟倒觉失所了。"九公子道:"表兄若不见弃,何不同到漳州?长途之中,倒觉得颇不寂寞。"陈木南道:"原也要和表兄同行。因在此地还有一两件小事,俟两三月之后,再到表兄任上来罢。"九公子随叫家人取一个拜匣,盛着二百两银子,送与陈木南收下。三公子道:"专等老弟到敝署走走,我那里还有事要相烦帮衬。"陈木南道:"一定来效劳的。"说着,吃完了茶,两人告辞起身。陈木南送到门外,又随坐轿子到府里去送行。一直送他两人到了船上,才辞别回来。

那金修义已经坐在下处,扯他来到来宾楼。进了大门,走到卧房,只见聘娘脸儿黄黄的。金修义道:"几日不见四老爷来,心口疼的病又发了。"虔婆在旁道:"自小儿娇养惯了,是有这一个心口疼的病,但凡着了气恼就要发。他因四老爷两日不曾来,只道是那些憎嫌他,就发了。"聘娘看见陈木南,含着一双泪眼,总不则声。陈木南道:"你到底是哪里疼痛? 要怎样才得好? 往日发了这病,却是什么样医?"虔婆道:"往日发了这病,茶水也不能咽一口。医生来撮了药,他又怕苦,不肯吃。只好顿了人参汤,慢慢给他吃着,才保全不得伤大事。"陈木南道:"我这里有银子,且拿五十两放在你这里,换了人参来用着。再拣好的换了,我自己带来给你。"那聘娘听了这话,挨着身子,靠着那绣枕,一团儿坐在被窝里,胸前围着一个红抹胸,叹了一口气,说道:"我这病一发了,不晓得怎的,就这样心慌。那些先生们说是单吃人参又会助了虚火,往常总是合着黄连煨些汤吃,夜里睡着才得合眼。要是不吃,就只好是眼睁睁地一夜醒到天亮。"陈木南道:这也容易。我明日换些黄连来给你就是了。"金修义道:"四老爷在国公府里,人参、黄连论秤称也不值什么,聘娘哪里用的了?"聘娘道:"我不知怎的,心里慌慌的,合着眼就做出许多胡枝扯叶的梦,青天白日的,还有些害怕。"金修义道:"总是你身子生的虚弱,经不得劳碌,着不得气恼。"虔婆道:"莫不是你伤着什么神道? 替你请个尼僧来禳解禳解罢。"

正说着,门外敲的手磬子响。虔婆出来看,原来是延寿庵的师姑本慧来收月米。虔婆道:"阿呀! 是本老爷,两个月不见你来了。这些时,庵里做佛事忙?"本师姑道:"不瞒你老人家说,今年运气低。把一个二十岁的大徒弟前月死掉了,连观音会都没有做得成。你家的相公娘好?"虔婆道:"也常时三好两歹的,亏的太平府陈四老爷照顾他。他是国公府里徐九老爷的表兄,常时到我家来。偏生的聘娘没造化,心口疼的病发了。你而今进去看看。"本师姑一同走进房里。虔婆道:"这便是国公府里陈四老爷。"本师姑上前打了一个问讯。金修义道:"四老爷,这是我们这里的本师父,极有道行的。"

本师姑见过四老爷，走到床面前来看相公娘。金修义道："方才说要禳解，何不就请本师父禳解禳解。"本师姑道："我不会禳解，我来看看相公娘的气色罢。"便走了来，一屁股坐在床沿上。聘娘本来是认得他的，今日抬头一看，却见他黄着脸、秃着头，就和前日梦里揪他的师姑一模一样，不觉就懊恼起来。只叫得一声"多劳"，便把被蒙着头睡下。本师姑道："相公娘心里不耐烦，我且去吧。"向众人打个问讯，出了房门。虔婆将月米递给他。他左手拿着磬子，右手拿着口袋去了。

陈木南也随即回到寓所，拿银子叫长随赶着去换人参、换黄连。只见主人家董老太拄着拐杖出来，说道："四相公，你身子又结实实的，只管换这些人参、黄连做什么？我听见这些时，在外头憨顽。我是你的房主人，又这样年老，四相公，我不好说的。自古道：船载的金银，填不满烟花债。他们这样人家，是什么有良心的！把银子用完他就屁股也不朝你了。我今年七十多岁，看经念佛，观音菩萨听着，我怎肯眼睁睁地看着你上当不说！"陈木南道："老太说的是，我都知道了。这人参、黄连，是国公府里托我换的。"因怕董老太韶刀，便说道："恐怕他们换的不好，还是我自己去。"走了出来，到人参店里寻着了长随，换了半斤人参、半斤黄连，和银子就像捧宝的一般，捧到来宾楼来。

才进了来宾楼门，听见里面弹的三弦子响，是虔婆叫了一个男瞎子，来替姑娘算命。陈木南把人参、黄连递与虔婆，坐下听算命。那瞎子道："姑娘今年十七岁，大运交庚寅，寅与亥合，合着时上的贵人，该有个贵人星座命。就是四正有些不利，吊动了一个计都星，在里面作扰，有些啾唧不安，却不碍大事。莫怪我直谈，姑娘命里，犯一个华盖星，却要记一个佛名，应破了才好。将来从一个贵人，还要戴凤冠霞帔，有太太之分哩。"说完，横着三弦弹着，又唱一回，起身要去。虔婆留吃茶，捧出一盘云片糕、一盘黑枣子来，放在桌上，与他坐着。丫头斟茶，递与他吃着。

陈木南问道："南京城里，你们这生意也还好吗？"瞎子道："说不得，比不得上年了。上年，都是我们没眼的算命。这些年，睁眼的人都来算命，把我们挤坏了！就是这南京城，二十年前有个陈和甫，他是外路人，自从一进了城，这些大老官家的命，都是他｜霸拦着算了去，而今死了。积作的个儿子，在我家那间壁招亲，日日同丈人吵窝子，吵的邻家都不得安身。眼见得我今日回家，又要听他吵了。"说罢起身道过多谢，去了。

　　一直走了回来,到东花园一个小巷子里,果然又听见陈和甫的儿子和丈人吵。丈人道:"你每日在外测字,也还寻得几十文钱,只买了猪头肉、飘汤烧饼,自己搞嗓子,一个钱也不拿了来家。难道你的老婆,要我替你养着?这个还说是我的女儿,也罢了。你赊了猪头肉的钱不还,也来问我要,终日吵闹这事,哪里来的晦气?"陈和甫的儿子道:"老爹,假使这猪头肉是你老人家自己吃了,你也要还钱。"丈人道:"胡说!我若吃了,我自然还。这都是你吃的。"陈和甫儿子道:"设或我这钱已经还过老爹,老爹用了,而今也要还人。"丈人道:"放屁!你是该人的钱!怎是我用你的?"陈和甫儿子道:"万一猪不生这个头,难道他也来问我要钱?"丈人见他十分胡说,拾了个叉子棍,赶着他打。瞎子摸了过来扯劝。丈人气的颤呵呵地道:"先生!这样不成人,我说说他,他还拿这些混账话来答应我,岂不可恨!"陈和甫儿子道:"老爹,我也没有什么混账处。我又不吃酒,又不赌钱,又不嫖老婆。每日在测字的桌子上,还拿着一本诗念,有什么混账处?"丈人道:"不是别的混账。你放着一个老婆不养,只是累我。我哪里累得起?"陈和甫儿子道:"老爹,你不喜欢女儿给我做老婆,你退了回去罢了。"丈人骂道:"该死的畜生!我女儿退了,做什么事哩?"陈和甫儿子道:"听凭老爹再嫁一个女婿罢了。"丈人大怒道:"瘟奴!除非是你死了,或是做了和尚,这事才行得。"陈和甫儿子:"死是一时死不来。我明日就做和尚去。"丈人气愤愤地道:"你明日就做和尚!"瞎子听了半天,听他两人说的,都是"堂屋里挂草荐,不是话",也就不扯劝,慢慢地摸着回去了。

　　次早、陈和甫的儿子剃光了头,把瓦楞帽卖掉了,换了一顶和尚帽子戴着,来到丈人面前,合掌打个问讯道:"老爹,贫僧今日告别了!"丈人见了大惊,双双掉下泪来,又着实数说了他一顿。知道事已无可如何,只得叫他写了一张纸,自己带着女儿养活去了。

　　陈和尚自此以后,无妻一身轻,有肉万事足。每日测字的钱,就买肉吃。吃饱了,就坐在文德桥头测字的桌子上念诗,十分自在。

　　又过了半年,那一日正拿着一本书在那里看,遇着他一个同伙的测字丁言志来看他。见他看这本书,因问道:"你这书是几时买的?"陈和尚道:"我才买来三四天。"丁言志道:"这是莺脰湖唱和的诗。当年胡三公子约了赵雪斋、景兰江、杨执中先生,匡超人、马纯上一班大名士,大会莺腹湖,分韵作诗。我还切记得,赵雪斋先生是分的'八齐'。你看这起句'湖如莺脰夕阳低',只消这一句,便将题目点出。以下就句句贴切,移不到别处宴会的题目上去了。"陈和尚道:"这话要来问我才是,你哪里知道? 当年莺脰湖大会,也并不是胡三公子做主人,是娄中堂家的三公子、四公子。那时,我家先父就和娄氏弟兄是一人之交。彼时大会莺脰湖,先父一位、杨执中先生、权勿用先生、牛布衣先生、蘧马先夫先生、张铁臂、两位主人,还有杨先生的令郎,共是九位。这是我先父亲口说的,我倒不晓得? 你哪里知道?"丁言志道:"依你这话,难道赵雪斋先生、景兰江先生的诗,都是别人假做的了? 你想想,你可做得来?"陈和尚道:"你这话尤其不通。他们赵雪斋这些诗,是在西湖上做的,并不是莺脰湖那一会。"丁言志道:"他分明是说'湖如莺脰'怎么说不是莺脰湖大会?"陈和尚道:"这一本诗,也是汇集了许多名士合刻的。就如这个马纯上,生平也不会作诗,哪里忽然又跳出他一首?"丁言志道:"你说的都是些梦话! 马纯上先生、蘧𫘤夫先生做了不知多少诗,你何尝见过!"陈和尚道:"我不曾见过,倒是你见过? 你可知道莺脰湖那一会,并不曾有人作诗? 你不知哪里耳朵响,还来同我瞎吵!"丁言志道:"我不信。哪里有这些大名士聚会,竟不做诗的? 这等看起来,你尊翁也未必在莺脰湖会过。若会过的人,也是一位大名士了,恐怕你也未必是他的令郎!"陈和尚恼了道:"你这话胡说! 天下那里有个冒认父亲的?"丁言志道:"陈思阮,你自己做两句诗罢了,何必定要冒认作陈和甫先生的儿子?"陈和尚大怒道:"丁诗,你'几年桃子几年人'! 跳起来通共念熟了几首赵雪斋的诗,凿凿的就伸着嘴来讲名士。"丁言志跳起身道:"我就不该讲名士,你到底也不是一个名士。"两个人说戗了,揪着领子一顿乱打。和尚的光头被他凿了几下,凿得生疼。拉到桥顶上,和尚眯着眼,要拉到他跳河,被丁言志搡了一跤,骨碌碌就滚到桥底下去了。和尚在地下急得大嚷大叫。

　　正叫着,遇见陈木南踱了来,看见和尚仰八叉睡在地下,不成模样,慌忙拉起来道:"这是怎的?"和尚认得陈木南,指着桥上说道:"你看这丁言志无知无识的,走来说是莺脰湖的大会,是胡三公子的主人。我替他讲明白了。他还要死强,并且说我是冒认先父的儿子。你说可有这个道理?"陈木南道:"这个是什么要紧的事,你两个人也这样鬼吵? 其实,丁言老也不该说思老是冒认父亲。这却是言老的不是。"丁言志道:"四先生,你不晓得。我难道不知道他是陈和甫先生的儿子? 只是他摆出一副名士脸来,太难看。"陈木南笑道:"你们自家人,何必如此? 要是陈思老就会摆名士脸,当年那虞博士、庄征君怎样过日子呢? 我和你两位吃杯茶和和事,下回不必再吵了。"当下拉到桥头间壁一个小茶馆里,坐下吃着茶。

陈和尚道:"听见四先生令表兄要接你同到福建去,怎样还不见动身?"陈木南道:"我正是为此来寻你测字,几时可以走得?"丁言志道:"先生,那些测字的话,是我们'签火七占通'的。你要动身,拣个日子走就是了,何必测字?"

陈和尚道:"四先生,你半年前,我们要会你一面也不得能够。我出家的第二日,有一首《陡发》的诗送到你下处请教。那房主人董老太说,你又到外头玩去了。你却一向在哪里? 今日怎管家也不带自己在这里闲撞?"陈木南道:"因这里来宾楼的聘娘,爱我的诗做得好,我常在他那里。"丁言志道:"青楼中的人也晓得爱才,这就雅极了!"向陈和尚道:"你看,他不过是个巾帼,还晓得看诗,怎有个莺脰湖大会不作诗的呢?"陈木南道:"思老的话倒不差。那娄玉亭便是我的世伯。他当日最相好的是杨执中、权勿用。他们都不以诗名。"陈和尚道:"我听得权勿用先生,后来犯出一件事来,不知怎么样结局?"陈木南道:"那也是他学里几个秀才诬赖他的。后来,这件官事也昭雪了。"又说了一会,陈和尚同丁言志别过去了。

陈木南交了茶钱,自己走到来宾楼。一进了门,虔婆正在那里同一个卖花的穿桂花球,见了陈木南道:"四老爷,请坐下罢了。"陈木南道:"我楼上去看看聘娘。"虔婆道:"他今日不在家,到轻烟楼做盒子会去了。"陈木南道:"我今日来和他辞辞行,就要到福建去。"虔婆道:"四老爷就要起身? 将来可还要回来的?"说着,丫头捧一杯茶来。陈木南接在手里,不大热,吃了一口就不吃了。虔婆看了道:"怎么茶也不肯泡一壶好的?"丢了桂花球,就走到门房里去骂乌龟。陈木南看见他不瞅不睬,只得自己又踱了出来。

走不得几步,顶头遇着一个人,叫道:"陈四爷,你还要信行些才好。怎叫我们只管跑?"陈木南道:"你开着偌大的人参铺,那在乎这几十两银子? 我少不得料理了送来给你。"那人道:"你那两个尊管,而今也不见面。走到尊寓,只有那房主人董老太出来回。他一个堂客家,我怎好同他七个八个的?"陈木南道:"你不要慌!躲得和尚躲不得寺,我自然有个料理。你明日到我寓处来。"那人道:"明早是必留下,不要又要我们跑腿。"说过就去了。陈木南回到下处,心里想道:"这事不尴尬?

长随又走了,虔婆家又走不进他的门,银子又用的精光,还剩了一屁股两肋巴的债,不如卷卷行李往福建去吧。"瞒着董老太一溜烟走了。

次日,那卖人参的清早上走到他寓所来,坐了半日,连鬼也不见一个。那门外推的门响,又走进一个人来,摇着白纸诗扇,文绉绉的。那卖人参的起来问道:"尊姓?"那人道:"我就是丁言志。来送新诗请教陈四先生的。"卖人参的道:"我也是来寻他的"又坐了半天,不见人出来。那卖人参的就把屏门拍了几下。董老太拄着拐杖出来,问道:"你们寻那个的?"卖人参的道:"我来找陈四爷要银子。"董老太道:"他么? 此时好到观音门了。"那卖人参的大惊道:"这等,可曾把银子留在老太处?"董老太道:"你还说这话! 连我的房钱都骗了。他自从来宾楼张家的妖精缠昏了头,那一处不脱空! 背着一身债,还稀罕你这几两银子!"卖人参的听了,哑巴梦见妈,说不出的苦,急得暴跳如雷。丁言志劝道:"尊驾也不必急,急也不中用,只好请回。陈四先生是个读书人,也未必就骗你。将来他回来,少不得还哩。"那人跳了一回,无可奈何,只得去了。

丁言志也摇着扇子晃了出来,自心里想道:"堂客也会看诗! 那十六楼不曾到过,何不把这几两测字积下的银子也去到那里玩玩?"主意已定,回家带了一卷诗,换了几件半新不旧的衣服,戴一顶方巾,到来宾楼来。乌龟看见他像个呆子,问他来做什么。丁言志道:"我来同你家姑娘谈谈诗。"乌龟道:"既然如此,且称下箱钱。"乌龟拿着黄杆戥子。丁言志在腰里摸出一个包子来,散散碎碎共有二两四钱五分头。乌龟道:"还差五钱五分。"丁言志道:"会了姑娘再找你罢。"丁言志自己上得楼来,看见聘娘在那里打棋谱,上前作了一个大揖。聘娘觉得好笑,请他坐下,问他来做什么。丁言志道:"久仰姑娘最喜看诗,我有些拙作特来请教。"聘娘道:"我们本院的规矩:诗句是不白看的,先要拿出花钱来再看。"丁言志在腰里摸了半天,摸出二十个铜钱来,放在花梨桌上。聘娘大笑道:"你这个钱,只好送给仪征丰家巷的捞毛的,不要玷污了我的桌子。快些收了回去买烧饼吃罢!"丁言志羞得脸上一红二白,低着头,卷了诗揣在怀里,悄悄地下楼,回家去了。

虔婆听见他阺着呆子要了花钱,走上楼来问聘娘道:"你刚才向呆子要了几两银子的花钱? 拿来,我要买缎子去。"聘娘道:"那呆子哪里有银子? 拿出二十铜钱来,我哪里有手接他的? 被我笑的他回去了。"虔婆道:"你是什么巧主儿! 阺着呆子还不问他要一大注子,肯白白放了他回去! 你往常嫖客给的花钱,何常分一个半个给我?"聘娘道:"我替你家寻了这些钱,还有什么不是? 些小事就来寻事! 我将来从了良,不怕不做太太! 你放这样呆子上我的楼来,我不说你罢了,你还要来嘴喳喳!"虔婆大怒,走上前来一个嘴巴,把聘娘打倒在地。聘娘打滚,撒了头发,哭道:"我贪图些什么? 受这些折磨! 你家有银子,不愁弄不得一个人来。放我一条生路去吧!"不由分说,向虔婆大哭大骂,要寻刀刎颈,要寻绳子上吊,鬏都滚掉了。虔婆也慌了,叫了老乌龟上来,再三劝解,总是不肯依,闹得要死要活。

　　无可奈何,由着他拜做延寿庵本慧的徒弟,剃光了头,出家去了。只因这一番,有分教:风流云散,贤豪才色总成空;薪尽火传,工匠市廛都有韵。毕竟后事如何,且听下回分解。

第五十五回　添四客述往思来　弹一曲高山流水

话说万历二十三年，那南京的名士都已渐渐消磨尽了。此时虞博士那一辈人，也有老了的，也有死了的，也有四散去了的，也有闭门不问世事的。花坛酒社，都没有那些才俊之人；礼乐文章，也不见那些贤人讲究。论出处，不过得手的就是才能，失意的就是愚拙。论豪侠，不过有余的就会奢华，不足的就是萧索。凭你有李、杜的文章，颜、曾的品行，却是也没有一个人来问你。所以那些大户人家，冠、昏、丧、祭、乡绅堂里，坐着几个席头，无非讲的是些升、迁、调、降的官场。就是那贫贱儒生，又不过做的是些揣合逢迎的考校。哪知市井中间，又出了几个奇人。

一个是会写字的。这人姓季名遐年，自小儿无家无业，总在这些寺院里安身。见和尚传板上堂吃斋，他便也捧着一个钵，站在那里，随堂吃饭。和尚也不厌他。他的字写得最好，却又不肯学古人的法帖，只是自己创出来的格调，由着笔性写去。但凡人要请他写字时，他三日前就要斋戒一日，第二日磨一天的墨，却又不许别人替磨。就是写个十四字的对联，也要用墨半碗。用的笔，都是那人家用坏了不要的，他才用。到写字的时候，要三四个人替他拂着纸，他才写；一些拂的不好，他就要骂、要打。却是要等他情愿，他才高兴，他若不情愿时，任你王侯将相，大捧的银子送他，他正眼儿也不看。他又不修边幅，穿着一件稀烂的直裰，趿着一双破不过的蒲鞋。每日写了字，得了人家的笔资，自家吃了饭；剩下的钱，就不要了，随便不相识的穷人，就送了他。

那日大雪里，走到一个朋友家，他那一双稀烂的蒲鞋，踹了他一书房的滋泥。主人晓得他的性子不好，心里嫌他，不好说出，只得问道："季先生的尊履坏了，可好买双换换？"季遐年道："我没有钱。"那主人道："你肯写一副字送我，我买鞋送你了。"季遐年道："我难道没有鞋，要你的？"主人厌他腌臜，自己走了进去，拿出一双鞋来，道："你先生且请略换换，恐怕脚底下冷。"季遐年恼了，并不作别，就走出大门,嚷道:"你家什么要紧的地方？我这双鞋就不可以坐在你家？我坐在你家,还要算抬举你！我都稀罕你的鞋穿？"一直走回天界寺,气呼呼地又随堂吃了一顿饭。吃完,看见和尚房里摆着一匣子上好的香墨,季遐年问道:"你这墨可要写字？"和尚道:"这是昨日施御史的令孙老爷送我的,我还要留着转送别位施主老爷,不要写字。"季遐年道:"写一副好哩。"不由分说,走到自己房里,拿出一个大墨荡子来,拣出一锭墨,舀些水,坐在禅床上,替他磨将起来。和尚分明晓得他的性子,故意地激他写。他在那里磨墨,正磨的兴头,侍者进来向老和尚说道:"下浮桥的施老爷来了。"和尚迎了出去。那施御史的孙子已走进禅堂来,看见季遐年,彼此也不为礼,自同和尚到那边叙寒温。季遐年磨完了墨,拿出一张纸来,铺在桌上,叫四个小和尚替他按着。他取了一管败笔,蘸饱了墨,把纸相了一会,一气就写了一行。那右手后边小和尚动了一下,他就一凿,把小和尚凿矮了半截,凿的杀喳的叫。老和尚听见,慌忙来看,他还在那里急得嚷成一片。老和尚劝他不要恼,替小和尚按着纸,让他写完了。施御史的孙子也来看了一会,向和尚作别去了。

次日,施家一个小厮走到天界寺来,看见季遐年,问道:"有个写字的姓季的,可在这里？"季遐年道:"问他怎的？"小厮道:"我家老爷叫他明日去写字。"季遐年听了,也不回他,说道:"罢了。他今日不在家,我明日叫他来就是了。"

次日,走到下浮桥施家门口,要进去。门上人拦住道:"你是什么人？混往里边跑。"季遐年道:"我是来写字的。"那小厮从门房里走出来看见,道:"原来就是你！你也会写字？"带他走到敞厅上,小厮进去回了。施御史的孙子刚刚走出屏风,季遐年迎着脸大骂道:"你是何等之人？敢来叫我写字！我又不贪你的钱,又不慕你的势,又不借你的光,你敢叫我写起字来！"一顿大嚷大叫,把施乡绅骂的闭口无言,低着头进去了。那季遐年又骂了一会,依旧回到天界寺里去了。

又一个是卖火纸筒子的。这人姓王名太,他祖代是三牌楼卖菜的,到他父亲手里穷了,把菜园都卖掉了。他自小儿最喜下围棋。后来,父亲死了,他无以为生,每日到虎踞关一带卖火纸筒过活。

那一日,妙意庵做会。那庵临着乌龙潭。正是初夏的天气,一潭簇新的荷叶,亭亭浮在水上。这庵里曲曲折折,也有许多亭榭,那些游人都进来玩耍。王太走将进来,各处转了一会。走到柳荫树下,一个石台,两边四条石凳,三四个大老官簇拥着两个人在那里下棋。一个穿宝蓝的道："我们这位马先生，前日在扬州盐台那里，下的是一百一十两的彩，他前后共赢了二千多银子。"一个穿玉色的少年道："我们这马先生是天下的大国手，只有这卞先生受两子还可以敌得来，只是我们要学到卞先生的地步，也就着实费力了。"王太就挨着身子，上前去偷看。小厮们看见他穿的褴褛，推推搡搡不许他上前。底下坐的主人道："你这样一个人，也晓得看棋？"王太道："我也略晓得些。"撑着看了一会，嘻嘻地笑。那姓马的道："你这人会笑，难道下得过我们？"王太道："也勉强将就。"主人道："你是何等之人？好同马先生下棋！"姓卞的道："他既大胆，就叫他出个丑何妨？才晓得我们老爷们下棋不是他插得嘴的！"王太也不推辞，摆起子来，就请那姓马的动着，旁边人都觉得好笑。那姓马的同他下了几着，觉得他出手不同。下了半盘，站起身来道："我这棋，输了半子了！"那些人都不晓得。姓卞的道："论这局面，却是马先生略负了些。"众人大惊，就要拉着王太吃酒。王太大笑道："天下哪里还有个快活似杀矢棋的事！我杀过矢棋心里快活极了，哪里还吃的下酒？"说毕，哈哈大笑，头也不回就去了。

一个是开茶馆的。这人姓盖名宽，本来是个开当铺的人。他二十多岁的时候，家里有钱开着当铺，又有田地，又有洲场。那亲戚、本家，都是些有钱的。他嫌这些人俗气，每日坐在书房里，作诗看书，又喜欢画几笔画。后来画的画好，也就有许多作诗画的来同他往来。虽然诗也做得不如他好，画也画的不如他好，他却爱才如命。遇着这些人来，留着吃酒吃饭，说也有，笑也有。这些人家里有冠、婚、丧、祭的紧急事，没有银子，来向他说，他从不推辞，几百几十拿与人用。

那些当铺里的小官，看见主人这般举动，都说他有些呆气，在当铺里尽着作弊，本钱渐渐消折了。田地又接连几年都被水淹，要赔种、赔粮，就有那些混账人来劝他变卖。买田的人嫌田地收成薄，分明值一千的，只好出五六百两，他没奈何只得卖了。卖来的银子又不会生发，只得放在家里秤着用，能用得几时？又没有了，只靠着洲场利钱还人。不想伙计没良心，在柴院子里放火。命运不好，接连失了几回火，把院子里的几万担柴尽行烧了。那柴烧的一块一块的，结成就和太湖石一般光怪陆离。那些伙计，把这东西搬来给他看，他看见好玩，就留在家里。家里人说，这是倒运的东西，留不得。他也不肯信，留在书房里玩。伙计见没有洲场，也辞出去了。

又过了半年，日食艰难，把大房子卖了搬在一所小房子住。又过了半年，妻子死了，开丧出殡，把小房子又卖了。可怜这盖宽带着一个儿子、一个女儿，在一个僻静巷内，寻了两间房子开茶馆。把那房子里面一间与儿子、女儿住；外一间摆了几张茶桌子，后檐支了一个茶炉子，右边安了一副柜台；后面放了两口水缸，满贮了雨水。他老人家清早起来，自己生了火，扇着了；把水倒在炉子里放着，依旧坐在柜台里看诗、画画。柜台上放着一个瓶插着些时新花朵，瓶旁边放着许多古书。他家各样的东西，都变卖尽了，只有这几本心爱的古书，是不肯卖的。人来坐着吃茶，他丢了书就来拿茶壶、茶杯。茶馆的利钱有限，一壶茶只赚得一个钱。每日只卖得五六十壶茶，只赚得五六十个钱。除去柴米，还做得什么事。

那日，正坐在柜台里，一个邻居老爹过来同他谈闲话。那老爹见他十月里还穿着夏布衣裳，问道："你老人家而今也算十分艰难了。从前有多少人，受过你老人家的惠，而今都不到你这里来走走。你老人家这些亲戚、本家事体总还是好的，你何不去向他们商议商议，借个大大的本钱，做些大生意过日子？"盖宽道："老爹，'世情看冷暖，人面逐高低'。当初我有钱的时候，身上穿的也体面，跟的小厮也齐整，和这些亲戚、本家在一块，还搭配的上。而今我这般光景，走到他们家去，他就不嫌我，我自己也觉得可厌。至于老爹说，有受过我的惠的，那都是穷人，那里还有得还出来！他而今又到有钱的地方去了，哪里还肯到我这里来！我若去寻他，空惹他们的气，有何趣味！"邻居见他说的苦恼，因说道："老爹，你这个茶馆里，冷清清的，料想今日也没啥人来了。趁着好天气，和你到南门外玩玩去。"盖宽道："玩玩最好，只是没有东道，怎处！"邻居道："我带个几分银子的小东，吃个素饭罢。"盖宽道："又扰你老人家。"

说着，叫了他的小儿子出来看着店。他便同那老爹一路步出南门来。教门店里，两个人吃了五分银子素饭。那老爹会了账，打发小菜钱，一径踱进报恩寺里。大殿南廊、三藏禅林、大锅都看了一回。又到门口买了一包糖，到宝塔背后一个茶馆里吃茶。邻居老爹道："而今时世不同，报恩寺的游人也少了，连这糖，也不如二十年前买的多。"盖宽道："你老人家七十多岁年纪，不知见过多少事，而今不比当年了！像我也会画两笔画，要在当时虞博士那一班名士在，那里愁没碗饭吃？不想而今就艰难到这步田地。"那邻居道："你不说我也忘了，这雨花台左近有个泰伯祠,是当年句容一个迟先生盖造的。那年,请了虞老爷来上祭,好不热闹!我才二十多岁,挤了来看,把帽子都被人挤掉了,而今可怜那祠也没人照顾,房子都倒掉了。我们吃完了茶,同你到那里看看。"

说着,又吃了一卖牛首豆腐干,交了茶钱走出来,从冈子上踱到雨花台左首,望见泰伯祠的大殿,屋山头倒了半边。来到门前,五六个小孩子在那里踢球。两扇大门倒了一扇,睡在地下。两人走进去,三四个乡间的老妇人,在那丹墀里挑荠菜,大殿上隔子都没了。又到后边,五间楼直桶桶的,楼板都没有一片。两个人前后走了一交,盖宽叹息道:"这样名胜的所在,而今破败至此,就没有一个人来修理。多少有钱的,拿着整千的银子,去起盖僧房道院,那一个肯来修理圣贤的祠宇!"邻居老爹道:"当年迟先生买了多少的家伙,都是古老样板的,收在这楼底下几张大柜里,而今连柜也不见了。"盖宽道:"这些古事提起来,令人伤感,我们不如回去罢!"两人慢慢走了出来。邻居老爹道:"我们顺便上雨花台绝顶。"望着隔江的山色,岚翠鲜明,那江中来往的船只、帆樯历历可数。那一轮红日,沉沉的傍着山头,下去了。两个人缓缓地下了山,进城回去。盖宽依旧卖了半年的茶。次年三月间,有个人家出了八两银子束脩,请他到家里教馆去了。

一个是做裁缝的。这人姓荆名元,五十多岁,在三山街开着一个裁缝铺。每日替人家做了生活,余下来工夫,就弹琴、写字,也极喜欢作诗。朋友们和他相与地问他道:"你既要做雅人,为什么还要做你这贵行?何不同些学校里人相与相与?"他道:"我也不是要做雅人,也只为性情相近,故此时常学学。至于我们这个钱行,是祖父遗留下来的。难道读书识字,做了裁缝,就玷污了不成?况且那些学校中的朋友,他们另有一番见识,怎肯和我们相与!而今每日寻得六七分银子,吃饱了饭要弹琴,要写字,诸事都由得我,又不贪图人的富贵,又不伺候人的颜色;天不收,地不管,倒不快活?"朋友们听了他这一番话,也就不和他亲热。

一日,荆元吃过了饭,思量没事,一径踱到清凉山来。这清凉山,是城西极幽静的所在。他有一个老朋友姓于,住在山背后。那于老者也不读书,也不做生意,养了五个儿子,最长的四十多岁,小儿子也有二十多岁。老者督率着他五个儿子灌园。那园却有二三百亩大,中间空隙之地种了许多花卉,堆着几块石头。老者就在那旁边盖了几间茅草房,手植的几树梧桐长到三四十围大。老者看看儿子灌了园,也就到茅斋生起火来,煨好了茶吃着,看那园中的新绿。这日,荆元步了进来,于老者迎着道:"好些时不见老哥来,生意忙得紧?"荆元道:"正是。今日才打发清楚些,特来看看老爹。"于老者道:"恰好烹了一壶现成茶,请用杯!"斟了送过来。荆元接了,坐着吃,道:"这茶,色、香、味都好。老爹,却是哪里取来的这样好水?"于老者道:"我们城西不比你城南,到处井泉,都是吃得的。"荆元道:"古人动说桃源避世,我想起来,哪里要什么桃源! 只如老爹这样清闲自在,住在这样城市山林的所在,就是现在的活神仙了。"于老者道:"只是我老拙,一样事也不会做,怎的如老哥会弹一曲琴,也觉得消遣些。近来想是一发弹的好了,可好几时请教一回?"荆元道:"这也容易。老爹不厌污耳,明日我把琴来请教。"说了一会,辞别回来。

次日,荆元自己抱了琴来到园里。于老者已焚下一炉好香,在那里等候。彼此见了,又说了几句话。于老者替荆元把琴安放在石凳上。荆元席地坐下,于老者也坐在旁边。荆元慢慢地和了弦,弹了起来,铿铿锵锵,声振林木,那些鸟雀闻之,都栖息枝间窃听。弹了一会,忽作变徵之音,凄清宛转。于老者听到深微之处,不觉凄然泪下。自此他两人常常往来。当下也就别过了。

看官,难道自今以后,就没一个贤人君子可以入得《儒林外史》的吗? 但是他不曾在朝廷这一番旌扬之列,我也就不说了。毕竟怎的旌扬,且听下回分解。

第五十六回 神宗帝下诏旌贤
刘尚书奉旨承祭

话说万历四十三年,天下承平已久,天子整年不与群臣接见,各省水旱偏灾,流民载道。督抚虽然题了进去,不知那龙目可曾观看?

忽一日,内阁下了一道上谕,科里钞出来,上写道:"万历四十三年五月二十四日,内阁奉上谕:

> 朕即阼以来,四十余年,宵旰兢兢,不遑暇食。夫欲迪康兆姓,首先进用人才。昔秦穆公不能用周札,诗人刺之,此《蒹葭苍苍》之篇所由作也。今岂有贤智之士处于下欤? 不然何以不能臻于三代之了隆也。诸臣其各抒所见,条例以闻,不拘忌讳,朕将采择焉。钦此。"

过了三日,御史单运言上了一个疏奏:

> 为请旌沉抑之人才,以昭圣治,以光泉壤事。臣闻人才之盛衰。关乎国家之隆替。虞廷翼为明听,周室疏附后先,载于《诗》《书》,传之奕祀,夐乎尚矣! 夫三代之用人,不拘资格,故《兔狙》之野人,《小戎》之女子,皆可以备腹心德音之任。至于后世,始立资格以限制之。又有所谓清流者,在汉则曰"贤良方正"在唐则曰"入直",在宋则曰"知制诰"。我朝太祖高皇帝定天下,开乡会制科,设立翰林院衙门,儒臣之得与此选者,不数年间从容而跻卿贰,非是不得谓清华之品。凡宰臣定谥,其不由翰林院出身者,不得谥为"文"。如此之死生荣遇,其所以固结于人心而不可解者,非一目矣。虽其中拔十而得二三,如薛宣、胡居仁之理学,周宪、吴景之忠义,功业则有于谦、王守仁,文章则有李梦阳、何景明辈。炳炳琅琅,照耀

史册。然一榜进士及第,数年之后乃有不能举其姓字者,则其中侥幸亦不免焉。夫革天下之人才而限制于资格,则得之者少,失之者多。其不得者,抱其沉冤抑塞之气,嘘吸于宇宙间。其生也,或为佯狂,或为迂怪,甚而为幽僻诡异之行;其死也,皆能为妖、为厉、为灾、为祲,上薄乎日星,下彻乎渊泉,以为百姓之害。此虽诸臣不能自治其性情,自深于学问,亦不得谓非资格之限制有以激之使然也。臣闻唐朝有于诸臣身后追赐进士之典,方干、罗邺皆与焉。皇上旁求侧席,不遗幽隐,宁于已故之儒生惜此恩泽?诸臣生不能入于玉堂,死何妨悬于金马?伏乞皇上,悯其沉抑,特沛殊恩,遍访海内已故之儒修,考其行事,第其文章,赐一榜进士及第,授翰林院职衔有差,则沉冤抑塞之士,莫不变而为祥风甘雨,同仰皇恩于无既矣。臣愚,罔识忌讳,冒昧陈言,伏乞睿鉴施行。

万历四十三年五月二十七日疏上,六月初一日奉旨:

　　这所奏,着大学士会同礼部行令各省,采访已故儒修诗文、墓志、行状,汇齐送部核查。如何加恩旌扬,分别赐第之处,不拘资格,确议具奏。钦此。

礼部行文到各省,各省督抚行司道,司道行到各府、州、县。采访了一年,督抚汇齐报部,大学士等议了上去。议道:

　　礼部为钦奉上谕事:万历四十三年五月二十七日,河南道监察御史臣单扬言奏,为请旌沉抑之人才,以昭圣治,以光泉壤事一本,六月初一日奉圣旨(旨意全录)钦此。臣等查得各省咨到采访已故之儒修诗文、墓志、行状,以及访闻事实,合共九十一人。其已登仕籍,未入翰林院者:周进、范进、向鼎、蘧䟽、雷骥、张师陆、汤奉、杜倩、李本瑛、董瑛、冯瑶、尤扶徕、虞育德、杨允、余特,共十五人。其武途出身已登仕籍,例不得入翰林院者:汤奏、萧采、木耐,共三人。举人:娄琅、卫体善,共二人。荫生:徐咏一人。贡生：严大位、随岑庵、匡迥、沈大年，共四人。监生：娄瓒、蘧来旬、胡缜、武书、伊昭、储信、汤由、汤实、庄濯，共九人。生员：梅玖、王德、王仁、魏好古、蘧景玉、马静、倪霜峰、季萑、诸葛佑、萧鼎、浦玉方、韦阐、杜仪、减荼、迟均、余夔、萧树滋、虞感祁、庄尚志、余持、余敷、余殷、虞梁、王蕴、邓义、陈春，共二十六人。布衣：陈礼、牛布衣、权勿用、景本蕙、赵洁、支锷、金东崖、牛浦、牛瑶、鲍文卿、倪廷珠、宗姬、郭铁笔、金寓刘、辛东之、洪憨仙、卢华士、娄焕文、季恬逸、郭力、萧浩、凤鸣岐、季遐年、盖宽、王太、丁诗、荆元，共二十七人，释子：甘露僧、陈思阮，共二人。道士：来霞士一人。女子：沈琼枝一人。臣等伏查，已故儒修周进等，其人虽庞杂不伦，其品亦瑕瑜不掩，然皆卓然有以自立。谨按其生平之事实文章，各拟考语，另缮清单，恭呈御览。伏乞皇上钦点名次，揭榜晓示。隆恩出自圣裁，臣等未敢擅便。其诗文、墓志、行状以及访闻事实，存贮礼部衙门，昭示来兹可也。

万历四十四年六月二十三日议上，二十六日奉旨：

"虞育德赐第一甲第一名进士及第，授翰林院修撰；庄尚志赐第一甲第二名进士及第，授翰林院编修；杜仪赐第一甲第三名进士及第，授翰林院编修；萧采等赐第二甲进士出身，俱授翰林院检讨；沈琼枝等赐第三甲同进士出身，俱授翰林院庶吉士。于七月初一日揭榜晓示，赐祭一坛，设于国子监，遣礼部尚书刘进贤前往行礼。余依仪。钦此。"

到了七月初一日黎明，礼部门口悬出一张榜来，上写道：

礼部为钦奉上谕事。今将采访儒修赐第姓名、籍贯，开列于后。须至榜者：第一甲第一名虞育德，南直隶常熟县人。第二名庄尚志，南直隶上元县人。第三名杜仪，南直隶天长县人。第二甲第一名萧采，四川成都府人。第二名迟均，南直隶句容县人。第三名马静，浙江处州府人。第四名武书，南直隶江宁县人。第五名汤奏，南直隶仪征县人。第六名余特，南直隶五河县人。第七名杜倩，南直隶天长县人。第八名萧浩，四川成都府人。第九名郭力，湖广长沙府人。第十名娄焕文，南直隶江宁县人。第十一名王蕴，南直隶徽州府人。第十二名娄奉，浙江归安县人。第十三名娄瓒，浙江归安县人。第十四名遽邻，浙江嘉兴府人。第十五名向鼎，浙江绍兴府人。第十六名庄洁，南直隶上元县人。第十七名虞梁，南直隶五河县人。第十八名尤扶徕，南直隶江阴县人。第十九名鲍文卿，南直隶江宁县人。第二十名甘露僧，南直隶芜湖县人。第三甲第一名沈琼枝，南直隶常州府人。第二名韦阐，南直隶滁州府人。第三名徐咏，南直隶定远县人。第四名遽来旬，浙江嘉兴府人。第五名李本瑛，四川成都府人。第六名邓义。南直隶徽州府人。第七名凤鸣岐，南直隶江宁县人。第八名木耐，陕西同官县人。第九名牛布衣，浙江绍兴府人。第十名季苇，南直隶怀宁县人。第十一名景本蕙，浙江温州府人。第十二名赵洁，浙江杭州府人。第十三名胡缜，浙江杭州府人。第十四名盖宽，南直隶江宁县人。第十五名荆元，南直隶江宁县人。第十六名雷骥，北直隶大兴县人。第十七名杨允，浙江乌程县人。第十八名诸葛佑，南直隶盱眙县人。第十九名季遐年，南直隶上元县人。第二十名陈春，南直隶太平府人。第二十一名匡迥，浙江乐清县人。第二十二名来霞士，南直隶扬州府人。第二十三名王太，南直隶上元县人。第二十四名汤由，南直隶仪征县人。第二十五名辛东之，南直隶仪征县人。第二十六名严大位，广东高要县人。第二十七名陈思阮，江西南昌府人。第二十八名陈礼，江西南昌府人。第二十九名丁诗，南直隶江宁县人。第三十名牛浦，南直隶芜湖县人。第三十一名余夔，南直隶上元县人。第三十二名郭铁笔，南直隶芜湖县人。

这一日，礼部刘进贤奉旨来到国子监里，戴了幞头，穿了宫袍，摆齐了祭品，上来三献。太常寺官便读祝文道：

维万历四十四年岁次丙辰，七月朔，宜祭日，皇帝遣礼部尚书刘进贤以牲醴玉帛之仪，致祭于特赠翰林院修撰虞育德等之灵曰："嗟尔诸臣，纯懿灵淑，玉粹鸾骞，金贞雌伏。弥纶天地，幽替神明，易称鸿渐，诗喻鹤鸣。资格困人，贤豪同叹，凤卫就奴，桐犹遭爨。缕袍短褐，蓬窝桑枢，伐菼粥葊，款檩欹歔。亦有微官，曾纡尺组，龙实难驯，哙宁堪伍。亦有达官，曾着先鞭，玉堂金马，邈若神仙。子子干旄，翘翘车乘，誓墓凿坏，谁敢捷径。涩偗荥俀，驵侩市门，中有高士，谁共讨论？茶板粥鱼，丹炉药臼，梨园之子，兰闺之秀。提戈磨盾，束发从征，功成身退，日落旗红。蚩蚩细民，翩翩公子，同在穷途，泪如铅水。金陵池馆，日丽风和，讲求礼乐，酾酒升歌。越水吴山，烟霞渊薮，击钵催诗，论文载酒。后先相望，数十年来，愁城未破，泪海无涯。朕甚悯旃，加恩泉壤，赐第授官，解兹悒快。呜呼！兰因芳陨，膏以明煎，维尔诸臣，荣名万年。尚飨！"

词曰：

记得当时，我爱秦淮，偶离故乡。向梅根治后，几番啸傲；杏花村里，几度徜徉。凤止高梧，虫吟小榭，也共时人较短长。今已矣！把衣冠蝉蜕，濯足沧浪。　　无聊且酌霞觞，唤几个新知醉一场。共百年易过，底须愁闷？千秋事大，也费商量。江左烟霞，淮南耆旧，写入残编总断肠！从今后，伴药炉经卷，自礼空王。